C-Programmierung lernen

Die Lernen-Reihe

In der Lernen-Reihe des Addison-Wesley-Verlages sind die folgenden Titel bereits erschienen bzw. in Vorbereitung:

André Willms
C-Programmierung lernen
432 Seiten, ISBN 3-8273-1405-4

André Willms
C++-Programmierung lernen
408 Seiten, ISBN 3-8273-1342-2

Guido Lang, Andreas Bohne
Delphi 5 lernen
432 Seiten, ISBN 3-8273-1571-9

Walter Herglotz
HTML lernen
ca. 400 Seiten, ISBN 3-8273-1717-7

Judy Bishop
Java lernen
640 Seiten, ISBN 3-8273-1605-9

Michael Schilli
Perl lernen
ca. 400 Seiten, ISBN 3-8273-1650-2

Patrizia Sabrina Prudenzi, Dirk Walter
VBA mit Access 2000 lernen
680 Seiten, ISBN 3-8273-1573-5

Patrizia Sabrina Prudenzi
VBA mit Excel 2000 lernen
512 Seiten, ISBN 3-8273-1572-7

René Martin
VBA mit Office 2000 lernen
576 Seiten, ISBN 3-8273-1549-2

René Martin
VBA mit Word 2000 lernen
412 Seiten, ISBN 3-8273-1550-6

Dirk Abels
Visual Basic 6 lernen
425 Seiten, ISBN 3-8273-1371-6

André Willms

C-Programmierung lernen

Anfangen, anwenden, verstehen

ADDISON-WESLEY

An imprint of Pearson Education Deutschland GmbH

München · Boston · San Francisco · Harlow, England · Don Mills, Ontario
Sydney · Mexico City · Madrid · Amsterdam

Die Deutsche Bibliothek – CIP-Einheitsaufnahme

C-Programmierung lernen / André Willms. - Bonn : Addison-Wesley-Longman
ISBN 3-8273-1405-4

10 9 8 7 6 5

03 02 01 00

Lektorat: Tomas Wehren, Judith Stevens, Bonn

Korrektorat: Gisela Deutz, Bonn

Produktion: Petra Strauch, Bonn

Satz: mediaService, Siegen. Gesetzt aus der Stone Serif 9,5 pt.

Belichtung, Druck und Bindung: Bercker, Kevelaer

Umschlaggestaltung: Barbara Thoben, Köln

Illustrationen: Elisabeth Herzel, Hamburg

Das verwendete Papier ist aus chlorfrei gebleichten Rohstoffen hergestellt und alterungsbeständig. Die Produktion erfolgt mit Hilfe umweltschonender Technologien und unter strengsten Auflagen in einem geschlossenen Wasserkreislauf unter Wiederverwertung unbedruckter, zurückgeführter Papiere.

Inhaltsverzeichnis

E Einleitung

„Warum überhaupt noch C lernen, es gibt doch schon C++" wird sich so manch einer fragen. Das stimmt, aber selbst Goethe mußte zuerst simple Wörter wie „Papa" und „Mama" lernen, bevor er den „Faust" schrieb. Die Programmiersprache C ist als Teilmenge komplett in C++ enthalten, so daß alles Erlernte weiterverwendet werden kann und nur ergänzt werden muß.

Obwohl C oft schlecht gemacht und zum Beispiel von vielen PASCAL-Anhängern als unstrukturierte Sprache bezeichnet wird, zwingen gerade die Freiheiten von C den Programmierer dazu, seine Programme ordentlich zu strukturieren.

Dem Anfänger wird hier C von der Picke auf erklärt, und er wird mit den Grundbegriffen der Programmierung vertraut gemacht. Er lernt, Programme zu planen und erhält Einblicke in die Welt der Datenstrukturen und der strukturierten Programmierung, die die Tür zur objektorientierten Programmierung öffnen. Anhand vieler Beispiele und Übungen werden elegante Lösungswege beschrieben, die exemplarisch Verfahren zur Problemlösung aufzeigen.

Dieses Buch versteht sich als ein Lehrbuch, welches im günstigsten Fall von Anfang bis Ende durchgearbeitet werden sollte. Die Konzeption des Buches erlaubt es jedoch auch, es als Nachschlagewerk zu benutzen. Es enthält einen umfangreichen Index, der das Auffinden bestimmter Informationen erleichtert. Die einzelnen Kapitel enthalten Kontrollfragen, mit denen das erworbene Wissen überprüft werden kann.

Dieser erste Teil, dem ein zweites Buch folgen wird, widmet sich ausschließlich der Programmierung in C. Es werden die in C üblichen Kontrollstrukturen und Datentypen vermittelt sowie die zur Entwicklung komplexerer Projekte erforderliche dynamische Speicherverwaltung. Darüber hinaus werden Methoden zur Verwaltung dynamischer

Elemente, wie z.B. Listen, besprochen. Programmiertechniken wie Rekursion oder Backtracking werden erschöpfend behandelt. Vom einfachsten Programm bis zur anspruchsvollen Anwendung werden hier viele der zur Entwicklung notwendigen Programmiertechniken vermittelt.

Die meisten Beispiele und alle Lösungen der Übungen sind als Quelltext auf der mitgelieferten Diskette enthalten. Die Beispiele befinden sich im Pfad „BEISPIEL" und die Übungen im Pfad „UEBUNG".

E.1 Die Icons in diesem Buch

Um Ihnen die Orientierung in diesem Buch zu erleichtern, haben wir den Text in bestimmte Funktionsabschnitte gegliedert und diese durch entsprechende Symbole oder Icons gekennzeichnet. Folgende Icons finden Verwendung:

Beispiele helfen Ihnen, sich schneller und sicher im Feld der C-Programmierung zu orientieren. Sie werden darum mit diesem Icon gekennzeichnet.

Manches geht ganz leicht. Wenn man nur weiß, wie. **Tips und Tricks** finden Sie in den Abschnitten, wo dieses Icon steht.

Manches ist von besonderer Bedeutung und verdient darum auch, besonders hervorgehoben zu werden. Solche **Hinweise** sind sehr nützlich, sie bringen einen geschwinder ans Ziel.

Achtung, mit diesem Icon wird eine **Warnung** angezeigt. An der markierten Stelle sollten Sie besonders aufmerksam sein.

1 Das erste C-Programm

Im allgemeinen gehört es fast schon zur Pflicht, als erstes Programm das sogenannte „Hello World"-Programm vorzustellen, welches den Text „Hello World" auf den Bildschirm schreibt. Jedoch werden wir uns hier über diese ungeschriebene Konvention hinwegsetzen und mit dem kleinstmöglichen C-Programm beginnen.

1.1 Klein aber fein

Steigen wir nun voll ein und schreiben unser erstes C-Programm. Der Programmname, der im Listing rechts neben der ersten Zeile steht, verweist auf den Dateinamen, unter dem Sie das Programm auf der Diskette finden, und braucht nicht abgetippt werden. Bitte achten Sie beim Tippen auf Groß- und Kleinschreibung, denn C achtet darauf auch.

```
void main(void)    /*PRG01-01.C*/
{
}
```

Den Quellcode dieses Beispiels finden Sie auf der Diskette unter \BEISPIEL\PRG01-01.C.

main

Dieses Programm ist das kürzeste überhaupt, denn es macht gar nichts. Und doch müssen diese Zeilen so oder in ähnlicher Form in jedem C-Programm enthalten sein, weil C-Programme ihre Ausführung immer mit der **main**-Funktion beginnen.[1] „main" heißt auf Deutsch soviel wie „Haupt-" und bedeutet hier „Hauptfunktion".

---

1 Die hier vorgestellte Variante der main-Funktion ist die am leichtesten verständliche, hat allerdings den Nachteil, daß sie nicht der Ansi-Norm entspricht. Sollte Ihr Compiler einen Fehler melden, dann müssen Sie den Funktionskopf **int main()** verwenden. Bei älteren Compilern, die die Ansi-Norm nicht vollständig unterstützten, kann dann eine Warnung erscheinen, die darauf aufmerksam macht, daß die Funktion einen Rückgabewert definieren muß. In diesem Fall müssen Ihre main-Funktionen als letzten Befehl immer return(0); besitzen. Warum das so ist, wird in Kapitel 9 genauer erklärt.

void Vor dem Funktionsnamen wird deklariert, von welchem Typ der Rückgabewert sein soll. **void** bedeutet, daß die Funktion keinen Rückgabewert liefert und heißt auf Deutsch soviel wie „leer".

Hinter dem Funktionsnamen stehen in Klammern die Werte, die der Funktion übergeben werden. Auch hier steht *void* für keine Wertübergabe.

{ } Als letztes kommen die geschweiften Klammern, die die Anweisungen der Funktion umschließen und nie fehlen dürfen[2]. In unserem Beispiel steht zwischen den beiden Klammern nichts, und somit geschieht auch nichts. Geschweifte Klammern haben eine besondere Aufgabe.

> Geschweifte Klammern fassen Anweisungen zu einem Block zusammen.

Die Klammern hätten auch nebeneinander geschrieben werden können, aber es gibt gewisse ungeschriebene Gesetze für die optische Struktur eines C-Programms, an die man sich halten sollte, denn ein Programm wird nicht nur für den Computer geschrieben. Es ist immer wichtig, daß auch andere Menschen das Programm ohne große Entzifferungsschwierigkeiten lesen können, deshalb hier auch die erste Regel:

> Zusammengehörige geschweifte Klammern sollten immer in der gleichen Spalte stehen.

1.2 Kommentare

Kommentare Kommentare dienen dazu, Informationen im Programm unterbringen zu können, die nichts mit der Sprache C zu tun haben. So können Sie zum Beispiel hinter bestimmten Programmzeilen Bemerkungen schreiben, damit Sie auch später noch wissen, welche Funktion sie haben. Oder Sie können vor jedem größeren Abschnitt ein paar Zeilen über seine Funktion schreiben[3]. Obwohl manche Freaks immer noch behaupten, ein Programmtext[4] sei selbsterklärend, und

2 Die Anweisungen einer Funktion nennt man auch die Funktionsdefinition.

3 Im allgemeinen sollte vor jeder Funktion ein Kopf von Bemerkungen stehen, der als Informationen das Datum der letzten Änderung, Erklärung aller Funktionsparameter und die Beschreibung der Funktionalität enthält. Damit fällt ein späteres Benutzen der Funktion in anderen Programmen leichter. Sind mehrere Programmierer am Programm beteiligt, sollte jeder Funktion der Name des Autors beigefügt werden.

Zeilen über seine Funktion schreiben[3]. Obwohl manche Freaks immer noch behaupten, ein Programmtext[4] sei selbsterklärend, und nur unfähige Leute bräuchten Kommentare, sollten Sie sich diesbezüglich nie einschüchtern lassen und nie mit Kommentaren geizen. Sie tun sich und anderen, die Ihr Programm einmal in die Hände bekommen, einen großen Gefallen.

/* */

Kommentare beginnen mit den Zeichen /* und werden mit */ beendet. Alles, was zwischen diesen Zeichen steht, „übersieht" der Compiler.

Kommentare dürfen nicht verschachtelt werden.

Deshalb ist das folgende Konstrukt ungülig:

FALSCH!

```
/* Innerhalb dieses Kommentares ist /* ein Kommentar */ ein-
gebettet */
```

Die Programmnamen neben den Beispielen sind auch als Kommentare geschrieben, so daß es nichts ausmachen würde, wenn Sie sie mit abtippten. Probieren Sie es ruhig aus.

1.3 Ausgabe mit printf

printf

Kommen wir nun zum wichtigsten Element eines jeden Programms, der Ausgabe. Eine Grundfunktion, die Ausgaben aller Art unterstützt, heißt **printf**(). Dieser Funktion können nun in einem bestimmten Format alle Texte und Werte übergeben werden, die man sich auf dem Bildschirm anzeigen lassen will. Erweitern wir nun unser erstes Programm.

```
#include <stdio.h>

void main(void)
{
  printf("Ich bin ein C-Programm.");
}
```

3 Im allgemeinen sollte vor jeder Funktion ein Kopf von Bemerkungen stehen, der als Informationen das Datum der letzten Änderung, Erklärung aller Funktionsparameter und die Beschreibung der Funktionalität enthält. Damit fällt ein späteres Benutzen der Funktion in anderen Programmen leichter. Sind mehrere Programmierer am Programm beteiligt, sollte jeder Funktion der Name des Autors beigefügt werden.

4 Beim Programmtext handelt es sich um die Anweisungen, die Sie in Ihrem Editor schreiben. Er wird auch als Quelltext, Quellprogramm, Quellcode oder *source code* bezeichnet.

Stringkonstanten

Schauen wir uns erst einmal den Aufruf von *printf* an. Der Funktion wird eine **Stringkonstante**[5] übergeben.

Stringkonstanten stehen immer innerhalb doppelter Anführungszeichen.

Und noch eine Besonderheit fällt auf:

Anweisungen, denen kein Anweisungsblock folgt, werden mit einem Semikolon abgeschlossen.

Wenn Sie das Programm nun kompilieren und starten, wird zuerst die Funktion *main* aufgerufen. Die erste Anweisung ist die *printf*-Funktion, die aufgerufen wird. Diese Funktion wird uns von C zur Verfügung gestellt und gehört zur Standardbibliothek. Die Funktion schaut sich nun an, welche Parameter ihr übergeben wurden und findet eine Stringkonstante vor. Diese wird nun auf dem Bildschirm ausgegeben. Da keine weiteren Parameter übergeben wurden, ist ihre Aufgabe beendet. Das Programm läuft nun direkt hinter dem *printf*-Aufruf weiter. Dort ist aber nur das Ende der Funktion *main*, was dem Ende des gesamten Programms gleichkommt.

Sie werden sich vielleicht gewundert haben, daß im Programmtext der Aufruf der *printf*-Funktion nach rechts eingerückt ist. Dies ist nicht notwendig, dient aber der Übersichtlichkeit. Üblicherweise werden diese Einrückungen mit Tabulatoren vorgenommen. In Ihrem Editor sollten Sie die Entfernung der Tabulatoren auf zwei oder drei Zeichen einstellen, damit Sie den gewohnten Anblick erhalten.

1.4 Die #include-Direktive und der Präprozessor

#include

Und noch etwas ist neu, nämlich der **#include**-Befehl. *include* ist kein direkter Bestandteil der Sprache C, sondern ein Befehl des **Präprozessors**. Der Präprozessor ist ein Teil des Compilers, der nicht das Programm übersetzt, sondern kontrolliert „Änderungen" im Programmtext vornimmt, die aber nicht bleibend sind, sondern nur temporär für die Kompilation benötigt werden.

5 Eine Stringkonstante ist eine Folge von einzelnen Zeichen, die während der Laufzeit nicht verändert werden kann.

Präprozessorbefehle erkennt man am # in der ersten Spalte. Präprozessorbefehle dürfen nicht nach rechts eingerückt werden, sondern müssen in der ersten Spalte beginnen.

Versuchen Sie einmal, das Programm ohne die *#include*-Direktive zu kompilieren. Wenn der Compiler sich streng an die ANSI-C-Norm[6] hält, müßte eine Fehlermeldung ähnlich wie die folgende erscheinen[7].

```
Error. function 'printf' should have a prototype.
```

Prototypen

Sie kommt dadurch zustande, daß in ANSI-C jede Funktion bekannt sein muß, die aufgerufen wird. Wenn Sie also eine bestimmte Funktion aufrufen, muß irgendwo vorher in Ihrem Programmtext die Funktion selber (die Funktionsdefinition) oder ihr **Prototyp** (die Funktionsdeklaration[8]) stehen. Das liegt an der positiven C-Eigenschaft, modulare Programmierung zu unterstützen. Funktionen eines großen Programms können in mehrere Dateien aufgeteilt werden, so daß bei einer Änderung nur noch das geänderte **Modul**[9] (so heißen die einzelnen Programmtextdateien) kompiliert werden muß. Nachdem alle Module kompiliert vorliegen, werden sie mit dem **Linker** zusammengelinkt, oder deutsch: Die Module werden gebunden.

Durch das Aufspalten eines Programms in Module bekommt der Compiler aber ein Problem, denn eine Funktion kann nicht nur in dem Modul benutzt werden, in dem sie definiert ist, sondern auch in anderen. Aber woher soll der Compiler wissen, daß die aufgerufene Funktion tatsächlich in einem anderen Modul steht, zumal sie auch gar nicht existieren könnte. Deshalb geht der Compiler erst einmal davon aus, daß eine Funktion, die aufgerufen wird, ohne irgendwo vorher im Modul zu stehen, nicht vorhanden ist.

---

6 Wenn in diesem Buch auf die C- oder C++-Norm Bezug genommen wird, dann geschieht dies jeweils mit Berufung auf die beiden folgenden Bücher: Plauger, P.J. und Brodie, James: Referenzhandbuch Standard C für den neuen ANSI- und ISO-Standard. Braunschweig: Vieweg 1990. Stroustrup, Bjarne: Die C++-Programmiersprache. 2., überarbeitete Auflage Bonn u.a. Addison-Wesley 1992.

7 Sollte bei Ihnen weder ein Fehler noch eine Warnung ausgegeben werden, dann kompiliert Ihr Compiler nicht im ANSI-Modus. Stellen Sie ihn bitte so ein, daß er dies tut.

8 In diesem Fall auch „Vorwärtsdeklaration" genannt.

9 Die einzelnen, den Programmtext enthaltenden Dateien werden in der Programmierung „Module" genannt.

Der Programmierer muß nun dem Compiler explizit sagen, daß eben genau die Funktion, die aufgerufen wird, auch existiert. Und dieses Überzeugen des Compilers geschieht mit sogenannten Prototypen[10].

Header-Dateien

printf zum Beispiel ist eine Funktion, die in einem anderen Modul steht, welches zu einem späteren Zeitpunkt zu unserem Programm hinzugelinkt wird. Man macht sich nun den Umstand zunutze, daß die Prototypen für Funktionen, die zum C-Standard gehören, schon in sogenannten **Header-Dateien** stehen.

stdio.h

Der Prototyp für *printf* steht im Header-File **stdio.h**. Dies ist die Abkürzung für Standard-I/O und heißt soviel wie „Standard-Ein- und Ausgabe".

Die *#include*-Anweisung macht nun nichts anderes, als den Text, der sich in der angegebenen Datei befindet, an die Stelle in unserem Programm zu kopieren, an der die *#include*-Anweisung steht, und ihn nach der Kompilierung wieder zu löschen. Dadurch haben wir in unserem Programm den Prototyp von *printf*, und alles läuft einwandfrei[11].

1.5 Steuerzeichen für die Ausgabe

Doch kommen wir nun zu unserem Programm zurück. Wenn Sie es von einer Shell aus starten, werden Sie feststellen, daß der Prompt direkt hinter dem ausgegebenen Text steht. Um diesen Umstand noch zu verdeutlichen und auch bei Compilern mit eigenem Ausgabefenster sichtbar zu machen, erweitern Sie das Programm bitte um eine Zeile, so daß es folgendes Aussehen bekommt.

```
#include <stdio.h>/*PRG01-02.C*/

void main(void)
{
  printf("Ich bin ein C-Programm.");
  printf("Und ich bin ganz alleine.");
}
```

Den Quellcode dieses Beispiels finden Sie auf der Diskette unter \BEISPIEL\PRG01-02.C.

10 Während die eigentliche Funktion mit Anweisungsteil „Funktionsdefinition" genannt wird, nennt man analog dazu den Prototyp auch „Funktionsdeklaration".

11 In Kapitel 22 werden wir noch anderen Präprozessor-Direktiven begegnen, die es uns ermöglichen, Konstanten und Makros zu definieren und den Programmtext selektiv zu kompilieren.

Man könnte nun denken, daß die beiden ausgegebenen Zeilen untereinander stehen, aber das Programm gibt folgendes aus:

```
Ich bin ein C-Programm.Und ich bin ganz alleine.
```

Darin ist C etwas eigen. Wenn Sie dem Compiler nicht sagen, daß er eine neue Zeile beginnen soll, macht er es auch nicht. Na gut, sagen wir es ihm. Ändern Sie die beiden Zeilen folgendermaßen um:

```
printf("Ich bin ein C-Programm.\n");
printf("Und ich bin ganz alleine.\n");
```

Und siehe da, das Programm schreibt auf den Bildschirm:

```
Ich bin ein C-Programm.
Und ich bin ganz alleine.
```

Sie hätten die Ausgabe auch in eine *printf*-Anweisung packen können:

Unübersichtlich

```
printf("Ich bin ein C-Programm.\nUnd ich bin ganz \
alleine.\n");
```

Doch das Ausgeben mit zwei *printf*-Anweisungen ist übersichtlicher[12].

Steuerzeichen

C hat noch mehr solcher **Steuerzeichen** auf Lager, die alle mit einem \ beginnen. Wenn Sie jetzt mitgedacht haben, werden Sie sich fragen, wie man den **Backslash** (so heißt das \-Zeichen) selbst ausgeben kann. Eine Antwort darauf gibt folgende Tabelle, die alle Steuerzeichen" oder **Escape-Sequenzen**, wie sie auch genannt werden" beinhaltet.

Esc.Seq.	Zeichen
\a	**BEL** (bell), gibt ein akustisches Warnsignal.
\b	**BS** (backspace), der Cursor geht eine Position nach links.
\f	**FF** (formfeed), ein Seitenvorschub wird ausgelöst.
\n	**NL** (new line), der Cursor geht zum Anfang der nächsten Zeile.
\r	**CR** (carriage return), der Cursor geht zum Anfang der aktuellen Zeile.
\t	**HT** (horizontal tab), der Cursor geht zur nächsten horizontalen Tabulatorposition.
\v	**VT** (vertical tab), der Cursor geht zur nächsten vertikalen Tabulatorposition.
\"	" wird ausgegeben.

12 Denken Sie immer daran, daß nicht nur der Compiler, sonder auch Sie und gegebenenfalls noch andere Menschen ihren Quellcode lesen werden oder müssen. Tun Sie sich selbst und anderen einen Gefallen, indem Sie ihre Quellprogramme so übersichtlich wie möglich verfassen.

Esc.Seq.	Zeichen
\'	' wird ausgegeben.
\?	**?** wird ausgegeben.
\\	\ wird ausgegeben.

Tabelle 1.1: Die Steuerzeichen der Ein- und Ausgabe

1.6 Grafische Darstellung von Programmen

Um den Ablauf eines Programms besser zu verstehen und zu dokumentieren, hat man sich eine grafische Darstellung für den Programmablauf ausgedacht. Diese grafische Darstellung ist losgelöst von der Programmiersprache und beschreibt Ablauf und Funktion eines Programms daher universell. Mit einer solchen Darstellung läßt sich ein Programm meist problemlos in einer Programmiersprache verwirklichen, vorausgesetzt, die in der Darstellung verwendeten Ablauf-Strukturen sind in der entsprechenden Sprache realisierbar.

Programmablaufplan

Da dieser Kurs bemüht ist, die strukturierte Programmierung zu vermitteln und das Entwickeln strukturierter Programme zu fördern, würde sich als grafische Darstellung das Strukturdiagramm oder Struktogramm anbieten. Nun ist diese Darstellung gewöhnungsbedürftig, und sie eignet sich für den Einsteiger nicht besonders. Wir werden uns daher die Struktogramme für später aufheben und uns des intuitiveren Zugangs des **Programmablaufplans** oder **PAPs** bedienen. Der PAP, der auch Flußdiagramm genannt wird, zeigt auf vorbildliche Weise den Programmfluß an und trägt nicht unbeträchtlich zum Verständnis von Algorithmen bei. Wenden wir uns deshalb den ersten Symbolen des PAPs zu[13].

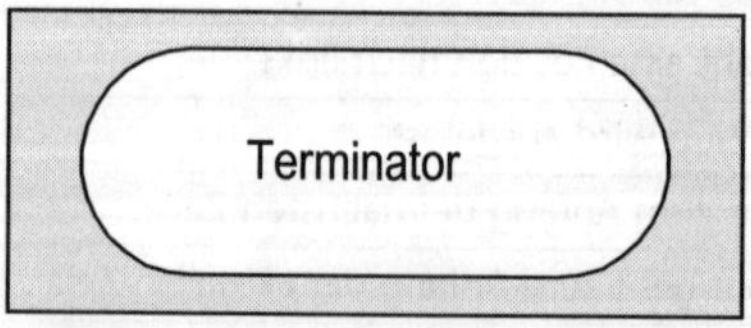

Abbildung 1.1: Das Terminator-Symbol

13 In bestimmten Kreisen ist es verpönt, strukturierte Programme mit einem PAP darzustellen oder mit dem PAP ein strukturiertes Programm zu entwerfen. In einem bestimmten Rahmen mag diese Einstellung gerechtfertigt sein, jedoch eignet sich für Lehrzwecke der PAP zu Anfang eindeutig besser.

Abbildung 1.1 zeigt das Terminator-Symbol des PAPs. Es steht am Anfang und am Ende des Programmablaufs. Bezeichnenderweise schreibt man am Programmanfang „Start" und am Programmende „Ende" in den Terminator hinein.

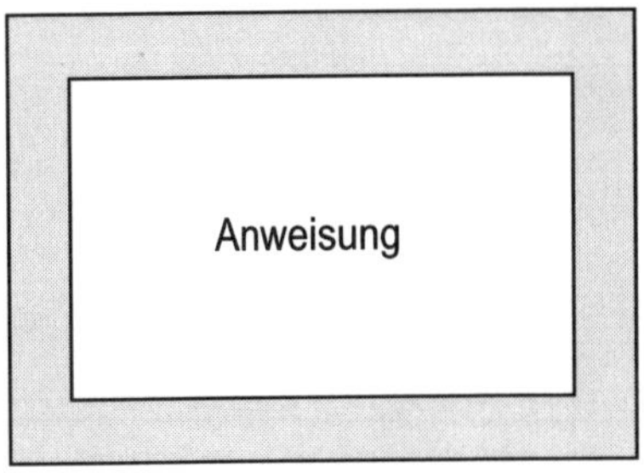

Abbildung 1.2: Das Anweisungs-Symbol

Das Anweisungs-Symbol des PAPs ist in Abbildung 1.2 dargestellt. Dieses Symbol wird dazu benutzt, bestimmte Anweisungen wie Rechnungen, Zuweisungen, Variablendefinitionen etc. darzustellen. In das Symbol hinein schreibt man die konkrete Bedeutung der Anweisung. Entweder benutzen Sie pro Anweisung einen Block oder Sie fassen logisch zusammenpassende Anweisungen in einem Block zusammen. Packen Sie einen einzelnen Block aber nicht zu voll mit verschiedenen Anweisungen, weil sich dies stark zu Ungunsten der Übersichtlichkeit auswirkt.

Für die Eingabe durch den Benutzer oder die Ausgabe auf den Bildschirm durch das Programm gibt es ein spezielles Symbol, welches in Abbildung 1.3 gezeigt wird. Man schreibt den entsprechenden Vorgang (Ein- oder Ausgabe) sowie die ein- oder auszugebenden Daten in das Symbol hinein.

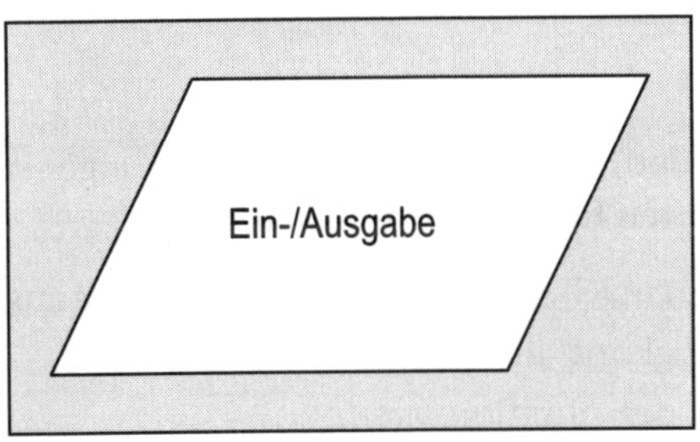

Abbildung 1.3: Das Ein-/Ausgabe-Symbol

Mit diesen Symbolen sind wir in der Lage, das letzte Beispielprogramm als Programmablaufplan darzustellen. Dies wurde in Abbildung 1.4 getan. Die einzelnen Komponenten des PAPs werden mit Linien verbunden. Die Linien werden mit Pfeilen versehen, um die Flußrichtung zu bestimmen. Flußrichtungen nach unten und nach rechts benötigen nach der Norm keine Pfeile. Es ist jedoch besser, durchweg Pfeile zu benutzen.

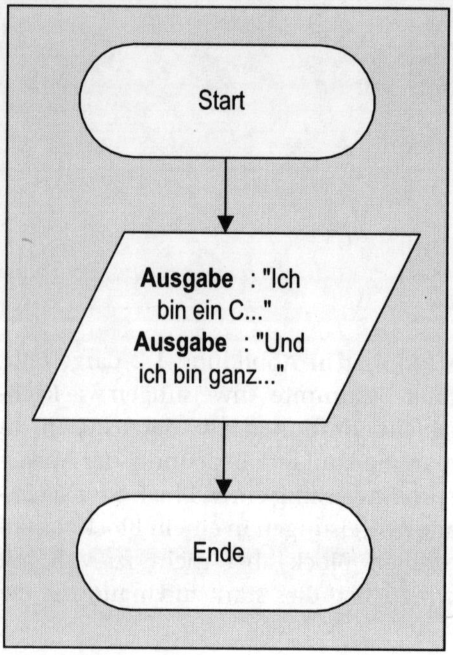

Abbildung 1.4: Programm „PRG01-02.C" als PAP

In den folgenden Kapiteln werden noch andere Symbole und Variationen vorgestellt, um unseren wachsenden Anforderungen an den PAP gerecht zu werden.

1.7 Kontrollfragen

Hinter einigen Kapiteln werden ein paar Fragen zu Ihrer eigenen Kontrolle gestellt. Die Antworten finden Sie im Anhang.

1. Welche zwei Eigenschaften machen einen Präprozessorbefehl aus?
2. Woran erkennt man Stringkonstanten?
3. Was ist das Besondere an der Funktion *main*?
4. Wozu wird in C das Semikolon benutzt?

2 Eine eigene Funktion

Vielleicht werden Sie fragen, wozu man Funktionen braucht, denn man könnte doch das komplette Programm in die *main*-Funktion packen.

Stellen Sie sich vor, Sie müssen in einem Programm fünf verschiedene Zahlen daraufhin überprüfen, ob sie Primzahlen sind. Sie hätten dann fünfmal hintereinander den gleichen Programmtext, nur mit unterschiedlichen Zahlen. Viel eleganter ist es, eine Funktion zu schreiben, der man eine Zahl übergibt, und diese Funktion gibt dann zurück, ob es sich um eine Primzahl handelt oder nicht. So haben Sie den Programmtext nur einmal anstatt fünfmal, und in der *main*-Funktion stünden dann nur noch fünf Aufrufe der Primzahlenfunktion.

Sie sollten sich grundsätzlich angewöhnen, Programmteile zu sinnvollen Blöcken zusammenzufassen und daraus Funktionen zu machen. Es ist klar, daß ein Programm, welches einfach „herunterprogrammiert" wurde, meistens schwer in Funktionen zu zerlegen ist. Daher sollte man schon bei der Planung des Programms „in Funktionen denken" und das Problem in Teilaufgaben zerlegen[1].

2.1 Zerlegung in Teilaufgaben

Fangen wir nun an, unser kleines Programm aus dem voherigen Kapitel in Teilaufgaben zu zerlegen. Sie sollten sich darüber im klaren sein, daß die Zerlegung bei diesem kleinen Programm nicht notwendig wäre und hier nur als Erklärung dient. Denn wie bei allem kann man es auch bei der Zerlegung in Funktionen übertreiben.

---

1 Als Faustregel gilt, daß eine Funktion, die deutlich länger als zwei Bildschirmseiten ist, bestimmt in zwei sinnvolle Funktionen aufgeteilt werden kann. Natürlich ist diese Regel nicht zwingend und in manchen Situationen auch unangebracht.

```c
#include <stdio.h>/*PRG02-01.C*/

void text1(void)
{
  printf("Ich bin ein C-Programm.\n");
}

void text2(void)
{
  printf("Und ich bin ganz alleine.\n");
}

void main(void)
{
  text1();
  text2();
}
```

Den Quellcode dieses Beispiels finden Sie auf der Diskette unter \BEISPIEL\PRG02-01.C.

Unsere beiden Funktionen *text1* und *text2* sind der *main*-Funktion strukturell sehr ähnlich. Genau wie bei *main* bedeutet das *void* vor dem Funktionsnamen, daß keine Parameter zurückgegeben werden, und das *void* in den Funktionsklammern, daß keine Werte an die Funktion übergeben werden.

Funktionsaufruf

Wichtig ist, daß beim Funktionsaufruf auf jeden Fall Klammern hinter dem Funktionsnamen stehen müssen, selbst dann, wenn keine Parameter übergeben werden, wie in unserem Fall, denn daran erkennt der Compiler, daß es sich um einen Funktionsaufruf handelt.

> Funktionsaufrufe besitzen immer ein Paar runde Klammern hinter dem Funktionsnamen.

Da unseren Funktionsaufrufen kein Anweisungsblock folgt[2], werden sie mit einem Semikolon abgeschlossen. Für den Aufruf einer Funktion gibt es im Programmablaufplan ein besonderes Symbol, welches in Abbildung 2.1 dargestellt ist.

2 Funktionsaufrufen folgt im übrigen nie ein Anweisungsblock.

Abbildung 2.1: Das Funktionsaufruf-Symbol

Wenn Sie noch das letzte Kapitel in Erinnerung haben, müßten Sie sich jetzt fragen, warum in unserem ersten PAP der Aufruf der Funktion *printf* nicht das Funktionsaufruf-Symbol, sondern das Ein-/Ausgabe-Symbol verwendet wurde. Diese Abstraktion wurde bewußt vorgenommen, denn in diesem Zusammenhang ist die Tatsache, daß ein Text ausgegeben wird, wichtiger als der Aufruf der Funktion.

Werden in einem Programmablaufplan selbstgeschriebene Funktionen aufgerufen, sollten diese mit einem eigenen PAP vertreten sein. Schauen wir uns für Beispiel „PRG02-01.C" einmal den kompletten PAP an. Er ist in Abbildung 2.2 dargestellt.

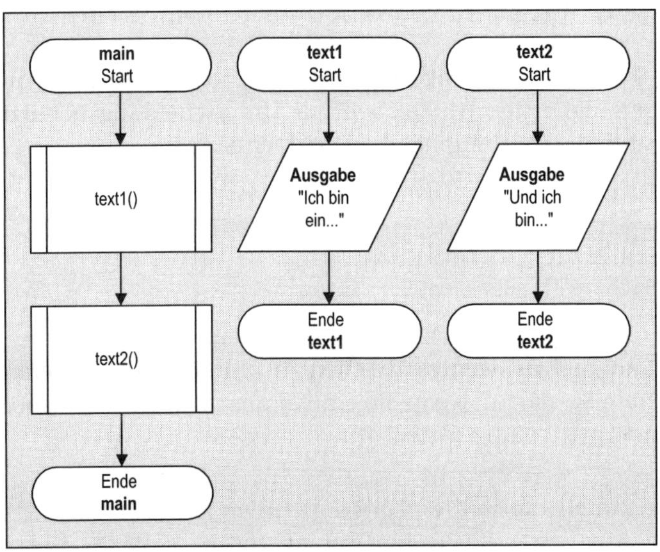

Abbildung 2.2: Programm „PRG02-01.C" als PAP

2.2 Das Bilden von Funktionsnamen

Jetzt, da wir schon zwei kleine Funktionen geschrieben haben, ist der richtige Zeitpunkt gekommen, etwas über die Regeln der Namensvergabe zu erfahren. Die erste grundlegende Regel lautet:

> Funktionsnamen müssen mit einem Buchstaben oder Unterstrich beginnen und dürfen weiterhin nur Buchstaben, Ziffern oder Unterstriche enthalten.

Sie sollten sich aber angewöhnen, den Funktionsnamen nie mit einem Unterstrich beginnen zu lassen, und innerhalb des Namens nie mehr als einen Unterstrich zu verwenden, denn der Compiler benutzt bei seiner internen Namensgebung mehrere Unterstriche[3], was dann zu einer Kollision mit selbst definierten Namen führen könnte.

Achten Sie bei der Namensvergabe darauf, daß C Groß- und Kleinschreibung unterscheidet. „main", „Main", „MaIn", „maIN" und „MAIN" sind alle unterschiedliche Namen. Weiterhin dürfen keine C-Schlüsselwörter als Namen verwendet werden. C-Schlüsselwörter als Teil eines Namens sind hingegen erlaubt[4].

> Bei Namen wird auf Groß- und Kleinschreibung geachtet.

Namensvergabe

Ein Name kann eine beliebige Länge haben, jedoch werden vom Compiler nur die ersten 31 Zeichen zur Unterscheidung benutzt. Demnach sind für den Compiler die Variablennamen

```
MitDiesemBuchWillIchCLernenUndEsMachtSpass
```

und

```
MitDiesemBuchWillIchCLernenUndEsIstToll
```

identisch. Compiler, die nicht den ANSI-C-Standard beherrschen, können manchmal viel weniger Zeichen zur Unterscheidung heranziehen. Achten Sie darauf, wenn Sie einmal mit solch einem Compiler arbeiten.

> Zur Namensunterscheidung werden nur die ersten 31 Zeichen herangezogen.

3 Dies gilt besonders im Hinblick auf C++-Compiler, die im zweiten Teil benutzt werden.

4 Im Anhang sind alle Schlüsselwörter von C und C++ tabellarisch aufgeführt.

Diese Regeln gelten im übrigen für alle Namen, seien es Variablennamen, Funktionsnamen, Strukturnamen etc.

2.3 Ein Appell an die Übersichtlichkeit

C läßt Ihnen bei der optischen Struktur Ihrer Programme sehr viel Spielraum, aber man sollte sich immer vor Augen halten, daß das Programm später noch einmal verändert werden könnte. Haben Sie dann sogenannten Spaghetti-Code[5] fabriziert, können Sie sich auf ein langwieriges Entzerren einstellen. Die Funktion *text1* hätte man zum Beispiel auch so schreiben können:

```
void text1(void){printf("Ich bin ein C-Programm.\n");}
```

Für den Compiler macht das keinen Unterschied, aber für Menschen schon, wie Sie zugeben müssen. Gerade Anfängern kann ich nur raten, von vorneherein ordentliche Programme zu schreiben. Je komplexer Ihre Programme später werden, desto dankbarer werden Sie für diesen Ratschlag sein.

2.4 Eigene Prototypen

Unser Programm hat nun schon eine „Komplexität", die es uns erlaubt, noch etwas über das Erstellen eigener **Prototypen** oder **Funktionsdeklarationen** zu erfahren, denn ohne sie geht fast gar nichts. Verändern Sie das Programm „PRG02-01.C" einmal, indem Sie die beiden Funktionen *text1* und *text2* hinter die Hauptfunktion *main* setzen. Wenn Sie die abgeänderte Form kompilieren, müßte Ihnen der Compiler eine Warnung etwa folgender Art präsentieren:

```
Warning. Calling to function 'text1' with no prototype.
Warning. Calling to function 'text2' with no prototype.
```

Eventuell gesellen sich noch folgende Meldungen hinzu:

```
Error. Type mismatch in redeclaration of 'text1'
Error. Type mismatch in redeclaration of 'text2'
```

Die ersten beiden dürften Sie nicht mehr verwundern, denn wir haben zwei Funktionen aufgerufen (*text1* und *text2*), die dem Compiler vorher weder als Funktionsdefinition noch als Prototyp vorgestellt wurden.

5 Als Spaghetti-Code bezeichnen Programmierer umgangssprachlich einen Programmtext, der vollkommen undurchschaubar geschrieben wurde. Und das sowohl optisch als auch inhaltlich.

Die zweiten beiden Meldungen kommen dadurch zustande, daß die Argumente einer Funktion nicht umdeklariert werden können. Wenn sie dem Compiler an irgendeiner Stelle im Programm zum Beispiel gesagt haben, daß die Funktion keinen Rückgabewert hat, dann dürfen sie an anderer Stelle Ihre Meinung nicht ändern, denn der Compiler wüßte gar nicht, wann er welche Deklaration benutzen sollte.

Nun hat der Compiler die Angewohnheit, jeder Funktion, die die Art ihres Rückgabewertes nicht explizit deklariert, zu unterstellen, daß sie einen Wert vom Typ *int*[6] zurückliefert. Dies geschieht auch, wenn er in unserem Programm in der *main*-Funktion zum ersten Mal auf die Funktionen *text1* und *text2* stößt. Da er nirgendwo erkennen kann, welchen Rückgabewert die beiden Funktionen haben, nimmt er an, daß sie einen *int*-Wert zurückliefern. Und wenn der Compiler später auf den Funktionskopf von *text1* stößt, steht da, daß die Funktion gar keinen Rückgabewert hat. Dies ist für ihn eine Redeklaration, und er meldet dies auch ganz offen.

Prototypen

Aber was machen wir nun? Wenn Sie sich sagen, daß es ja unmöglich sein kann, daß man ein Programm nicht mehr zum Laufen bekommt, nur weil eine Funktion an einer anderen Stelle steht, dann haben Sie recht.

Die Lösung besteht darin, dem Compiler vor den Funktionsaufrufen zu sagen, wie die beiden Funktionen aussehen, denn dadurch, daß die Funktionen hinter dem Aufruf stehen, fehlt ihm diese Information ja. Und wie machen wir das? Richtig, mit Prototypen.

Eigentlich sehen die Prototypen genauso aus wie der Funktionskopf, nur daß der Prototyp mit einem Semikolon endet. Irgendwie muß der Compiler ja einen Prototyp von einem Funktionskopf unterscheiden können. Fügen Sie also zwischen der *include*-Anweisung und der *main*-Funktion folgende Zeilen ein:

```
void text1(void);
void text2(void);
```

Das Programm müßte nun wie „PRG02-02.C" aussehen. Und siehe da, das Programm läuft wieder einwandfrei.

```
#include <stdio.h>     /*PRG02-02.C*/

void text1(void);
void text2(void);
```

6 Die *int*-Variablen lernen Sie in Kapitel 3 kennen.

```
void main(void)
{
  text1();
  text2();
}

void text1(void)
{
  printf("Ich bin ein C-Programm.\n");
}

void text2(void)
{
  printf("Und ich bin ganz alleine.\n");
}
```

Den Quellcode dieses Beispiels finden Sie auf der Diskette unter \BEISPIEL\PRG02-02.C.

2.5 Der return-Befehl

return

C bietet die Möglichkeit, mit dem Befehl **return**, was auf deutsch soviel wie „gehe zurück" heißt, eine Funktion vorzeitig zu verlassen. Schauen Sie sich einmal die Funktion *textout* an.

```
void textout(void)
{
  printf("Ich werde ausgeführt.\n");
  return;
  printf("Ich nicht!\n");
}
```

Wenn Sie diese Funktion aufrufen, wird nur der erste *printf*-Befehl ausgeführt. Sobald der *return*-Befehl ausgeführt wird, hat es den gleichen Effekt, als wäre die Funktion an ihrem Ende angelangt; sie wird verlassen. Bessere Compiler können im allgemeinen erkennen, daß der zweite *printf*-Befehl nie abgearbeitet wird, und geben eine entsprechende Meldung aus. Trotzdem kann man die Funktion aufrufen, denn es ist ja nur sinnlos und nicht falsch. Versuchen Sie es, und schreiben Sie die entsprechende *main*-Funktion dazu.

Sie können in einer Funktion so viele *return*-Anweisungen verwenden, wie sie möchten. Bei Funktionen mit Rückgabewert wird der *return* Befehl dazu benutzt, dem Compiler mitzuteilen, welcher Wert zurückgegeben werden soll, aber dazu später mehr.

2.6 Kontrollfragen

1. Wann sind Prototypen notwendig?

2. Wie wird eine Funktion aufgerufen?

3. Was ist bei der Wahl eines Funktionsnamens zu beachten?

4. Wie lang darf ein Funktionsname maximal sein?

5. Wie unterscheidet sich ein Prototyp vom Funktionskopf?

3 Der Variablentyp int

Wozu braucht man eigentlich Variablen? Die Variablen in Programmiersprachen sind denen der Mathematik sehr ähnlich: Sie bestehen aus einem Buchstaben oder einem Wort, die einen Wert repräsentieren. Der einzige Unterschied ist der, daß in der Mathematik Variablen meistens für unbekannte Zahlen stehen, während in C jede Variable für einen Wert steht, den man zu jeder Zeit benutzen oder verändern kann.

Sie können sich Variablen und den Computerspeicher wie Schubladen in einem riesigen Schrank vorstellen. In dem Moment, wo Sie eine Variable einführen, bekommt eine Schublade im Schrank den Namen ihrer Variable. Diese „benannte" Schublade enthält dann den Wert der Variablen, und Sie können über den Namen auf ihn zugreifen.

Ganzzahlen

Der erste Variablentyp, den wir uns anschauen wollen, heißt **int** und ist die Abkürzung von **integer**, was soviel heißt wie „ganzzahlig". Variablen diesen Typs können nur ganze Zahlen aufnehmen, also 5, 23, -8 etc.

3.1 Die Spielarten der Ganzzahlvariablen

Dieser Grundtyp kann in verschiedenen Varianten benutzt werden, die sich nur darin unterscheiden, in welchem Bereich die erlaubten Zahlen liegen dürfen. Die Bereiche können von Compiler zu Compiler unterschiedlich sein, aber üblich sind folgende Werte:

Typ	Größe	Zahlenbereich	Formatzeichen
Int	2 Bytes	-32768 bis +32767	i
unsigned int	2 Bytes	0 bis +65535	u
long	4 Bytes	-2147483648 bis +2147483647	li
unsigned long	4 Bytes	0 bis +4294967295	lu
short	1 Byte	-128 bis +127	hi
unsigned short	1 Byte	0 bis 255	hu

Tabelle 3.1: Die Varianten der ganzzahligen Variablen

Die Größe gibt die Anzahl der Bytes an, die von einer Variablen des entsprechenden Typs belegt wird. Die hier angegebene Bytegröße der einzelnen Variablentypen sind Mindestgrößen. Das bedeutet, daß ein ANSI-Compiler auf jeden Fall die hier angegebene Größe zur Verfügung stellen muß. Er kann jedoch auch mehr Bytes verwenden.

3.2 Formatzeichen für die Ausgabe

Formatzeichen

Die Formatzeichen werden dazu benutzt, um *printf* innerhalb des Strings mitzuteilen, welcher Variablentyp auszugeben ist. Ein Beispiel:

```
printf("Die auszugebende Zahl ist %i",zahl1);
```

An dem Formatzeichen kann man erkennen (siehe Tabelle), daß *zahl1* eine Variable vom Typ *int* sein muß. An die Stelle von %i setzt *printf* dann den Wert, den *zahl1* enthält.

```
printf("Die Zahlen heißen %i, %hu und %li",
zahl1,zahl2,zahl3);
```

In diesem Fall ist *zahl1* vom Typ *int, zahl2* vom Typ *unsigned short* und *zahl3* vom Typ *long*.

%

Und falls Sie sich jetzt fragen, wie man denn das **Prozentzeichen** % auf dem Bildschirm ausgeben kann, ganz einfach: %%.

3.3 Ein Beispiel für int

Schauen wir uns mal ein kleines Programm an, an dem einiges klarer wird.

```
#include <stdio.h>        /*PRG03-01.C*/

void main(void)
{
```

```
int zahl1;
int zahl2;
int zahl3;

  zahl1=19;
  zahl2=-23;
  zahl3=299;

  printf("Die Zahlen lauten %i, %i und %i\n",
zahl1,zahl2,zahl3);
}
```

Den Quellcode dieses Beispiels finden Sie auf der Diskette unter \BEISPIEL\PRG03-01.C.

Das Programm gibt folgendes auf den Bildschirm aus:

```
Die Zahlen lauten 19, -23 und 299
```

Definition

Mit den ersten drei Zeilen werden die Variablen *zahl1*, *zahl2* und *zahl3* als *int* **definiert**, wobei für die Variablen der entsprechende Speicherplatz reserviert wird. Um in unserem Bild zu bleiben: Eine noch nicht benannte Schublade bekommt den Namen unserer Variablen.

Initialisierung

Die folgenden Zeilen ordnen den Variablen Werte zu. Da dies die erste Wertezuweisung mit Konstanten ist, wird der Vorgang auch **Initialisieren** genannt.

=

Dies geschieht mit Hilfe des **Gleichheitszeichens**, in C auch **Zuweisungsoperator** genannt. Das Gleichheitszeichen weist der links von ihm stehen Variablen den Wert zu, den der Ausdruck rechts des Gleichheitszeichens ergibt. Falls der Ausdruck auf der rechten Seite eine Berechnung erfordert (z.B. a=b+c), wird er zuerst berechnet, und erst dann das Ergebnis der Variablen auf der linken Seite zugewiesen.

> Vor dem Gleichheitszeichen dürfen keine konstanten Ausdrücke stehen.

3.4 Verkürzungen in der Schreibweise

Sie können nun ein paar Vereinfachungen vornehmen, denn in C geht es eigentlich immer kürzer. Als erstes schauen wir uns die drei Definitionen an. C erlaubt es, Variablendefinitionen gleichen Typs zusammenzufassen. Das sähe so aus:

```
int zahl1,zahl2,zahl3;
```

Weiterhin bietet C die Möglichkeit, Variablen bei ihrer Definition gleichzeitig zu initialisieren. Das endgültige Programm hat dann folgende Form[1]:

```
#include <stdio.h>

void main(void)
{
int zahl1=19,zahl2=-23,zahl3=299;

  printf("Die Zahlen lauten %i, %i und %i\n",
zahl1,zahl2,zahl3);
}
```

3.5 Die Notwendigkeit der Initialisierung

Bitte denken Sie daran, daß Sie Variablen, die Sie definiert haben, immer erst initialisieren, bevor Sie sie benutzen, denn der Wert einer nicht initialisierten Variablen ist undefiniert. Deswegen kann sie jeden Wert, der innerhalb ihres Wertebereichs liegt, repräsentieren, nur weiß man nicht, welchen. Man kann zum Beispiel bei folgendem Programm nicht sagen, welcher Wert ausgegeben wird:

```
#include <stdio.h>

void main(void)
{
int zahl;

  printf("Der Wert ist %i\n",zahl);
}
```

> Nicht initialisierte Variablen haben einen nicht vorhersagbaren Wert!

1 Bitte bedenken Sie, daß die Definition mit gleichzeitiger Initialisierung für *static*-Variablen nicht gleichzusetzen ist mit einer Initialisierung, nachdem die Variable definiert wurde. Diese Vereinfachung gilt nur für „normale" Variablen. Doch dazu in Kapitel 8.3 mehr.

3.6 Erweiterte Formatierung der Ausgabe

Bei der Ausgabe mit *printf* haben Sie des weiteren die Möglichkeit, zwischen dem Prozentzeichen und der Spezifikation des auszugebenden Variablentyps noch weitere Angaben über die Ausgabe zu machen.

\+

Es ist Ihnen vielleicht aufgefallen, daß negative Zahlen mit einem führenden Minuszeichen ausgeben werden, jedoch die positiven Zahlen ohne führendes Pluszeichen. Soll dieses Pluszeichen gegebenenfalls mit ausgegeben werden, geben Sie das Pluszeichen dem Formatzeichen bei:

```
printf("Der Wert ist %+i", 42);
```

Durch dieses Pluszeichen bekommt der ausgegebene Wert immer ein Vorzeichen. In obigem Fall wird +42 ausgegeben.

Zeichen reservieren

Ein weiteres Problem kann bei der Ausgabe von Werten in tabellarischer Form auftreten. Wenn die auszugebenden Zahlen unterschiedlich lang sind, kann es zu Verschiebungen innerhalb der Tabelle kommen, die die Übersichtlichkeit derselben stark beeinträchtigen. Um dem Abhilfe zu schaffen, können Sie die für einen Wert zu reservierenden Zeichen als Zahl angeben.

```
printf("Die Werte sind %5i und %5i\n", 42,24424);
```

Wie Sie sehen, nehmen beide Werte den gleichen Platz ein. Die überschüssigen Zeichen werden mit Leerzeichen aufgefüllt. Sollte die auszugebende Zahl größer sein als der reservierte Platz, wird sie trotzdem komplett ausgegeben.

\-

Nun fällt gerade bei Ausgaben mit Angabe der zu reservierenden Zeichenanzahl auf, daß die Werte immer rechtsbündig ausgegeben werden, die Leerzeichen also vor der Zahl stehen. Möchten Sie die Zahlen linksbündig ausgeben, dann benutzen Sie das Minuzeichen:

```
printf("Die Werte sind %-6i und %-6i\n", 42,24424);
```

Sollen bei der rechtsbündigen Ausgabe anstelle der Leerzeichen führende Nullen erscheinen, benutzen Sie die Null.

```
printf("Die Werte sind %06i und %06i\n", 42,24424);
```

Es werden die Zahlen 000042 und 024424 ausgegeben.

3.7 Kontrollfragen

1. Welche Zahlenart können *int*-Variablen darstellen?

2. Was genau bedeutet *unsigned*?

3. Muß eine Variable initialisiert werden?

4 Eingabe mit scanf

scanf

Nachdem wir unseren ersten Variablentyp kennengelernt haben, ist jetzt der Zeitpunkt gekommen, an dem wir uns mit dem Gegenstück der Ausgabe beschäftigen müssen und können: mit der Eingabe. Die Funktion, die wir dafür benutzen, heißt **scanf**. Der Prototyp von *scanf* steht genau wie der von *printf* in der Headerdatei *stdio.h*. Aber zuerst einmal ein Beispiel:

```
#include <stdio.h>      /*prg04-01.c*/

void main(void)
{
unsigned int zahl;

  printf("Geben Sie bitte eine Zahl größer gleich Null und \
kleiner 65536 ein:");
  scanf("%u",&zahl);
  printf("Sie haben %u eingegeben.\n",zahl);
}
```

Den Quellcode dieses Beispiels finden Sie auf der Diskette unter \BEISPIEL\PRG04-01.C.

*Trennzeichen *

Rein vom optischen Aufbau des Programms her gesehen, lernen Sie hier eine neue Möglichkeit kennen. Und zwar sehen Sie an diesem Beispiel, wie man eine zu lange Zeile in zwei kleinere unterteilt. Das Trennsymbol ist das Zeichen "\". Bitte beachten Sie, daß die Zeile, die dem Trennzeichen folgt, nicht eingerückt sein sollte, da eine eventuelle Einrückung als Inhalt der Zeile interpretiert wird. Rücken Sie einmal in unserem obigen Beispiel die dem "\" folgende Zeile nach rechts ein. Sie werden dann feststellen, daß diese Einrückung mit ausgegeben wird.

Doch nun zurück zum inhaltlichen Teil. Zuerst wird die Variable *zahl* vom Typ *unsigned int* definiert, danach wird ein Text ausgegeben. Bis dahin ist alles ein alter Hut, aber schauen wir uns nun den **scanf**-Befehl an.

Von der Struktur her sieht *scanf* aus wie *printf*. Zuerst kommt eine Stringkonstante[1], die ein Formatzeichen enthält. *scanf* benutzt die gleichen Formatzeichen wie *printf*, so daß wir anhand der Tabelle aus dem vorigen Kapitel sofort sehen, daß ein Wert vom Typ *unsigned int* eingelesen werden soll. Hinter der Stringkonstanten steht die Variable, die den eingegebenen Wert aufnehmen soll.

Wichtig ist, daß bei *scanf* vor dem Variablennamen ein &-Zeichen, der sogenannte **Adreßoperator**, steht. Dies ist kein Druckfehler! Während wir *printf* den Wert der Variablen übergeben, braucht *scanf* die Adresse der Variablen. Die **Adresse** einer Variablen ist die Stelle im Computerspeicher, an der die Variable gespeichert ist.

Um zu erklären, warum in diesem Fall die Adresse übergeben wird, bräuchten wir noch einige Grundlagen, die erst im weiteren Verlauf dieses Buches behandelt werden. Aber, um Ihre Neugierde zu befriedigen, soviel vorab: In C kann man Werte von Variablen, die in einer anderen Funktion definiert wurden, nicht verändern. Für *scanf* ist unsere Variable aber in einer anderen Funktion definiert worden, nämlich in unserer eigenen. Aber den Wert der Variablen zu verändern ist ja gerade die Aufgabe von *scanf*, denn wir wollen ja, daß die Variable den eingegebenen Wert enthält. Deshalb wird ein Trick benutzt, den wir erst später besprechen werden.

Adreßoperator &

Da *scanf* sehr stark an *printf* erinnert, kann man schnell auf die Idee kommen, folgendes zu schreiben:

FALSCH!

```
scanf("Bitte eine Zahl eingeben%u",&zahl);
```

Dies ist jedoch ein Trugschluß. Der Text, der zusätzlich noch im String steht, wird weder ausgegeben, noch beachtet, es sei denn, der Text enthielte Zeichen, die der Compiler irrtümlich als Steuerzeichen interpretieren würde. Wollen Sie einen Text vor Ihrer Eingabe ausgeben, so muß dies mit *printf* geschehen. Sie haben jedoch die Möglichkeit, mit einer *scanf*-Anweisung mehrere Werte einzulesen:

```
printf("Bitte geben Sie zwei Zahlen ein:");
scanf("%u%i",&zahl1,&zahl2);
```

Hier wird zuerst ein Wert vom Typ *unsigned int* und dann einer vom Typ *int* eingelesen. Sie haben zwei Möglichkeiten, die Werte einzugeben:

1 Das erkennt man an den doppelten Anführungszeichen.

1. Sie geben den ersten Wert ein und drücken die Return-Taste. Danach geben Sie den zweiten Wert ein und drücken wieder die Return-Taste. Daß kein Text erscheint, nachdem Sie den ersten Wert eingegeben haben, ist verständlich.
2. Sie geben den ersten Wert und den zweiten Wert hintereinander durch ein Leerzeichen getrennt ein, und Sie drücken die Return-Taste.

Es bleibt Ihrem Geschmack überlassen, auf welche Weise Sie die Werte eingeben. Sie sollten aber *scanf* nur in Ausnahmefällen auf diese Weise benutzen. Für die Personen, die später mit Ihrem Programm arbeiten, ist die folgende Variante benutzerfreundlicher:

```
printf("Geben Sie bitte eine Zahl ein:");
scanf("%u",&zahl1);
printf("Bitte geben Sie noch eine Zahl ein:");
scanf("%i",&zahl2);
```

Es ist doch auch irgendwie netter, wenn für jede Eingabe ein eigener Text erscheint.

4.1 Eingaben außerhalb des Bereichs

Das Programm „PRG04-01.C" benutzte eine Variable vom Typ *unsigned int*, damit Zahlen von 0 bis 65535 eingegeben werden können. Starten Sie das Programm einmal, und geben Sie die Zahl 65536 ein, die ja nicht mehr im Bereich des Typs *unsigned int* liegt. Das Programm meldet keinen Fehler, aber bei der Ausgabe steht der Wert 0. Das liegt daran, daß C den jeweiligen Wertebereich wie einen Ring behandelt; was auf der einen Seite den Bereich verläßt, kommt auf der anderen Seite wieder herein. Geben Sie zum Beispiel 65538 ein, gibt das Programm 2 aus und geben Sie -1 ein, gibt es 65535 aus.

> Vorsicht: Falsche Eingaben haben im allgemeinen keinen Laufzeitfehler zur Folge!

Dieses Phänomen tritt auch bei den anderen *int*-Varianten wie *long, short, unsigned long* und *unsigned short* auf, nur daß sich eben die Bereiche verändern. Würden sie bei *int* den Wert 32769 eingeben, gäbe das Programm -32767 aus. Wenn Sie bei einer Variablen vom Typ *unsigned short* den Wert -2 eingeben, gibt es 254 aus[2].

2 Die Beispiele gehen davon aus, daß die Variablen eine der Größen haben, wie sie in der Tabelle im vorigen Kapitel angegeben wurden. Sollte Ihr Compiler andere Bytegrößen für die Variablen benutzen, müssen die Beispiele dementsprechend umgeändert werden.

Sie als Programmierer haben in C dafür Sorge zu tragen, daß die Eingaben in den von Ihnen gesteckten Grenzen liegen. Werden diese Grenzen überschritten, so müssen Sie entsprechende Schritte im Programm einleiten. Wie das geht, erfahren Sie, wenn Sie später die ersten Kontrollstrukturen kennenlernen.

4.2 Kontrollfragen

1. Auf welchen Unterschied zwischen *printf* und *scanf* muß man bei der Benutzung achten?

2. Worin unterscheidet sich die Stringkonstante bei *printf* von der bei *scanf*?

3. Vor welchem Laufzeitfehler sind Sie bei der Benutzung von *scanf* nicht geschützt?

5 Die Grundrechenarten

In diesem Kapitel wollen wir uns mit den Grundrechenarten, wie wir sie von der Mathematik her kennen, und ihrer Verwendung in C beschäftigen.

5.1 Die Operatoren +, -, *, /, (,)

In der folgenden Tabelle sehen Sie die C-Operatoren für die vier Grundrechenarten:

+	Addiert zwei Werte.
-	Subtrahiert den rechten Wert vom linken.
*	Multipliziert zwei Werte miteinander.
/	Dividiert den linken Wert durch den rechten.

Tabelle 5.1: Die C-Operatoren der vier Grundrechenarten

Sie können die Operatoren in allen möglichen Kombinationen verwenden. Die Operatoren * und / binden stärker als + und -. Das heißt, 3+4*5 ergibt 23 und nicht 35[1].

Möchten Sie jedoch, daß zuerst 3+4 gerechnet und dann die Multiplikation mit 5 vorgenommen wird, müssen Sie den Ausdruck klammern. (3+4)*5 würde dann tatsächlich 35 ergeben, weil die Klammern stärker binden als die übrigen Rechenzeichen.

Da *int*-Variablen nur ganzzahlige Werte aufnehmen können, läßt C eventuell entstehende Ziffern hinter dem Komma einfach wegfallen. 3/2 ergibt dann 1 und -3/2 ergibt -1.

1 Diese Regel entspricht der „Punkt-vor-Strich"-Regel in der Mathematik.

Fließkommazahlen werden an integer-Variablen durch Wegfall der Nachkommastellen angepaßt.
Es findet KEIN Auf- oder Abrunden statt.

Nachfolgend ein Beispiel, welches die Rechenoperatoren benutzt:

```
#include <stdio.h>      /* PRG05-01.C */

void main(void)
{
int zahl1,zahl2,zahl3,zahl4;

  zahl1=3*2;
  zahl2=zahl3=zahl1*2;
  zahl3=zahl3*2;
  zahl4=zahl3/4;
  zahl1=zahl2*zahl4+zahl3;
  printf("Das Ergebnis lautet : %i\n",zahl1);
}
```

Den Quellcode dieses Beispiels finden Sie auf der Diskette unter \BEISPIEL\PRG05-01.C.

Sie können ja mal ausprobieren, ob Sie herausbekommen, welchen Wert das Programm ausgibt. Die Erklärung beginnt mit *zahl1=3*2;* als erster Zeile.

Zeile 1: *zahl1* bekommt den Wert 6 zugewiesen (Initialisierung von *zahl1*).

Zeile 2: *zahl2* bekommt den Wert von *zahl3*, und *zahl3* bekommt den Wert von *zahl1**2, also 12 zugewiesen. *zahl2* und *zahl3* haben daher den Wert 12 (Initialisierung von *zahl2* und *zahl3*).

Zeile 3: *zahl3* bekommt den Wert *zahl3**2, also 24.

Zeile 4: *zahl4* bekommt den Wert *zahl3* durch 4, also 6 (Initialisierung von *zahl4*).

Zeile 5: *zahl1* bekommt den Wert *zahl2*zahl4+zahl3*, das ist 12*6+36, also 96.

Das Programm muß daher den Wert 96 ausgeben. Sie können das Programm natürlich auch abtippen und starten, dann erhalten Sie den Wert ebenfalls.

5.2 Der %-Operator

Der %-Operator, der auch **Modulo**-Operator genannt wird und in diesem Zusammenhang nicht mit dem Formatzeichen verwechselt werden darf, wird hauptsächlich bei Ganzzahlen benutzt und ermittelt den Rest einer Division.

> Der Modulo-Operator % bestimmt den Rest einer Division von Ganzzahlen.

13%4 ergibt 1, weil bei Ganzzahlen 13/4 3 ergibt, und somit 13-12=1 der Wert des Restes ist.

Mit diesem Operator lassen sich bestimmte Probleme ziemlich einfach lösen. Ein simples Beispiel ist folgendes: Stellen Sie sich vor, Sie haben acht Schubladen, die von null bis sieben durchnumeriert sind. In diese Schubladen sollen Sie Zahlen einsortieren. Die Zahl 0 kommt in Schublade 0, die Zahl 7 kommt in Schublade 7 und die Zahl 8 kommt wieder in Schublade 0. Demnach kommt die 12 in Schublade 4 und die 33 in Schublade 1. Ich denke, Sie erkennen die Regelmäßigkeit. Wie löst man dieses Problem rechnerisch? In C kein Problem. Sie nehmen eine Variable namens *schublade*, die die Schubladennummer enthalten soll und eine Variable *zahl*, die die einzusortierende Zahl enthalten soll. Sie berechnen in einem C-Programm die Schublade wie folgt:

```
schublade = zahl % 8;
```

Acht deshalb, weil es ja auch acht Schubladen sind. Die 8 Schubladen werden numeriert von 0 bis 7. Die Leerzeichen zwischen den Operatoren und den Variablennamen dienen im übrigen nur der Übersichtlichkeit und können auch weggelassen werden:

```
schublade=zahl%8;
```

Auch hier wieder die altbekannte Regel, daß Programme nicht nur für Computer geschrieben werden, deshalb ist die Schreibweise mit Leerzeichen derjenigen ohne vorzuziehen.

5.3 Die Operatoren +=, -=, *=, /=, %=

Diese Operatoren, auch Zuweisungsoperatoren genannt, dienen der Verkürzung von Zuweisungen. Sie können zum Beispiel folgende Verkürzungen vornehmen:

Ausdruck	Äquivalent
zahl=zahl+5;	zahl+=5;
wert=wert*23;	wert*=23;
x=x-wert;	x-=wert;
value=value/2;	value/=2;
x=x%8;	x%=8;
value=value+3*wert;	value+=3*wert;
zahl=wert/value+zahl;	zahl+=wert/value;

Tabelle 5.2: Äquivalenz von Ausdrücken

Es ist jedoch wichtig, sich das über Zuweisungen Gesagte in Erinnerung zu rufen: Das Gleichheitszeichen ordnet der links von ihm stehenden Variablen den Wert zu, den der Ausdruck auf der rechten Seite ergibt. Falls der Ausdruck auf der rechten Seite eine Berechnung erfordert (z.B. a=b+c), wird er zuerst berechnet, und das Ergebnis dieser Berechnung dann der Variablen auf der linken Seite übergeben.

Bei den vier Zuweisungsoperatoren bedeutet dies ein Berechnen des Ausdrucks auf der rechten Seite mit anschließendem Verknüpfen des Ergebnisses mit der linken Seite. Die Art der Verknüpfung hängt dabei vom Zuweisungsoperator ab.

Bindungsstärke

Das letzte Beispiel in der Tabelle ist nur deswegen äquivalent, weil die Division eine stärkere Bindung hat als die Addition.

```
wert=wert*3+value;
```

ist nicht gleich mit

```
wert*=3+value;
```

Bevor Sie weiterlesen, überlegen Sie einmal, warum die beiden Ausdrücke nicht gleich sind.

Betrachten wir zuerst die linke Zuweisung. Wie wir wissen, wird zuerst der Ausdruck auf der rechten Seite berechnet, der danach der Variablen auf der linken Seite zugewiesen wird. Da der Ausdruck nicht geklammert ist, wird zuerst die Multiplikation ausgeführt, weil sie Vorrang vor der Addition hat. Danach wird die Addition vorgenommen. Die rechte Zuweisung analysieren wir genauso. Zuerst wird der Ausdruck auf der rechten Seite berechnet. Dort steht nur eine Addition und kann somit ausgeführt werden. Danach wird der rechte Ausdruck dem Zuweisungsoperator entsprechend mit dem linken verknüpft, und in der linken Variable gespeichert. Die Verknüpfung ist eine Multiplikation, also wird der berechnete Wert mit der Variablen *wert* multipliziert und dann in derselben gespeichert. Wie wir sehen, wurde links zuerst die Multiplikation und dann die Addition, rechts hingegen zuerst die Addition und dann die Multiplikation ausgeführt. Die beiden Zuweisungen können also nicht zu gleichen Ergebnissen führen.

Achten Sie bei der Benutzung der Zuweisungsoperatoren auf die Bindungstärke der verwendeten Rechenoperatoren.

Wenn Sie bei der Berechnung eines Ausdrucks nicht sicher sind, welche Operatoren denn nun Vorrang haben, dann klammern Sie einfach so, daß das Ergebnis Ihrem Wunsch entspricht. Klammern haben nämlich die höchste Priorität, und es ist grundsätzlich besser, zu viele Klammernpaare zu setzen, als zu wenige.

5.4 Ausgabe von Ausdrücken

Des weiteren ist es interessant, folgendes zu wissen:

An jeder Stelle im Programm, an der eine Variable stehen kann, kann auch ein berechenbarer Ausdruck stehen.

Sehen Sie sich einmal folgendes Fragment an:

```
zahl3=zahl1+zahl2;
printf("%i plus %i ist gleich %i\n",zahl1, zahl2, zahl3);
```

Vorausgesetzt, daß die Variable *zahl3* nur für die Ausgabe der Summe gebraucht wird und in keinen weiteren Berechnungen auftritt, lassen sich die beiden Zeilen auf folgende Weise vereinfachen:

```
printf("%i plus %i ist gleich %i\n",zahl1, zahl2,
zahl1+zahl2);
```

Die Übersichtlichkeit erhöht sich, und das Programm hat eine Variable weniger. C geht sogar noch weiter und erlaubt es, folgenden Satz aufzustellen:

Steht an einer Stelle im Programm ein berechenbarer Ausdruck, kann er auch an Ort und Stelle zugewiesen werden.

Dadurch entsteht eine Mischung aus den beiden oberen Beispielen:

```
printf("%i plus %i ist gleich %i\n",zahl1, zahl2,
       zahl3=zahl1+zahl2);
```

Diese Zeile gibt nun die Summe von *zahl1* und *zahl2* aus und weist das Ergebnis zuzsätzlich noch *zahl3* zu, so daß im weiteren Verlauf *zahl3* tatsächlich die Summe der beiden Variablen enthält.

Weiterhin gilt auch folgender Satz, der eigentlich nicht erwähnt werden müßte:

> An jeder Stelle im Programm, an der eine Variable stehen kann, kann auch eine Konstante stehen (ausgenommen links von einer Zuweisung.)

Die Gültigkeit dieses Satzes haben wir in Kapitel 3.6 schon festgestellt. Aber trotzdem noch einmal ein sinnloses Beispiel:

```
printf("Die Zahl heißt %i\n",231);
```

Sinnlos deshalb, weil in diesem Fall die Konstante direkt mit in den auszugebenden String geschrieben werden könnte:

```
printf("Die Zahl heißt 231\n");
```

Sinnvoll wird das Einsetzen einer Konstanten erst bei Funktionsaufrufen mit Parameterübergabe, die wir später kennenlernen werden.

5.5 Die Operatoren ++ und --

++, --

C wäre nicht C, wenn es für spezielle Fälle nicht wieder Abkürzungen parat hätte. Und tatsächlich gibt es noch einen Sonderfall der Addition und der Subtraktion: das **Inkrementieren** und das **Dekrementieren**. Eine Variable wird inkrementiert, wenn man ihren Wert um eins erhöht, und sie wird dekrementiert, wenn man ihn um eins vermindert[2].

Man fragt sich natürlich, warum diese beiden Operationen als Sonderfall aufgefaßt werden, denn wir könnten doch ganz einfach eine Variable mit *+=1* inkrementieren und mit *-=1* dekrementieren. Das stimmt, aber je nachdem, welche der beiden Schreibweisen benutzt wird, kann man auf den Verwendungszweck des Ausdrucks schließen.

Post-Operatoren

Variablen, hauptsächlich ganzzahlige Variablen, können auf eine bestimmte Weise benutzt werden: nämlich als **Zähler**. Zähler werden im allgemeinen nur um 1 erhöht oder um 1 erniedrigt. Deswegen

---

2 Eine Ausnahme bilden die Inkrement- und Dekrement-Operatoren bei den Zeigern. Dort erhöhen bzw. erniedrigen sie nicht notwendigerweise um 1. Doch später dazu mehr.

sollte man zum Erhöhen und Erniedrigen, oder in der C-Sprache, zum Inkrementieren und Dekrementieren, die entsprechenden Operatoren benutzen, wohingegen Sie beim bloßen Addieren oder Subtrahieren die übrigen Operatoren benutzen sollten. Doch nun ein Beispiel:

```
wert=3;
printf("Der Wert ist %i",wert);
wert++;
printf("Der Wert ist %i",wert);
wert--;
printf("Der Wert ist %i",wert);
```

Es wird Sie nicht überraschen, wenn die drei *printf*-Anweisungen 3, 4 und 3 ausgeben.

Nun kann sowohl der Inkrement- als auch der Dekrement-Operator in zwei Formen benutzt werden, erstens als **Postinkrement** und **Postdekrement** und zweitens als **Präinkrement** und **Prädekrement**.

Bei den Postoperatoren wird die Variable erst „benutzt" und dann entsprechend inkrementiert oder dekrementiert. Die Präoperatoren inkrementieren bzw. dekrementieren vor der Benutzung.

Prä-Operatoren

Das obige Beispiel verwendete Postinkrement und Postdekrement. Um die Unterschiede in der Schreibweise zu erklären, nun das gleiche Beispiel mit Prä-Operatoren:

```
wert=3;
printf("Der Wert ist %i",wert);
++wert;
printf("Der Wert ist %i",wert);
--wert;
printf("Der Wert ist %i",wert);
```

Nun ändert sich am Ablauf des Programms und an seiner Ausgabe durch die Änderung rein gar nichts. Wieso? Weil an der Stelle, an der inkrementiert bzw. dekrementiert wurde, keine Benutzung der Variablen stattfand. Doch wie wir schon gelernt haben, kann an der Stelle, an der ein berechenbarer Ausdruck steht, auch eine Zuweisung stehen. Dies gilt auch für die Inkrement- und Dekrement-Operatoren, so daß wir sie nun in die *printf*-Anweisung einbetten.

```
wert=3;
printf("Der Wert ist %i",wert++);
printf("Der Wert ist %i",wert--);
printf("Der Wert ist %i",wert);
```

Schauen wir uns die erste *printf*-Anweisung an. Wir benutzen dort ein Postinkrement, so daß die Variable zuerst benutzt – was in diesem Falle eine Übergabe an die *printf*-Anweisung bedeutet, und dann imkrementiert wird. *printf* gibt also den Wert 3 aus, aber danach hat *wert* den Wert 4.

Das gleiche gilt für die zweite *printf*-Anweisung. Zuerst wird der aktuelle Wert übergeben, nämlich 4, und dann die Variable dekrementiert. Die Werte, die das Programm ausgibt, lauten also 3, 4 und 3. Hier ist das Ergebnis noch identisch mit den vorherigen Versionen, doch benutzen wir nun die Prä-Operatoren.

```
wert=3;
printf("Der Wert ist %i",++wert);
printf("Der Wert ist %i",--wert);
printf("Der Wert ist %i",wert);
```

In der ersten *printf*-Anweisung wird die Variable nun vor dem Benutzen inkrementiert, so daß die Variable *wert* den Wert 4 hat, wenn sie *printf* übergeben wird. In der zweiten *printf*-Anweisung wird zuerst dekrementiert, also wird *printf* der Wert 3 übergeben. Die Werte der Ausgabe lauten 4, 3 und 3. Dies unterscheidet sich von den anderen Ergebnissen.

Bitte versuchen Sie, die Inkrement- bzw. Dekrement-Operatoren nur für Zähler zu benutzen. Es ist natürlich auch erlaubt, sie in einem anderen Kontext anzuwenden, aber man sollte für sich selber bestimmte Regeln aufstellen, an die man sich dann hält. Und je mehr sich diese Regeln mit den Regeln der Allgemeinheit decken, um so besser.

Wenn Sie die Inkrement-/Dekrement-Operatoren in Ausdrücken benutzen, ist es ratsam, ihre Wirkungsweise wie oben durchzuspielen, da diese immer eine beliebte Fehlerquelle darstellen.

5.6 Kontrollfragen

1. Welchen Wert ergibt *17/3* ?
2. Welchen Unterschied gibt es zwischen den Ausdrücken *3*4+5* und *5+4*3* ?
3. Welchen Unterschied gibt es zwischen den Ausdrücken *(3*4)+5* und *3*(4+5)* ?
4. Welche Nachteile ergeben sich, wenn ein zu berechnender Ausdruck direkt in der *printf*-Anweisung steht?
5. Ist *x+=2* und *x++2* das gleiche?
6. Worin liegt der Vorteil von ++ gegenüber +=*1* ?

6 Übungen

Wir sind nun an einem Punkt angelangt, an dem das bisher Erlernte Gelegenheit bekommen soll, sich zu festigen. In diesem Kapitel werden zu den bisherigen Kapiteln Übungsaufgaben gestellt, bei denen ich Ihnen nur ans Herz legen kann, sie zu lösen, denn nichts ist so wichtig wie Übung.

In manchen Übungen gilt es herauszufinden, welche Passagen fehlerhaft sind. Sollte Ihnen dies nicht gelingen, schlagen Sie nicht sofort die Lösung nach, sondern versuchen Sie zuerst, das Programm zu kompilieren. Benutzen Sie dazu den auf der Diskette befindlichen Programmtext oder tippen Sie den abgedruckten Programmtext ab. Der Compiler wird Ihnen dann Fehler melden, mit deren Hilfe Sie die Fehler im Programm erkennen und beheben können. Dadurch wird das Verständnis der Compilermeldungen trainiert. Erst wenn Sie die Fehler überhaupt nicht lokalisieren können, sollten Sie die Lösung nachschlagen.

Aber auch, wenn Sie eine Aufgabe alleine gelöst haben, empfiehlt es sich, die Lösung nachzuschlagen, weil dort immer noch einige Tips stehen, die Sie vielleicht noch nicht kennen.

Übung 1

Was ist am folgenden Programm falsch?

```
#include <stdio.h>    /* UEB06-01.C*/

void main(void)
{
int a;

  printf("Bitte geben Sie eine Zahl ein:");
  scanf("%i",a);
  printf("Die Zahl lautet %i",a);
}
```

Den Quellcode dieses Beispiels finden Sie auf der Diskette unter \UEBUNG\UEB06-01.C.

Falls Sie das Programm starten, wird der Fehler nicht während der Kompilierung, sondern während der Ausführung auftreten.

Übung 2

Schreiben Sie ein Programm, welches Sie nach drei Zahlen fragt (auch negative Werte sollen erlaubt sein) und dann die Summe der drei Zahlen ausgibt. Nachdem die Summe ausgegeben wurde, soll nach einer neuen Zahl gefragt werden, mit der die Summe dann multipliziert wird. Dieses Ergebnis soll ebenfalls ausgegeben werden.

Übung 3

Schreiben Sie ein Programm, bei dem drei Zahlen multipliziert werden, das aber nur zwei Variablen benötigt. Lassen Sie das Ergebnis ausgeben. Entwerfen Sie das Programm so, daß das Produkt noch weiter verwendet werden könnte.

Übung 4

```
void ausgabe(void)
{
  printf("Das Zeichen " heißt doppelter Anführungs \
strich.\n");
}
```

Wo liegt der Fehler in dieser Funktion? Falls Sie ihn nicht finden, schreiben Sie eine *main*-Funktion, mit der Sie die obige Funktion austesten können.

Übung 5

```
#include <stdio.h>

void main(void)
{
  printf("Hier stehen drei Zahlen untereinander: /n23/n55/
n88");
}
```

Warum stehen die drei Zahlen (23, 55 und 88) nicht untereinander?

Übung 6

Was ist an dem folgenden Programm falsch?

```
#include >stdio.h<  /* UEB06-02.C */

void ausgabe(void)

void Main(void)
{
  ausgabe;
}

void ausgabe(void);
{
  printf(Dies ist eine Testausgabe);
}
```

Den Quellcode dieses Beispiels finden Sie auf der Diskette unter \UEBUNG\UEB06-02.C.

Das Programm hat 6 Fehler.

Übung 7

Was ist an dem folgenden Programm falsch?

```
#include <stdio>  /* UEB06-03.C */


void test1(void)
{
  printf("Dies ist der erste Test\n");
}

void main(void)
{
  test1();
  test2();
}

void test2(void)
{
  printf("Dies ist der zweite Test\n");
}
```

Den Quellcode dieses Beispiels finden Sie auf der Diskette unter \UEBUNG\UEB06-03.C.

Das Programm enthält zwei Fehler.

Übung 8

Schreiben Sie mit einer *printf*-Anweisung das wort „test" diagonal auf den Bildschirm.

Übung 9

Geben Sie drei Möglichkeiten an, den Wert 1 zur Variablen *x* zu addieren.

Übung 10

Schauen Sie sich folgendes Programmfragment an:

```
a=12;
a+=++a+a++;
a=a+a;
printf("%i",a);
```

Welcher Wert wird ausgegeben?

6.1 Lösungen

Lösungen, die in Form von Programmen gegeben werden, sind auch auf der Diskette enthalten. Lesen Sie sich die Lösungen sorgfältig durch, und versuchen Sie nicht nur das Programm, sondern auch seinen Sinn zu verstehen.

Lösung 1

In der *scanf*-Anweisung wurde vor der Variablen das &-Zeichen vergessen.

Lösung 2

```
#include <stdio.h>     /* UEB06-04.C */

void main(void)
{
int zahl1, zahl2, zahl3, summe, produkt;

  printf("Bitte Zahl1 eingeben :");
  scanf("%i",&zahl1);
  printf("\nBitte Zahl2 eingeben :");
  scanf("%i",&zahl2);
```

```
  summe=zahl1+zahl2;
  printf("\nDie Summe lautet %i\n",summe);
  printf("\nBitte Zahl3 eingeben :");
  scanf("%i",&zahl3);

  produkt=summe*zahl3;
  printf("\nDas Produkt lautet %i\n",produkt);
}
```

Den Quellcode dieses Beispiels finden Sie auf der Diskette unter \UEBUNG\UEB06-04.C.

Dies war die ausführliche Variante. Eine kompaktere, bei der drei Variablen gespart wurden, folgt:

```
#include <stdio.h>     /* UEB06-05.C */

void main(void)
{
int zahl, summe;

  printf("Bitte Zahl1 eingeben :");
  scanf("%i",&summe);
  printf("\nBitte Zahl2 eingeben :");
  scanf("%i",&zahl);

  summe+=zahl;

  printf("\nDie Summe lautet %i\n",summe);
  printf("\nBitte Zahl3 eingeben :");
  scanf("%i",&zahl);

  printf("\nDas Produkt lautet %i\n",summe*zahl);
}
```

Den Quellcode dieses Beispiels finden Sie auf der Diskette unter \UEBUNG\UEB06-05.C.

Diese Lösung ist natürlich nur dann sinnvoll, wenn Produkt und Summe nicht weiter verwendet werden müssen.

Lösung 3

```
#include <stdio.h>     /* UEB06-06.C */

void main(void)
{
int zahl, produkt;
```

```
printf("\nBitte Zahl1 eingeben :");
scanf("%i",&produkt);
printf("\nBitte Zahl2 eingeben :");
scanf("%i",&zahl);

produkt*=zahl;

printf("\nBitte Zahl3 eingeben :");
scanf("%i",&zahl);

produkt*=zahl;

printf("\nDas Produkt lautet %i\n",produkt);
}
```

Den Quellcode dieses Beispiels finden Sie auf der Diskette unter \UEBUNG\UEB06-06.C.

Lösung 4

Der Fehler liegt darin, daß ein "-Zeichen innerhalb einer Stringkonstante als Ende derselben interpretiert wird. Wollen Sie ein " auf den Bildschirm ausgeben, müssen Sie dies mit dem Steuerzeichen \" tun (siehe Tabelle der Steuerzeichen).

Lösung 5

Die Zahlen stehen deshalb nicht untereinander, weil das CR-Steuerzeichen nicht richtig geschrieben ist. Es wird mit einem Backslash (\) eingeleitet und nicht mit einem Slash (/).

Lösung 6

Das Programm enthält folgende Fehler:

1. Bei der *include*-Anweisung wurden die Größer- und Kleiner-Zeichen falsch herum benutzt.
2. Der Prototyp ist nicht mit einem Semikolon abgeschlossen.
3. *main* wird klein geschrieben.
4. Beim Funktionsaufruf von *ausgabe* fehlen die runden Klammern.
5. Der Funktionskopf darf nicht mit einem Semikolon enden.
6. Bei *printf* fehlen die doppelten Anführungsstriche (").

Das richtige Programm muß so aussehen:

```
#include <stdio.h>    /* UEB06-07.C */

void ausgabe(void);

void main(void)
{
  ausgabe();
}

void ausgabe(void)
{
  printf("Dies ist eine Testausgabe");
}
```

Den Quellcode dieses Beispiels finden Sie auf der Diskette unter \UEBUNG\UEB06-07.C.

Lösung 7

Erstens fehlt in der *include*-Anweisung das *.h* bei *stdio.h*, und zweitens fehlt der Prototyp für die Funktion *test2*. Der Prototyp ist notwendig, weil die Funktionsdefinition von *test2* hinter ihrem Aufruf steht.

Lösung 8

Die *printf*-Anweisung sieht folgendermaßen aus:

```
printf("t\n e\n  s\n   t\n");
```

Die dazu nötige *main*-Funktion können Sie schon selber schreiben.

Lösung 9

1. x=x+1;
2. x+=1;
3. x++;

Lösung 10

Es wird die Zahl 80 ausgegeben.

Zuerst hat *a* durch die Zuweisung den Wert 12. Schauen wir uns die „interessante" Zeile des Programms einmal gemeinsam an:

```
a+= ++a + a++;
```

Zuerst muß der Ausdruck auf der rechten Seite berechnet werden. Als erstes steht da *++a*, es handelt sich um Präinkrement, daher zuerst inkrementieren: *a* ist 13. Rechts von der Addition steht a++, das ist postinkrement. Daher wird der Ausdruck zuerst benutzt, *13+13* ist 26, und dann inkrementiert, *a* ist dann 14.

Der Ausdruck auf der rechten Seite ist nun berechnet und ergibt 26. Er wird entsprechend dem Zuweisungsoperator verknüpft, nämlich zur linken Seite hinzuaddiert. *a* ist 14, dieser Wert plus 26 ergibt 40, also ist a=40.

Die nächste Zeile ist wieder einfach: *a=a+a*, danach ist a=80.

7 Entscheidungen: if-else

Nun fängt es an, richtig interessant zu werden, denn wir lernen die erste **Kontrollstruktur** kennen. Kontrollstrukturen sind Befehle, die es uns ermöglichen, den Programmfluß durch gewisse Entscheidungen zu beeinflussen.

Unsere erste Kontrollstruktur heißt **if**, was auf deutsch soviel wie „wenn" heißt, und hat folgendes Aussehen:

Syntax

```
if(bedingung)
{
}
```

Ist die Bedingung innerhalb der runden Klammern wahr, dann werden die Anweisungen, die innerhalb der geschweiften Klammern stehen, also der Anweisungsblock hinter *if*, ausgeführt. Sollte die Bedingung falsch sein, so werden alle Befehle innerhalb der geschweiften Klammern übersprungen und das Programm führt die erste Anweisung hinter der schließenden geschweiften Klammer aus. Schauen wir uns ein Beispiel an:

```
if(zahl2==0)
  {
    printf("Null mal irgendwas ist doch Null !!!\n);
  }
produkt=zahl1*zahl2;
```

Dieser kleine Programmabschnitt gibt eine Bemerkung aus, wenn wir für den zweiten Faktor der Multiplikation Null wählen. Der Sinn des Programms sei dahingestellt, aber es verdeutlicht sehr gut die Funktion der *if*-Anweisung. Sie sehen an diesem Beispiel auch, wie das Einrücken von Programmzeilen fortgeführt wird, wenn die Anweisungsblöcke weiter verschachtelt werden.

Bitte beachten Sie, daß die Abfrage auf Gleichheit wirklich mit zwei Gleichheitszeichen geschrieben wird, und zwar deshalb, damit der Compiler den Gleichheitsoperator vom Zuweisungsoperator unterscheiden kann. Bitte prägen Sie es sich sehr gut ein, daß der Gleichheitsoperator zwei Gleichheitszeichen hat. Dies ist eine sehr häufige Fehlerquelle, weil jeder von der Mathematik her gwohnt ist, die Gleichheit durch ein Gleichheitszeichen zu beschreiben.

Die Verzweigung wird im Programmablaufplan wie in Abbildung 7.1 dargestellt. Dabei wird der „ja"-Pfad abgearbeitet, wenn die Bedingung wahr ist, und der „nein"-Pfad, wenn die Bedingung falsch ist. Bei Bedarf kann auch der „ja"-Pfad nach rechts oder links führen und der „nein"-Pfad nach unten.

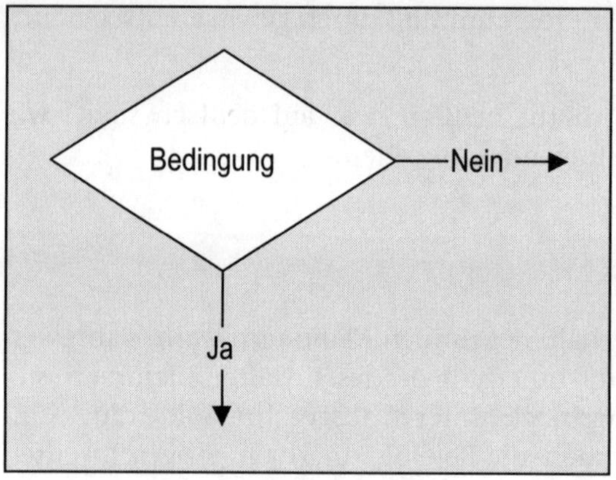

Abbildung 7.1: Die Verzweigung im PAP

Demnach sieht die *if*-Anweisung von oben wie in Abbildung 7.2 dargestellt aus. Der PAP hat aus dem Grunde keine Start- und Ende-Terminatoren, weil es sich nicht um eine komplette Funktion, sondern nur um ein Fragment handelt, dem Anweisungen folgen oder vorangegangen sein könnten.

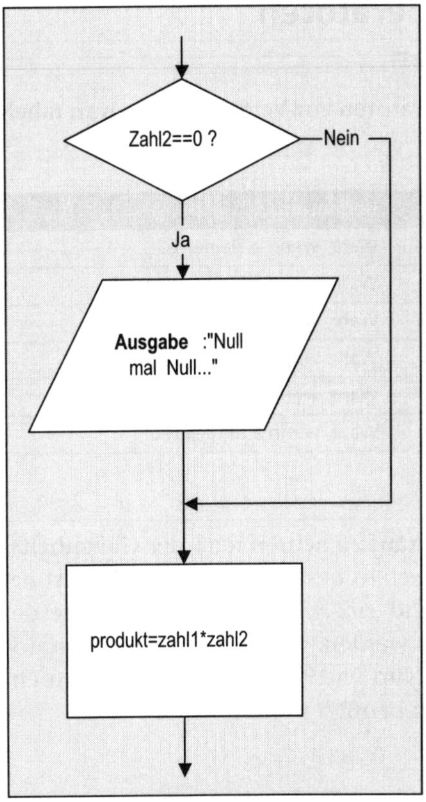

Abbildung 7.2: Die if-Anweisung als PAP

Sie sollten sich für Ihre weitere Arbeit mit dem Programmablaufplan darüber im klaren sein, ob Sie für die Formulierung der Bedingungen im PAP die C-Syntax benutzen (wie in diesem Fall) oder die normale mathematische Notation mit einem Gleichheitszeichen. Wie Sie sich auch entscheiden, behalten Sie diese Notation für ein komplettes Programm bei.

Ändern Sie Ihre Notation nicht innerhalb eines PAPs oder von einer Funktion eines Programms zur anderen.

Die normale mathematische Notation hat allerdings den Vorteil, daß der PAP auch von Personen verstanden wird, die der C-Syntax nicht mächtig sind, und fördert damit die Portierbarkeit und Verständlichkeit Ihres Programms.

7.1 Die Vergleichsoperatoren ==, !=, <, >, <=, >=

C stellt uns sechs Vergleichsoperatoren zur Verfügung, die nun tabellarisch vorgestellt werden:

Vergleichsoperator	Bedeutung
a<b	Wahr, wenn a kleiner b.
a<=b	Wahr, wenn a kleiner-gleich b
a>b	Wahr, wenn a größer b
a>=b	Wahr, wenn a größer-gleich b
a==b	Wahr, wenn a gleich b
a!=b	Wahr, wenn a ungleich b

Tabelle 7.1: Die Vergleichsoperatoren

Wie eben schon erwähnt, ist darauf zu achten, daß der Gleichheitsoperator aus zwei Gleichheitszeichen besteht. Des weiteren darf bei den Operatoren *kleiner-gleich* und *größer-gleich* die Reihenfolge der beiden Zeichen nicht verändert werden. Deswegen ist der Operator => für *größer-gleich* unzulässig. Nun wieder ein Beispiel, in dem ein paar dieser Vergleichsoperatoren benutzt werden:

```
#include <stdio.h>     /* PRG07-01.C */

void main(void)
{
int zahl;

  printf("bitte geben Sie eine Zahl ein :");
  scanf("%i",&zahl);

  if(zahl<100)
    {
      printf("Die Zahl ist kleiner als Hundert.\n");
    }

  if(zahl==100)
    {
      printf("Wow, Hundert war die richtge Zahl. Gut!\n");
    }

  if(zahl>100)
    printf("Die Zahl ist größer als Hundert.\n");

}
```

Den Quellcode dieses Beispiels finden Sie auf der Diskette unter \BEISPIEL\BSP07-01.C.

Das Programm überprüft, ob eine eingegebene Zahl kleiner, größer oder gleich 100 ist, und gibt entsprechende Bemerkungen aus. Ist Ihnen bei der letzten *if*-Anweisung etwas aufgefallen? Richtig, die geschweiften Klammern fehlen.

Besteht der Anweisungsblock hinter einer Kontrollstruktur nur aus einer Anweisung, dann können die geschweiften Klammern weggelassen werden.

Man sollte jedoch mit dieser Möglichkeit sparsam umgehen, besonders, wenn es um verschachtelte *if*-Anweisungen geht, weil es dann schnell zu Fehlinterpretationen kommen kann. Schauen wir uns zum Schluß noch Abbildung 7.3 an, die uns das Programm „PRG07-01.C" als Programmablaufplan zeigt.

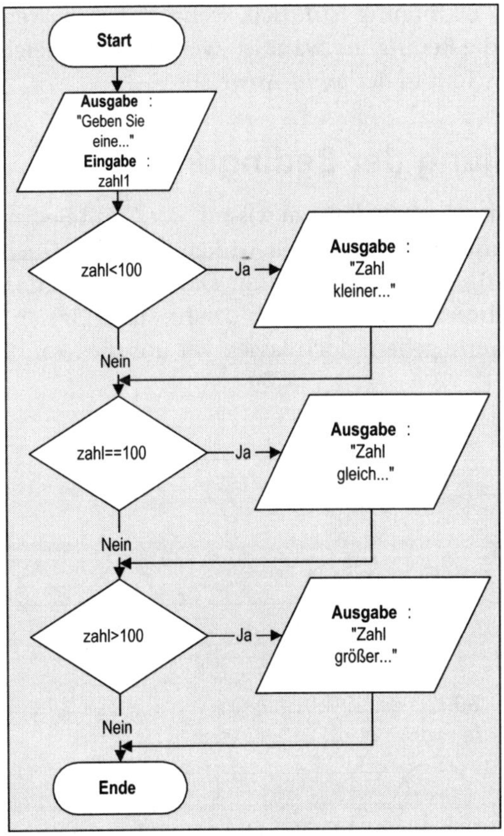

Abbildung 7.3: Programm „PRG07-01.C" als PAP

7.2 Der Operator !

In C hat man die Möglichkeit, die Aussage einer Bedingung zu negieren, das heißt, eine wahre Bedingung wird falsch und eine falsche wird wahr. Schauen wir uns folgendes *if*-Konstrukt an:

```
if(!(wert==100))
{
  printf("Der Wert ist ungleich 100\n");
}
```

Der erste Operator innerhalb der runden Klammern ist der Negationsoperator !. Die Klammerung der anschließenden Bedingung ist wichtig, weil der Negationsoperator eine höhere Bindung hat als der Gleichheitsoperator[1]. Wäre die Klammerung nicht vorhanden, würde sich der Negationsoperator nur auf die Variable *wert* beziehen, und das soll hier nicht sein.

Die Bedingung innerhalb der Klammer ist dann wahr, wenn die Variable *wert* den Wert 100 hat, dies wird dann durch den Negationsoperator negiert, also die Bedingung ist falsch, wenn *wert* den Wert 100 hat. Dies heißt, daß die Bedingung wahr ist, wenn *wert* ungleich 100 ist. Damit stimmt der Text in der *printf*-Anweisung.

7.3 Die Behandlung der Bedingung

Es ist interessant und später auch wichtig zu wissen, wie C mit Bedingungen umgeht. C behandelt Bedingungen wie einen Wert. Doch welchen Wert verteilt C für welche Bedingung? Da eine Bedingung nur zwei Zustände annehmen kann, nämlich „wahr" und „falsch" kann es auch nur zwei Werte geben, doch lassen wir uns dies von C selbst sagen:

```
#include <stdio.h>    PRG07-02.C */

void main(void)
{
int wahr,falsch;

  wahr=(3==3);
  falsch=(2==4);

  printf("Der Wert für wahr ist %i\n",wahr);
  printf("Der Wert für falsch ist %i\n",falsch);
}
```

1 Eine genaue Auflistung der Bindungs-Prioritäten aller Operatoren finden sie im Anhang.

Den Quellcode dieses Beispiels finden Sie auf der Diskette unter \BEISPIEL\BSP07-02.C.

Wenn Sie dieses Programm starten, werden Sie sehen, daß eine wahre Bedingung den Wert 1 und eine falsche Bedingung den Wert 0 liefert. Obwohl C selbst nur diese beiden Werte verteilt, stehen doch viel mehr Werte bei Ganzzahlen zur Verfügung. Aber wie verhält sich C bei jedem der anderen Werte?

Eine Bedingung ist falsch, wenn sie den Wert 0 hat.
Eine Bedingung ist wahr, wenn sie einen Wert ungleich 0 hat.

Diese Eigenschaft ermöglicht es uns, auf einfache Weise zu überprüfen, ob eine Variable ungleich null ist.

```
if(x)     /* Abfrage auf x ungleich 0) */
{
}
```

Der Anweisungsblock hinter *if* wird immer dann ausgeführt, wenn *x* ungleich null ist. Das liegt daran, daß alle Werte ungleich null für C „wahr" sind, wie in obigem Satz schon erwähnt. Gleichermaßen einfach gestaltet sich die Abfrage, ob *x* gleich null ist:

```
if(!x)    /* Abfrage auf x gleich 0) */
{
}
```

Durch die Negation ist die Bedingung immer dann falsch, wenn x ungleich null ist. Daraus folgt, daß sie nur dann wahr ist, wenn x gleich null ist.

Wie Sie im Programm „PRG07-02.C" gesehen haben, kann man mit Bedingungen auch rechnen.

Eine Bedingung darf auch in einem berechenbaren Ausdruck stehen. Sie nimmt, je nachdem, ob sie wahr oder falsch ist, den Wert 1 oder 0 an.

7.4 Die else-Anweisung

else

Die **else**-Anweisung (deutsch :„Ansonsten") ist eine Ergänzung zur *if*-Anweisung und kann nur im Zusammenhang mit ihr verwendet werden.

Syntax

```
if(a>b)
  {
    printf("a ist größer als b\n");
  }
else
  {
    printf("a ist kleiner gleich b\n");
  }
```

Wenn die *if*-Bedingung wahr ist, dann wird der *if*-Anweisungsblock ausgeführt, das kennen wir schon. Ist die *if*-Bedingung aber falsch, dann wird der Anweisungsblock hinter *else* ausgeführt. Es wird auf jeden Fall einer der beiden Anweisungsblöcke ausgeführt, aber es werden nie beide ausgeführt. Egal welcher der beiden Anweisungsblöcke ausgeführt wurde, das Programm läuft hinter dem *else*-Anweisungsblock weiter. Abbildung 7.4 zeigt das *if-else*-Konstrukt als PAP. Üblicherweise folgen die Anweisungen des *if*-Blockes dem „ja"-Pfad der Verzweigung und die Anweisungen des *else*-Blockes dem „nein"-Pfad.

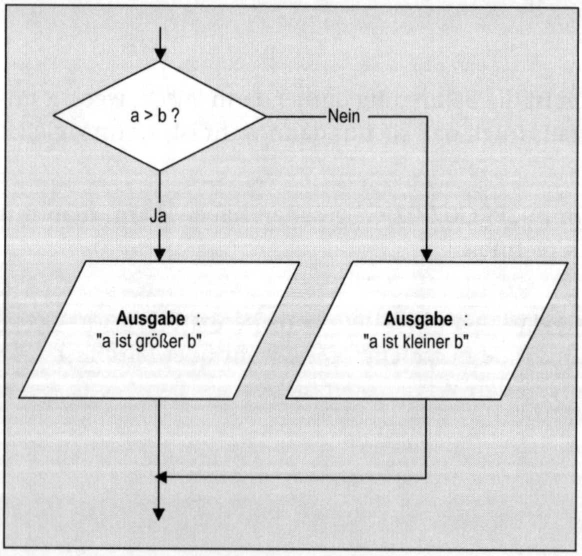

Abbildung 7.4: Das if-else-Konstrukt als PAP

Obiges Beispiel stellt im übrigen fest, welche von zwei Variablen die Größere ist.

Sie können *if*-Anweisungen auch verschachteln. Im unteren Beispiel wird zuerst unterschieden, ob *a* größer oder kleiner ist als *b*. Wenn *a* größer ist als *b* wird nochmal unterschieden, ob *a* nur größer oder mehr als zweimal so groß ist wie *b*. Analog gilt dies für den Fall, daß in der Hauptverzweigung *a* kleiner war als *b*.

```
if(a>b)
  {
    if(a>2*b)
      {
       printf("a ist sogar mehr als zweimal so groß wie b\n");
      }
    else
      {
        printf("a ist größer als b\n");
      }
  }
else
  {
    if(a<2*b)
      {
        printf("a ist sogar mehr als zweimal so klein wie \
b\n");
      }
    else
      {
        printf("a ist kleiner gleich b\n");
      }
  }
```

Abbildung 7.5 zeigt die verschachtelten *if*-Konstrukte als PAP.

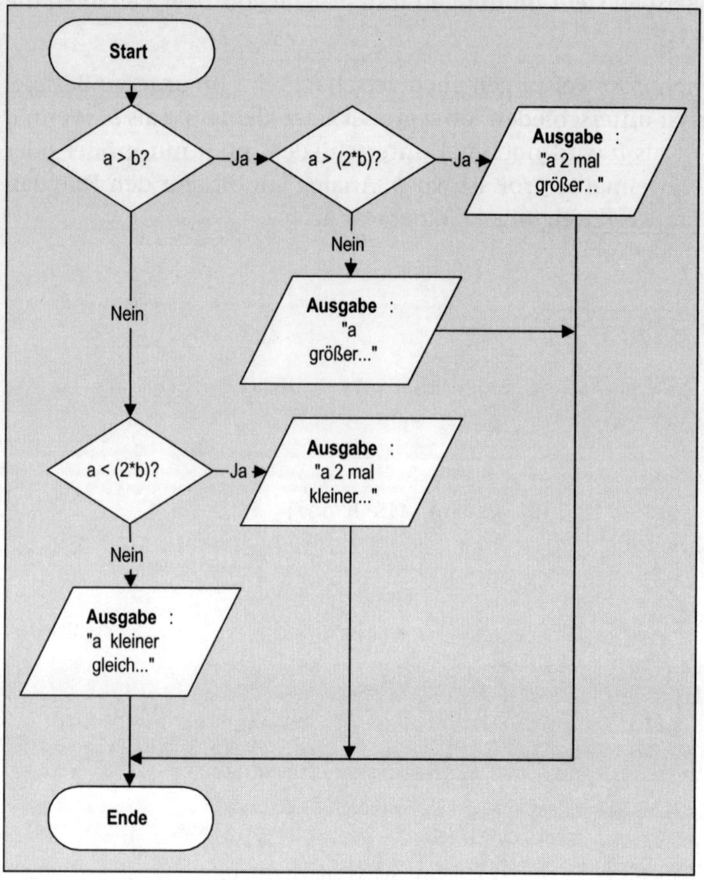

Abbildung 7.5: Verschachtelte if-Kontrukte als PAP

Hüten Sie sich jedoch davor, bei verschachtelten *if*-Konstrukten zu regen Gebrauch von der Regel zu machen, daß bei nur einer Anweisung auf die geschweiften Klammern verzichtet werden kann. Hier ein Beispiel, bei dem es noch gut geht:

```
if(a>b)
  {
    if(a>2*b)
      {
        printf("a is sogar mehr als zweimal so groß wie b\n");
      }
    else
      {
        printf("a ist größer als b\n");
      }
  }
else
```

```
  if(a<2*b)
    printf("a is sogar mehr als zweimal so klein wie b\n");
  else
    printf("a ist kleiner gleich b\n");
  }
```

Es können keine Mißverständnisse auftreten, weil der äußere *if*-Block Klammern hat. Dadurch ist klar, zu welchem *if* die erste *else*-Anweisung gehört. Der Rest ist für den Compiler dann eindeutig. Hinter dem ersten *else* müssen keine Klammern folgen, weil die darauffolgende *if*-Anweisung mitsamt ihrem *else* als eine Anweisung gesehen wird. Schauen Sie sich nun folgendes Beispiel an:

```
if(a>b)
  {
    if(a>2*b)
      {
        printf("a is sogar mehr als zweimal so groß wie b\n");
      }
    else
      {
        printf("a ist größer als b\n");
      }
  }
```

Auch dieses Konstrukt läuft einwandfrei: nur wenn *a* größer *b* ist, wird entweder ausgegeben, daß *a* größer *b* oder daß *a* zweimal größer *b* ist. Lassen wir nun die Klammern weg:

```
if(a>b)
  if(a>2*b)
    printf("a is sogar mehr als zweimal so groß wie b\n");
  else
    printf("a ist größer als b\n");
```

Die Klammern wurden analog zum ersten Beispiel entfernt. Doch hier ist das Drama groß! Zu welcher *if*-Anweisung gehört denn nun das *else*? Schwierige Frage. Um die Zeit nicht mit solchen vermeidbaren Überlegungen zu verschwenden, sollten Sie einfach Klammern benutzen.

7.5 Der Bedingungsoperator ? :

?:

Der Bedingunsoperator bildet eine Vereinfachung bei Zuweisungen, die von einer Bedingung abhängig sind, und kann das Benutzen einer *if*-Anweisung in manchen Fällen überflüssig machen. Ein Beispiel:

Syntax

```
max = (a>b) ? a : b;
```

Dieses Konstrukt weist *max* den Wert *a* zu, wenn die Bedingung in den Klammern wahr ist, also *a* größer *b* ist. Ist die Bedingung falsch, wird *max* der Wert von *b* zugewiesen. Dies entspricht folgendem *if*-Konstrukt:

```
if(a>b)
  max=a;
else
  max=b;
```

Sie können den Bedingungsoperator auch verschachteln.

```
w = (a>b) ? ((a>c) ?a : c) : b;
```

Als *if*-Konstrukt geschrieben:

```
if(a>b)
  {
    if(a>c)
      {
        w=a;
      }
    else
      {
        w=c;
      }
  }
else
  {
    w=b;
  }
```

Der Bedingungsoperator wird haupsächlich dann benutzt, wenn Sie eine Entscheidung innerhalb eines zu berechnenden Ausdrucks brauchen. Es gibt bestimmte Situationen, in denen sich *if* nur mit großem Aufwand einsetzen läßt. Dazu später mehr.

7.6 Vorzeichenwechsel

Wechseln des Vorzeichens

Erwähnenswert ist an dieser Stelle auch, wie wir es am geschicktesten bewerkstelligen können, das Vorzeichen einer Variablen zu tauschen. Es gibt den sogenannten Negationsoperator, den wir schon kennengelernt haben, und der gerade vom Namen her in Frage zu kommen scheint. Leider wechselt der Negationsoperator nur zwischen wahr und falsch und nicht das Vorzeichen.

Es ist ziemlich einfach, das Vorzeichen zu wechseln, und zwar mit folgendem, mathematisch widersinnigen, Ausdruck:

```
a=-a;
```

In C heißt das natürlich, daß der Variablen *a* der Wert von *-a* zugewiesen wird. Das ist ja alles schön und gut, aber was tun, wenn das Vorzeichen nicht gewechselt wird, sondern die Variable ein festes Vorzeichen bekommen soll?

Nicht umsonst wird dieses Problem im Kapitel über Entscheidungen besprochen. Wir brauchen nämlich die *if*-Anweisung. Angenommen wir wollen die Variable mit einem positiven Vorzeichen versehen, dann dürfen wir das Vorzeichen ja nur dann wechseln, wenn es negativ ist. Nichts leichter als das, und zwar mit *if*:

```
if (a<0)
  a=-a;
```

oder

```
a=(a<0)?-a:a;
```

Für ein definitiv negatives Vorzeichen gilt das gleiche nur mit anderem Vergleichsoperator:

```
if (a>0)
  a=-a;
```

oder

```
a=(a>0)?-a:a;
```

Sie sind jetzt in der Lage, das Vorzeichen einer Variablen nach Ihrem Belieben zu ändern. Im weiteren Verlauf des Buches werden wir noch eine Funktion behandeln, mit der wir das Problem auch ohne *if*, nämlich mit einem berechenbaren Ausdruck, lösen können.

7.7 Kontrollfragen

1. Ein *if*-Anweisungsblock wird immer nur dann ausgeführt, wenn die Bedingung wahr ist. Ist diese Aussage wahr oder falsch?
2. Es ist unmöglich, eine *if*-Anweisung so zu programmieren, daß der Anweisungsblock ausgeführt wird, wenn die Bedingung falsch ist. Ist diese Aussage wahr oder falsch?
3. Worin liegt der genaue Unterschied zwischen = und == ?
4. Kann man ein *if-else*-Konstrukt so umwandeln, daß auf das *else* verzichtet werden kann? Zum Beispiel durch verschachtelte *if*-Anweisungen?

5. Wie würden Sie die Bedingung der Gleichheit ohne den == Operator formulieren?
6. Worin liegt der Unterschied zwischen (x>y) und (!(x<=y)) ?
7. Wo liegen die Vorteile des ? : Operators? Und wo die Nachteile?

8 Bezugsrahmen von Variablen

Bevor wir zu den Funktionen mit Parameterübergabe kommen, müssen wir erst noch ein genaueres Verständnis von den Bezugsrahmen[1] der Variablen haben. Da wir bis jetzt nur mit einer **Speicherklasse** von Variablen gearbeitet haben, nämlich den **lokalen** Variablen, sind uns natürlich keine Unterschiede in der Lebensdauer aufgefallen, doch das wird sich in diesem Kapitel ändern.

8.1 Lokale Variablen

Fangen wir direkt mit einem Beispiel an:

```
#include <stdio.h>     /* PRG08-01.C */

void aendern(void)
{
  x=10;
}

void main(void)
{
int x=4;

  printf("x = %i\n",x);
  aendern();
  printf("x = %i\n",x);
}
```

Den Quellcode dieses Beispiels finden Sie auf der Diskette unter \BEISPIEL\BSP08-01.C.

1 Oft wird für „Bezugsrahmen" auch das englische Wort „scope" benutzt. Man spricht dann vom Scope einer Variablen oder vom Scope einer Funktion.

Das Programm weist in der *main*-Funktion *x* den Wert 4 zu, und dieser wird ausgegeben. Danach wird die Funktion *aendern* aufgerufen, in der *x* mit dem Wert 10 belegt wird. Dann wird wieder in der *main*-Funktion der Wert von *x* ausgegeben, nämlich 10. Alles ganz einfach, oder? Leider falsch. Versuchen Sie doch einmal, das obige Programm zu kompilieren. Bitte ärgern Sie sich nicht, wenn der Compiler in der Funktion *aendern* behauptet, er würde *x* nicht kennen, denn er hat recht.

x wurde innerhalb von geschweiften Klammern definiert und ist damit eine lokale Variable.

> Eine Variable, die innerhalb eine Anweisungsblocks definiert wurde, ist lokal und gilt nur innerhalb dieses Blocks.

Wir könnten natürlich hingehen und die Variable *x* in der Funktion definieren:

```
void aendern(void)
{
int x;

  x=10;
  printf("x = %i\n",x);
}
```

Das Programm wird jetzt einwandfrei kompiliert, und die *printf*-Funktion in der Funktion *aendern* gibt auch den Wert 10 für *x* aus. Aber die *printf*-Funktion hinter dem Aufruf von *aendern* gibt wieder 4 aus, warum?

> Wird ein Anweisungsblock verlassen, werden alle lokalen Variablen, die in ihm definiert wurden, gelöscht.

Die Variable *x*, die in der Funktion *aendern* definiert wurde, gilt nur für die Funktion *aendern*. Sobald die Funktion verlassen wird, wird dieses *x* gelöscht. Springt das Programm dann wieder zurück zur *main*-Funktion ist wieder das der Funktion eigene *x* aktuell. Deshalb wird wieder 4 ausgegeben.

> Gibt es mehrere Variablen mit gleichem Namen, spricht man über den Namen immer die lokalste der Variablen an.

Daß eine lokale Variable wirklich gelöscht wird, können Sie daran sehen, daß im Fall der Funktion *aendern* bei jedem Aufruf der Funktion *x* zu Anfang mit dem Wert 10 initialisiert wird. Selbst wenn Sie diesen Wert innerhalb von *aendern* verändern würden, würde es nichts nützen. Sobald Sie die Funktion verlassen, wird *x* gelöscht und beim nächsten Aufruf wieder neu angelegt und mit 10 initialisiert.

Sie können Variablen sogar noch lokaler definieren. Schauen Sie sich „PRG08-02.C" an.

```
#include <stdio.h>      /* PRG08-02.C */

void main(void)
{
int wert;

  printf("Bitte Zahl eingeben :");
  scanf("%i",&wert);
  if(wert<=20)
    {
      int quadrat;

      quadrat=wert*wert;
      printf("Das Qudrat von %i ist %i\n",wert,quadrat);
    }
  printf("Quadrat hat den Wert %i",quadrat);
}
```

Den Quellcode dieses Beispiels finden Sie auf der Diskette unter \BEISPIEL\BSP08-02.C.

Wenn Sie dieses Programm kompilieren, wird der Compiler wieder etwas zu meckern haben. Er wird Ihnen bei der letzten *printf*-Anweisung sagen, daß er die Variable *quadrat* nicht kennt. Die Antwort ist einfach und auch schon gegeben. Die Variable *quadrat* wurde innerhalb des *if*-Anweisungsblocks definiert und ist deshalb nur in ihm gültig. Wenn Sie die letzte *printf*-Anweisung, die sowieso überflüssig ist, löschen, läuft das Programm wieder einwandfrei. Das Programm berechnet das Quadrat von Zahlen, die kleiner-gleich 20 sind.

Sie sehen, daß die Vaiable *wert* auch innerhalb des *if*-Anweisungsblocks gültig ist, weil die *if*-Anweisung selbst ebenfalls innerhalb des Blockes liegt, in dem *wert* definiert wurde. Bei der Definition von lokalen Variablen müssen Sie allerdings eine Einschränkung in Kauf nehmen:

Lokale Variablendefinitionen müssen immer die ersten Anweisungen des Blockes sein, in dem sie stehen.

Die Zuweisung von *wert*wert* an *quadrat* ist die erste und damit eine Initialisierung. Diese können Sie auch wieder zusammenfassen:

```
int quadrat=wert*wert;
```

8.2 Globale Variablen

Nachdem wir die lokalen Variablen und ihre Eigenschaften kennengelernt haben, fragen sie sich sicher, wie eine Variable von mehreren Funktionen aus benutzt werden kann. Genau dafür sind die sogenannten **globalen** Variablen gedacht. Verändert wir nun das Programm „PRG08-01.C" zu „PRG08-03.C":

```
#include <stdio.h>     /* PRG08-03.C */

int x=4;

void aendern(void)
{
  x=10;
}

void main(void)
{
  printf("x = %i\n",x);
  aendern();
  printf("x = %i\n",x);
}
```

Den Quellcode dieses Beispiels finden Sie auf der Diskette unter \BEISPIEL\BSP08-03.C.

Nun können Sie das Programm einwandfrei kompilieren, und es macht genau das, was wir uns bei den lokalen Variablen wünschten. Die erste *printf*-Anweisung gibt den Wert 4 aus. Danach wird die Funktion *aendern* aufgerufen, die *x* auf 10 ändert. Und in der *main*-Funktion wird dann auch tatsächlich 10 ausgegeben.

> Variablen, die außerhalb einer Funktion definiert werden, sind global und können in jeder Funktion benutzt werden.

Natürlich können Sie auch lokale und globale Variablen zusammen benutzen.

```
#include <stdio.h>     /* PRG08-04.C */

int a,b;

void aendern(void)
{
int a;

  a=0;
  if(a==0)
    {
      int a=20;
      printf("a=%i\n",a);
    }
  printf("a=%i\n",a);
}

void main(void)
{
  a=b=10;
  printf("a=%i und b=%i\n",a,b);
  aendern();
  printf("a=%i und b=%i\n",a,b);
}
```

Den Quellcode dieses Beispiels finden Sie auf der Diskette unter \BEISPIEL\BSP08-04.C.

Wie auch bei den lokalen Variablen können Variablen mit unterschiedlichem Güligkeitsbereich den gleichen Namen haben. Der Name steht dann für die lokalste Variable. Doch gehen wir das Programm einmal gemeinsam durch.

Wie bei C-Programmen üblich startet es bei der *main*-Funktion. Die Variablen *a* und *b*, die globale Variablen sind, weil sie außerhalb einer Funktion definiert wurden, werden auf 10 gesetzt. Die kommende *printf*-Funktion bestätigt die Zuweisung. Dann wird die Funktion *aendern* aufgerufen.

Dort wird eine Variable *a* definiert, die lokal sein muß, weil die Definition innerhalb einer Funktion steht. Anschließend wird der Variablen *a* der Wert 0 zugewiesen. Aber es gibt nun zwei Variablen mit Namen *a*. Weil aber in einem solchen Fall immer die lokalste der Variablen angesprochen wird, bezieht sich diese Zuweisung auf das lokale *a* der Funktion *aendern*. Nun wird abgefragt, ob *a* gleich 0 ist, was wahr sein muß, denn kurz zuvor wurde sie ja mit Null initialisiert.

Innerhalb des *if*-Anweisungsblockes wird erneut eine Variable *a* definiert, womit wir nun drei haben. Dies ist nun das im Augenblick lokalste *a* und ist deshalb auch die Variable, die bei der Zuweisung von 20 angesprochen wird, was durch die Ausgabe der folgenden *printf*-Anweisung bestätigt wird.

Nach Beendigung des *if*-Anweisungsblocks wird die innerhalb dieses Blocks definierte Variable *a* automatisch gelöscht. Daher gibt die nächste *printf*-Anweisung auch wieder den Wert 0 aus, weil das lokalste *a* nun wieder dasjenige der Funktion *aendern* ist.

Die Funktion *aendern* wird beendet, und zurück in der *main*-Funktion wird für *a* wieder der Wert 10 ausgegeben, weil keine lokalen Variablen mehr mit dem Namen *a* existieren und daher wieder das globale *a* benutzt wird.

Sie müssen sich vor Augen halten, daß, wenn Sie eine lokale Variable definieren, Sie in C nicht mehr an die Inhalte von Variablen herankommen, die den gleichen Namen haben (In C++ geht das!).

Zum Schluß sei nur noch darauf hingewiesen, daß sie keine zwei Variablen mit gleichem Namen definieren können, die den gleichen Güligkeitsbereich haben.

FALSCH!

```
void aendern(void)
{
int a;
int a;

  a=10;
}
```

Diese Funktion wird nicht fehlerfrei kompiliert, weil beide Variablen mit Namen *a* den gleichen Bezugsrahmen haben.

Es ist ziemlich wichtig, genau zu überlegen, ob man eine Variable lokal oder global definieren soll. Es gibt dabei einen wichtigen Grundsatz, den man möglichst beherzigen sollte:

So lokal wie möglich, so global wie nötig.

Es ist ganz klar, globale Variablen erleichtern bestimmte Abläufe enorm. Das Übergeben der Variablen an Funktionen entfällt, da jede Funktion direkt auf globale Variablen zugreifen kann. Doch ist dies eine große Fehlerquelle und paßt nicht in das Konzept der modularen Programmierung. Bitte nehmen Sie es zunächst einfach so hin, daß man globale Variablen möglichst vermeiden sollte, und versuchen Sie bei Ihrer Problemlösung globale Variablen wirklich nur dann zu verwenden, wenn Sie keinen anderen Ausweg finden. Später wird noch einiges über modulare Programmierung gesagt, was Ihnen helfen wird, der Versuchung der globalen Variablen zu wiederstehen.

8.3 Statische Variablen

Die statischen Variablen sind eine Mischung aus den Eigenschaften der globalen und lokalen Variablen. Zuerst wieder ein Beispiel:

```
#include <stdio.h>/* PRG08-05.C */

void count(void)
{
int a=1;

  printf("a=%i\n",a);
  a++;
}

void main(void)
{
  count();
  count();
  count();
}
```

Den Quellcode dieses Beispiels finden Sie auf der Diskette unter \BEISPIEL\BSP08-05.C.

Dieses Programm gibt drei Zahlen aus. Schauen Sie sich genau an, welche Zahlen ausgegeben werden. Kommen Sie nicht drauf, so starten Sie das Programm, bevor Sie weiterlesen, und versuchen Sie, sich die Ausgabe zu erklären.

Das Programm gibt dreimal die Zahl 1 aus, was eigentlich ganz klar ist: Die Funktion *count* wird dreimal aufgerufen. Innerhalb der Funktion wird die Variable *a* definiert und mit dem Wert 1 initialisiert. Dann wird der Wert von *a* mit *printf* ausgegeben und *a* anschließend um 1 erhöht. Durch das Verlassen der Funktion wird *a* automatisch gelöscht. Dieser Ablauf ereignet sich dreimal, weil *count* in der *main*-Funktion auch dreimal aufgerufen wird.

Jetzt ändern Sie bitte die Zeile

```
int a=1;
```

in

```
static int a=1;
```

um. *a* ist nun eine **statische Variable**. Wenn Sie das Programm jetzt starten, werden die Werte 1,2 und 3 ausgegeben. Das schauen wir uns einmal an:

Die Funktion *count* wird zum ersten Mal aufgerufen. Die Variable *a* wird als statische Variable definiert und mit 1 initialisiert. Der Wert von *a* wird ausgegeben und *a* anschließend um 1 erhöht, bis jetzt genau wie vorhin. Doch beim Verlassen der Funktion wird *a* nun nicht mehr gelöscht, sondern behält seinen Wert. Wird die Funktion *count* zum zweiten Mal aufgerufen, dann merkt C, daß die Variable *a* schon exisitert, und überspringt die Definition. Das heißt, daß *a* vom vorigen Aufruf immer noch den Wert 2 hat, der dann ausgegeben wird. Dann wird *a* auf 3 erhöht. Beim Verlassen der Funktion wird *a* abermals nicht gelöscht. Deswegen kann beim dritten Aufruf der alte Wert von *a*, nämlich 3, ausgegeben werden.

Obwohl die Variable *a* als statische definiert wurde, ist sie immer noch lokal. Das heißt, daß man außerhalb ihres Bezugsrahmens nicht auf sie zugreifen kann, obwohl sie beim Verlassen ihres Bezugsrahmens nicht gelöscht wird und ihren Wert behält. Deshalb können sie von *main* aus nicht auf *a* zugreifen.

Statische Variablen werden beim Verlassen ihres Bezugsrahmens nicht gelöscht, sondern behalten ihren Wert bei.

Dieses automatische Überspringen der Initialisierung bei erneuten Aufrufen funktioniert nur, wenn die Initialisierung direkt während der Definition stattfindet. Bei folgender Funktion klappt dieses Überspringen nicht[2]:

FALSCH!

```
void count(void)
{
static int a;

  a=1;
  printf("a=%i\n",a);
  a++;
}
```

Würde diese Funktion kompiliert, würde trotzdem dreimal 1 ausgegeben, weil die Zuweisung von 1 an die Variable nicht übersprungen wird. Das heißt aber nicht, daß die Variable ihren Wert nicht behält,

2 Es ist sogar i.a. so, daß eine statische Variable bei der Definition initialisiert werden muß. Der Compiler akzeptiert keine nichtinitialisierte statische Variable.

man hat nur nichts davon, weil der alte Wert durch die Zuweisung überschrieben wird. Doch ist es bei statischen Variablen Voraussetzung, daß sie bei ihrer Definition auch initialisiert werden müssen, so daß obiges Beispiel nicht zu realisieren sein dürfte.

Statische Variablen müssen bei ihrer Definition initialisiert werden.

Im allgemeinen werden statische Variablen selten und dann auch nur bei speziellen Anwendungen benutzt.

8.4 Kontrollfragen

1. Ist es möglich, an den Inhalt einer lokalen Variablen einer anderen Funktion heranzukommen?
2. Können eine lokale und eine globale Variable den gleichen Namen haben?
3. Unter welchen Umständen können zwei lokale Variablen den gleichen Namen haben?
4. Unter welchen Umständen können zwei globale Variablen den gleichen Namen haben?
5. Können eine statische und eine globale Variable den gleichen Namen haben?
6. Können eine statische und eine lokale Variable in der gleichen Funktion den gleichen Namen haben?

9 Funktionen mit Parameterübergabe

Nun ist der Zeitpunkt gekommen, ein wenig Farbe in die Funktionsaufrufe zu bringen. Zuerst nochmal zur Erinnerung: Das *void* vor dem Funktionsnamen bedeutet, daß die Funktion keinen Wert zurückliefert. Das *void* innerhalb der runden Klammern bedeutet, daß der Funktion keine Werte übergeben werden. Fangen wir nun mit dem ersten Schritt – der Parameterübergabe – an.

9.1 Parameterübergabe

Starten wir direkt mit einem Beispiel:

```
#include <stdio.h>     /* PRG09-01.C */

void quadrat (int x)
{
int quadrat;

  quadrat=x*x;
  printf("Das Quadrat ist %i\n",quadrat);
}

void main(void)
{
int wert;

  printf("bitte geben Sie eine Zahl ein:");
  scanf("%i",&wert);
  quadrat(wert);
}
```

Den Quellcode dieses Beispiels finden Sie auf der Diskette unter \BEISPIEL\BSP09-01.C.

Das erste, was auffällt, ist das *int x*, das den Platz von *void* eingenommen hat. Dieses *int x* innerhalb der Klammern bedeutet, daß der Funktion ein Wert vom Typ *int* übergeben wird. Die Variable *x* kann in der Funktion genauso benutzt werden, wie jede andere Variable, die innerhalb der Funktion definiert wurde, nur mit dem Unterschied, daß sie mit dem Wert initialisiert ist, der der Funktion bei ihrem Aufruf übergeben wird.

> Funktionsparameter sind lokale Variablen der Funktion, die mit den Übergabeparametern initialisiert sind.

Des weiteren wird eine lokale Variable *quadrat* definiert, der dann das Ergebnis von *x*x* zugewiesen wird.

Neu ist auch der Aufruf der Funktion in *main*. Die sonst immer leeren runden Klammern beinhalten nun einen Ausdruck, hier konkret *wert*. Beim Aufruf wird der Wert des Ausdrucks an die Funktion übergeben, die damit die Variable *x* initialisiert. Als Ausdruck ist all das erlaubt, was auch bei Zuweisungen oder in der *printf*-Funktion erlaubt ist[1].

Die Tatsache, daß sich Funktionsparameter wie lokale Variablen verhalten, hat auch die positive Konsequenz, daß man ihre Werte innerhalb der Funktion verändern kann, und zwar ohne Auswirkungen auf die Original-Variablen, die im Funktionsaufruf stehen.

Wie bereits erwähnt, wird für den Fall, daß eine Funktion keine Funktionsparameter hat, das Schlüsselwort *void* verwendet. Es gibt dabei jedoch folgende Vereinfachung:

> Definiert eine Funktion keine Funktionsparameter, dann kann das Schlüsselwort *void* in den Klammern weggelassen werden. Die Funktion besitzt dann ein leeres Klammerpaar.

Genau diese Vereinfachung wird bei der Ansi-Variante von main ausgenutzt, denn dort steht auch nur ein leeres Klammerpaar.

1 Auch Konstanten dürfen an eine Funktion übergeben werden.

9.2 Wertrückgabe

Lassen wir uns nun von der Funktion den berechneten Wert zurückgeben.

> Funktionen, die einen Wert zurückgeben, repräsentieren diesen Wert mit ihrem Aufruf.

Dazu ein Beispiel:

```
#include <stdio.h>     /* PRG09-02.C */

int quadrat (int x)
{
int quadrat;

  quadrat=x*x;
  return(quadrat);
}
void main(void)
{
int wert,qwert;

  printf("bitte geben Sie eine Zahl ein:");
  scanf("%i",&wert);
  qwert=quadrat(wert);
  printf("Das Quadrat von %i ist %i\n",wert,qwert);
}
```

Den Quellcode dieses Beispiels finden Sie auf der Diskette unter \BEISPIEL\BSP09-02.C.

Nun hat sich der Funktionskopf einer erneuten Wandlung unterzogen. Das *void* vor dem Funktionsnamen hat einem *int* Platz gemacht. Das *int* vor dem Funktionsnamen bedeutet, daß diese Funktion einen Wert vom Typ *int* liefert. Die Frage, wie wir dem Compiler mitteilen, welchen Wert die Funktion zurückgeben soll, hatten wir schon bei der Besprechung des *return*-Befehls angeschnitten. Da der *return*-Befehl eine Funktion beendet, eignet er sich hervorragend dazu, den Rückgabewert zu spezifizieren. Der Rückgabewert steht dabei zwischen dem *return* und dem Semikolon. Die Klammerung ist nicht zwingend, erhöht aber die Übersichtlichkeit.

Als Rückgabewert kann auch ein berechenbarer Ausdruck angegeben werden.

Der Aufruf der Funktion *quadrat* in *main* sieht nun so aus, daß der Funktionsname den Wert repräsentiert, den die Funktion liefert.

Das Programm kann noch vereinfacht werden. Da hinter dem *return*-Befehl ein berechenbarer Ausdruck stehen kann, können wir das *x*x* direkt dort plazieren und haben eine Variable gespart.

Weiterhin sagten wir eben, daß der Funktionsaufruf den Wert repräsentiert, den die Funktion liefert, deswegen schreiben wir den Aufruf direkt in die *printf*-Anweisung und haben dort ebenfalls eine Variable gespart. Das Programm sieht nun folgendermaßen aus:

```
#include <stdio.h>      /* PRG09-03.C */

int quadrat (int x)
{
  return(x*x);
}

void main(void)
{
int wert;

  printf("bitte geben Sie eine Zahl ein:");
  scanf("%i",&wert);
  printf("Das Quadrat von %i ist %i\n", wert, quadrat(wert));
}
```

Es ist wichtig, im Hinterkopf zu behalten, daß eine Funktion, bei der ein Rückgabewert definiert wurde, auch auf jeden Fall einen Rückgabewert besitzen muß.

> Eine Funktion, die einen Rückgabewert definiert, muß auch einen Rückgabewert besitzen.

In der Ansi-Norm gibt es zu dieser Regel eine Ausnahme: die *main*-Funktion. Die *main*-Funktion muß nach Ansi immer einen Rückgabewert vom Typ *int* definieren, benötigt aber keine explizite Wertrückgabe, weil sie mit einem sogenannten **impliziten return** ausgestattet ist. Das bedeutet, daß jede *main*-Funktion, die selbst keine *return*-Anweisung beinhaltet, vom Compiler automatisch mit der Anweisung *return(0);* ausgestattet wird. Manche Compiler unterstützen die Ansi-Norm nur halbherzig, was zur Folge hat, daß zwar die Funktionsdefinition *int main()* gefordert wird, nicht aber das **implizite return** zur Verfügung steht. Bei solchen Compilern muß daher die Anweisung *return(0);* vom Programmierer eingefügt werden. Jetzt wissen Sie auch, warum dies im ersten Kapitel vorgeschlagen wurde.

9.3 Übergabe mehrerer Parameter

Leider kann eine Funktion auf die Art, die wir bis jetzt kennengelernt haben, nur einen Wert zurückgeben. Doch sind wir in der Anzahl der Parameter, die wir der Funktion übergeben, nahezu unbegrenzt. Dazu das Beispiel einer Funktion, der man zwei Zahlen übergibt, und die die größere der beiden zurückgibt.

```
#include <stdio.h>      /* PRG09-04.C */
int max(int a, int b)
{
int maxwert;
  if(a>b)
    {
      maxwert=a;
    }
  else
    {
      maxwert=b;
    }
  return(maxwert);
}
void main(void)
{
int zahl1,zahl2;
  printf("Bitte geben Sie Zahl 1 ein:");
  scanf("%i",&zahl1);
  printf("Bitte geben Sie Zahl 2 ein:");
  scanf("%i",&zahl2);
  printf("Die größere Zahl ist %i\n", max(zahl1,zahl2));
}
```

Den Quellcode dieses Beispiels finden Sie auf der Diskette unter \BEISPIEL\BSP09-04.C.

Dazu muß man wohl nichts mehr sagen. Wir können aber (wie immer) die Funktion *max* noch etwas kompakter schreiben. Eine Funktion kann beliebig viele *return*-Anweisungen haben, das nutzen wir aus:

```
int max(int a, int b)
{
  if(a>b)
    {
      return(a);
    }
  else
    {
      return(b);
    }
}
```

Wir haben auch gelernt, daß bei einem Anweisungsblock, der nur eine Anweisung enthält und hinter einer Kontrollstruktur steht, die geschweiften Klammern weggelassen werden können:

```
int max(int a, int b)
{
  if(a>b)
    return(a);
  else
    return(b);
}
```

So sieht die Funktion schon ziemlich professionell aus[2], obwohl es noch kürzer geht. Erinnern Sie sich noch an den Bedingungsoperator? Nicht weiterlesen, erst selbst probieren.

Die Lösung lautet:

```
int max(int a, int b)
{
  return( (a>b) ? a : b);
}
```

Die Leerzeichen sienen nur der Leserlichkeit und sind nicht zwingend.

9.4 Prototypen parametrisierter Funktionen

Sie können jetzt einmal eine alte Übung praktizieren, nämlich die Funktion *max* hinter die Funktion *main* setzen. Was wird nun wieder erforderlich? Richtig, ein Prototyp. Die Prototypen von parametrisierten Funktionen sehen genau so aus wie die, die wir bisher kennengelernt haben, nur das zusätzlich noch die Parametertypen und der Rückgabetyp angegeben werden müssen. Der Prototyp für die Funktion *max* sähe dann so aus:

Syntax

```
int max(int , int);
```

Man denke an das Semikolon und beachte, daß die Variablennamen nicht mit aufgeführt werden[3].

> Prototypen müssen nur die Variablentypen der Funktionsparameter, nicht jedoch deren Variablennamen beinhalten.

2 Denken Sie jedoch bitte an die Problematik bei verschachtelten *if*-Konstrukten. Dort sollten Sie die geschweiften Klammern nur weglassen, wenn Sie sich 1000%ig darüber im klaren sind, was sie tun.

9.5 Die Wichtigkeit von return

Man sollte beachten, daß die Funktionen, die einen Wert zurückliefern, immer mit *return* beendet werden müssen. Das ist nicht gleichbedeutend mit einem Vorhandensein von *return*.

Ein Beispiel:

```
int fkt(int x)
{
  if(x<=20)
    return(x*x);
}
```

Bei dieser Funktion wird sich der Compiler beschweren, weil sie nur dann mit *return* beendet wird, wenn *x* kleiner gleich 20 ist. Wäre *x* ungleich 20, würde die Funktion enden, ohne vorher einen Wert zurückgegeben zu haben, und das geht nicht.

> Eine Funktion mit Rückgabewert muß so entworfen sein, daß sie zu jeder Bedingung mit einem *return* beendet wird.

9.6 Rückgabe von „Wahr" und „Falsch"

Wenn Sie Funktionen schreiben, die Ihnen „Wahr" oder „Falsch" zurückgeben, dann sollten sie für „Wahr" immer den Wert 1 und für „Falsch" immer den Wert 0 nehmen.

Benutzen Sie bei der Über- und Rückgabe von „Wahr" und „Falsch" immer 1 für „Wahr" und 0 für „Falsch".

Das bringt deshalb einen gewaltigen Vorteil, weil genau diese Werte auch von C selbst benutzt werden. Ich zeige Ihnen eine Funktion, der man einen Wert übergibt und die dann „Wahr" zurückgibt, wenn der Wert positiv, und „Falsch", wenn er negativ ist.

```
int positiv(int x)
{
  if(x>0)
    return(1);     /* Wahr*/
  else
    return(0);     /*Falsch*/
}
```

3 Sie können die Namen der Variablen innerhalb der Klammern im Prototypen genauso angeben, wie im Kopf der Funktion selbst. Nur sollten Sie darauf verzichten, denn was geht einen Nutzer ihrer Funktionen an, wie Sie Ihre Variablen nennen.

Dies ist die ausführliche Schreibweise. Da aber die *return*-Anweisung, wie Sie wissen, auch Ausdrücke verarbeiten kann, können sie obige Funktion noch folgendermaßen vereinfachen[4]:

```
int positiv(int x)
{
  return(x>0);
}
```

Angenommen, Sie möchten mit einer *if*-Anweisung überprüfen, ob der Wert einer Variablen, z.B. *a*, positiv ist, dann können sie nun ganz einfach folgendes machen:

```
if(positiv(a))
{
}
```

Der Anweisungsblock hinter *if* wird dann ausgeführt, wenn *a* positiv ist. Anders herum geht es auch:

```
if(!positiv(a))
{
}
```

Jetzt wird der Anweisungsblock ausgeführt, wenn der Wert von *a* nicht positiv ist. Denken Sie deshalb immer daran und beherzigen Sie es: „Wahr" ist 1 und „Falsch" ist 0.

9.7 Kontrollfragen

1. Ist es mit *return* möglich, mehr als einen Wert zurückzugeben?
2. Es wird gesagt, daß Funktionsaufrufe überall dort stehen können, wo auch Variablen stehen können. Wo aber liegt der Unterschied zwischen dem Wert einer Variablen und dem Wert einer Funktion?
3. Worin liegt der Unterschied zwischen einem Funktionsparameter und einer lokalen Variablen dieser Funktion?
4. Hat das Ändern des Wertes eines Funktionsparameters innerhalb einer Funktion Auswirkungen auf die Variable im Funktionsaufruf?
5. Wir haben gelernt, daß man den Wert einer Bedingung auch einer Variablen zuweisen kann (z.B. *a=(x>=5)*. Worauf müssen Sie achten, wenn sie eine Variable auf ungleich 0 prüfen und diesen Wert einer Variablen zuweisen wollen?

---

4 Rufen Sie sich bitte in Erinnerung, daß eine Bedingung, je nachdem, ob sie wahr oder falsch ist, 1 oder 0 als Wert liefert. Mit diesem Wert läßt sich natürlich auch rechnen. Es handelt sich daher um einen berechenbaren Ausdruck, der auch in einer *return*-Anweisung stehen darf.

10 Schleifen: for

for

Stellen Sie sich vor, Sie möchten gerne die Zahlen von 1 bis 100 ausgeben. Bis jetzt bliebe Ihnen nichts anderes übrig, als 100 *printf* Anweisungen hintereinander zu schreiben, um die Zahlen auf den Bildschirm zu bringen. Aber wie so oft im Leben geht es einfacher, nämlich mit einer Schleife. Eine Schleife dient dazu, bestimmte Anweisungen zu wiederholen und hat in C grob beschrieben folgendes Format:

Syntax

```
for(anweisung1; bedingung; anweisung2)
{
}
```

Bitte beachten Sie, daß nur zwischen den drei Anweisungsteilen ein Semikolon steht, aber nicht hinter *anweisung2*. Die Bedingung innerhalb von *for* verhält sich genau wie die Bedingung von *if*. In Abbildung 10.1 ist der PAP einer solchen Schleife dargestellt.

Gehen wir nun einmal Punkt für Punkt durch, wie die Schleife abgearbeitet wird.

1. *anweisung1* ausführen
2. Ist *bedingung* wahr? Wenn ja, weiter bei 3. Ansonsten weiter bei 6.
3. Anweisungsblock hinter *for* ausführen
4. *anweisung2* ausführen
5. Bei 2. weitermachen
6. Hinter *for*-Anweisungsblock springen und weitermachen

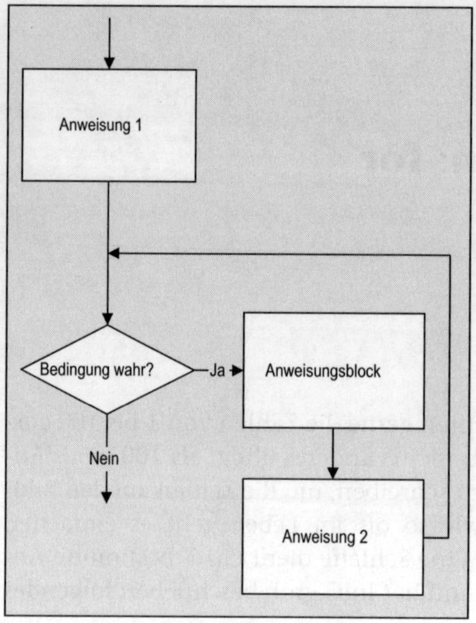

Abbildung 10.1: Die for-Schleife als PAP

Da die Schleifen-Konstruktion im Programmablaufplan überhaupt nicht wie eine Schleife, sondern eher wie eine Verzweigung mittels *if* aussieht, hat man für Schleifen zwei neue Sympole eingeführt. Diese sind in Abbildung 10.2 dargestellt.

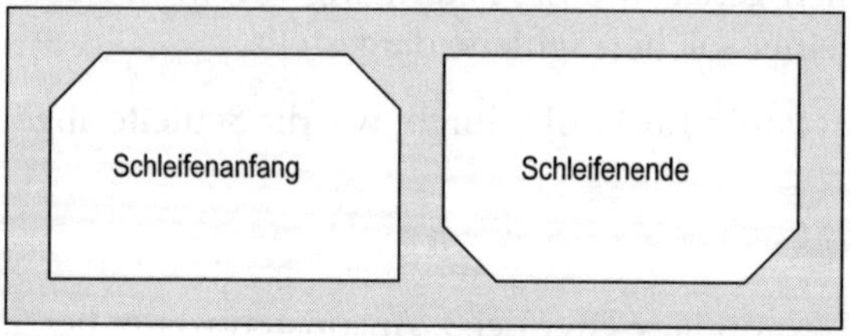

Abbildung 10.2: Die Symbole „Schleifenanfang" und „Schleifenende" des PAP

Mit diesen neuen Symbolen dargestellt sieht die Schleife wie in Abbildung 10.3 aus.

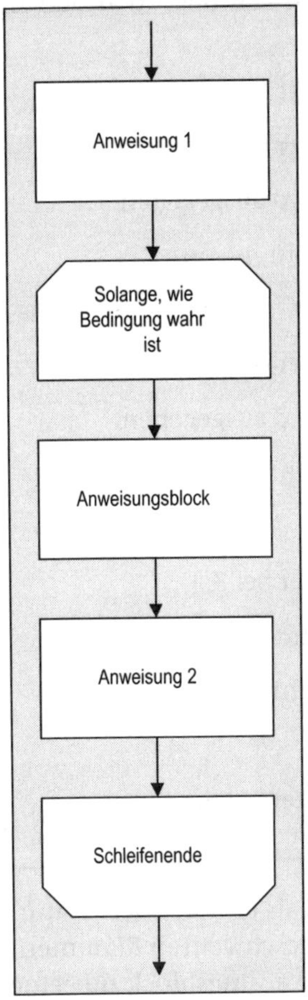

Abbildung 10.3: Die for-Schleife im PAP mit Schleifensymbolen

Und nun ein Beispiel:

```
#include <stdio.h>     /* PRG10-01.C */

void main(void)
{
int x;

   for(x=1; x<=3; x++)
      {
        printf("Aktueller Wert :%i\n",x);
      }
 }
```

Den Quellcode dieses Beispiels finden Sie auf der Diskette unter \BEISPIEL\BSP10-01.C.

Gehen wir nun die *for*-Schleife im konkreten Fall nach den obigen Punkten 1 bis 6 einmal durch:

1. *anweisung1* ausführen: *x* bekommt den Wert 1.

2. Ist *bedingung* wahr? *x<=3* ist wahr also weiter bei 3.

3. Anweisungsblock ausführen: Die Zahl 1 wird ausgegeben.

4. *anweisung2* ausführen: *x* wird um eins erhöht, ist nun 2.

5. Weiter bei 2.

2. Ist *bedingung* wahr? *x<=3* ist wahr also weiter bei 3.

3. Anweisungsblock ausführen: Die Zahl 2 wird ausgegeben.

4. *anweisung2* ausführen: *x* wird um eins erhöht, ist nun 3

5. Weiter bei 2.

2. Ist *bedingung* wahr? *x<=3* ist wahr also weiter bei 3.

3. Anweisungsblock ausführen: Die Zahl 3 wird ausgegeben.

4. *anweisung2* ausführen: *x* wird um eins erhöht, ist nun 4

5. Weiter bei 2.

2. Ist *bedingung* wahr? *x<=3* ist falsch also weiter bei 6.

6. Weiter hinter *for*-Anweisungsblock.

Das sah auf den ersten Blick doch wilder aus, als es war, oder? Natürlich gilt auch bei der *for*-Anweisung, daß die geschweiften Klammern weggelassen werden können, wenn der Anweisungsblock nur eine Anweisung enthält:

```
for(x=1; x<=3; x++)
  printf("Aktueller Wert :%i\n",x);
```

Sie können zur Übung ja mal den PAP der obigen Schleife zeichnen.

Es ist natürlich auch möglich, an jeder der drei Stellen in der *for*-Schleife berechenbare Ausdrücke zu benutzen. So kann man ein Programm schreiben, das nach einer Zahl fragt, und dann bis zum Quadrat der Zahl zählt:

```
#include <stdio.h>     /* PRG10-02.C */

void main(void)
{
int x,zahl;

  printf("Bitte Zahl eingeben :");
  scanf("%i",&zahl);

  for(x=1; x<=(zahl*zahl); x++)
    printf("Aktueller Wert :%i\n",x);
}
```

Den Quellcode dieses Beispiels finden Sie auf der Diskette unter \BEISPIEL\BSP10-02.C.

10.1 Mehrere Anweisungen in for

Es ist auch möglich, mehrere Anweisungen in die Anweisungsteile zu schreiben.

> Mehrere Anweisungen werden innerhalb von *for* mit Kommata getrennt.

```
#include <stdio.h>     /* PRG10-03.C */

void main(void)
{
int x,y,zahl1,zahl2;

  printf("Bitte Zahl x eingeben :");
  scanf("%i",&zahl1);
  printf("Bitte Zahl y eingeben :");
  scanf("%i",&zahl2);

  for(x=1,y=zahl2; x<=zahl1; x++,y--)
    printf("Aktuelle Werte :%i und %i\n",x,y);
}
```

Den Quellcode dieses Beispiels finden Sie auf der Diskette unter \BEISPIEL\BSP10-03.C.

Das Programm macht nichts sinnvolles, aber es zeigt sehr schön, wie mehrere Anweisungen in das *for*-Konstrukt integriert werden können.

10.2 Auslassen der Initialiserung

Manchmal ist es sinnvoll, in der *for*-Schleife auf die Initialisierung zu verzichten. So auch bei folgendem Beispiel, das nach einer Zahl fragt und von dieser dann rückwärts bis eins zählt:

```
#include <stdio.h>     * PRG10-04.C */

void main(void)
{
int x;

  printf("Bitte Zahl eingeben :");
  scanf("%i",&x);

  for(; x ; x--)
    printf("Aktueller Wert :%i\n",x);
}
```

Den Quellcode dieses Beispiels finden Sie auf der Diskette unter \BEISPIEL\BSP10-04.C.

Hätten wir jetzt eine Initialiserung in der *for*-Anweisung, bräuchten wir noch eine zusätzliche Variable, die den Wert aufnehmen kann[1]. Wie Sie sehen, wird die Stelle, an der normalerweise die Initialisierung steht, einfach frei gelassen.

Was es zu bedeuten hat, wenn in der Bedingung nur *x* steht, haben wir auch schon gelernt. Solange ein Wert ungleich Null ist, gilt er als wahr.

10.3 Kontrollfragen

1. Gegeben sei folgendes *for*-Konstrukt: *for(x=1;x<=100;x++);* Was macht es?
2. Gegeben sei folgendes *for*-Konstrukt: *for(x=2;x>1;x++);* Was macht es?
3. Gegeben sei folgendes *for*-Konstrukt: *for(x=1;x<20;);* Was macht es?
4. Gegeben sei folgendes *for*-Konstrukt: *for(;1;);* Was macht es?

1 Die fehlende Initialisierung läßt sich mit anderen Schleifenkonstrukten noch eleganter lösen. Diese besprechen wir aber erst später.

11 Übungen

Wenn Sie im folgenden die Aufgabe bekommen, eine Funktion zu schreiben, dann sollten Sie von sich aus auch die entsprechende *main*-Funktion entwickeln, um die andere Funktion auszutesten. Sie sollten alle Aufgaben wirklich mit Ihrem Compiler lösen. Bei diesen Aufgaben gilt besonders: Lesen Sie auf jeden Fall die Lösung, auch wenn Sie es alleine geschafft haben. Fremde Programme zu verstehen hilft sehr gut dabei, das Denken für die eigene Programmentwicklung zu schulen.

Und noch eine kleine Gedächtnisstütze:

> Der Gleichheitsoperator hat zwei Gleichheitszeichen.
> Ein Gleichheitszeichen steht für eine Zuweisung.

Übung 1

Schreiben Sie eine Funktion namens *sign*, der man einen Wert übergibt, und die folgendes zurückliefert: -1, wenn der Wert negativ war, 0, wenn der Wert Null war und 1, wenn der Wert positiv war.

Übung 2

Schreiben Sie eine Funktion namens *sum*, der man einen positiven Wert (wert>0) übergibt, und die dann die Summe aller Zahlen von 1 bis einschließlich des Wertes zurückliefert. Übergibt man zum Beispiel die Zahl 5, bekommt man den Wert 15 zurück, weil 1+2+3+4+5=15 ist. Die Funktion soll dabei Variablen vom Typ *int* benutzen.

Übung 3

Falls Sie es nicht schon gemacht haben, ändern Sie die von Ihnen geschriebene Funktion aus Aufgabe 2 so um, daß sie den Wert 0 zurückgibt, wenn die Zahl im ungültigen Bereich ist (also kleiner Null ist). 0 ist dann der Fehlerwert. Hier eignet sich 0 als Fehlerwert, weil keine gültige Zahl, die der Funktion übergeben wird, als Ergebnis 0 liefern kann. Ruft man die Funktion auf, und sie gibt 0 zurück, erkennt man, daß etwas nicht stimmt.

Übung 4

Schreiben Sie eine Funktion namens *potenz*, die sie z.B. mit *potenz(a,b)* aufrufen können und die dann *a* hoch *b* berechnet. *a* hoch *b* heißt, daß *a* mit sich selbst *b*-mal multipliziert wird. 2 hoch 3 ist 2*2*2, 3 hoch 4 ist 3*3*3*3, -6 hoch 3 wäre (-6)*(-6)*(-6) und 8 hoch 1 ist 8.

Aber Vorsicht: *a* hoch 0 ist immer 1, egal welchen Wert *a* hat.

Übung 5

Nun kommt eine etwas schwierigere Aufgabe. Seien Sie nicht enttäuscht, wenn Sie sie nicht ohne Hilfe lösen können. Es soll Ihnen zeigen, was für eine mächtige Sprache C ist. Und nun die Aufgabe:

Sie haben in Aufgabe 1 die Funktion *sign* programmiert. Mit großer Wahrscheinlichkeit wird in Ihrer Funktion der *if*-Befehl vorkommen. Schreiben Sie *sign* nun noch einmal, aber ohne den *if*-Befehl zu benutzen[1]. Ein kleiner Erinnerungs-Tip: Bedingungen können auch in berechenbaren Ausdrücken enthalten sein.

Übung 6

Schreiben Sie eine Funktion namens *isprim*, der Sie einen Wert größer 1 übergeben und die einen wahren Wert (1) zurückgibt, wenn die übergebene Zahl eine Primzahl ist, und die einen falschen Wert (0) zurückgibt, wenn die übergebene Zahl keine Primzahl ist. Als Hinweis: Eine Primzahl ist eine Zahl, die nur durch 1 und durch sich selbst teilbar ist. Teilt man sie durch eine andere Zahl, hat die Division einen Rest. Eine Ausnahme bildet die 1. Sie ist keine Primzahl.

---

1 „Ohne if" heißt für die Übungen, daß sie auch den Bedingungsoperator ?: nicht benutzen sollen.

Übung 7

Schreiben Sie eine Funktion *iseven*, die einen wahren Wert zurückliefert, wenn die übergebene Zahl gerade ist, und einen falschen Wert, wenn die übergebene Zahl ungerade ist.

Übung 8

Schreiben Sie eine Funktion *fakul*, die die Fakultät einer Zahl *a* berechnet. Die Fakultät von *a* wird *a!* geschrieben. Die Fakultät von 3 ist 3*2*1. Die Fakultät von 6 ist 6*5*4*3*2*1. Die Fakultät von 1 ist 1. Und jetzt die Besonderheit: Die Fakultät von 0 ist 1. Schreiben Sie die Funktion so, daß sie bei einer falschen Wertübergabe einen Fehlerwert zurückgibt. Überlegen Sie sich, welcher Wert sich als Fehlerwert eignet. Beim Austesten Ihrer Funktion behalten Sie bitte im Auge, daß das Ergebnis der Fakultät bei der Eingabe größerer Zahlen schnell über alle Maßen steigt und eventuell den Bereich des von Ihnen gewählten Variablentyps überschreitet.

Übung 9

Schreiben Sie eine Funktion *max*, der man zwei Werte übergeben kann, und die dann den größeren der beiden Werte zurückgibt.

Übung 10

Schreiben Sie nochmal eine Funktion *max* mit den gleichen Eigenschaften wie in Aufgabe 9, aber benutzen Sie *kein* if. Ein Tip: Denken Sie an Aufgabe 5.

11.1 Lösungen

Lösung 1

```
int sign(int a)     /* UEB11-01.C */
{
  if(a<0)
    return(-1);
  if(a>0)
    return(1);
  return(0);
}
```

Den Quellcode dieses Beispiels finden Sie auf der Diskette unter \UEBUNG\UEB11-01.C.

Das letzte *return* benötigt keine Abfrage mit *if*, denn wenn die Zahl weder positiv noch negativ ist, kann sie nur noch Null sein.

Lösung 2

```
int sum(int a)      /* UEB11-02.C */
{
int summe=0;

  for(;a;a--)
    summe+=a;

  return(summe);
}
```

Den Quellcode dieses Beispiels finden Sie auf der Diskette unter \UEBUNG\UEB11-02.C.

Die Schleife müßten Sie wiedererkennen. Sie stand als Beispiel in einem der vorangegangenen Kapitel.

Lösung 3

```
int sum(int a)      /* UEB11-03.C */
{
int summe=0;

  if(a<=0)
    {
      return(0);
    }
  else
    {
      for(;a;a--)
        summe+=a;

      return(summe);
    }
}
```

Den Quellcode dieses Beispiels finden Sie auf der Diskette unter \UEBUNG\UEB11-03.C.

Lösung 4

```
int potenz(int a, int b)    /* UEB11-04.C */
{
int pot=a;

if(b==0)
    return(1);

  for(;b>1;b--)
    pot*=a;

  return(pot);
}
```

Den Quellcode dieses Beispiels finden Sie auf der Diskette unter \UEBUNG\UEB11-04.C.

Lösung 5

Die leichter verständliche Lösung ist diese :

```
int sign(int x)    /* UEB11-05.C */
{
int a;

  a=2*(x>0);
  a-=1;
  a*=!(x==0);
  return(a);
}
```

Den Quellcode dieses Beispiels finden Sie auf der Diskette unter \UEBUNG\UEB11-05.C.

Gehen wir die Funktion einfach einmal für die drei möglichen Fälle durch:

1. Wert > 0:Schauen wir uns den ersten Ausdruck an. Die Bedingung (x>0) ist wahr und ergibt 1. 2 mal 1 ist 2, also ist a=2. In der zweiten Zeile wird a um 1 erniedrigt, also ist a=1. In der dritten Zeile ist die Bedingung (x==0) falsch, damit ist die Negation wahr und hat den Wert 1. 1*1 ist 1, damit hat a den Wert 1, der dann auch zurückgeliefert wird.
2. Wert < 0:Die Bedingung im ersten Ausdruck ist falsch und nimmt den Wert 0 an. Null minus 1 ist -1. a ist damit -1. Die Bedingung in der dritten Zeile ist falsch und wird durch die Negation wahr. -1 mal 1 ist -1. Daher wird der Wert -1 zurückgegeben.

3. Wert = 0:Die Bedingung in der dritten Zeile ist nun wahr und wird durch die Negation falsch. Deswegen wird a mit 0 multipliziert. Da Null mal irgendetwas immer Null ergibt, brauchen wir uns die ersten beiden Zeilen nicht mehr anzuschauen. Es wird 0 zurückgegeben.

Natürlich würden wir nicht in C programmieren, wenn das obige Programm nicht noch kürzer zu schreiben wäre:

```
int sign(int x)      /* UEB11-06.C */
{
  return((-1+2*(x>0))*!(x==0));
}
```

Den Quellcode dieses Beispiels finden Sie auf der Diskette unter \UEBUNG\UEB11-06.C.

So können wir auch noch die lokale Variable sparen. Sie können ja selber einmal versuchen, die längere Version in die kürzere umzuwandeln.

Lösung 6

Da eine Primzahl eine Zahl ist, die nur durch 1 und sich selbst teilbar ist, bleibt uns nichts anderes übrig, als die zu prüfende Zahl durch alle anderen Zahlen zu teilen. Wir brauchen sie allerdings nicht durch Zahlen zu teilen, die größer als die zu prüfende sind, weil wir dort als Ergebnis auf jeden Fall keine Ganzzahl erhalten. Doch hier das Programm:

```
int isprim(int a)     /* UEB11-07.C */
{
int x;

  if(a<2) return(0);
  for(x=2;x<a;x++)
    if(!(a%x))
      return(0);

  return(1);
}
```

Den Quellcode dieses Beispiels finden Sie auf der Diskette unter \UEBUNG\UEB11-07.C.

Die zu testende Zahl ist *a*. Die Schleife läuft nur von 2 bis *a-1*, weil jede Zahl durch 1 und durch sich selbst teilbar ist. Jetzt muß geprüft werden, ob *a* durch eine Zahl zwischen 1 und *a* teilbar ist. Dies wird mit dem Modulo-Operator erledigt. Erhält man bei der Division keinen Rest, muß der Quotient eine Ganzzahl sein, und *a* ist daher keine Primzahl. Es wird der Wert 0 für falsch zurückgegeben. Läuft die Schleife jedoch durch, ohne eine Zahl gefunden zu haben, durch die *a* teilbar ist, dann muß *a* eine Primzahl sein, und es wird der Wert 1 für wahr zurückgegeben.

Lösung 7

```
int iseven(int x)     /* UEB11-08.C */
{
  return(!(x%2));
}
```

Den Quellcode dieses Beispiels finden Sie auf der Diskette unter \UEBUNG\UEB11-08.C.

Wenn die Division einer Zahl durch 2 einen Rest ergibt, dann ist sie ungerade. Ein Rest hat einen Wert ungleich Null. Werte ungleich Null sind wahr, also sorgt der Negationsoperator dafür, daß ein falscher Wert zurückgegeben wird, was bei ungeraden Zahlen auch so sein soll. Ergibt die Division keinen Rest, ist die Zahl gerade. Kein Rest hat den Wert Null, was einer falschen Bedingung entspricht. Durch die Negation wird ein wahrer Wert zurückgegeben.

Lösung 8

```
int fakul(int x)     /* UEB11-09.C */
{
int f=1;

  if(x<0)  return(0);
  if(x<2)  return(1);

  for(;x>1;x--)
    f*=x;
  return(f);
}
```

Den Quellcode dieses Beispiels finden Sie auf der Diskette unter \UEBUNG\UEB11-09.C.

Wie Sie sehen, kann man bei einem einzeiligen Anweisungsblock die Anweisung direkt hinter das entsprechende Konstrukt schreiben. Die Lösung muß wohl nicht dokumentiert werden. Als Fehlerwert wurde 0 gewählt, weil die Fakultät einer gültigen Zahl nie 0 werden kann. Man hätte auch eine negative Zahl als Fehlerwert nehmen können, aber mit der Null hat man den praktischen Nebeneffekt, daß bei einer falschen Zahl der Wert für „Falsch" zurückgegeben wird (erinnern Sie sich? 0=Falsch). Falls Sie die Funktion nicht verstehen, gehen Sie die Funktion einfach für ein paar Werte auf dem Papier durch.

Lösung 9

```
int max(int x, int y)      /* UEB11-10.C */
{
  if(x>y)
    return(x);
  else
    return(y);
}
```

Den Quellcode dieses Beispiels finden Sie auf der Diskette unter \UEBUNG\UEB11-10.C.

Diese Aufgabe war vermutlich ziemlich leicht, oder?

Lösung 10

```
int max(int x, int y)      /* UEB11-11.C */
{
  return((x*(x>y))+(y*(x<=y)));
}
```

Den Quellcode dieses Beispiels finden Sie auf der Diskette unter \UEBUNG\UEB11-11.C.

Wenn Sie Aufgabe 5 verstanden haben, wird diese Funktion für Sie leicht verständlich sein.

Ist x>y, dann ist die erste Bedingung wahr und x*1 ist x. Mit x>y ist aber die zweite Bedingung falsch, und y*0 ist 0. x+0 ist x, also wird x zurückgegeben.

Ist x<=y, dann ist die erste Bedingung falsch und x*0 ist 0. Mit x<=y ist aber die zweite Bedingung wahr, und y*1 ist y. 0+y ist y, also wird y zurückgegeben.

Die zweite Bedingung mußte x<=y heißen, denn hieße sie nur x<y, dann wäre für den Fall x gleich y keine der beiden Bedingungen wahr und es würde 0 zurückgegeben, weil x*0 gleich 0 ist, y*0 gleich 0 ist, und 0+0 ist ebenfalls 0.

Für die Lösung aus Aufgabe 9 galt das gleiche, obwohl es nicht so leicht zu erkennen ist. In der *if*-Anweisung steht x>y, also wird der *else*-Anweisungsblock dann ausgeführt, wenn x nicht größer y ist, und das ist genau dann der Fall, wenn x<=y gilt.

12 Schleifen mit Ein-/Austritts-bedingung: while

Sie werden an den Übungsaufgaben im vorherigen Kapitel gesehen haben, daß bestimmte Lösungen auf die Initialisierung innerhalb von *for* verzichten können, teilweise sogar müssen. Des weiteren gibt es auch Lösungen, die auf die Bearbeitung eines Zählers innerhalb von *for* verzichten können. Daher wurden in C Schleifenkonstrukte eingeführt, die solchen vereinfachten Anforderungen genügen.

12.1 Schleifen mit Eintrittsbedingung : while

Die **while**-Schleife hat eine ganz einfache Struktur: ***while***

Syntax

```
while(bedingung)
{
}
```

Ist *bedingung* wahr, dann wird der Anweisungsblock hinter *while* ausgeführt, und anschließend die Bedingung erneut geprüft. Gegebenenfalls wird der Anweisungsblock erneut ausgeführt. Sollte *bedingung* falsch sein, so fährt das Programm hinter dem *while*-Anweisungsblock fort. Abbildung 12.1 zeigt die *while*-Schleife als Programmablaufplan ohne Schleifensymbole, und Abbildung 12.2 zeigt die *while*-Schleife mit Schleifensymbolen.

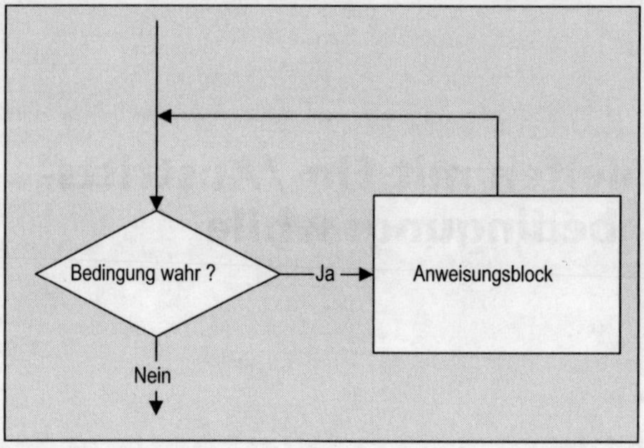

Abbildung 12.1: Die while-Schleife als PAP ohne Schleifensymbole

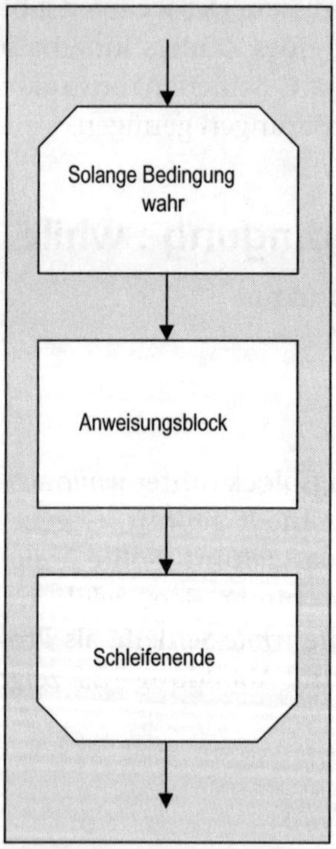

Abbildung 12.2: Die while-Schleife als PAP mit Schleifensymbolen

Ein Beispiel:

```
#include <stdio.h>     /* PRG12-01.C */

void main(void)
{
```

```
int zahl;

  zahl=0;
  while(zahl!=200)
    {
      printf("Bitte geben Sie 200 ein:");
      scanf("%i",&zahl);
    }
}
```

Den Quellcode dieses Beispiels finden Sie auf der Diskette unter \BEISPIEL\BSP12-01.C.

Dieses Programm erwartet die Eingabe einer Zahl. Die Eingabe wird so oft wiederholt, bis der Wert 200 eingegeben wurde.

Auch bei *while* gilt, daß die geschweiften Klammern weggelassen werden können, wenn der Anweisungsblock nur aus einer Anweisung besteht.

12.2 Simulation von for mit while

Da *while* nichts anderes ist als eine vereinfachte Form des *for*-Konstrukts, ist es möglich, mit *while* eine *for*-Schleife zu simulieren – allerdings mit einem höheren Anweisungsaufwand. Schauen Sie sich folgende Schleife an:

```
for(x=5;x<=25;x++)
  printf("Der Wert ist %i\n",x);
```

Die Schleife gibt die Werte von 5 bis 25 aus. Und nun das gleiche mit *while*:

```
x=5;
while(x<=25)
  {
    printf("Der Wert ist %i\n",x);
    x++;
  }
```

Wie Sie sehen, kann man mit *while* das Gleiche erreichen, nur mit mehr Aufwand. Aber warum sollte man *while* benutzen, wenn man es doch mit *for* viel eleganter erledigen kann? Ganz einfach: *while* wird im allgemeinen nicht nur für Schleifen benutzt, sondern für Probleme, bei denen auf irgend etwas gewartet wird, wie zum Beispiel Programm „PRG12-01.C", bei dem auf die Eingabe der Zahl 200 gewartet wurde.

12.3 Das Verzichten auf einen Anweisungsblock

Gerade bei *while* kommt es häufiger vor, daß überhaupt kein Anweisungsblock benötigt wird. Das Programm „PRG12-01.C" könnte so programmiert sein (und so würde es im allgemeinen auch programmiert werden), daß die Eingabe einer Zahl oder sogar die komplette Überprüfung auf 200 als Funktion geschrieben wird. Wir implementieren den ersten Fall:

```
#include <stdio.h>       /* PRG12-02.C */

int getzahl(void)
{
int zahl;

  printf("Bitte geben Sie eine Zahl ein:");
  scanf("%i",&zahl);
  return(zahl);
}

void main(void)
{
  while(getzahl() != 200);
}
```

Den Quellcode dieses Beispiels finden Sie auf der Diskette unter \BEISPIEL\BSP12-02.C.

An diesem Beispiel können Sie sehen, wie Konstrukte ohne Anweisung realisiert werden. Wie Sie im ersten Kapitel schon gelernt haben, werden Anweisungen, denen kein Anweisungsblock folgt, mit einem Semikolon abgeschlossen. Dies gilt auch für *while* und *for.*

12.4 Schleifen mit Austrittsbedingung: do while

do

Grob kann man die Funktion von *while* folgendermaßen beschreiben: Solange die Bedingung wahr ist, wird ein Anweisungsblock ausgeführt. Sobald die Bedingung falsch ist, fährt das Programm hinter dem *while*-Anweisungsblock fort.

Nun gibt es aber Situationen, bei denen es angenehmer wäre, wenn zuerst ein Anweisungsblock ausgeführt, und dann eine Bedingung geprüft würde. Schauen Sie sich bitte noch einmal das Programm „PRG12-01.C" an. Wir mußten der Variablen *zahl* erst einen Wert ungleich 200 zuweisen, damit der Anweisungsblock von *while* überhaupt ausgeführt und damit ein Wert eingelesen wurde. Wollten wir das *while*-Konstrukt dahingehend ändern, daß die Zahl, die man eingeben muß, selber variabel gehalten wird, stünden wir vor folgendem Problem: Mit welchem Wert initalisieren wir die Variable *zahl*, damit sie am Anfang auf jeden Fall einen Wert hat, der ungleich dem ist, der eingegeben werden soll? Denn das muß ja gewährleistet sein, um überhaupt in den *while*-Anweisungsblock hineinzukommen.

Viel einfacher wäre es doch, wie oben schon geschildert, wenn zuerst der Anweisungsblock ausgeführt würde, und dann eine Bedingung geprüft. Nichts leichter als das, wir benutzen dazu folgendes Konstrukt:

Syntax

```
do
  {
  }
while(bedingung);
```

Diese Konstrukt arbeitet folgendermaßen: zuerst wird der Anweisungsblock zwischen *do* und *while* abgearbeitet. Ist dann *bedingung* wahr, wird wieder zum *do* gesprungen, und der Anweisungsblock erneut ausgeführt usw. Ist *bedingung* falsch, fährt das Programm hinter *while* fort.

Abbildung 12.3 zeigt die *do-while*-Schleife ohne Schleifensymbole und Abbildung 12.4 zeigt das gleiche Konstrukt mit Schleifensymbolen.

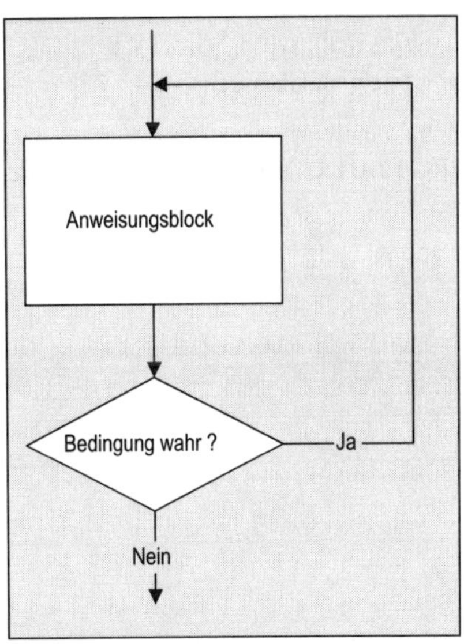

Abbildung 12.3: Die do-while-Schleife als PAP ohne Schleifensymbole

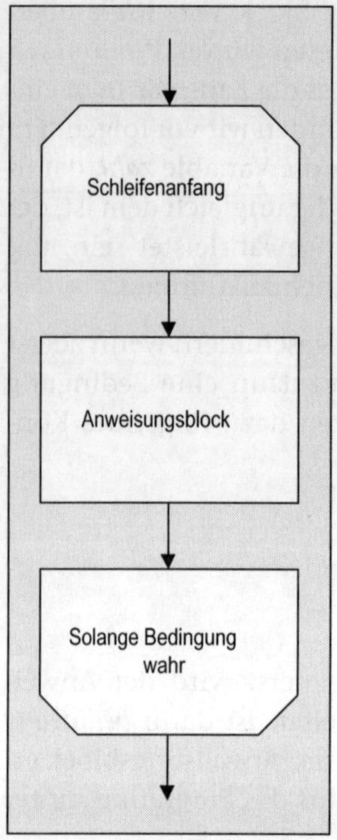

Abbildung 12.4: Die do-while-Schleife als PAP ohne Schleifensymbole

Bitte achten Sie auf folgendes:

> Die *while*-Anweisung im *do...while* Konstrukt wird **immer** mit einem Semikolon abgeschlossen.

Bringen wir nun das Programm „PRG12-01.C" mit Hilfe des *do-while*-Konstrukts in eine elegantere Form.

```
#include <stdio.h>    /* PRG12-03.C */
void main(void)
{
int zahl;
  do
    {
      printf("Bitte geben Sie 200 ein:");
      scanf("%i",&zahl);
    }
  while(zahl!=200);
}
```

Den Quellcode dieses Beispiels finden Sie auf der Diskette unter \BEISPIEL\BSP12-03.C.

So sollten Probleme dieser Art gelöst werden, denn wir könnten nun ohne Schwierigkeiten die Zahl, die abgefragt werden soll, variabel gestalten.

Schreiben Sie doch einmal ein Programm, das sie nach einer bestimmten Zahl fragt, und welches Sie danach so oft bittet, die Zahl nocheinmal einzugeben, bis Sie es tun.

Hier kommt die Lösung:

```
#include <stdio.h>     /* PRG12-04.C */

void main(void)
{
int zahl,abfrage;

  printf("Bitte geben Sie die abzufragende Zahl ein:");
  scanf("%i",&abfrage);

  do
    {
      printf("Bitte geben Sie %i ein:",abfrage);
      scanf("%i",&zahl);
    }  while(zahl!=abfrage);
}
```

Den Quellcode dieses Beispiels finden Sie auf der Diskette unter \BEISPIEL\BSP12-04.C.

Wie Sie sehen, steht das *while* nun direkt hinter der geschweiften Klammer. Dies hat nur einen optischen Effekt, wirkt sich aber nicht auf den Programmablauf aus.

12.5 Simulation von for mit do..while

Der Vollständigkeit halber wollen wir hier eine *for*-Schleife mit dem *do..while*-Konstrukt simulieren. Wir nehmen wieder die alte Schleife:

```
for(x=5;x<=25;x++)
  printf("Der Wert ist %i\n",x);
```

Sie sieht als Simulation folgendermaßen aus:

```
x=5;
do
  {
    printf("Der Wert ist %i\n",x);
    x++;
  } while(x<=25);
```

Es muß natürlich angemerkt werden, daß diese Simulation sowie die Simulation mit *while* nur den aktuellen Fall simulieren. *for* deckt noch viele Sonderfälle ab, die auftreten können, wenn der Initialisierungswert variabel gehalten wird. Stellen Sie sich vor, *x* würde in der obigen *for*-Schleife der Wert 27 zugewiesen werden. Da *for* zuerst die Bedingung prüft, wird überhaupt nichts ausgegeben und das Programm macht hinter *for* weiter.

Wird aber in unserer *do..while*-Simulation *x* auf 27 gesetzt, dann wird zuerst der Wert 27 ausgegeben, dann der Wert von *x* auf 28 erhöht, und erst dann wird erkannt, daß *x* schon längst nicht mehr im gültigen Bereich liegt. Hier hat unsere Simulation versagt. Um einen solchen Sonderfall abzufangen, müßte sie folgendermaßen ergänzt werden:

```
x=27;
if(x<=25)
  {
    do
      {
        printf("Der Wert ist %i\n",x);
        x++;
      } while(x<=25);
  }
```

Da nimmt man dann doch lieber die *for*-Schleife. Wie oben erwähnt, sollen *while*- und *do..while*-Konstrukte nicht zur Simulation normaler Zählschleifen verwendet werden, weil sie für andere Probleme gedacht sind.

Wie sie anhand der Simulationen sahen, kann man am PAP nicht genau erkennen, mit welchem Schleifenkonstrukt die Schleife tatsächlich realisiert worden ist. Und das spielt auch keine Rolle, weil jeder Schleifentyp durch einen anderen simuliert werden kann. Lediglich die Eleganz ginge dabei verloren. Deshalb überlegen Sie immer gut, mit welchem Konstrukt sie eine PAP-Schleife programmieren.

12.6 Zurück zum Anfang: continue

continue

Da wir nun die *for-*, *do-* und *while*-Anweisung kennen, gibt uns das die Möglichkeit, eine Anweisung kennenzulernen, die nur innerhalb dieser drei Schleifen benutzt werden kann. Ein Beispiel:

```
x=0;
while(x<20)
  {
    x++;
    if(x==10)
      continue;

    printf("x=%i\n",x);
  }
```

Die *continue*-Anweisung springt zum Kopf der innersten *for-*, *do-* oder *while-*Anweisung, in der sie vorkommt.

Abbildung 12.5 zeigt das obige Programm als Programmablaufplan[1].

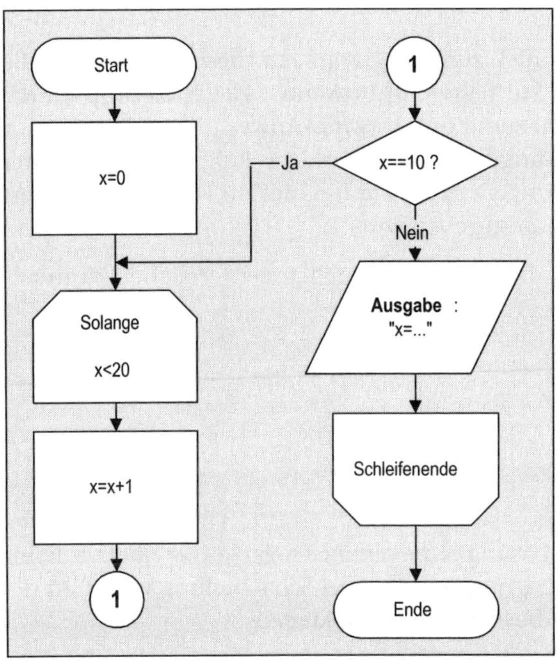

Abbildung 12.5: Die continue-Anweisung in einem Beispiel

Wir haben hier ein neues Symbol im Programmablaufplan benutzt. Abbildung 12.6 zeigt es noch einmal isoliert.

1 Am Programmablaufplan erkennen Sie, daß *continue* so weit an den Anfang der Schleife geht, daß sogar die Bedingung in *while* noch einmal geprüft wird. Bedenken Sie, daß auch im Falle von *for* das *continue* eine Überprüfung der Bedingung veranlaßt. Die Initialisierung jedoch wird nicht erneut vorgenommen.

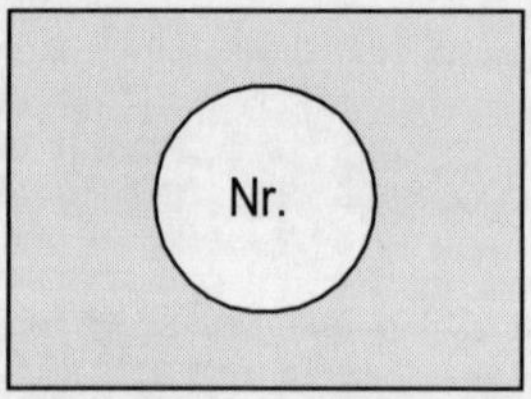

Abbildung 12.6: Das Verbinder-Symbol des PAP

Bei dem neuen Symbol handelt es sich um das sogenannte Verbinder-Symbol. Es gibt immer zwei Verbinder-Symbole mit der gleichen Nummer. Sie können sich zwischen den beiden gleichnummerierten Verbindern eine gedachte Linie vorstellen, um den Programmfluß zu bestimmen. Die Flußrichtung erkennen Sie an den Pfeilen, die aus dem entsprechenden Verbinder heraustreten oder in ihn hineinführen.

Doch nun wieder zurück zum Programm. In unserem Fall wird die *continue*-Anweisung dann ausgeführt, wenn *x* gleich 10 ist. Dadurch springt das Programm zum Kopf der *while*-Anweisung und prüft, ob *x* kleiner 20 ist. Die Bedingung ist wahr, und das Programm geht weiter bei der *while*-Anweisung. Das *continue* hat hier zur Folge, das der Wert bei x gleich 10 nicht ausgegeben wird

Natürlich hätte man dieses Ergebnis auch anders erreichen können:

```
x=0;
while(x<20)
  {
    x++;
    if(x!=10)
      printf("x=%i\n",x);
  }
```

In diesem Fall ist die Lösung ohne *continue* sogar kürzer, aber bei komplexeren Programmen, insbesondere bei Schachtelung von *if*, ist die *continue*-Anweisung die elegantere und kürzere.

12.7 Kontrollfragen

1. Welche Auswirkungen hat *while(1);* auf den Programmfluß?
2. Ist es möglich, ein *do...while* nur mit *while* zu simulieren und/ oder umgekehrt?
3. Ist es immer möglich, auf *continue* zu verzichten und stattdessen etwas anderes zu benutzen?

13 Die logischen Operatoren ||, &&

Die logischen Operatoren dienen dazu, zwei Bedingungen nach einer bestimmten Vorschrift zu einer Bedingung zu verknüpfen, die dann wieder wahr oder falsch sein kann. Weil es bei zwei Bedingungen vier Kombinationen gibt – beide Bedingungen können wahr, beide falsch, die erste wahr und die zweite falsch, die erste falsch und die zweite wahr sein – vereinfachen die logischen Verknüpfungen den Ausdruck, in dem sie die vier Möglichkeiten auf zwei reduzieren.

13.1 Der AND-Operator &&

Der &&-Operator, der auch **UND**-Operator oder **AND**-Operator genannt wird, verknüpft zwei Bedingungen auf die folgende Weise[1]: &&

Bedingung1	Bedingung2	(Bedingung1&&Bedingung2)
falsch	falsch	falsch
falsch	wahr	falsch
wahr	falsch	falsch
wahr	wahr	wahr

Tabelle 13.1: Die AND-Verknüpfung

Der *AND*-Operator entspricht damit dem Wort „und", wie es auch in unserer Sprache verwendet wird: Die Verknüpfung ist nur dann wahr, wenn beide Bedingungen wahr sind. Abbildung 13.1 zeigt diese Verknüpfung als Programmablaufplan.

1 Die Verknüpfung von Bedingung1 und Bedingung2 kann nur wahr oder falsch sein, also nur zwei Zustände annehmen.

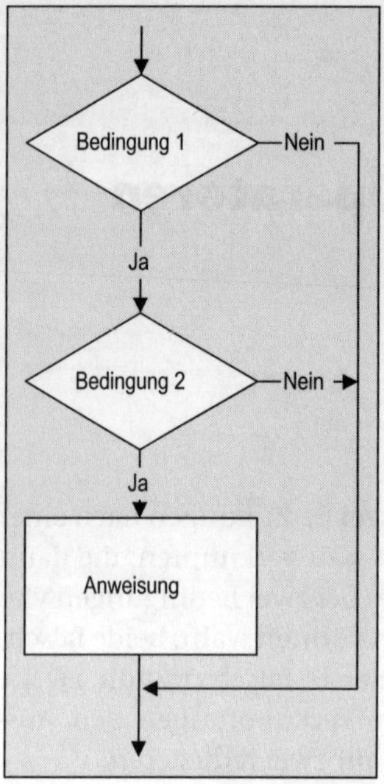

Abbildung 13.1: Die UND-Verknüpfung als PAP

Dies kann man sich folgendermaßen zunutze machen:

Syntax

```
if((x>=20)&&(x<=40))
{
}
```

Der Anweisungsblock hinter *if* wird nur dann ausgeführt, wenn *x* größer gleich 20 und kleiner gleich 40 ist.

Der *AND*-Operator ist kommutativ, das heißt, daß *a&&b* gleichbedeutend ist mit *b&&a*.

13.2 Der OR-Operator ||

|| Der ||-Operator, auch **ODER**-Operator oder **OR**-Operator genannt, hat folgende Verknüpfungsvorschrift:

Bedingung1	Bedingung2	(Bedingung1||Bedingung2)
falsch	falsch	falsch
falsch	wahr	wahr
wahr	falsch	wahr
wahr	wahr	wahr

Tabelle 13.2: Die OR-Verknüpfung

Es ist zu beachten, daß der *OR*-Operator nicht dem sprachlichen „oder" entspricht. Das sprachliche „oder" ist ein entweder-oder, wohingegen der *OR*-Operator ein entweder dies oder jenes oder beides ist. Abbildung 13.2 zeigt die ODER-Verknüpfung als Programmablaufplan.[2]

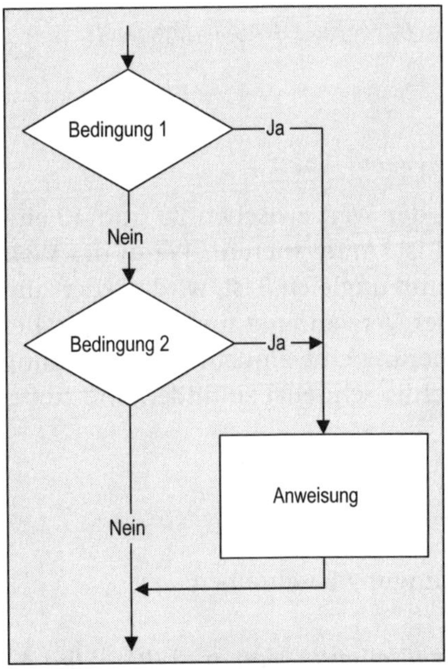

Abbildung 13.2: Die ODER-Verknüpfung als PAP

Hier ein Beispiel zu ODER:

```
do
  {
    printf("Bitte eine Zahl eingeben:");
    scanf("%i",&wert);
  }
while((wert<20)||(wert>40));
```

Diese Schleife fordert Sie solange auf, eine Zahl einzugeben, bis sie zwischen 20 und 40 einschließlich liegt. Wenn der Wert kleiner 20 oder größer 40 ist, wird wieder zum *do* gesprungen.

Der OR-Operator ist ebenfalls kommutativ. *a||b* ist gleichbedeutend mit *b||a*.

---

2 Die UND- und die ODER-Verknüpfung wurde im PAP nur deshalb in dieser ausführlichen Form gezeigt, um ein Verständnis für deren Ablauf zu vermitteln. Üblicherweise wird die komplette Bedingung in ein Verzweigungssymbol hineingeschrieben.

13.3 Das Mischen von AND und OR

Sie können natürlich überall dort, wo eine Bedingung verlangt wird, eine sinnvolle Mischung der Operatoren vornehmen. Ein Beispiel:

```
do
  {
    printf("Bitte eine Zahl im Bereich 20-40 eingeben\
 (Oder 0 für Ende) :");
    scanf("%i",&wert);
  }
while(((wert<20)||(wert>40))&&(wert!=0));
```

Die Schleife wird beendet, wenn der Wert zwischen 20 und 40 einschließlich liegt oder gleich null ist. Andersherum: Wenn der Wert kleiner als 20 oder größer als 40 und ungleich 0 ist, wird wieder zum *do* gesprungen. Man sollte bei der Verwendung mehrerer logischer Operatoren immer durch Klammerung eine eindeutige Abarbeitung erreichen. Das hilft, eventuelle Fehler schneller zu finden und zu beheben.

13.4 Kontrollfragen

1. Wie würden Sie folgende Bedingung beschreiben: *((x && !y) || (!x && y))* ?
2. Worin liegt der Unterschied zwischen *(a&&b)* und *(!(!a || !b))* ?
3. Wie würden Sie den Ausdruck *!(a&&b)* ohne den !-Operator formulieren?
4. Versuchen Sie, eine *for*-Schleife zu entwerfen, die sich wie eine *if*-Anweisung verhält. Ein Tip: Sie brauchen dazu eine zusätzliche Variable.

14 Der Variablentyp float

Da wir uns nun schon ziemlich lange mit ganzzahligen Werten beschäftigt haben, ist es an der Zeit, einmal eine Exkursion in die Welt der uns bisher unbekannten Fließkommazahlen zu starten, die auch Werte wie 23.8361 annehmen können.

14.1 Die Spielarten der Fließkommavariablen

Die Fließkommavariablen stehen in drei verschiedenen Varianten zur Verfügung:

Typ	Größe	Mindestgenauigkeit	Formatz.
Float	4	6	f
double	8	10	f
long double	10	10	Lf

Tabelle 14.1: Die Varianten der Fließkommavariablen

Die Größe gibt die Anzahl in Bytes an, die mindestens von einer Variablen des entsprechenden Typs belegt werden. Die Mindestgenauigkeit bezeichnet die Anzahl der Stellen hinter dem Komma. Alle obigen Variablentypen decken den Wertebereich von mindestens $[10^{38},10^{-38}]$ sowohl im positiven wie auch im negativen Bereich ab. Wie Sie sehen, gibt es in C keine vorzeichenlosen Fließkommazahlen.

Die Formatzeichen der Fließkommavariablen werden auf die gleiche Weise angewendet wie die der ganzzahligen Variablen.

14.2 Ein Beispiel für float

Schauen wir zuerst wieder ein Beispiel an, welches wir dann anschließend besprechen werden: *Pi*

```
#include <stdio.h>      /* PRG14-01.C */

void main(void)
{
long n=3,max;
float pi=1.0;

   printf("Bis zu welchem n soll gerechnet werden:");
   scanf("%li",&max);

   while(n<max)
      {
        pi=pi-(1.0/n)+(1.0/(n+2));
        n+=4;
        printf("n=%li :%f\n",n,pi*4.0);
      }
}
```

Den Quellcode dieses Beispiels finden Sie auf der Diskette unter \BEISPIEL\BSP14-01.C.

Dieses Programm berechnet die Kreiszahl Pi nach dem Verfahren von Leibniz. Erst einmal kurz etwas zum Berechnungsverfahren, denn sonst kann man das Programm nicht verstehen. Leibniz hat herausgefunden, das die Zahl Pi auf folgende Weise berechnet werden kann:

Pi = (1 – 1/3 + 1/5 – 1/7 + 1/9 – 1/11 + 1/13 – ...) *4

Wie Sie sehen, handelt es sich hierbei um eine unendliche Reihe, was auch logisch ist, denn Pi ist eine Zahl mit unendlich vielen, sich nicht regelmäßig wiederholenden Nachkommastellen. Sie müssen für sich entscheiden, wie weit Sie das Ergebnis des Programms an Pi annähern wollen.

Das Programm fragt zuerst nach *max*. Wird dieser Wert von *n* erreicht, bricht das Programm ab. *n* steht für den Nenner der Brüche in der unendlichen Reihe. Die Variable *pi* wird mit 1 initialisiert, was dem ersten Summanden in der Reihe entspricht. Innerhalb der *while*-Schleife wird *pi* der Wert *pi – (1/3) + (1/5)* zugewiesen. Die nächsten beiden Summanden sind dazu gekommen. Dadurch, daß *n* um 4 erhöht wird, weist die Zeile darüber der Variablen *pi* beim nächsten Mal den Ausdruck *pi – (1/7) + (1/9)* zu, was dem vierten und fünften Summanden entspricht usw. Das Verfahren nach Leibniz wurde also richtig umgesetzt.

Man kann mit den Fließkommavariablen eigentlich genauso verfahren, wie mit den Ganzzahlvariablen, nur daß sich die Formatzeichen ändern.

14.3 Typentscheidung bei gemischten Ausdrücken

Vielleicht ist es Ihnen aufgefallen. Bei der Zuweisung der Variablen *pi* wurde nicht *(1/n)* geschrieben, sondern *(1.0/n)*. Das liegt an folgender Regel:

> Werden zwei Variablen unterschiedlichen Typs durch einen Operator miteinander verknüpft, dann bekommt das Ergebnis den genaueren Typ der beiden Variablen.

Was hat das für unser Beispiel zu bedeuten? Nun, gehen wir einmal davon aus, daß der Ausdruck *(1/n)* benutzt worden wäre. Die 1 ist eine Ganzzahl und *n* eine Ganzzahlvariable vom Typ *long*. Deswegen hat das Ergebnis diese Ausdrucks den Typ *long*. Und was ist *1/n* mit *n > 1*? Genau, immer Null. Aber das wollen wir ja nicht.

Betrachten wir nun den Fall *(1.0/n)*. 1.0 wird vom Compiler wegen des Kommas als Fließkommazahl interpretiert. *n* ist wieder eine Ganzzahlvariable vom Typ *long*. Nun ist von den beiden Typen aber *float* der genauere, weshalb das Ergebnis den Typ *float* bekommt. Und wenn wir als Beispiel für *n* einmal 5 einsetzen, dann stünde da *(1.0/5)*. Da das Ergebnis *float* ist, kommt auch tatsächlich 0.2 heraus, was ja auch so sein soll. Deswegen wird 1.0 anstatt 1 geschrieben.

14.4 Typumwandlung : Der cast-Operator

cast-Operator

Wir lernen nun eine andere Methode kennen, wie wir den Typ eines Ergebnisses selbst bestimmen können.

Zeigen wir zuerst die Schreibweise des *cast*-Operators:

Syntax

```
(typ)variable
```

Oder die wegen der Übersichtlichkeit zu bevorzugende Schreibweise:

```
(typ)(variable)
```

Der Wert, den die Variable *variable* repräsentiert, bekommt den Variablentyp *typ*. Es sollte klar sein, daß die Variable selber keine Typumwandlung erfährt. Ein Beispiel:

```
int a=3,b=2;
float c;

c=a/b;
```

Welchen Wert hat *c* nach diesem Programmstück? *a* und *b* sind beide Ganzzahlvariablen, daher muß das Ergebnis von *a/b* auch eine Ganzzahl sein. *c* hat den Wert 1, da erst nach der Berechnung die Anpassung an das *float*-Format von *c* vorgenommen wird[1]. Nun das Ganze noch einmal mit *cast*-Operator:

```
int a=3,b=2;
float c;

c=(float)(a) / (float)(b);
```

Bevor nun die Division durchgeführt wird, wird der Wert, den die Variable *a* repräsentiert, in einen *float*-Wert umgewandelt. Das Gleiche gilt für Variable *b*. Da nun zwei *float*-Werte miteinander verknüpft werden[2], ist auch das Ergebnis vom Typ *float*. Der Wert ist daher 1.5.

Bitte beachten Sie, daß nach dieser Typumwandlung die Variablen *a* und *b* immer noch Ganzzahlvariablen sind. Die Typumwandlung bezieht sich nur auf den Wert, den die Variable während der Verknüpfung repräsentiert.

Die Typumwandlung wird vor der Division ausgeführt, weil die Klammern stärker binden als der Divisionsoperator. Selbst wenn man die Klammern um die Variablen wegließe:

```
c=(float) a / (float) b;
```

Die Umwandlung würde trotzdem vor der Division erfolgen, weil nun der *cast*-Operator die stärkere Bindung hat.

Sie sollten sich angewöhnen, den Typumwandlungsoperator auch dann zu benutzen, wenn es nicht unbedingt nötig ist:

```
int a=4;
float b;

b=a;
```

1 Sie erinnern sich, daß bei einer Zuweisung erst der Ausdruck auf der rechten Seite berechnet wird, bevor er zugewiesen wird. Daher ist das Ergbnis wegen der ausschließlich ganzzahligen Variablen auf der rechten Seite ebenfalls ganzzahlig und wird erst bei der Zuweisung zu einer Fließkommazahl.

2 Es würde auch ausreichen, nur einen der beiden Werte explizit in *float* umzuwandeln, da das Ergebnis immer vom Typ des genauesten Operators der Operation ist.

Um den Wert der Variablen *a* der Variablen *b* zuzuweisen, muß der Compiler eine Typumwandlung vornehmen[3]. Hier ist das auch kein Problem, da die Definition der Variablen kurz zuvor erfolgte. Tritt die Zuweisungszeile aber 100 Zeilen nach der Definition auf, dann kann man schon wieder vergessen haben, daß eine Typumwandlung vorgenommen werden muß. Deswegen sollten Sie in so einem Fall folgende Schreibweise benutzen:

```
b=(float)(a);
```

Das Programm wird dadurch nicht langsamer, weil die Typumwandlung auf jeden Fall vorgenommen werden muß, aber die Übersichtlichkeit wird enorm gesteigert, weil man sofort erkennen kann, daß *a* und *b* nicht vom gleichen Typ sind.

14.5 Die Funktionen von math.h

In C gibt es die sogenannte Standardbibliothek. Der Inhalt dieser Bibliothek ist durch die ANSI-Norm festgelegt, so daß Ihnen die in ihr enthaltenen Funktionen unter jedem ANSI-C-Compiler zur Verfügung stehen. *printf* und *scanf* gehören zum Beispiel zu dieser Bibliothek. Es gibt spezielle Funktionen, die das Arbeiten mit Fließkommazahlen erleichtern. Da Sie die Prototypen brauchen, um die Funktionen benutzen zu können, wurden diese in der Headerdatei **math.h** zusammengefaßt. Tritt in Ihrem Programm also ein Aufruf einer Funktion aus *math.h* auf, dann sollte am Anfang Ihres Programms folgende Zeile stehen:

Syntax

```
#include <math.h>
```

Hier nun die Liste der Funktionen in *math.h*, damit Sie wissen, was Ihnen zur Verfügung steht. Der genaue Aufruf sowie ausführlichere Erklärungen folgen nach der Auflistung.

acos	Umkehrfunktion des Kosinus
asin	Umkehrfunktion des Sinus
atan, atan2	Umkehrfunktionen des Tangens
ceil	grundsätzliches Aufrunden
cos	Kosinus
cosh	Kosinus Hyperbolicus
exp	Exponentialfunktion (e hoch a)

3 Viele Compiler geben eine Warnung aus, wenn eine implizite Typumwandlung stattfindet oder haben eine Option, um diese Warnungen zu aktivieren. Dies sollten Sie dann tun. Dies gilt besonders für C++-Compiler.

fabs	Absolutwert |a|
floor	grundsätzliches Abrunden
fmod	Modulowert (a%b)
frexp	Aufspaltung von a in $a=f*2^i$
ldexp	Umkehrung zu frexp
log	Natürlicher Logarithmus (Basis e)
log10	Dekadischer Logarithmus (Basis 10)
modf	Aufspaltung von a in a=f+i
pow	Potenz (a hoch b)
sin	Sinus
sinh	Sinus Hyperbolicus
sqrt	Quadratwurzel
tan	Tangens
tanh	Tangens Hyperbolicus

Tabelle 14.2: Die wichtigsten Funktionen von math.h im Überblick

Nun zu den ausführlichen Erklärungen der einzelnen Funktionen:

acos

```
double acos(double a);
```

Arcus Kosinus: Die Umkehrfunktion des Kosinus für *a* im Bogenmaß im Bereich [0,pi].

asin

```
double asin(double a);
```

Arcus Sinus: Die Umkehrfunktion des Sinus für *a* im Bogenmaß im Bereich [-pi/2, pi/2].

atan

```
double atan(double a);
```

Arcus Tangens: Die Umkehrfunktion des Tangens für *a* im Bogenmaß im Bereich [-pi/2, pi/2].

atan2

```
double atan2(double a, double b);
```

Arcus Tangens: Die Umkehrfunktion des Tangens für *a/b* im Bogenmaß im Bereich [-pi, pi].

ceil

```
double ceil(double a);
```

Liefert die nächst höhere Ganzahl von *a*. Aus 4.1 wird 5, aus -4.1 wird -4.

cos

```
double cos(double a);
```

Berechnung des Kosinus von *a* im Bogenmaß.

cosh

```
double cosh(double a);
```

Berechnung des Kosinus Hyperbolicus von *a* im Bogenmaß.

exp

```
double exp(double a);
```

Berechnung des Exponentialwerts von *a* (e^a, *e^a* oder *e* hoch *a*), wobei *e* die Eulersche Zahl ist.

fabs

```
double fabs(double a);
```

Liefert den Betrag oder Absolutwert von *a* (|a|).

floor

```
double floor(double a);
```

Liefert die nächstniedrige Ganzzahl von *a*. Aus 4.1 wird 4, aus -4.1 wird -5.

fmod

```
double fmod(double a, double b);
```

Liefert den Modulowert oder Rest der Division *a/b*. Das Äquivalent des Ganzzahlmodulos *a%b*.

frexp

```
double frexp(double a, int *b);
```

Die Fließkommazahl *a* wird in einen ganzzahligen Wert *i* und einen Fließkommawert *f* im Bereich [0.5, 1] aufgespalten, so daß $a=f*2^i$ gilt. *i* wird in *b* gespeichert und *f* von der Funktion zurückgegeben. für *a*=0 ist *b* ebenfalls 0.

```
HUGE_VAL
```

Ein vordefiniertes Makro. Liefert den Wert, den manche Funktionen aus *math.h* bei Wertüberschreitung zurückliefern. Er kann sowohl positiv als auch negativ auftreten.

ldexp

```
double ldexp(double a, int b);
```

Umkehrfunktion von *frexp*. Berechnet den Wert $a*2^b$.

log

```
double log(double a);
```

Logarithmus Naturalis: Berechnet den natürlichen Logarithmus von *a* zur Basis *e* (*ln a* oder log_e *a*).

log10

```
double log10(double a);
```

Dekadischer Logarithmus: Berechnet den Logarithmus von *a* zur Basis 10 (log_{10} *a*).

modf

```
double modf(double a, int *b);
```

Die Fließkommazahl *a* wird in einen ganzzahligen Wert *i* und einen Fließkommawert *f*, der die Nachkommastellen enthält, aufgespalten, so daß *a=i+f* gilt. *i* wird in *b* gespeichert und *f* von der Funktion zurückgegeben. *i* und *f* haben beide das gleiche Vorzeichen wie *a*.

Beispiel: Ist a=2.348, dann ist i=2 und f=0.348

Ist a=-12.77598, dann ist i=-12 und f=-0.77598

pow

```
double pow(double a, double b);
```

Potenzfunktion: Berechnet den Wert von *a* zur *b*-ten Potenz (a^b, *a^b* oder *a* hoch *b*).

sin

```
double sin(double a);
```

Berechnet den Sinus von *a* im Bogenmaß.

sinh

```
double sinh(double a);
```

Berechnet den Sinus Hyperbolicus von *a* im Bogenmaß.

sqrt

```
double sqrt(double a);
```

Berechnet die Quadratwurzel von *a* ((*a* , $a^{1/2}$ oder *a^(1/2)*).

tan

```
double tan(double a);
```

Berechnet den Tangens von *a* im Bogenmaß.

tanh

```
double tanh(double a);
```

Berechnet den Tangens Hyperbolicus von *a* im Bogenmaß.

14.6 Berechnung von $\log_x a$

Sie sollten sich darüber im klaren sein, daß in C eigentlich jede mathematische Operation durchführbar ist, auch wenn sie nicht als Funktion in der Standardbibliothek steht; Sie können sich nämlich für die gewünschte Operation eine eigene Funktion schreiben[4].

Zum Beispiel bietet C nicht die Möglichkeit, den Logarithmus zu einer beliebigen Basis zu berechnen. Durch die Mathematik weiß man aber, daß der Logarithmus von *a* zur Basis *b* gleich dem Logarithmus von *a* zur Basis *x* dividiert durch den Logarithmus von *b* zur Basis *x* ist. *x* steht in diesem Fall für eine Basis, für die der Logarithmus schon implementiert wurde.

$\log_b a$

$$\log_b a = \log_x a / \log_x b$$

Das wir ja aus der Standardbibliothek den Logarithmus für zwei Basen zur Verfügung gestellt bekommen, können wir uns eine universelle Logarithmusfunktion leicht selber schreiben:

```
double logx(double a, double b)
{
  return(log(a)/log(b));
}
```

Mit dieser Funktion können Sie den Logarithmus von *a* zur Basis *b* berechnen. Sie ist daher eine universelle Logarithmusfunktion.

14.7 Transzendente Funktionen im Gradmaß

Wenn Sie sich einmal die Erklärungen für die transzendenten Funktionen aus *math.h* angesehen haben, ist Ihnen vielleicht aufgefallen, daß sie die Werte nur im Bogenmaß angeben können oder nur im Bogenmaß zurück bekommen. Was aber, wenn Sie gerne den Sinus von 90° berechnen möchten?

Vom Gradmaß zum Bogenmaß

Dafür benötigen Sie Funktionen, die Werte vom Bogenmaß ins Gradmaß oder umgekehrt wandeln können. Zuerst die Funktion vom Gradmaß ins Bogenmaß:

```
double degtorad(double a)
{
  return(a/180*3.1415926535);
}
```

4 Sind Sie an den speziellen Lösungen dieses und des folgenden Kapitels nicht interessiert, können Sie sie überspringen und bei Bedarf nachholen, da sie für das weitere Verständnis nicht vonnöten sind.

Vom Bogenmaß zum Gradmaß

Der Gradmaßbereich wird mit dieser Funktion auf den Bogenmaßbereich abgebildet. Und nun die Umkehrfunktion:

```
double radtodeg(double a)
{
  return(a*180/3.1415926535);
}
```

Diese Funktion bildet den Bogenmaßbereich auf den Gradmaßbereich ab. Sie können in den Berechnungen die Zahl pi natürlich noch genauer angeben. Mit diesen Funktionen sind Sie in der Lage, die transzendenten Funktionen auch im Gradmaß zu benutzen. Wollen Sie zum Beispiel den Sinus von 90° berechnen, dann schreiben Sie folgendes:

```
b=sin(degtorad(90));
```

Die Umkehrfunktion sähe dann so aus:

```
a=radtodeg(asin(b));
```

a sollte nun den Wert 90 haben.

14.8 Erweiterte Formatierung der Ausgabe

Wie auch schon bei den *int*-Variablen kann man bei der Ausgabe von Fließkommazahlen die Formatzeichen noch mit Zusatzinformationen versehen. Sie haben zum Beispiel die Möglichkeit, die Anzahl der auszugebenden Nachkommastellen zu bestimmen. Die Anweisung

```
printf("%.2f\n",2367.12864);
```

gibt 2367.12 auf den Bildschirm aus. Sie können vor dem Dezimalpunkt in der Formatanweisung genau wie bei den *int*-Variablen die Größe angeben, die für die Ausgabe reserviert werden soll. Sollte die Anzahl der reservierten Stellen größer sein als die Länge der auszugebenden Zahl, werden die restlichen Zeichen mit Leerstellen aufgefüllt.

```
printf("%15.2f\n",2367.12864);
```

Diese Anweisung setzt acht Leerzeichen vor die Zahl, weil die Zahl selbst 7 Zeichen lang ist. Wollen Sie die Zahl linksbündig ausgeben, setzen Sie noch ein Minuszeichen dazwischen:

```
printf("%-15.2f\n",2367.12864);
```

Und wenn Sie möchten, daß auch bei positiven Zahlen ein Vorzeichen erscheint, dann fügen Sie noch ein Pluszeichen ein:

```
printf("%-+15.2f\n",2367.12864);
```

14.9 Kontrollfragen

1. Ist es möglich, vorzeichenlose Fließkommazahlen (z.B. *unsigned float*) zu definieren?
2. Wozu wird der *cast*-Operator (explizite Typumwandlung) benötigt?
3. Welche Kriterien gelten bei der Wahl zwischen ganzzahligen Variablen und Fließkommavariablen?
4. Welche Kriterien gelten bei der Wahl zwischen *float-*, *double-* und *long double*-Variablen.

15 Fallunterscheidung: switch...case

Kommen wir nach unserem Ausflug zu den Fließkommazahlen nun wieder zurück in die diskrete Zahlenwelt[1].

Stellen Sie sich folgendes vor: Sie sollen ein Programm schreiben, bei dem nach einer Zahl von 1-10 gefragt wird. Zu jeder der zehn möglichen Zahlen soll ein besonderer Text ausgegeben werden. Mit Ihrem jetzigen Wissensstand würde das Programm zehn *if*-Anweisungen enthalten, für jede Zahl ein *if*.

switch

Daß dies keine sonderlich elegante Lösung ist, scheint auch den C-Entwicklern aufgefallen zu sein, denn sie haben dafür ein besonderes Konstrukt entworfen, welches **switch** heißt, und ins Deutsche übersetzt soviel wie „Schalter" oder „schalten" bedeutet. Die Syntax ist folgende:

Syntax

```
switch(variable)
{
}
```

case

Die Variable *variable* dient hier als Schalter. Innerhalb des *switch*-Anweisungsblocks können nun bestimmte Sprungmarken stehen, die dann angesprungen werden, wenn die „geswitchte" Variable einen entsprechenden Wert hat. Da hier bestimmte Fälle unterschieden werden, heißen die Sprungmarken bezeichnenderweise **case**, was im Deutschen „Fall" bedeutet. Hinter einer Sprungmarke muß eine ganzzahlige Konstante stehen. Sollte *variable* in *switch* den Wert dieser Konstanten haben, dann wird die zugehörige *case*-Anweisung angesprungen:

1 Die Aufzählung aller Ganzzahlen wäre eine diskrete Reihe, während die Aufzählung aller Fließkommazahlen eine stetige Reihe wäre.

Syntax

```
switch(variable)
{
  case 1:

  case 17:

  case -8:
}
```

Es können beliebig viele *case*-Anweisungen benutzt werden. Wird eine *case*-Marke angesprungen, werden alle ihr folgenden Anweisungen ausgeführt. Und zwar auch die Anweisungen eventuell folgender *case*-Marken. Ein Beispiel:

```
#include <stdio.h>     /* PRG15-01.C */

void main(void)
{
int x;

  printf("Geben Sie bitte 1,2 oder 3 an:");
  scanf("%i",&x);
  switch(x)
  {
    case 1:  printf("Das war die erste Zahl.\n");
             break;

    case 2:  printf("Uiii, die mittlere, nicht \
schlecht!\n");
             break;

    case 3:  printf("Naja, die letzte. Ist geritzt.\n");
             break;
  }
}
```

Den Quellcode dieses Beispiels finden Sie auf der Diskette unter \BEISPIEL\BSP15-01.C.

Das Beispiel gibt, je nachdem, ob die Zahl 1,2 oder 3 eingegeben wurde, einen bestimmten Text aus. Sollte eine Zahl eingegeben werden, die weder 1 noch 2 noch 3 ist, passiert gar nichts, weil der Vergleich zwischen der Variablen x und den jeweiligen Konstanten keine Übereinstimmung ergibt.

15.1 Der Abbruch: break

break

Sehen wir uns die Anweisungen für jedes *case* einmal genauer an. Wie Sie sehen, steht als Abschluß immer eine neue Anweisung: **break**, was auf Deutsch soviel wie „Abbruch" bedeutet.

> Die break-Anweisung springt hinter den innersten *do-*, *for-*, *switch-* oder *while* Anweisungsblock, in dem sie steht.

Das heißt in unserem Fall, daß direkt hinter den *switch*-Anweisungsblock gesprungen wird. Das hat den Effekt, daß, nachdem ein *case* abgearbeitet wurde, die *switch*-Anweisung abgebrochen wird, so daß die eventuell folgenden Anweisungen nicht mehr berücksichtigt werden.

Ändern sie einmal das Programm so ab, daß die *break*-Anweisungen fehlen. Wählen sie dann die 1, werden die Texte der Zahlen 1, 2 und 3 ausgegeben. Bei 2 werden die Texte der Zahlen 2 und 3 ausgegeben. Vergleichen Sie einmal die Variante mit und ohne *break* im PAP. Abbildung 15.1 zeigt den Programmablaufplan des Beispiels ohne *break* und Abbildung 15.2 stellt den PAP des Beispiels mit *break* dar.

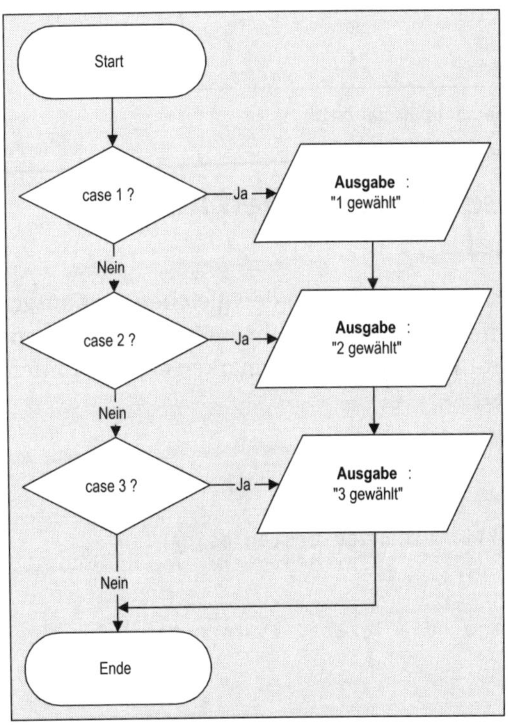

Abbildung 15.1: PAP des Beispielprogramms ohne break

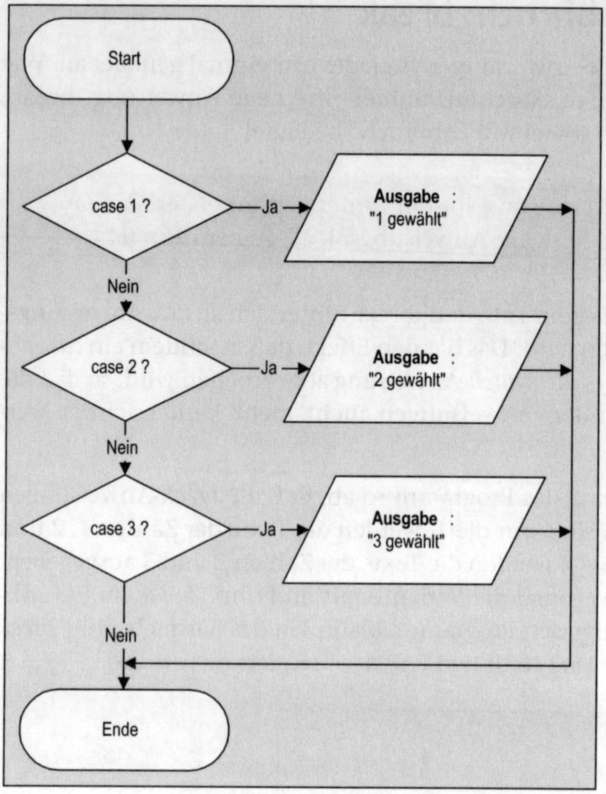

Abbildung 15.2: PAP des Beispielprogramms mit break

15.2 Mehrere case-Anweisungen mit gleichem Ziel

Wollen Sie bei mehreren *case*-Anweisungen den gleichen Text ausgeben, müssen Sie die *printf*-Anweisungen nicht mehrfach schreiben, sondern Sie listen die betroffenen *case*-Sprungmarken einfach hintereinander auf.

```
switch(x)
  {
   case 1:
   case 2:  printf("Uiii, eine der ersten beiden!\n");
            break;

   case 3:  printf("Naja, die letzte. Ist geritzt.\n");
            break;
  }
```

> Es können beliebig viele *case*-Anweisungen das gleiche Sprungziel haben.

Die *switch*-Anweisung wurde so umgeschrieben, daß bei den Zahlen 1 und 2 der gleiche Text ausgegeben wird. Abbildung 15.3 zeigt den Sachverhalt als PAP.

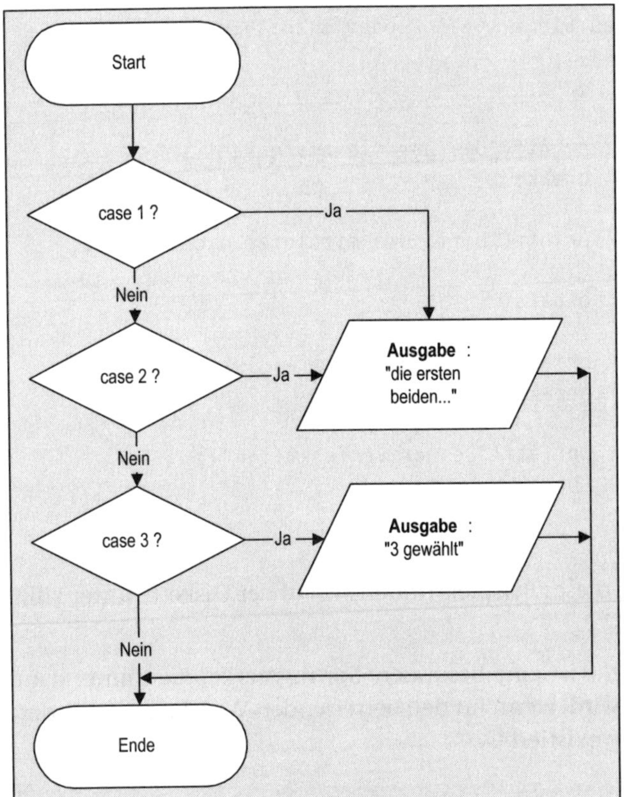

Abbildung 15.3: Mehrere case mit gleichem Ziel im PAP

15.3 Die Übriggebliebenen: default

default

In unseren bisherigen Beispielen wurde bei einer eingegebenen Zahl, die nicht mit *case* berücksichtigt wurde, überhaupt nichts ausgegeben. Was aber, wenn wir darauf aufmerksam machen wollen, daß eine falsche Zahl eingegeben wurde? Wir könnten für alle anderen Zahlen *case*-Anweisungen schreiben, die dann auf einen entsprechenden Text zeigen. Um dies zu bewerkstelligen, bräuchten wir einige Tausend *case*-Anweisungen, was nicht praktikabel ist. Glücklicherweise haben die C-Entwickler auch daran gedacht:

```
#include <stdio.h>      /* PRG15-02.C */

void main(void)
{
int x;

   printf("Geben Sie bitte 1,2 oder 3 an:");
   scanf("%i",&x);
   switch(x)
     {
       case 1:  printf("Das war die erste Zahl.\n");
                break;

       case 2:  printf("Uiii, die mittlere, nicht \
schlecht!\n");
                break;

       case 3:  printf("Naja, die letzte. Ist geritzt.\n");
                break;

       default:  printf("Leider verfehlt!!\n");
                 break;
     }
}
```

Den Quellcode dieses Beispiels finden Sie auf der Diskette unter \BEISPIEL\BSP15-02.C.

Die *default*-Marke ist eine besondere Sprungmarke, die immer dann angesprungen wird, wenn für den betreffenden Wert keine besondere *case*-Anweisung existiert[2].

Existiert für einen Wert keine *case*-Sprungmarke, wird – wenn vorhanden – die *default*-Sprungmarke angesprungen.

Abbildung 15.4 zeigt die *default*-Anweisung im PAP.

2 Für den Fall einer Simulation mit *if*-Konstrukten entspräche das *default* der *else*-Anweisung des innersten *if*-Konstrukts. (Denken Sie an die Simulation von *case* und *break* mit *if*).

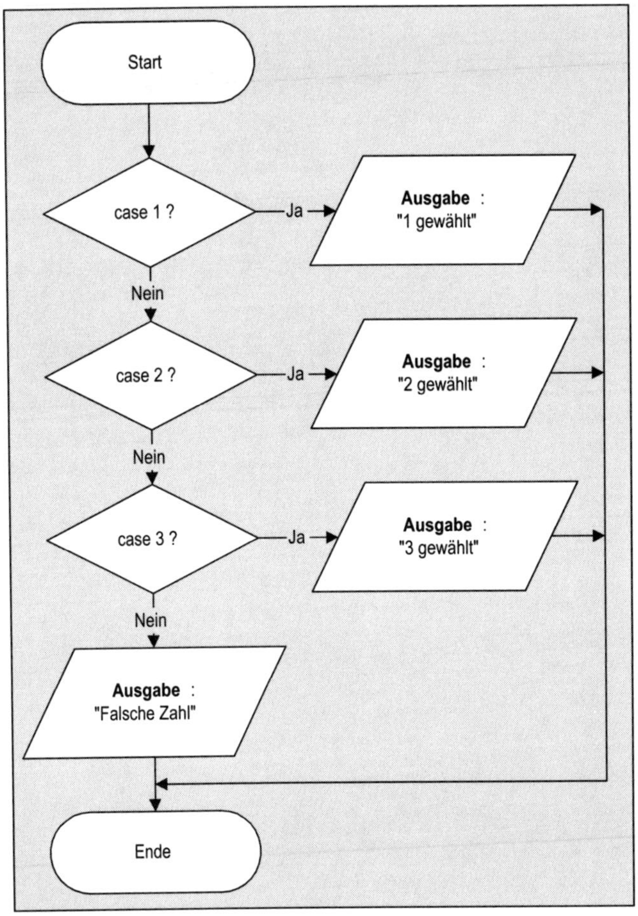

Abbildung 15.4: Die default-Anweisung im PAP

15.4 Kontrollfragen

1. Wie würde sich eine *switch...case*-Anweisung verhalten, wenn Sie anstelle des *break* ein *continue* einfügen würden?
2. Wozu könnte die *break*-Anweisung in einem *while*-Konstrukt nütze sein?
3. Es können mehrere *case* vor dem gleichen Programmsegment stehen. Können auch zu einem *default* noch andere *case* geschrieben werden?

16 Übungen

Übung 1

Schreiben Sie eine Funktion namens *ggt*, der Sie zwei Zahlen übergeben, und die den größten gemeinsamen Teiler der beiden Zahlen zurückgibt. Der größte gemeinsame Teiler, abgekürzt ggT, ist die größte Ganzzahl, durch die beide Zahlen ohne Rest teilbar sind. Der ggT von 6 und 12 ist 6, der ggT von 6 und 9 ist 3, der ggT von 11 und 13 ist 1, der ggT von 14 und 16 ist 2. Die Ermittlung des ggT ist für das Kürzen von Brüchen sehr interessant. Sie übergeben der Funktion einfach Zähler und Nenner und schon erhalten sie den Wert, duch den Sie den Bruch kürzen können.

Übung 2

Schreiben Sie eine Funktion namens *kgv*, der Sie zwei Zahlen übergeben, und die das kleinste gemeinsame Vielfache der beiden Zahlen zurückgibt. Das kleinste gemeinsame Vielfache, abgekürzt kgV, ist die kleinste Zahl, die durch beide Zahlen ohne Rest geteilt werden kann. Das kgV von 6 und 12 ist 12, das kgV von 6 und 9 ist 18, das kgV von 11 und 13 ist 143. Die Ermittlung ist für die Erweiterung von Brüchen zwecks ihrer Addition interessant, vielleicht erinnern Sie sich noch ans Bruchrechnen.

Übung 3

Diese Aufgabe ist wieder etwas schwieriger, aber sicher werden Sie auch diese Herausforderung gerne annehmen.

Wir haben in Kapitel 14.2 die Methode zur Berechnung von Pi nach Leibniz kennengelernt. Nun gab es einen Mathematiker namens **John Wallis**, der eine andere Methode zur Berechnung von Pi gefunden hat, und zwar folgende:

(pi/2) = (2/1) * (2/3) * (4/3) * (4/5) * (6/5) * (6/7) * (8/7) * (8/9) * ...

Versuchen Sie, dieses Verfahren zu programmieren. Sie sollten, wie im Beispiel mit Leibniz, vorher nach einer Begrenzung fragen, bis wohin das Programm rechnet, um eine Endlosschleife zu vermeiden. Auch wenn Sie für diese Aufgabe länger brauchen, schauen Sie sich die Lösung erst dann an, wenn es wirklich nicht geht. Geben Sie nicht zu früh auf. Denken Sie immer daran: Übung macht den Meister.

Ein Tip: Schauen Sie sich die obige Definition nach Regelmäßigkeiten an. Wenn Sie das System erkannt haben, so ist das schon die halbe Miete. Vorher einen PAP zeichnen, hilft auch.

Übung 4

Schreiben Sie eine Funktion namens *zero2*, der Sie eine Zahl größer 100 oder kleiner -100 übergeben, und die dann die beiden rechten Ziffern der Zahl auf Null setzt, und wieder zurückgibt. Aus 134 wird 100, aus -1635 wird -1600 und aus 754678 wird 754600. Benutzen Sie den Variablentyp *long*. Die Aufgabe ist einfacher, als Sie vielleicht auf den ersten Blick denken werden.

16.1 Lösungen

Lösung 1

```
int ggt(int x, int y)     /* UEB16-01.C */
{
int a;

  if(x<y)
    a=x;
  else
    a=y;

  while((x%a)||(y%a))
    a--;

  return(a);
}
```

Den Quellcode dieses Beispiels finden Sie auf der Diskette unter \UEBUNG\UEB16-01.C.

Die erste *if*-Anweisung dient dazu festzustellen, welche der beiden Zahlen die kleinere ist. Diese wird nun daraufhin überprüft, ob sie die Voraussetzung des ggT erfüllt, wenn nicht, wird sie um 1 erniedrigt. Spätestens bei der 1 wird die Routine einen ggT finden, weil alle Zahlen ohne Rest durch 1 teilbar sind. Sollte die Funktion 1 zurückliefern, wissen wir auch, daß es keinen zum Kürzen geeigneten ggT gibt.

Lösung 2

```
int kgv(int x, int y)     /* UEB16-02.C */
{
int a;

  if(x>y)
    a=x;
  else
    a=y;

  while((a%x)||(a%y))
    a++;

  return(a);
}
```

Den Quellcode dieses Beispiels finden Sie auf der Diskette unter \UEBUNG\UEB16-02.C.

Die erste *if*-Anweisung dient zur Ermittlung der größeren der beiden Zahlen. Dann wird überprüft, ob diese Zahl schon das kgV ist, wenn nicht, wird sie um 1 erhöht. Spätestens wenn sie den Wert $x*y$ hat, haben wir ein gemeinsames Vielfaches gefunden, weil $x*y$ sowohl durch x (Ergebnis:y) als auch durch y (Ergebnis:x) ohne Rest teilbar ist.

Lösung 3

```
#include <stdio.h>     /* UEB16-03.C */

void main(void)
{
double zaehler=2,nenner=1,pi=1;
long count=1,max=10;

  printf("Wieviele Produkte :");
  scanf("%li",&max);

  while(count<max)
```

```
  {
    pi*=(zaehler/nenner);
    if((count%2)==0)
      zaehler+=2.0;
    if((count%2)!=0)
      nenner+=2.0;

    count++;
  }
  printf("Schritt %li :%f\n",count,pi*2);
}
```

Den Quellcode dieses Beispiels finden Sie auf der Diskette unter \UEBUNG\UEB16-03.C.

zaehler und *nenner* werden entsprechend dem ersten Faktor der Reihe mit 2 und 1 initialisiert. *pi* bekommt den Wert 1, weil 1 das neutrale Element der Multiplikation ist. Da der erste Teil leicht nachvollziehbar sein müßte, schauen wir uns nun den Kern des Programms, die *while*-Schleife, an.

pi wird zuerst mit (2/1) multipliziert (siehe Initialisierung von *zaehler* und *nenner*), was unserem ersten Faktor der Folge entspricht. Wie Ihnen vielleicht aufgefallen ist, werden in der Reihe Zähler und Nenner abwechselnd um 2 erhöht. Dies wird mit den beiden *if*-Anweisungen erledigt. Die abwechselnde Erhöhung erreicht man dadurch, daß *zaehler* immer plus zwei genommen wird, wenn *count* gerade ist, und *nenner* wird um zwei erhöht, wenn *count* ungerade ist. Danach wird *count* um 1 erhöht. In diesem Fall hätte die zweite *if*-Anweisung eingespart und durch ein *else* in der ersten *if*-Anweisung ersetzt werden können, da die beiden *if*-Anweisungen sich gegenseitig ausschließen und nur zwei Fälle möglich sind (gerade oder ungerade).

Vor der Ausgabe von *pi* wird noch mit 2 multipliziert, weil die Reihe ja nur *(pi/2)* berechnet. War doch nicht so schwer, oder?

Lösung 4

```
long zero2(long x)    /* UEB16-04.C */
{
  return(x/100*100);
}
```

Den Quellcode dieses Beispiels finden Sie auf der Diskette unter \UEBUNG\UEB16-04.C.

Die Lösung ist ziemlich simpel. Durch das Dividieren durch 100 werden die beiden rechten Ziffern abgeschnitten, weil es eine Ganzzahl ist. Und zwei Nullen bekommt man natürlich wieder dran, indem man mit 100 multipliziert. Immer daran denken: Multiplizieren verschiebt das Komma nach rechts, Dividieren nach links. Eine Klammerung der Operationen ist nicht nötig, da die benutzten Operatoren gleich stark binden und daher von links nach rechts bearbeitet werden (siehe Anhang).

17 Der Variablentyp char

char

Lernen wir jetzt einen neuen Variablentyp kennen, der es uns ermöglicht, Zeichen zu speichern. Er heißt „char", was die Abkürzung von „character" ist und auf Deutsch soviel wie „Zeichen" heißt. Die Benutzung ist denkbar einfach:

```
char x;

printf("Bitte ein Zeichen eingeben :");
scanf("%c",&x);
printf("Das Zeichen war >%c<\n",x);
```

Wie Sie sehen, ist das Formatzeichen für *char* %c. Der Bereich einer *char*-Variablen geht von 0 bis 255. Eine *char*-Variable ist grundsätzlich vorzeichenlos, also *unsigned*. Sie können aber explizit eine vorzeichenbehaftete *char*-Variable mit *signed char* erzeugen. Der Wertebereich geht dann von -128 bis 127.

Sie können einer *char*-Variablen folgendermaßen ein Zeichen zuweisen:

Syntax

```
x='B';
```

Achten sie darauf, daß das *B* in **einfachen Anführungsstrichen** steht, das ist wichtig. Der Compiler schreibt in die Variable nicht das 'B' selbst, sondern den Wert, den der Buchstabe 'B' in der ASCII-Tabelle repräsentiert[1].

> Zeichenkonstanten stehen immer zwischen einfachen Anführungstrichen.

1 Unterscheiden Sie die einfachen Anführungsstriche, die nichts anderes als einen Wert in Form des ihn repräsentierenden Zeichens darstellen, von den doppelten Anführungsstrichen, die eine Stringkonstante definieren. Einfache Anführungsstriche stehen für einen Wert, wohingegen doppelte Anführungsstriche für eine Adresse stehen. Doch dazu mehr in den Kapiteln über Zeiger und Strings.

17.1 Das Doppelleben von char

Eigentlich ist die *char*-Variable fast identisch mit dem Variablentyp *unsigned short.*[2] Deshalb kann man sie auch wie ganzzahlige Variablen behandeln. Ein Beispiel:

```
x='B';
printf("Der Wert von %c ist %i\n",x,x);
```

Sie sehen, die *char*-Variable kann auch als *int*-Variable ausgegeben werden. Dies hat enorme Vorteile, da entweder mit dem Zeichen selbst oder seinem Wert gearbeitet werden kann, je nachdem, welche Arbeitsweise sich anbietet. Man kann so zum Beispiel ganz einfach eine Liste der vorhandenen Zeichen ausdrucken und auf diese Weise eine ASCII-Tabelle erstellen[3]:

```
int x;
for(x=0;x<256;x++)
  printf("Das Zeichen \"%c\" hat den Wert %i\n",x,x);
```

Wie Sie sehen, kann man auch eine *int*-Variable als *char* ausgeben. In C ist eben vieles möglich.

17.2 char und case

Weil das Zeichen innerhalb der einfachen Anführungsstriche den Wert des Zeichens repräsentiert, kann man damit auch rechnen:

```
int x;

x=23+'A';
```

Wie Sie sehen, sind die Zeichen innerhalb der einfachen Anführungsstriche auch bei anderen Variablentypen als *char* zu verwenden.

> Ein Zeichen innerhalb einfacher Anführungsstriche wird als Wert betrachtet, der überall dort stehen kann, wo konstante Werte stehen können.

---

2 Dies gilt nur für den Fall, daß *char* und *unsigned short* die gleiche Bytegröße haben, was nicht bei jedem Compiler gelten muß. Lesen Sie dazu nochmals das Kapitel über *int*-Variablen.

3 Wundern Sie sich bei der Ausgabe der Ascii-Zeichen nicht, wenn der Computer ab und zu piept oder total verrückte Zeichen auf den Bildschirm kommen, denn viele von diesen 255 Zeichen sind Steuerzeichen und eigentlich nicht darstellbar.

Dies kann man auch bei der Fallunterscheidung ausnutzen:

```
switch(x)
  {
    case 'a':   printf("Ein kleines a\n");
                break;

    case 'B':   printf("Ein großes B\n");
                break;
  }
```

Und dabei ist es egal, ob *x* eine *int*- oder *char*- oder auch *long*- oder *short*-Variable ist. Das Besondere an *char* ist eigentlich nur, daß es speziell für die Aufnahme von Zeichenwerten konzipiert wurde, und daher nur die Werte von 0-255 annehmen kann. Dieser Variablentyp spielt später bei den Strings, den variablen Zeichenketten, eine wichtige Rolle.

17.3 Die Funktionen von ctype.h

In der Headerdatei **ctype.h** , deren Name eine Abkürzung von „character type" ist, was auf Deutsch soviel wie „Zeichentyp" bedeutet, sind Prototypen von Funktionen enthalten, die das Arbeiten mit *char* wesentlich vereinfachen. In der Hauptsache sind dort Funktionen enthalten, die Auskunft darüber geben, zu welcher Gruppe von Zeichen ein *char*-Wert gehört. Hier erst einmal ein Überblick über die wichtigsten Funktionen:

isalnum	wahr für einen Buchstaben oder eine Zahl
isalpha	wahr für einen Buchstaben
iscntrl	wahr für bestimmte Steuerzeichen
isdigit	wahr für eine dezimale Ziffer
isgraph	wahr für darstellbare Zeichen außer Leerzeichen
islower	wahr für Kleinbuchstaben
isprint	wahr für darstellbare Zeichen inkl. Leerzeichen
isupper	wahr für Großbuchstaben
isxdigit	wahr für eine sedezimale Ziffer

Tabelle 17.1: Die wichtigsten Funktionen von ctype.h

Damit Sie die Funktionen vernünfig nutzen können, werden Sie am Ende dieses Kapitels ausführlicher erklärt. Diese zusammenfassende Tabelle dient nur dazu, Ihnen ein Bild davon zu geben, welche Funktionen Ihnen zur Verfügung stehen[4]. Hier einmal ein Beispiel, um zu prüfen, ob eine Dezimalziffer (Die Zeichen 0-9) eingegeben wurde:

```
#include <stdio.h>      /* PRG17-01.C */
#include <ctype.h>


void main(void)
{
char x;

  printf("Bitte Zeichen eingeben:");
  scanf("%c",&x);
  if(isdigit(x))
    {
      printf("Ja richtig, es war eine dezimale Ziffer!\n");
    }
  else
    {
      printf("Nein, leider keine Ziffer\n");
    }
}
```

Den Quellcode dieses Beispiels finden Sie auf der Diskette unter \BEISPIEL\PRG17-01.C.

Des weiteren stellt Ihnen *ctype.h* zwei Umwandlungsfunktionen zur Verfügung:

tolower	Umwandlung in Kleinbuchstaben
toupper	Umwandlung in Großbuchstaben

Tabelle 17.2: Die Umwandlungsfunktionen von ctype.h

Dies findet häufig bei Benutzereingaben Verwendung. Fragt man zum Beispiel nach dem Buchstaben „a", so sollte es bei der Eingabe egal sein, ob „a" groß oder klein geschrieben wurde. Da C aber zwischen Groß- und Kleinschreibung unterscheidet, kann man mit diesen Funktionen leicht Abhilfe schaffen. Die Funktionen wandeln nur dann um, wenn es etwas zum Umwandeln gibt. Zum Beispiel wandelt die Funktion *toupper* nur dann ein Zeichen um, wenn es ein

4 Die enge Verbindung zwischen *char* und *int* wird Ihnen bei diesen Funktionen wieder begegnen, denn sie arbeiten mit *int*-Werten als Parameter, was aber für die Benutzung nicht von Bedeutung ist.

Kleinbuchstabe ist, ansonsten wird das gleiche Zeichen wieder zurückgegeben[5]. Genauso verhält sich *tolower*:

```
x=tolower(x);
```

x wird nur dann verändert, wenn es ein Großbuchstabe ist, ansonsten hat *tolower* keinen Effekt.

Nun zur ausführlichen Erklärung aller in *ctype.h* enthaltenen Funktionen:

isalnum
```
int isalnum(int a);
```

Liefert einen wahren Wert, wenn *a* eins der Zeichen a-z, A-Z, 0-9 oder ein umgebungsspezifischer Buchstabe[6] ist.

isalpha
```
int isalpha(int a);
```

Liefert einen wahren Wert, wenn *a* eins der Zeichen a-z, A-Z oder ein umgebungsspezifischer Buchstabe ist.

iscntrl
```
int iscntrl(int a);
```

Liefert einen wahren Wert, wenn *a* eins der Zeichen FF, NL, CR, HT, VT, BEL oder BS ist. (Erklärung der Steuerzeichen siehe Kapitel 1.5 oder Anhang.)

isdigit
```
int isdigit(int a);
```

Liefert einen wahren Wert, wenn *a* eine der Ziffern 0-9 ist.

isgraph
```
int isgraph(int a);
```

Liefert einen wahren Wert, wenn *a* ein darstellbares Zeichen, aber kein Leerzeichen ist.

islower
```
int islower(int a);
```

Liefert einen wahren Wert, wenn *a* eins der Zeichen a-z oder ein umgebungsspezifischer Kleinbuchstabe ist.

---

5 Grundsätzlich ist es natürlich egal, ob sie *tolower* benutzen und auf kleine Buchstaben abfragen, oder mit *toupper* arbeiten und Großbuchstaben prüfen.

6 Umgebungsspezifische Buchstaben sind Zeichen, die nur zum Alphabet des Landes gehören, indem der Rechner sich befindet. Für Deutschland wären umgebungsspezifische Buchstaben „äöüÄöÜß".

isprint
```
int isprint(int a);
```

Liefert einen wahren Wert, wenn *a* ein darstellbares Zeichen oder ein Leerzeichen ist.

ispunct
```
int ispunct(int a);
```

Liefert einen wahren Wert, wenn *isgraph(a)* wahr und *isalnum(a)* falsch ist.

isspace
```
int isspace(int a);
```

Liefert einen wahren Wert, wenn *a* das Leerzeichen, FF, NL, CR, HT oder VT ist. (Erklärung der Steuerzeichen siehe Kapitel 1.5 oder Anhang.)

isupper
```
int isupper(int a);
```

Liefert einen wahren Wert, wenn *a* eins der Zeichen A-Z oder ein umgebungsspezifischer Großbuchstabe ist.

isxdigit
```
int isxdigit(int a);
```

Liefert einen wahren Wert, wenn *a* eins der Zeichen 0-9, a-f oder A-F ist (sedezimale Ziffern).

tolower
```
int tolower(int a);
```

Liefert , wenn vorhanden, den entsprechenden Kleinbuchstaben zu *a*, ansonsten wird *a* selbst zurückgegeben.

toupper
```
int toupper(int a);
```

Liefert, wenn vorhanden, den entsprechenden Großbuchstaben zu *a*, ansonsten wird *a* selbst zurückgegeben.

17.4 Das Sedezimalsystem

Das hexadekadische System oder Sedezimalsystem, welches umgangssprachlich fälschlicherweise als Hexadezimalsystem bezeichnet wird, unterscheidet sich von unserem normalen Dezimalsystem dadurch, daß es als Basis nicht 10, sondern 16 hat. Schauen Sie sich einmal folgende Ziffernfolge an: 123. Welchen Wert hat diese Ziffernfolge? Sie werden jetzt hundertdreiundzwanzig sagen, das ist aber nur bedingt richtig. Denn Sie haben den Ziffern einfach unterstellt, daß sie eine Dezimalzahl repräsentieren. Aber gut, gehen wir einmal davon aus, daß es eine dezimale Zahl ist, wie kommen Sie dann auf den Wert? Die Frage ist eigentlich ziemlich gemein, da wir das Dezimalsystem so verinnerlicht haben, daß wir den Wert nicht berechnen müssen. Aber es ist sehr wichtig zu wissen, wie ein Wert berechnet wird. Stellen Sie sich vor, Sie haben drei *char*-Variablen, die jeweils ein Zeichen der oberen Zahl aufnehmen. Wie berechnen Sie daraus eine richtige Ganzzahl? Ganz einfach. Jede Zahl hat eine bestimmte Position, die von rechts mit 0 beginnt, und dann mit jedem Schritt nach links um eins erhöht wird. Die Position steht für den Wert, mit dem die Basis des Systems potenziert wird. Daher errechnet sich der Wert der oberen Zahl folgendermaßen:

$1*10^2 + 2*10^1 + 3*10^0$, das ist gleich $1*100 + 2*10 + 3*1 = 123$

Dieses Verfahren versetzt uns in die Lage, eine mehrstellige Zahl, die nicht als ganzzahlige Variable, sondern in ihre Bestandteile zerlegt, als einzelne Zeichen gespeichert wurde, in ein ganzzahliges Format zu bringen. Dies wird später bei den Strings noch interessant.

Stellen wir uns nun vor, daß die Ziffernfolge 123 keine dezimale, sondern eine sedezimale Zahl darstellen würde. Kein Problem, denn nun bringt uns die obere Rechnung neue Erkenntnisse. Wir brauchen in diesem Fall in der oberen Rechnung nur die neue Basis einzusetzen und schon haben wir das Ergebnis:

$1*16^2 + 2*16^1 + 3*16^0$, das ist gleich $1*256 + 2*16 + 3*1 = 291$

Jetzt stellt sich aber ein neues Problem. Wie Sie sehen, hat die Zahl im Dezimalsystem einen ganz anderen Wert als im Sedezimalsystem. Woher wissen wir denn nun, ob es sich um eine dezimale oder sedezimale Zahl handelt, und noch schlimmer, wie machen wir das dem Compiler klar?

Glücklicherweise sind für den Compiler alle Zahlen erst einmal dezimale Zahlen. Möchten wir ihm zu verstehen geben, daß es sich bei der Zahl um eine sedezimale handelt, schreiben wir einfach 0x davor. 123 wäre dann dezimal und 0x123 wäre hexadekadisch. **0x**

123=123

0x123=291

Zur Darstellung dezimaler Zahlen brauchen wir 10 Ziffern, weil das Dezimalsystem die Basis 10 hat. Nun hat das Sedezimalsystem aber die Basis 16. Die 16 Ziffern bestehen aus 0-9 und A-F. Wobei 0-9 die Werte 0-9 haben und A=10, B=11, C=12, D=13, E=14, F=15 gilt. Welchen Wert hätte dann die Zahl 0x3AF? Versuchen Sie es herauszufinden, bevor sie weiterlesen.

$0x3AF = 3*16^2 + 10*16^1 + 15*16^0 = 3*256 + 10*16 + 15*1 = 943$

Wir haben das Sedezimalsystem an dieser Stelle besprochen, weil wir erst jetzt in der Lage waren, die sedezimalen Werte A-F mit *char* in Variablen aufzunehmen. Das Sedezimalsystem hat in der Computerwelt eine große Bedeutung, weil sich mit ihm sehr übersichtlich binäre Zahlen darstellen lassen.

17.5 Das Dualsystem

Das Dualsystem oder Binärsystem hat die Basis 2. Es eignet sich hervorragend zur Darstellung von Zahlen, weil in einem Computer die kleinste Informationseinheit ein Bit ist. Ein Bit kann zwei Zustände annehmen: 0 oder 1. Nun besteht das Dualsystem aber auch nur aus den Ziffern 0 und 1. Daher kann man größere Zahlen ganz leicht durch Aneinanderreihung von Bits darstellen. Welchen Wert hat zum Beispiel die binäre Zahl 1001? Versuchen Sie es einmal mit der Methode aus dem vorigen Kapitel, bevor Sie weiterlesen.

$1001 = 1*2^3 + 0*2^2 + 0*2^1 + 1*2^0 = 1*8 + 0*4 + 0*2 + 1*1 = 9$

Um eine größere Einheit zu bilden, werden immer 8 Bits zu einem Byte zusammengefaßt. Mit der Zeit fanden es die Programmierer ziemlich lästig, immer mit Zahlen wie 11010110 zu arbeiten. Daher mußte eine Vereinfachung her. Bevor Sie weiterlesen, überlegen Sie einmal, welches die größte mit 4 Bits darstellbare Zahl ist.

Es ist die 1111 und hat den Wert 15. Nun ist aber der größte Wert einer sedezimalen Ziffer auch 15. Daher ist man auf die Idee gekommen, jeweils 4 Bits zu einer sedezimalen Zahl zusammenzufassen. Im oberen Beispiel wäre das 1101 0110 = 0xD6, weil 1101 = 13 = 0xD und 0110 = 6 = 0x6. Daher kann die größte mit zwei hexadekadischen Ziffern darstellbare Zahl, nämlich 0xFF=255, genau noch mit einem Byte dargestellt werden.

Ein *int*-Wert besteht mindestens aus 2 Bytes, das sind 16 Bits und 4 hexadekadische Ziffern. Daher kann man mit einem vorzeichenlosen *int*-Wert maximal die Zahl 0xFFFF =65535 darstellen. Analog dazu kann man auf die Darstellungsbereiche von *long* und *short* schließen. So schließen sich die Kreise. Die einzige Ausnahme bilden die Fließkommazahlen.

Sie sollten einfach mal ein paar Zahlen von einem System ins andere umrechnen, um ein Gefühl für die sedezimale und binäre Zahlenwelt zu bekommen.

17.6 Erweiterte Formatierung der Ausgabe

Auch bei *char*-Variablen haben Sie bei der formatierten Ausgabe die Möglichkeit, noch einige Zusatzinformationen unterzubringen. Sie können, wie bei den anderen Variablen auch, eine bestimmte Anzahl von Zeichen für die Variable „reservieren". Der nicht benötigte Platz wird mit Leerzeichen aufgefüllt. Zum Beispiel bringt

```
printf("%5c\n",'A');
```

ein großes A auf dem Bildschirm, dem vier Leerzeichen vorangehen. Das Zeichen wird sozusagen rechtsbündig ausgegeben.

Auch hier können Sie das Zeichen linksbündig ausgeben, wenn Sie wollen:

```
printf("%-5c\n",'A');
```

17.7 Kontrollfragen

1. Ginge die Zuweisung *x=„B";* an eine *char*-Variable ebenfalls?
2. Welchen binären und welchen sedezimalen Wert hat die Zahl -1 bei einer *int*-Variablen?
3. Wo liegt der Hauptunterschied zwischen positiven und negativen binären Zahlen?
4. Wie kann man in eine *char*-Variablen negative Werte aufnehmen?

18 Vektoren und Zeiger

Wir müssen in diesem Kapitel über Vektoren und Zeiger sprechen, das Angstthema vieler Programmierer, damit wir die nächsten Kapitel auch wirklich verstehen und die darin enthaltenen Informationen sicher anwenden können[1].

Vektoren verhalten sich ähnlich zueinander wie Konstanten und Variablen: Während letztere entweder konstante oder variable Werte repräsentieren, geht es bei den Vektoren um konstante und bei den Zeigern um variable Adressen.

18.1 Der Adreßoperator &

&

Fangen wir mit ein paar Grundlagen an. Eine Variable ist eindeutig definiert durch vier Angaben: Position(Adresse), Größe(Benötigter Speicherplatz), Name und Inhalt. Für die Erklärung der Zeiger können wir die Größe einer Variablen zunächst vernachlässigen. Abbildung 18.1 zeigt eine typische Variable. In unserem Fall heißt die Variable *x*, beinhaltet den Wert 24 und liegt an der Speicheradresse 0xA0000000.

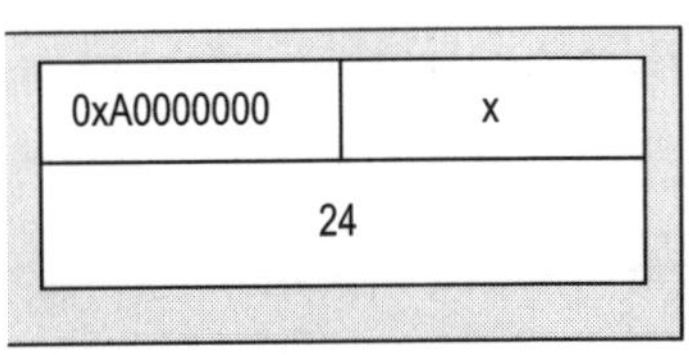

Abbildung 18.1: Eine Variable

---

1 Sie sollten sich allerdings nicht an diesem Kapitel festbeißen. Das Verständnis der Zeiger hilft beim Verständnis der nächsten Kapitel. Jedoch fällt es einigen leichter, erst die Problematik kennenzulernen und dann die Lösung nachzulesen. Sollten Sie zu diesen Menschen gehören, lesen Sie einfach das Kapitel über Zeiger durch, ohne sich lange daran aufzuhalten, und kommen bei Bedarf noch einmal darauf zurück.

Wenn wir nun den Variablennamen x im Programm verwenden, weiß das Programm, daß die Variable *x* an Adresse 0xA0000000 liegt. Er liest den dort gespeicherten Wert aus und ersetzt den Variablennamen durch den ausgelesenen Wert. Deswegen steht der Name einer Variablen für den Inhalt derselben.

Nun haben wir bei *scanf* schon den **Adreßoperator** & kennengelernt, der uns die Adresse einer Variablen liefert. Steht in unserem Programm also *&x*, dann wird nicht der Inhalt, sondern die Adresse der Variablen ausgelesen, in unserem Fall konkret 0xA0000000. Schauen wir uns dazu einmal ein Beispiel an:

```
#include <stdio.h>     /* PRG18-01.C */

void main(void)
{
int x;

  x=100;
  printf("Adresse von x(%i) ist %p\n", x, &x);

  x=800;
  printf("Adresse von x(%i) ist %p\n", x, &x);
}
```

Den Quellcode dieses Beispiels finden Sie auf der Diskette unter \BEISPIEL\PRG18-01.C.

Dieses Beispiel benutzt den Adreßoperator. Wie Sie an der Ausgabe sehen können, ist die Adresse einer Variablen immer dieselbe, auch wenn sich deren Inhalt ändert. Die Adresse einer Variablen wird bei ihrer Erzeugung bestimmt und bleibt für ihre Lebensdauer konstant[2]. Dies bedeutet aber auch, daß sich die Adresse bei jedem Neustart des Programms verändern kann.

%p

Das Formatzeichen für Adressen ist %p. Der Wert, den der Adreßoperator liefert, ist ein Vektor[3], weil die Adresse der Variablen nicht geändert werden kann.

Der Adreßoperator liefert immer einen Vektor.

2 Für lokale Variablen gilt die Konstanz der Adresse ebenfalls, aber nur für einen Lebenszyklus. Benutzen sie z.B. eine lokale Variable in einer Funktion, kann diese Variable bei jedem Aufruf an einer anderen Adresse liegen, weil sie bei jedem Aufruf erneut erzeugt und beim Verlassen der Funktion wieder gelöscht wird.

3 Denn Vektoren sind konstante Adressen.

Nun liegt im allgemeinen der einzige Sinn einer Konstanten, wie es der Vektor ja ist, darin, sie einer Variablen zuzuweisen.

18.2 Der Dereferenzierungsoperator *

*

Solch eine Variable, die eine Adresse aufnimmt, nennt man, wie zu Anfang des Kapitels schon erwähnt, Zeiger. Ein Zeiger wird folgendermaßen definiert:

Syntax

```
typ *name;
```

name ist der Name des Zeigers und *typ* der Variablentyp auf den der Zeiger zeigt. Ein Beispiel:

```
int x=24,*z;

z=&x;
```

In diesem Fall wird *z* als Zeiger auf *int*-Werte und *x* als ganz normale Ganzzahlvariable definiert. Danach wird die Adresse von *x* der Variablen *z* zugewiesen. Einem Zeiger wurde also ein Vektor zugewiesen. Das ist genauso, als würde man einer Variablen eine Konstante zuweisen. Nach diesem Programmfragment ist die Situation wie in Abbildung 18.2 dargestellt.

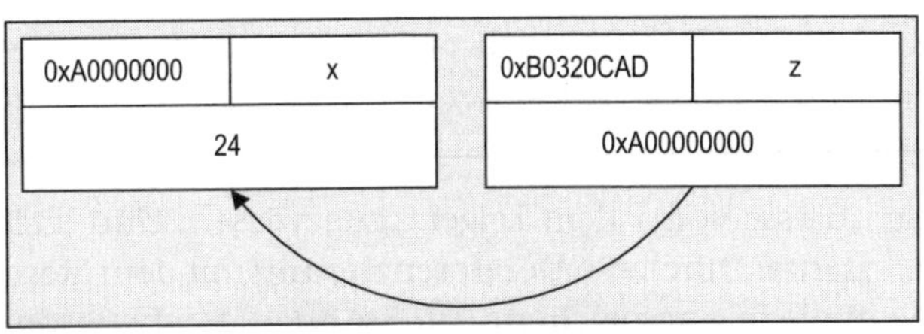

Abbildung 18.2: Ein Zeiger auf eine Variable

Die Wahl der Adressen ist in diesem Beispiel natürlich willkürlich. Es geht lediglich darum, daß *z* anstelle eines Wertes eine Adresse aufgenommen hat, nämlich die Adresse von *x*. Daher „zeigt" *z* nun auf *x*.

Wenn sie nun folgendes machen[4]:

```
printf("Adresse von x: %p, Wert von z: %p", &x, z);
```

Sie sehen, *z* hat als Wert genau die Adresse von *x*.

4 Der Zeiger *z* hat in der *printf*-Anweisung keinen Adreßoperator vorgestellt, denn wir wollen nicht die Adresse von *z*, sondern den Inhalt, der die Adresse von *x* ist.

Zeiger speichern Adressen, wohingegen Variablen Werte speichern.

Das allein macht Zeiger noch nicht interessant. Hat man aber einmal die Adresse von *x* in *z* gespeichert, kann man darüber auf den Inhalt von *x* zugreifen:

```
#include <stdio.h>       /* PRG18-02.C */

void main(void)
{
int x,*z;

  x=10;
  printf("x = %i\n", x);

  z=&x;
  *z=20;
  printf("x = %i\n", x);

  x=30;
  printf("x = %i, dereferenziertes z = %i\n", x, *z);
}
```

Es wird wieder eine *int*-Variable namens *x* und ein Zeiger auf *int*-Variablen namens *z* definiert. Der Variablen *x* wird der Wert 10 zugewiesen, und deshalb wird dieser Wert mit der nachfolgenden *printf*-Anweisung auch ausgegeben.

Danach wird die Adresse von *x* dem Zeiger *z* zugewiesen. Und jetzt kommt das Interessante: Durch die **Dereferenzierung** mit dem Stern (*z) wird nun nicht die in *z* gespeicherte Adresse angesprochen, sondern der Wert, der an der Adresse, die in *z* enthalten ist, steht. *z* enthält aber in diesem Fall die Adresse von *x*, deswegen wird mit dieser Dereferenzierung der Wert von *x* angesprochen. Nun wird **z* der Wert 20 zugewiesen, was nach der letzten Erklärung bedeutet, daß *x* den Wert 20 zugewiesen bekommt. Eins muß klar sein: Der Inhalt von *z* wird durch diese Zuweisung nicht verändert, denn *z* enthält immer noch die Adresse von *x*. Es wird der Wert geändert, der an der Adresse steht, die in *z* enthalten ist. Daher gibt die folgende *printf*-Anweisung für *x* auch den Wert 20 aus.

Danach wird *x* der Wert 30 zugewiesen. Die darauffolgende *printf*-Anweisung gibt für *x* dann logischerweise 30 aus und für das dereferenzierte *z*, welches ja immer noch auf den Wert von *x* zeigt, wird auch 30 ausgegeben.

Abbildung 18.3 zeigt anhand des Beispiels aus Abbildung 18.2 die drei Zugriffsmöglichkeiten, die ein Zeiger bietet. Der erste Fall ist der herkömmliche Zugriff über den Namen. Dadurch bekommt man wie auch bei normalen Variablen den Inhalt des Zeigers, der eine Adresse ist. Hier konkret 0xA0000000. Mit *z bekommt man den Inhalt der Variablen, die sich an der im Zeiger gespeicherten Adresse befindet. Hier ist dies 24. Und letztlich noch &z. Hier liefert der Adreßoperator die Adresse des Zeigers. Interessant ist, daß die Adresse des Zeigers einem anderen Zeiger zugewiesen werden könnte. Dazu aber später mehr.

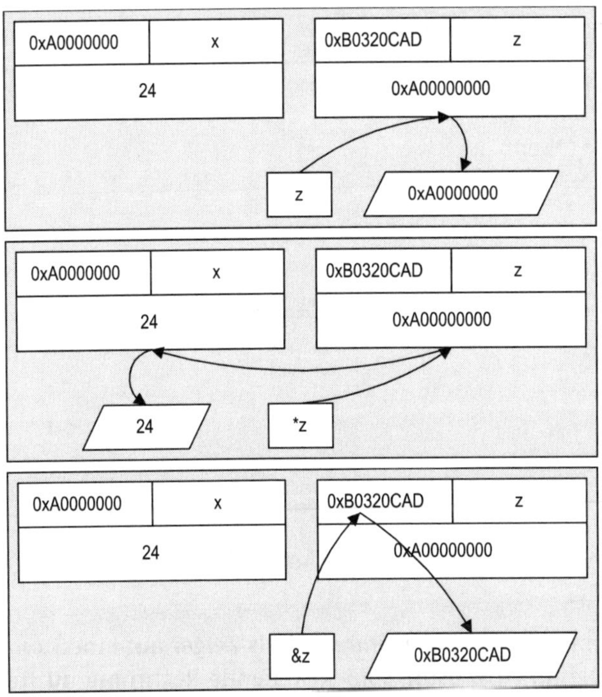

Abbildung 18.3: Die drei Zugriffsmöglichkeiten bei Zeigern

Sie können natürlich auch einen Zeiger direkt bei der Definition initialisieren:

Syntax

```
int x=24;
int *z=&x;
```

oder

```
int x=24,*z=&x;
```

Diese Initialisierung[5] bietet sich im allgemeinen dann an, wenn der Zeiger mit einer Konstanten initialisiert wird.

18.3 Adressen als Funktionsparameter

Nun werden Zeiger in der obigen Form eher selten verwendet, weil es einfacher ist, direkt auf die zu verändernde Variable zuzugreifen[6]. Hauptsächlich werden Zeiger benutzt, um Adressen an Funktionen zu übergeben. Diese können über diesen Umweg dann die Variablen verändern.

```
#include <stdio.h>      /* PRG18-03.C */

void cquadrat(int *wert)
{
  *wert=(*wert)*(*wert);
}


void main(void)
{
int x;
  printf("Zahl:");
  scanf("%i",&x);

  cquadrat(&x);
  printf("Das Quadrat ist %i\n",x);
}
```

Den Quellcode dieses Beispiels finden Sie auf der Diskette unter \BEISPIEL\PRG18-03.C.

Der Funktionsparameter von *cquadrat* wird als Zeiger auf einen *int*-Wert definiert. Die im Anweisungsblock stehende Rechnung dürfte auch kein Problem sein. Weil immer ein Dereferenzierungsoperator vor *wert* steht, wird nicht die Adresse, die in *wert* gespeichert ist, sondern der Wert an der Adresse, die in *wert* gespeichert ist, genommen.

In der *main*-Funktion wird beim Aufruf von *cquadrat* die Adresse von *x* übergeben, weil diese in *wert* gespeichert werden muß, da *wert* als

---

5 Obwohl die Schreibweise *z= so aussieht, als würde hier dereferenziert (auf den Inhalt der in z gespeicherten Adresse zugegriffen), ist dies nicht der Fall. Es heißt lediglich, daß ein Zeiger definiert wird und einen Wert zur Initialisierung zugewiesen bekommt.

6 Zeiger sind in den Bereichen von Bedeutung, wo variable Adressen benötigt werden oder Adressen übergeben werden müssen.

Zeiger auf *int* definiert ist. Wie nachher an der Ausgabe zu sehen ist, hat *cquadrat* tatsächlich den Wert von *x* verändert[7].

Nun sollten Sie auch vollständig verstehen können, warum bei *scanf* immer der Adreßoperator benutzt werden muß.

Des weiteren können Funktionen auch Zeiger[8] zurückgeben:

```
int *getptr(int *x)
{
  return(x);
}
```

Man übergibt der Funktion die Adresse eines *int*-Wertes, und die Funnktion liefert diese Adresse zurück. Sinnlos aber anschaulich. Die Benutzung erfolgt folgendermaßen:

```
int a, *b;

b=getptr(&a);
```

18.4 Zeiger auf Funktionen

Zeiger können aber nicht nur die Adressen von Variablen aufnehmen, sondern auch die von Funktionen. Zeiger auf Funktionen werden nicht besonders häufig benutzt. Die Hauptanwendungsgebiete liegen in der Umsetzung der Philosophie der objektorientierten Programmierung, die in C nicht unterstützt wird, sowie in allen Bereichen, in denen es von bestimmten Parametern abhängt, welche Funktion benutzt werden soll. Ein Zeiger auf eine Funktion wird folgendermaßen definiert[9]:

Syntax

```
rtyp (*name)(ptyp1,ptyp2,...);
```

Der Zeiger mit Namen *name* zeigt auf die Startadresse einer Funktion, die einen Wert vom Typ *rtyp* zurückgibt, und die Parameter *ptyp1*, *ptyp2*,... besitzt. Die Klammern um den Zeigernamen geben an, daß es

---

7 Genaugenommen würden in diesem Fall auch keine Zeiger verwendet, denn die Funktion liefert nur einen Wert zurück. Das hätte man auch mit dem Rückgabeparameter lösen können. Interessant wird diese Variante jedoch, wenn die Funktion mehr als einen Wert zurückliefern muß.

8 Genaugenommen handelt es sich um einen Vektor, weil der Rückgabewert ja für die aufrufende Anweisung konstant ist. Daher sollte dieser Vektor einem Zeiger zugewiesen werden.

9 Tatsächlich wird in C++ für die objektorientierte Programmierung ein Variablentyp bereitgestellt, der es auf einfachste Weise ermöglicht, auf Funktionen zu verweisen.

sich um einen Zeiger auf eine Funktion handelt[10]. Schauen wir uns dazu ein Beispiel an:

```
#include <stdio.h>          /* PRG18-04.C */

void output(void)
{
  printf("Bitte geben Sie eine Zahl ein:");
}

int sum(int a, int b)
{
  return(a+b);
}


void main(void)
{
int x,y;

void (*fkt1)(void);
int (*fkt2)(int, int);

  fkt1=output;
  fkt2=sum;

  fkt1();
  scanf("%i",&x);

  (fkt1)();
  scanf("%i",&y);

  printf("Die Summe ist %i\n",fkt2(x,y));
}
```

Den Quellcode dieses Beispiels finden Sie auf der Diskette unter \BEISPIEL\PRG18-04.C.

Zu den Funktionen *output* und *sum* muß nichts mehr gesagt werden. In der *main*-Funktion werden zuerst zwei *int*-Variablen definiert. In der folgenden Zeile wird ein Funktionszeiger namens *fkt1* definiert, der auf eine Funktion zeigt, die keine Parameter und keinen Rückgabewert hat. Danach wird ein Funktionszeiger namens *fkt2* definiert,

10 Zeiger auf Funktionen haben in der Schreibweise starke Ähnlichkeit mit Prototypen. Lediglich der Dereferenzierungsoperator mitsamt der ihn und den Funktionsnamen einschließenden Klammern ist hinzugekommen.

der auf eine Funktion zeigt, die einen Rückgabewert vom Typ *int* und zwei *int*-Werte als Funktionsparameter besitzt.

Danach wird dem Zeiger *fkt1* die Adresse der Funktion *output* zugewiesen. Sie erkennen dies daran, daß hinter *output* keine runden Klammern stehen.

> Der Name einer Funktion ohne runde Klammern repräsentiert ihre Adresse. (Der Funktionsname ist ein Vektor.)

Ein Funktionszeiger kann nur die Adressen solcher Funktionen aufnehmen, die die gleichen Rückgabewerte und Funktionsparameter haben wie bei der Definition des Funktionszeigers angegeben.

In der nächsten Zeile wird dem Funktionszeiger *fkt2* die Adresse der Funktion *sum* zugewiesen.

Darauf folgt ein Funktionsaufruf, was an den runden Klammern hinter *fkt1* zu erkennen ist. Logischerweise wird die Funktion aufgerufen, deren Adresse der Funktionszeiger *fkt1* gespeichert hat, also *output*. Wie Sie sehen, kann man an dieser Zeile nicht unterscheiden, ob *fkt1* eine reale Funktion oder nur ein Funktionszeiger ist. Dies ist für das Verständnis des Programms von Nachteil.

Beim nächsten Aufruf der Funktion *output* über *fkt1* ist *fkt1* in Klammern gesetzt. Dies macht keinen Unterschied zur vorherigen Schreibweise. Macht man sich jedoch diese Schreibweise zu eigen, dann ist ganz klar zu erkennen, wo Funktionen direkt oder über Funktionszeiger aufgerufen werden.

In der *printf*-Anweisung wird *sum* über den Funktionszeiger *fkt2* aufgerufen, weil er ihre Adresse gespeichert hat. Die Funktionsparameter sind die gleichen, die auch beim direkten Aufruf von *sum* benutzt worden wären.

18.5 Zeiger auf Zeiger

Dieser letzte Abschnitt über Zeiger ist gleichzeitig auch der schwierigste. Wenn er Ihnen am Anfang zu kompliziert erscheint, sollten Sie einfach weiterlesen und bei Bedarf noch einmal auf das Kapitel Zeiger zurückkommen.

Nehmen Sie sich für den folgenden Abschnitt Zeit und Ruhe, denn dort geht es ans Eingemachte. Haben Sie dieses Kapitel verstanden, haben Sie eine der größten Hürden, die C Ihnen in den Weg stellt, genommen.

Bis jetzt haben wir Zeiger kennengelernt, die auf Variablen und auf Funktionen zeigten. Nun setzen wir dem noch eins drauf und behandeln Zeiger, die auf Zeiger zeigen. Dies hört sich vielleicht exotisch an, wird aber für die Übergabe eines Stringfeldes als Funktionsparameter gebraucht, wovon das übernächste Kapitel handelt. Die Definition eines Zeigers auf einen Zeiger sieht folgendermaßen aus:

Syntax

```
typ **name;
```

Der Zeiger *name* zeigt auf einen Zeiger, der auf einen Variablentyp *typ* zeigt. Schauen wir uns anhand eines Beispiels einmal an, was uns das für Möglichkeiten bietet:

```
#include <stdio.h>       /* PRG18-05.C */

void main(void)
{
int x,y,*xptr,**ptrptr;

  x=10;
  y=10;
  printf("x = %i\n",x);

  xptr=&x;
  *xptr=20;

  printf("x = %i, *xptr = %i\n",x,*xptr);

  ptrptr=&xptr;
  **ptrptr=30;

  printf("x = %i, *xptr = %i, *ptrptr = \
%i\n",x,*xptr,**ptrptr);

  *ptrptr=&y;
  **ptrptr=40;

  printf("x = %i, y= %i *xptr = %i, *ptrptr = %i\n",
         x,y,*xptr,**ptrptr);

}
```

Zuerst werden zwei Variablen *x* und *y* als *int*-Variablen definiert. Als nächstes wird ein Zeiger namens *xptr* definiert, der auf *int*-Variablen zeigt, und schließlich folgt die Definition eines Zeigers namens *ptrptr*, der seinerseits auf einen Zeiger zeigt, der Adressen von *int*-Variablen enthält.

x wird auf 10 gesetzt und anschließend ausgegeben.

Danach bekommt *xptr*, der ein Zeiger auf *int*-Variablen ist, die Adresse von *x* zugewiesen, das ja eine *int*-Variable ist. Über die Dereferenzierung wird über *xptr* der Variablen *x* der Wert 20 zugewiesen, das ist alles schon erklärt. Danach werden *x* und **xptr* ausgegeben. Beide ergeben 20.

Im nächsten Abschnitt bekommt *ptrptr*, der ein Zeiger auf einen *int*-Zeiger ist, die Adresse von *xptr* zugewiesen, welches ein *int*-Zeiger ist.

Die nächste Zeile wird interessant. Wie wir schon wissen, bedeutet der Dereferenzierungsoperator, daß nicht der Inhalt des Zeigers, sondern der Inhalt der im Zeiger gespeicherten Adresse angesprochen wird. Hätte *ptrptr* keinen Dereferenzierungsoperator, dann würde sein Inhalt angesprochen. Mit einem Dereferenzierungsoperator würde nicht sein Inhalt, sondern der Inhalt, auf den die in ihm gespeicherte Adresse zeigt, angesprochen, und das wäre *xptr*, weil *ptrptr* ja die Adresse von *xptr* gespeichert hat. Also wären wir mit einem Dereferenzierungsoperator beim Inhalt von *xptr* angelangt. Nun kommt aber noch ein Dereferenzierungsoperator hinzu, was heißt, daß wiederum nicht der Inhalt sondern der Inhalt der gespeicherten Adresse genommen wird. Da wir aber durch den ersten Dereferenzierungsoperator bei *xptr* gelandet sind, wird nun der Inhalt der Adresse genommen, die in *xptr* gespeichert ist, und das ist *x*. Mit ***ptrptr* verändern wir also den Inhalt der Variablen *x*. Daher wird mit dieser Zeile *x* auf 30 gesetzt, was Sie bei der nächsten Ausgabe auch sehen können.

Danach wird *ptrptr* mit einem Dereferenzierungsoperator benutzt, was heißt, das nicht der Inhalt von *ptrptr*, sondern der Inhalt der Adresse, die in *ptrptr* gespeichert ist, angesprochen wird. Der Inhalt von *ptrptr* ist die Adresse von *xptr*, und *xptr* ist ein *int*-Zeiger. Demnach bekommt durch **ptrptr* der *int*-Zeiger *xptr* die Adresse von *y* zugewiesen, welches eine *int*-Variable ist.

In der darauffolgenden Zeile wird der Dereferenzierungsoperator wieder zweimal benutzt. Daher wird zweimal der Inhalt an der gespeicherten Adresse angesprochen. Der Inhalt von *ptrptr* ist die Adresse von *xptr*, der Inhalt von *xptr* ist die Adresse von *y*, also sprechen wir mit ***ptrptr* jetzt den Inhalt der Variablen *y* an, die damit den Wert 40 zugewiesen bekommt. Das *xptr* die Adresse von *y* gespeichert hat und *y* der Wert 40 zugewiesen bekam, zeigt die nächste Ausgabe.

Zeiger auf Zeiger heißt eigentlich nichts anderes, daß man mit einem Zeiger, der auf einen Zeiger zeigt, der auf eine Variable zeigt, auf diese Variable zugreifen kann.

Ich hoffe, daß Sie die doppelte Dereferenzierung oder Zeiger auf Zeiger verstanden haben. In den Kapiteln, wo wir sie benötigen, wird noch einmal darauf eingegangen.

18.6 Kontrollfragen

1. Was kann man mit Zeigern machen, nicht aber mit Vektoren?
2. Wir haben die doppelte Dereferenzierung (**x) kennengelernt. Ist auch der doppelte Adreßoperator (&&x) sinnvoll?
3. Welchen Unterschied gibt es bei der Benutzung des Dereferenzierungsoperators bei der Definition und bei der Zuweisung?
4. Was sind die Vor- und Nachteile bei Adressen als Funktionsparametern?

19 Variablenfelder

Das nun folgende Thema ist wieder um einiges leichter verständlich. Stellen Sie sich einmal vor, Sie sollen mit einem Programm zehn Zahlen einlesen. Danach soll jede Zahl mit 2 multipliziert und ausgegeben werden. Die Ausgabe der zehn Zahlen soll aber erst erfolgen, wenn alle Zahlen eingegeben wurden. Sie würden vermutlich zehn *int*-Variablen definieren (a,b,c,d,...,i,j), dann kämen zehn *scanf*-Anweisungen, gefolgt von zehn Multiplikationen und zehn *printf*-Anweisungen. Sicher, das Programm würde laufen, könnte aber keinen Anspruch darauf erheben, sonderlich elegant zu sein. Man kann nämlich anstatt einer Variablen auch **Felder** von Variablen anlegen, sogenannte **Arrays**:

Syntax

```
typ name[anzahl];
```

Diese Anweisung definiert ein Feld namens *name*, welches eine Menge von *anzahl* Feldern des Typs *typ* zur Verfügung stellt. Angenommen, Sie machen folgendes:

```
int x[10];
```

Hinter dem Namen x verbergen sich jetzt 10 *int*-Werte. Angenommen, Sie wollen den ersten *int*-Wert mit 4 und den letzten mit 23 initialiseren:

```
x[0]=4;
x[9]=23;
```

Der Feldindex beginnt mit 0. Der Index eines n-elementigen Feldes reicht von 0 bis n-1.

Wie Sie sehen, fängt der **Feldindex** bei 0 an. Bei einer Feldgröße *n* reichen die Indizes von 0 bis *n-1*. Sehen wir uns nun das Programm an, welches das zu Anfang des Kapitels beschriebene Problem löst:

```
#include <stdio.h>     /* PRG19-01.C */

void main(void)
{
  int x[10],y;

  for(y=0;y<10;y++)
    {
      printf("bitte Zahl %i angeben:",y+1);
      scanf("%i",&x[y]);
    }

  for(y=0;y<10;y++)
    printf("%i multipliziert mit 2 ist %i\n",x[y],x[y]*2);
}
```

Den Quellcode dieses Beispiels finden Sie auf der Diskette unter \BEISPIEL\PRG19-01.C.

Dieses Programm dürfte nicht schwer zu verstehen sein. Es werden zuerst ein 10 Einträge großes Feld namens *x* und eine *int*-Variable namens *y* definiert. Danach läuft eine Schleife von 0 bis 9 (weil der Index eines Feldes mit 0 anfängt) und fragt nach den einzelnen Werten. Innerhalb der *printf*-Anweisung wird immer *y+1* ausgegeben, damit bei der ersten Zahl nicht steht „Bitte Zahl 0 eingeben". Für den Menschen ist es einfach besser, mit 1 anzufangen. Mit der nächsten Schleife werden dann die Zahlen sowie die Ergebnisse der Multiplikation mit 2 ausgegeben. Natürlich können Sie ein Feld auch gleichzeitig mit der Definition initalisieren, hier zwei Beispiele:

```
int x[6]={5, -89, 3, 63, 0, -17};

float a[4]={34.678, 2.5, 78.2, -75.11};
```

Diese einfache Form der Wertezuweisung funktioniert allerdings nur im Zusammenhang mit der Definition. Wollen Sie innerhalb des Programms mehrere oder alle Werte des Programms ändern, müssen Sie dies durch einzelne Zuweisungen an jedes Element realisieren[1].

19.1 Felder als Funktionsparameter

Da C als Funktionsparameter nur elementare Datentypen wie Adressen, *char, int, float, short,* etc. unterstützt, müssen wir uns etwas einfallen lassen. Die Geschichte mit den Zeigern aus dem vorherigen Kapi-

1 Oder mit einer Schleife, wenn die Werte, die zugewiesen werden sollen, in einer Weise vorliegen, die dies zuläßt.

tel noch im Hinterkopf, kommen wir sehr schnell auf den Gedanken, daß dieselben sich förmlich dafür anbieten.

Genau wie bei den Funktionen, bei denen der bloße Funktionsname für die Adresse, an der die Funktion liegt, steht, gilt dies auch für Felder:

> Der Name eines Feldes ohne eckige Klammern steht für die Startadresse des Feldes. Der Feldname ist ein Vektor.

Teilen wir nun einfach die Aufgaben aus dem vorherigen Programm in Funktionen auf:

```
#include <stdio.h>     /* PRG19-02.C */

void input(int *a)
{
int y;

  for(y=0;y<10;y++)
    {
      printf("bitte Zahl %i angeben:",y+1);
      scanf("%i",&a[y]);
    }
}

void calc(int *a)
{
int y;

  for(y=0;y<10;y++)
    a[y]*=2;
}

void output(int *a)
{
int y;

  for(y=0;y<10;y++)
    printf("Das Ergebnis der %i. Multiplikation ist %i\n",
           y+1,a[y]);
}


void main(void)
{
  int x[10];
```

```
    input(x);
    calc(x);
    output(x);
}
```

Den Quellcode dieses Beispiels finden Sie auf der Diskette unter \BEISPIEL\PRG19-02.C.

Wie Sie sehen, ist die Definition des Feldzeigers in den Funktionen identisch mit der eines normalen Zeigers auf eine Variable.

Der Zeiger auf eine Variable ist identisch mit dem Zeiger auf ein Feld.

Diese Freiheit ist wichtig und kommt bei der dynamischen Speicherverwaltung, die wir später besprechen werden, zur Anwendung.

Bei Zeigern auf Felder darf bei der Benutzung des Index kein Dereferenzierungsoperator angewendet werden.

Bei Feldzeigern braucht kein Dereferenzierungsoperator benutzt zu werden, da der reine Feldname für eine Adresse steht, genau wie bei einem Zeiger, dessen Name ebenfalls eine Adresse repräsentiert, nämlich die in ihm gespeicherte. Daher unterscheidet sich bei Zugriffen auf Felder der Zeiger nicht vom direkten Feldnamen. Es gibt nur einen Unterschied zwischen Feldname und Feldzeiger: Der Feldname ist ein Vektor, seine Adresse kann nicht geändert werden, wohingegen der Feldzeiger ein Zeiger ist, und deshalb unterschiedliche Adressen unterschiedlicher Felder aufnehmen kann.

Wie sie an den Aufrufen innerhalb von *main* sehen können, wird nur der Feldname angegeben, welcher ja, wie schon erwähnt, für die Adresse des Feldes steht. Der Adreßoperator & wird daher nicht benötigt.

Jedoch können Sie bei statischen Feldern auch eine andere Definition benutzen. Statische Felder sind Felder, deren Länge konstant ist und während der Programmierung mit Konstanten angegeben wird. Hier ein Beispiel:

```
int a[17];
funktion(a);
```

In diesem Programmfragment wird ein statisches Feld (mit 17 Elementen) definiert, dessen Adresse an eine Funktion übergeben wird. Wie würde der Funktionskopf aussehen?

```
void funktion(int *x)
```

Syntax

Dies müßte Ihrer Lösung entsprechen, die auch richtig ist. Es gibt aber einen einfacheren Weg:

```
void funktion(int x[17])
```

Diesem Funktionskopf sieht man es an, daß ihm ein Zeiger auf ein 17 Elemente großes Feld übergeben wird. Die Benutzung innerhalb der Funktion ist identisch mit der oberen. Sie können diese Schreibweise benutzen, weil Sie wissen, daß das übergebene Feld 17 Elemente hat. Leider können Sie diese Funktion nur für 17-elementige *int*-Felder benutzen, während Sie die Funktion, die mit einem Zeiger deklariert wurde, für *int*-Felder beliebiger Größe verwenden können. Solange Sie aber nur konstante Felder mit einer Funktion bearbeiten wollen, sollten Sie die letztere Variante benutzen, da sie transparenter ist.

19.2 Mehrdimensionale Felder

Die Felder in den bisherigen Beispielen waren alle eindimensionaler Natur, obwohl es in C natürlich möglich ist, mehrdimensionale Felder zu benutzen. Angenommen, sie brauchen eine Tabelle mit 4 Spalten und 20 Zeilen, dies entspricht einem zweidimenionalen Feld und läßt sich in C folgendermaßen definieren:

```
int tabelle[4][20];
```

Syntax

Zum Beispiel können sie folgendermaßen eine 8 in den Eintrag der 2. Spalte und 12. Zeile schreiben:

```
tabelle[1][11]=8;
```

Syntax

Bildlich gesprochen sieht die Organisation des Feldes so aus, daß ein 4-elementiges Feld definiert wird, dessen einzelne Elemente 20-elementige Felder sind.

Sie können natürlich auch noch mehr Dimensionen benutzen:

```
int raum[80][80][80];
```

Syntax

Aber bedenken sie, daß allein dieses Feld 80*80*80 *int*-Einträge à 2 Bytes hat. Das kostet knapp 1 Megabyte an Speicher.

Initialisierung

Sie können auch mehrdimensionale Felder bei der Definition initialisieren:

```
int a[2][4]={{4,9,6,4},{-23,67,3,10}};
```

Syntax

```
int x[2][3][4]={{{4,9,6,4}, {-23,67,3,10}, {4,7,3,4}},
                {{17,-23,8,3}, {12,63,7,28}, {9,6,7,5}}};
```

Diese Zuweisungsform funktioniert wie bei den eindimensionalen Feldern nur bei der Definition. Später können Sie die Werte nur durch Einzelzuweisungen verändern.

C verwaltet mehrdimensionale Felder intern als eindimensionales Feld. Wenn Sie ein zweidimensionales Feld benutzen:

```
int a[6][8];
a[x][y]=3;
```

Dann rechnet C die zwei Indizes auf einen um:

```
a[x*8+y]=3;
```

Das kommt daher, weil C die Elemente des Feldes in folgender Reihenfolge im Speicher ablegt:

```
a[0][0], a[0][1],...,a[0][6], a[0][7], a[1][0], a[1][1],...
```

Mehrdimensionale Felder haben den Nachteil, daß sie nicht mit Zeigern verwaltet werden können. Angenommen, sie hätten folgendes Programmfragment:

```
int a[23][12];
funktion(a);
```

Sie können dann im Funktionskopf die folgende Deklaration nicht ohne weiteres benutzen:

```
void funktion(int *x)
```

Sie können Sie schon benutzen, nur behandelt C Ihr zweidimensionales Feld als eindimensionales, Sie können also nur einen Index angeben. In diesem Fall läßt sich ein Trick anwenden, da Sie oben gelernt haben, daß C mehrdimensionale Felder intern eindimensional darstellt. Dies können wir schließlich auch:

Umrechnung auf eine Dimension

```
x[index1*12+index2]=3;
```

Da Sie, um diese Rechnung richtig durchführen zu können, die Größe des Feldes kennen müssen, ersparen Sie sich aber viel Arbeit, wenn Sie den Funktionskopf gleich so deklarieren:

```
void funktion(int x[23][12])
```

Mit dieser Deklaration können Sie auf das entsprechende Feld wieder wie üblich, also mit zwei Indizes, zugreifen.

19.3 Verwaltung von Feldern

Wie oben bereits erwähnt, werden von C nur elementare Datentypen unterstützt. Angenommen, Sie haben zwei *int*-Variablen *a* und *b*, und möchten gerne *b* nach *a* kopieren, wie machen Sie das?

```
a=b;
```

Das war ziemlich einfach. Stellen Sie sich nun vor, Sie haben zwei eindimensionale *int*-Felder *a* und *b*, und wollten *b* nach *a* kopieren, wie machen Sie das?

```
a=b;
```

Felder kopieren

Das ist eindeutig falsch, denn Feldnamen ohne Index stehen für Adressen (Vektoren). Sie müssen sich selber eine Funktion schreiben, die ein Feld kopiert, weil C Ihnen dabei nicht hilft:

```
void copyfeld(int *x, int *y, int n)
{
  for(n-=1;n>=0;n--)
    x[n]=y[n];
}
```

Angenommen, die Felder *a* und *b* haben 30 Einträge, dann kopieren sie Feld *b* nach Feld *a* folgendermaßen:

```
copyfeld(a,b,30);
```

Felder nachträglich initialisieren

Genau wie bei normalen Variablen hat jeder Feldeintrag einen undefinierten Wert, bis er initialisiert wird. Deswegen ist es günstig, eine Initialisierungsfunktion zu schreiben:

```
void initfeld(int *x, int n, int wert)
{
  for(n-=1;n>=0;n--)
    x[n]=wert;
}
```

Wollen Sie nun alle 100 Einträge des Feldes *a* mit 0 initialisieren, dann schreiben Sie folgendes:

```
initfeld(a,100,0);
```

Dies alles können Sie natürlich auch mit Feldern, die den Variablentyp *float* haben, realisieren. Allerdings müssen Sie dafür wiederum neue Funktionen schreiben.

19.4 In-/Dekrementierung von Zeigern

An dieser Stelle ist genug Wissen vorhanden, um noch eine Besonderheit der Inkrement- (++) und Dekrement- (--) Operatoren zu erwähnen. Schauen Sie sich folgendes Programmfragment an:

```
int *x;
x=100000;
printf("Die gespeicherte Adresse ist %p\n", x);
x++;
printf("Die gespeicherte Adresse ist %p\n", x);
```

Die erste *printf*-Anweisung wird als gespeicherte Adresse 100000 ausgeben. Aber was gibt die zweite *printf*-Anweisung aus?

Nach dem, was wir zuvor über Inkrementierung und Dekrementierung gelernt haben, müßte als Adresse 100001 ausgegeben werden. Aber dies ist nicht der Fall.

> Die Inkrement/Dekrement-Operatoren inkrementieren/ dekrementieren einen Zeiger um die Größe des Variablentyps, auf die der Zeiger zeigt.

In diesem Fall würde also die Adresse 100002 ausgegeben, weil eine *int*-Variable 2 Bytes groß ist[2]. Diese Besonderheit wurde eingeführt, um eleganter mit Zeigern auf Felder zuzugreifen. Schauen wir uns noch einmal die Funktion aus dem vorherigen Kapitel an:

```
void calc(int *a)
{
int y;

  for(y=0;y<10;y++)
    a[y]*=2;
}
```

Versuchen sie jetzt einmal, die *for*-Schleife umzuschreiben, indem Sie einen Inkrement-Operator benutzen.

Lösung

```
  for(y=0;y<10;y++)
    {
      *a *= 2;
      a++;
    }
```

2 Die Größe des *int*-Wertes bezieht sich auf die in Kapitel 3.1 angegebene Tabelle. Einige Compiler weichen von diesen Werten ab.

Zuerst wird der Inhalt der Adresse, die in *a* steht, mit zwei multipliziert. *a* zeigt auf die erste *int*-Variable im Feld. Danach wird die in *a* enthaltene Adresse erhöht. Durch die Besonderheit des Inkrement-Operators bei Zeigern enthält *a* nun die Adresse der zweiten *int*-Variablen im Feld, weil *a* um die Größe der Variable, auf die *a* zeigt, erhöht wurde. *a* zeigt auf *int*-Werte, also wird *a* automatisch auf den nächsten *int*-Wert gesetzt.

Der Vorteil der Inkrement/Dekrement-Operatoren liegt darin, daß Sie sich um den Variablentyp keine Gedanken zu machen brauchen. Würden Sie z.B. *float*-Werte bearbeiten, würde durch *a++* automatisch die Adresse des nächsten *float*-Wertes in *a* stehen.

Natürlich läßt sich die Schleife noch komprimieren:

```
for(y=0;y<10;y++)
  *a++ *=2;
```

Bitte beachten Sie die Schreibweise. Wollten Sie z.B. den Wert erhöhen, auf den die Adresse in *a* zeigt, müßten sie folgendes schreiben:

Syntax

```
(*a)++;
```

Denn Die Inkrement/Dekrement-Operatoren haben eine stärkere Bindung als der Dereferenzierungs-Operator. Im Übrigen wird so der Wert, auf den die Adresse in *a* zeigt, nur um 1 erhöht, weil sich das Inkrement nicht auf einen Zeiger, sondern auf eine normale Variable bezieht (wegen der Dereferenzierung!).

Wäre *a* jedoch ein Zeiger auf einen Zeiger, dann würde der Zeiger, auf den *a* zeigt, um den Betrag der Größe der Variablen, auf die er zeigt, erhöht.

19.5 Felder von Zeigern

Natürlich ist man in C auch in der Lage, ein Feld von Zeigern zu definieren:

Syntax

```
int *a[50];
```

Diese Anweisung definiert ein Feld von 50 Zeigern auf *int*-Werte. Ein kleines Beispiel:

```
int f, g, *h[10];

f=20;
g=30;
h[0]=&f;
h[1]=&g;
*h[0]=40;
```

```
h[3]=h[1];
*h[3]=50;
```

In den ersten beiden Zeilen wird *f* der Wert 20 und *g* der Wert 30 zugewiesen. Danach bekommt der erste Zeiger von *h* (Index 0) die Adresse von *f* zugewiesen. Danach wird dem zweiten Zeiger von *h* (Index 1) die Adresse von *g* zugewiesen. Dann wird durch die Dereferenzierung des ersten Zeigers von *h* die Variable auf 40 gesetzt, auf die *h[0]* zeigt, und das ist *f*. *f* hat somit nun den Wert 40. Danach wird der Wert von *h[1]* (zweiter Zeiger) nach *h[3]* (vierter Zeiger) kopiert. *h[3]* zeigt damit ebenfalls auf *g*. Durch die darauffolgende Dereferenzierung wird *g* der Wert 50 zugewiesen.

Hiermit ist das Kapitel abgeschlossen. Sie werden später noch Zeiger auf andere Variablentypen kennenlernen. Haben Sie dieses Kapitel aber verinnerlicht, dann sind die anderen Zeiger ein Kinderspiel.

19.6 Kontrollfragen

1. Worin liegt der Unterschied zwischen *int **a* und *int *a[]* ?
2. Worin liegt der Unterschied zwischen *int *a* und *int a[]* ?
3. Welchen Index hat das n-te Element eines Feldes?
4. In welchem Zusammenhang wird nur der Feldname ohne Index benutzt?
5. Wollen Sie ein Feld an eine Funktion übergeben, müssen Sie einen Zeiger übergeben, der auf das Feld zeigt. Wie aber bekommen Sie für die Funktion eine lokale Kopie des Feldes, an der Veränderungen vorgenommen werden können, ohne daß es sich auf das Original auswirkt?
6. Worin unterscheidet sich ein Zeiger auf eine *int*-Variable von einem Zeiger auf ein Feld von *int*-Variablen?
7. Sie haben einen Zeiger auf ein dreidimesionales Feld. Wie muß er aussehen?
8. Worauf müssen Sie bei der Funktionsweise der In- und Dekrementoperatoren achten?
9. Sie haben einen Zeiger auf ein dreidimensionales Feld. Weiterhin haben Sie die Variablen *x*, *y* und *z*, die eine bestimmte Position im Feld angeben. Die Größe der einzelnen Dimensionen steht in *xsize*, *ysize* und *zsize*. Wie sprechen Sie das durch *x*, *y* und *z* definierte Element an?

20 Strings

Kommen wir nun zu einem besonderen Variablenfeld, den **Strings**. String heißt auf Deutsch unter anderem „Kette" und meint hier konkret Zeichenkette. Aus dem letzten Kapitel kennen Sie die Möglichkeit, von beliebigen Variablentypen Felder zu erzeugen. Dies geht natürlich auch mit *char*:

Syntax

```
char [80];
```

Es wurde nichts anderes als ein Feld definiert, das 80 Zeichen speichern kann. Aber gerade das macht einen String aus, daß er aus einer Folge von Zeichen besteht und im allgemeinen eine Endekennung hat. Diese Endekennung haben wir, ohne es zu wissen, schon bei den Stringkonstanten innerhalb von *printf* benutzt. Wenn wir zum Beispiel im Programm folgendes Segment hätten:

```
"erg"
```

Endekennung

Dann ist dies eine Stringkonstante der Länge 4. Ja richtig, 4: Drei Zeichen plus Endekennung. Die **Endekennung** eines Strings hat in C den **Wert 0**. Steigen wir nun etwas tiefer in die Stringwelt ein.

20.1 Ein- und Ausgabe von Strings

Aufgrund des besonderen Status eines *char*-Feldes, wird es auch besonders von den Ein-/Ausgabefunktionen unterstützt. So zum Beispiel von *printf*. Das Formatzeichen heißt %s. Schauen Sie sich einmal folgendes Programm an:

```
#include <stdio.h>     /* PRG20-01.C */

void main(void)
{
char a[7];
```

```
  a[0]='S';
  a[1]='t';
  a[2]='r';
  a[3]='i';
  a[4]='n';
  a[5]='g';
  a[6]=0;

  printf("Der erzeugte String ist :%s\n",a);
}
```

Den Quellcode dieses Beispiels finden Sie auf der Diskette unter \BEISPIEL\PRG20-01.C.

Das Programm gibt mit Hilfe der *printf*-Funktion den String aus, den wir im *char*-Feld erzeugt haben. Es hängt natürlich alles von der eigenen Interpretation ab. Wir können ohne weiteres sagen, daß es sich nur um ein Feld von Zeichen handelt, und es zeichenweise ausgeben:

```
for(x=0;a[x]!=0;x++)
  printf("%c",a[x]);
```

Die Schleife gibt solange Zeichen aus, bis sie auf eine Null stößt.

Doch wird gerade diese Form, in der wir das *char*-Feld benutzen, von C besonders unterstützt, weil es eben Strings sind. Diese Unterstützung sollten wir daher auch in Anspruch nehmen.

%s

Natürlich funktioniert das Formatzeichen %s auch bei *scanf*, so daß wir damit auch Strings einlesen können[1]:

```
#include <stdio.h>     /* PRG20-02.C */

void main(void)
{
char a[81];

  printf("Bitte einen max. 80 Zeichen langen Text einge \
ben:");
  scanf("%s",a);
  printf("Sie gaben \"%s\" ein.\n",a);

}
```

Den Quellcode dieses Beispiels finden Sie auf der Diskette unter \BEISPIEL\PRG20-02.C.

1 Damit Sie nicht verzweifeln, eines vorweg: Das Programm funktioniert nur ordnungsgemäß, wenn sie einen String eingeben, der keine Leerzeichen enthält. Später mehr dazu.

Bevor Sie weiterlesen, eine Frage: Fällt Ihnen irgend etwas Ungewöhnliches am *scanf*-Aufruf auf?

Genau, vor dem *a* fehlt der Adreßoperator &. Aber in Wirklichkeit fehlt er gar nicht, denn: Normalerweise benutzen wir den Adreßoperator, um *scanf* die Adresse der Variablen zur Veränderung des Wertes zu übergeben. Doch wir haben im vorherigen Kapitel gelernt, daß der Name eines Feldes ohne eckige Klammern die Adresse des Feldes repräsentiert. Dies gilt auch für *char*-Felder. Aus diesem Grund steht im *scanf*-Aufruf schon eine Adresse, womit wir uns den Adreßoperator hier sparen können. Dies aber auch nur deswegen, weil ein *char*-Feld eine besondere Stellung hat, und *scanf* das gesamte Feld als einen Variablentyp betrachtet, nämlich als String. Bei allen anderen Variablentypen werden nur einzelne Elemente von *scanf* verändert, was einen Adreßoperator notwendig macht[2]. Für Strings gelte als äquivalente Schreibweise auch die folgende:

Syntax

```
scanf("%s",&a[0]);
```

Die Schreibweise bedeutet, daß *scanf* die Adresse des ersten Zeichens im String übergeben wird. Ein String fängt aber mit dem ersten Zeichen an, so daß diese Adresse identisch mit der Adresse des gesamten Strings ist. *a* und *&a[0]* liefern daher dieselbe Adresse, jedoch ist die erste Schreibweise die elegantere.

Wenn Sie das Programm schon ausprobiert haben, wird Ihnen vielleicht folgendes Phänomen untergekommen sein: Geben Sie einen Text ein, der Leerzeichen enthält, gibt die *printf*-Funktion nur den Text aus, der vor dem ersten Leerzeichen steht. Das liegt an einer Eigenschaft von *scanf*, die wir bereits in Kapitel 4 besprochen haben. Wir konnten mit einer *scanf*-Anweisung mehrere Werte einlesen, wobei die Trennung der Werte mit einem Leerzeichen durchgeführt wurde. Dies ist eine typische Eigenschaft von *scanf*, weswegen die mit Leerzeichen getrennten Wörter als mehrere Strings aufgefaßt werden. Dieses Problem läßt sich mit *scanf* nicht beheben.

gets

Wir müssen daher auf eine Eingabefunktion zurückgreifen, die speziell für Strings gedacht ist, und **gets** heißt. Der Prototyp von *gets* ist genau wie *scanf* in der Headerdatei *stdio.h* enthalten. Hier nun das abgeänderte Programm:

```
#include <stdio.h>     /* PRG20-03.C */
```

2 Natürlich gilt auch der Name anderer Felder als Adresse. Deswegen bräuchten Sie zur Änderung des ersten Elementes eines Feldes nur den Feldnamen ohne eckige Klammern, Index und Adreßoperator. Aber nur bei Strings ist *scanf* in der Lage, auf alle Elemente des Feldes zuzugreifen.

```
void main(void)
{
char a[81];

  printf("Bitte einen max. 80 Zeichen langen Text einge \
ben:");
  gets(a);
  printf("Sie gaben \"%s\" ein.\n",a);
}
```

Den Quellcode dieses Beispiels finden Sie auf der Diskette unter \BEISPIEL\PRG20-03.C.

Der Funktion *gets* wird die Adresse des Strings übergeben, damit sie diesen überschreiben kann.

puts

Analog zur *gets* Funktion gibt es auch **puts**, eine Funktion, die einen String ausgibt:

```
puts("Dies ist ein mit puts ausgegebener Text.\n");
```

Bitte denken sie daran, daß die Länge des *char*-Feldes und die Länge des in ihm enthaltenen Strings nicht identisch sein müssen. In Programm „PRG20-01.C" hätte das *char*-Feld auch viel größer sein können, es wäre trotzdem nur das eine Wort ausgegeben worden, weil das siebte Element die Endekennung war. Welche Zeichen noch dahinter kommen, interessiert die Stringroutinen nicht. Jedoch darf ein String niemals größer sein als das Feld, in dem er steht, da sonst Daten, die nicht zum Feld gehören, überschrieben werden würden.

Ein String darf mit Endekennung nur gleich oder kleiner als das ihn beherbergende Feld sein, niemals größer.

20.2 Die Funktionen von string.h

Um im nächsten Abschnitt einige Probleme klären zu können, behandeln wir hier erst einmal die Funktionen, deren Prototypen in der Headerdatei *string.h* enthalten sind. Zuerst wird nur ein Überblick über die wichtigsten Funktionen gegeben. Die genaueren und kompletten Erläuterungen folgen im Anschluß daran.

memchr	Zeichen im Speicherblock suchen
memcmp	Speicherblöcke vergleichen
memcpy	Speicherblöcke kopieren
memmove	Sicheres Kopieren von Speicherblöcken
memset	Speicherblock initalisieren

strcat	String an einen anderen hängen
strchr	Zeichen im String suchen
strcmp	Zwei Strings vergleichen
strcoll	Zwei Strings umgebungsabhängig vergleichen
strcpy	String kopieren
strerror	Umwandlung eines Fehlers in verbale Form
strlen	Länge des Strings ermitteln
strncat	Teil eines Strings an einen anderen hängen
strncmp	Teile von zwei Strings vergleichen
strncpy	Teile eines Strings kopieren
strrchr	Zeichen vom Stringende aus suchen
strstr	prüft, ob String Teil eines anderen ist

Tabelle 20.1: Die wichtigsten Funktionen von string.h

Diese Headerdatei beinhaltet unter anderem einige sehr spezialisierte Funktionen, die selten Verwendung finden. Es sind jedoch auch sehr nützliche Funktionen enthalten, die in den Übungen noch benutzt werden. Doch nun zur ausführlichen Erläuterung:

memchr

```
void *memchr(const void *feldadr, int z, size_t groesse);
```

Sucht in einem Feld der Größe *groesse*, beginnend bei *feldadr* nach dem ersten Vorkommen des Zeichens z. Bei Erfolg wird die Adresse des Zeichens, bei Mißerfolg 0 zurückgegeben.

memcmp

```
int memcmp(const void *feldadr1, const void *feldadr2,
         size_t groesse);
```

Vergleicht zwei Felder der Größe *groesse*, das eine beginnend bei *feldadr1*, das andere beginnend bei *feldadr2*. Bei Gleichheit wird 0 zurückgegeben. Bei Ungleichheit wird ein positiver Wert zurückgegeben, wenn das Element des ersten Feldes größer ist als das des zweiten. Im umgekehrten Fall wird ein negativer Wert zurückgegeben.

memcpy

```
void *memcpy(void *feldadr1, const void *feldadr2,
             size_t groesse);
```

Kopiert *groesse* Elemente des Feldes beginnend bei *feldadr2* in das Feld beginnend bei *feldadr1*. Zurückgegeben wird *feldadr1*.

memmove

```
void *memmove(void *feldadr1, const void *feldadr2,
              size_t groesse);
```

Funktionsweise wie *memcpy,* nur daß bei einer teilweisen Überlappung der Felder ein Verlorengehen von Informationen ausgeschlossen ist.

memset

```
void *memset(void *feldadr, int z, size_t groesse);
```

Füllt alle Elemente eines bei *feldadr* beginnenden Feldes der Größe *groesse* mit dem Zeichen *z*.

NULL

Ein vordefiniertes Makro. Es steht für eine Konstante, die als Nullzeiger benutzt werden kann und den Wert 0 oder (void*)0 hat.

strcat

```
char *strcat(char *ziel, const char *quelle);
```

Kopiert den String *quelle* mitsamt der Endekennung hinter den String *ziel,* wobei die Endekennung von *ziel* mit dem ersten Zeichen von *quelle* überschrieben wird. Es wird *ziel* zurückgegeben.

strchr

```
char *strchr(const char *s, int z);
```

Liefert die Adresse des ersten in *s* vorkommenden Zeichens *z,* wobei die Endekennung ebenfalls berücksichtigt wird. Bei Mißerfolg wird 0 zurückgegeben.

strcmp

```
int strcmp(const char *s1, const char *s2);
```

Vergleicht die beiden Strings *s1* und *s2*. Bei Gleichheit wird 0 zurückgegeben. Ist das erste unterschiedliche Zeichen bei *s1* größer als bei *s2,* wird ein positiver, im umgekehrten Fall ein negativer Wert zurückgegeben.

strcoll

```
int strcoll(const char *s1, const char *s2);
```

Funktionsweise wie *strcmp,* nur daß die Vergleichsregel der Zeichen von der Umgebung abhängig ist.

strcpy

```
char *strcpy(char ziel, const char *quelle);
```

Kopiert den String *quelle* mitsamt der Endekennung in den String *ziel*. Es wird *ziel* zurückgegeben.

strcspn

```
size_t strcspn(const char *s, const char *suchstr);
```

Liefert den Index des ersten Zeichens von *s*, welches mit einem der Zeichen von *suchstr* übereinstimmt, wobei die Endekennung mit einbezogen wird.

strerror

```
char *strerror(int fehlernummer);
```

Liefert die Adresse eines Strings, der den durch Fehlernummer repräsentierten Fehler verbal formuliert.

strlen

```
size_t strlen(const char *s);
```

Liefert die Länge des Strings *s* ohne Endekennung zurück.

strncat

```
char *strncat(char *ziel, const char *quelle, size_t n);
```

Kopiert die ersten *n* Zeichen des Strings *quelle* mit Hinzufügung einer Endekennung hinter den String *ziel*, wobei die Endekennung von *ziel* mit dem ersten Zeichen von *quelle* überschrieben wird. Es wird *ziel* zurückgegeben. Sollte *quelle* kleiner als *n* Zeichen sein, werden *strlen(quelle)* Zeichen plus Endekennung kopiert.

strncmp

```
int strncmp(const char *s1, const char *s2, size_t n);
```

Vergleicht die ersten *n* Zeichen der beiden Strings *s1* und *s2*. Bei Gleichheit wird 0 zurückgegeben. Ist das erste unterschiedliche Zeichen bei *s1* größer als bei *s2*, wird ein positiver, im umgekehrten Fall ein negativer Wert zurückgegeben.

strncpy

```
char *strncpy(char *ziel, const char *quelle,size_t n);
```

Kopiert die ersten *n* Zeichen des Strings *quelle* in den String *ziel*. Es wird *ziel* zurückgegeben. Sollte *quelle* kürzer als *n* Zeichen sein, werden *strlen(quelle)* Zeichen kopiert und die restlichen *n-strlen(quelle)* Zeichen mit 0 aufgefüllt.

strpbrk

```
char *strpbrk(const char *s, const char *suchstr);
```

Liefert die Adresse des ersten Zeichens von *s*, welches mit einem der Zeichen von *suchstr* übereinstimmt, wobei die Endekennung mit einbezogen wird. Falls kein Zeichen übereinstimmt, wird 0 zurückgegeben.

strrchr

```
char *strrchr(const char *s, int z);
```

Liefert die Adresse des letzten in *s* vorkommenden Zeichens *z*, wobei die Endekennung ebenfalls berücksichtigt wird. Bei Mißerfolg wird 0 zurückgegeben.

strspn

```
size_t strspn(const char *s, const char *suchstr);
```

Liefert den Index des ersten Zeichens von *s*, welches mit keinem der Zeichen von *suchstr* übereinstimmt, wobei die Endekennung nur für *s* mit einbezogen wird.

strstr

```
char *strstr(const char *s, const char *suchstr);
```

Liefert die Adresse der ersten Zeichenfolge von *s*, welche mit *suchstr* ohne Endekennung übereinstimmt. Falls keine Zeichenfolge übereinstimmt, wird 0 zurückgegeben.

strxfrm

```
size_t strxfrm(char *ziel, const char *quelle, size_t n);
```

Wandelt die ersten *n* Zeichen des Strings *quelle* nach einer umgebungsspezifischen Regel um und speichert sie in *ziel*. Die Umwandlung erfolgt so, daß *strcoll(a1,a2)* gleich mit *strcmp(b1,b2)* ist, wobei *b1* das Ergebnis der Umwandlung von *a1* und *b2* das Ergebnis der Umwandlung von *a2* ist.

20.3 Der Umgang mit Strings

Initialisierung

Da Strings nicht zu den elementaren Datentypen gehören (wie alle Variablenfelder), werden auch sie in bestimmten Bereichen nicht von C unterstützt. Sie können zwar zum Beispiel die Initialisierung eines Strings gleichzeitig mit der Definition vornehmen:

```
char a[10]="C-Kurs";
```

In diesem Fall wird der String a mit „C-Kurs" initalisiert. Das Feld ist hier größer als der String, da er 7 Zeichen (Endekennung!) lang ist, das Feld aber Platz für 10 Zeichen bietet. Jedoch können Sie eine Zuweisung nicht im Programm vornehmen:

FALSCH!

```
a="Kurs";
```

Diese Zuweisung ist nicht erlaubt, weil eine Stringkonstante immer für ihre Adresse steht[3].

Eine Stringkonstante steht immer für ihre Adresse.

Sie müssen sich daher mit einem Trick behelfen, in dem sie auf eine Funktion zurückgreifen. Wollen Sie einem String einen neuen Inhalt zuweisen, müssen Sie mit der **strcpy**-Funktion arbeiten:

```
strcpy(ziel,quelle);
```

strcpy kopiert den Inhalt des Strings *quelle* in den String *ziel*, einschließlich der Endekennung. Der Funktion werden dafür die Adressen der Strings übergeben. In unserem Beispiel:

```
strcpy(a,"Kurs")
```

Der Name eines Strings steht ohne eckige Klammern für seine Adresse, eine Stringkonstante repräsentiert ebenfalls ihre Adresse, so daß dieser Aufruf korrekt ist. Stringzuweisungen außerhalb einer Definition bedürfen immer der *strcpy*- oder einer ähnlichen Funktion.

Strings werden als Funktionsparameter genauso behandelt wie die anderen Variablenfelder. Es wird einfach die Adresse des Strings an die Funktion übergeben. Diese muß wiederum einen Zeiger auf *char* in ihrem Funktionskopf deklarieren. Ein Beispiel:

```
#include <stdio.h>     /* PRG20-04.C */
#include <string.h>

void fkt(char *a)
{
  printf("In der Funktion :%s\n",a);
  strcpy(a,"Anton");
  printf("Nach strcpy :%s\n",a);
}

void main(void)
{
char x[15]="Willibald";

  printf("Vor der Funktion :%s\n",x);
  fkt(x);
  printf("Nach der Funktion :%s\n",x);

}
```

3 Würde es sich bei *a* um einen Zeiger auf *char* handeln, wäre die Schreibweise wieder richtig. *a* hätte als Adresse dann den Anfang der Stringkonstanten. Auf diese Weise könnten Sie wärend der Laufzeit Änderungen an der Stringkonstante vornehmen. Dies wäre jedoch unsaubere Programmierung. Wenn Sie Änderungen vornehmen möchten, fertigen Sie sich eine Kopie der Stringkonstanten an und ändern diese.

Den Quellcode dieses Beispiels finden Sie auf der Diskette unter \BEISPIEL\PRG20-04.C.

lokale Kopie

Wird der String innerhalb der Funktion verändert, hat es auch Auswirkungen auf den String der aufrufenden Funktion, weil die Adresse übergeben wurde, und keine Kopie, wie es im Normalfall üblich ist. Wollen Sie den String verändern, aber das Original unverändert lassen, müssen Sie eigenhändig eine Kopie anfertigen, mit der Sie dann arbeiten können:

```
void fkt(char *a)
{
char b[15];

  strcpy(b,a);
  printf("In der Funktion :%s\n",b);
  strcpy(b,"Anton");
  printf("Nach strcpy :%s\n",b);
}
```

Mit dieser Funktion bleibt der Originalstring unverändert.

Zugriff auf einzelne Zeichen

Sie haben die Möglichkeit, auf die einzelnen Zeichen eines Strings zuzugreifen:

```
a=0;
while(x[a])
  printf("%c",x[a++]);
```

Zugriff über Zeiger

Dies ist die naheliegendste Methode, um einen String zeichenweise auszugeben. Die *while*-Schleife bricht bei der Endekennung ab. Wenn Sie jedoch nicht den wirklichen String, sondern einen Zeiger auf ihn zur Verfügung haben, wie es ja bei Funktionsparametern üblich ist, dann gibt es noch eine zweite Variante:

```
char *z;
z=x;
while(*z)
  printf("%c",*(z++));
```

Im obigen Beispiel wird ein Zeiger auf *char* definiert, der die Adresse von *x* zugewiesen bekommt. Durch die Dereferenzierung wird auf das Zeichen an der Adresse zugegriffen, die der Zeiger gespeichert hat. Diese Form des Zugriffs auf die Zeichen eines Strings kann manchmal ganz nützlich sein, wenn es darum geht, Indizes zu vermeiden. Warum es gut sein kann, auf Indizes zu verzichten, wird bei den Lösungen der nachfolgenden Übungen deutlicher. Bitte beachten Sie die Klammerung von *z* in der *printf*-Anweisung. Wenn Sie Ihnen unklar erscheint, schauen Sie noch einmal in Kapitel 19.4 nach.

sprintf, sscanf

Sie haben auch die Möglichkeit, eine formatierte Ausgabe, wie Sie sie von *printf* kennen, in Strings zu schreiben und formatierte Eingaben, wie bei *scanf*, aus Strings zu lesen. Die dafür zuständigen Befehle heißen **sprintf** und **sscanf**. Ihre Prototypen stehen in der Headerdatei *stdio.h*. *sprintf* wird genauso benutzt wie *printf*, nur daß noch ein zusätzlicher Parameter hinzugefügt wird, nämlich der Name des Strings, in den geschrieben werden soll.

```
sprintf(s,"Dies ist ein Test. Der Wert ist %i\n",x);
printf("%s",s);
```

Die oberen Anweisungen bewirken das gleiche wie die untenstehende.

```
printf("Dies ist ein Test. Der Wert ist %i\n",x);
```

sprintf fügt hinter den geschriebenen Zeichen eine Endekennung ein, so daß die von *sprintf* zurückgegebene Anzahl von geschriebenen Zeichen mit der Stringlänge übereinstimmt, die *strlen* ermitteln würde.

So wie *sprintf* in einen String schreibt, liest *sscanf* die Eingabe aus einem String:

```
strcpy(s,"-276 89.2743");
sscanf(s,"%i%f",&a,&b);
```

Danach hat die *int*-Variable *a* den Wert -276 und die *float*-Variable *b* den Wert 89.2743.

20.4 Stringfelder

Es können auch mehrere Strings zu einem Feld zusammengefaßt werden. Dies entspricht einem zweidimensionalen *char*-Feld.

Syntax

```
char x[5][10];
```

Initialisierung

Diese Anweisung definiert 5 Strings mit einem Fassungsvermögen von 10 Zeichen. Eine gleichzeitige Initialisierung ist auch möglich:

Syntax

```
char x[5][10]={"Willi", "Anton", "Otto", "Frank", "Herbert"};
```

Auf die einzelnen Strings im Feld kann sehr einfach zugegriffen werden. Die folgende Schleife bringt alle fünf Namen auf den Bildschirm:

```
for(a=0;a<5;a++)
  printf("%s\n",x[a]);
```

Hier eine Erweiterung der Regel, daß der Name eines Strings ohne ek-kige Klammern die Adresse repräsentiert:

> Der Name eines Stringfeldes mit einem Index weniger als in der Definition, repräsentiert die Adresse eines speziellen Strings.

In der oberen Schleife wurde dies angewendet, da *x[a]* einen Index weniger hat als in seiner Definition.

20.5 Stringfelder als Funktionsparameter

Ein eindimesionales Feld mit Strings ist eigentlich nichts anderes als ein zweidimesionales Feld von *char*-Werten, weil ein String ein eindimensionales *char*-Feld ist. Daher werden sie bei der Übergabe eines Stringfeldes die gleichen Probleme bewältigen müssen, die Sie in Kapitel 19.2 bei den mehrdimensionalen Feldern schon kennengelernt haben. Lesen Sie sich deswegen bei Bedarf das Kapitel 19.2 noch einmal durch, dann ist die Bewältigung der Thematik eines Stringfeldes als Funktionsparameter kein Problem mehr.

20.6 Die Parameter von main

Wir haben nun das nötige Wissen über Strings, Felder und Zeiger, um uns mit den Funktionsparametern von *main* zu beschäftigen. *main* ist letztlich genauso eine Funktion wie jede andere, nur besitzt sie das Privileg, automatisch als erste aufgerufen zu werden. Deswegen kann man *main* auch Parameter übergeben und bekommt von ihr Parameter zurück. Die Frage, die sich hier stellt, ist die, wie wir überhaupt Parameter übergeben können, denn wir rufen die Funktion ja nicht auf. Und was machen wir mit dem Rückgabeparameter? Das Beenden von *main* kommt doch dem Ende des Programms gleich.

Beschäftigen wir uns zunächst mit den Funktionsparametern. Da der Aufruf der Funktion *main* dem Start des Programms gleichkommt, müssen die Funktionsparameter folglich von außen übergeben werden. Starten Sie das Programm in einer Shell[4], werden *main* die hinter dem Programmnamen angegebenen Parameter als Funktionsparameter übergeben. Starten Sie das Programm mit der Maus von einer grafischen Oberfläche, kann es sein, daß Ihnen entsprechende Einstellungen zur Verfügung stehen, bei denen die Funktionsparameter angegeben werden können.

4 Zum Beispiel unter MS-DOS.

Nun können Sie eine unterschiedliche Anzahl von Parametern übergeben. Schauen Sie sich nur einmal die typischen Befehle zur Anzeige der Verzeichnisstruktur an. Man kann sie sowohl ohne Parameter als auch mit einem oder mit mehreren aufrufen. Deswegen behilft man sich mit einem Trick. Wollen Sie in *main* eventuelle Parameter verarbeiten, muß der Funktionskopf so aussehen:

```
void main(int argc, char **argv)
```

Die *int*-Variable *argc* enthält die Anzahl der übergebenen Parameter. Der erste Parameter ist immer der Name des Programms selbst, auch wenn sonst keine Parameter angegeben wurden. Daher kann *argc* nie kleiner als 1 sein. *argv* ist ein Zeiger auf einen *char*-Zeiger. Um genau zu sein, hätte man

```
char *argv[]
```

schreiben müssen, denn es handelt sich um einen Zeiger auf ein Feld von *char*-Zeigern. Da ein Zeiger auf ein Element und ein Zeiger auf ein Feld von Elementen das gleiche ist, ist auch die Definitionsweise identisch. Obwohl die zweite Variante aussagekräftiger ist, findet man aber hauptsächlich die ***argv* Variante.

Ein Feld von *char* ist gleichbedeutend mit einem String, so daß im Feld argv[] die Adressen der Strings stehen, in denen die Parameter enthalten sind. Diese Strings sind C-gemäß mit einer Stringendekennung (0) versehen. Sie können zum Beipsiel mit argv[0] auf die Adresse des ersten Strings zugreifen, der den ersten Parameter enthält, also den Programmnamen. Schauen wir uns ein Beispielprogramm an:

```
#include <stdio.h>     /* PRG20-05.C */

void main(int argc, char **argv)
{
  int x;

  printf("\nName des Befehls : %s\n\n",argv[0]);


  if(argc>1)
    {
      printf("Weitere Parameter:\n------------------\n");
      for(x=1;x<argc;x++)
        printf("%i. \"%s\"\n",x,argv[x]);
    }
}
```

Den Quellcode dieses Beispiels finden Sie auf der Diskette unter \BEISPIEL\PRG20-05.C.

Das Programm gibt zuerst seinen Befehlsnamen aus[5]. Dann wird geprüft, ob *argc* größer eins ist, was gleichbedeutend damit ist, daß Parameter angegeben wurden. Mit der darauffolgenden Schleife werden die gesamten Parameter ausgegeben.

Nun muß *main* nach dem Ansi-Standard auch einen Parameter zurückgeben:

Syntax

```
int main(int argc, char **argv)
```

Bei einen normalen Aufruf des Befehls spielt dieser Rückgabewert allerdings keine Rolle. Interessant wird es, wenn Sie das selbstgeschriebene Programm in einer sogenannten **Batch-Datei**[6] benutzen. Während der Abarbeitung kann mit bestimmten Kontrollstrukturen, die für die benutzte Shell typisch sind, auf die Rückgabe des Programms reagiert werden. Dabei gelten folgende Bestimmungen. Gibt das Programm den Wert 0 zurück, wurde es erfolgreich beendet. Jeder Wert ungleich 0 steht für einen Fehler, was meist einen Abbruch der Batch-Datei zur Folge hat, wenn nicht entsprechende Vorkehrungen getroffen worden sind.

Sie können so bestimmte Fehler, die in ihrem Programm auftreten können („File not found", „Out of memory" etc.) mit Werten belegen. Wenn Sie Ihrem Programm eine Dokumentation dieser Fehlernummern beigeben, dann können Benutzer Ihres Programms ihre Batch-Dateien so entwerfen, daß sie auf bestimmte Fehler reagieren können.

Den Rückgabewert von *main* bestimmen Sie, wie bei jeder anderen Funktion auch, mit dem Befehl *return*. Das heißt, daß eine *main*-Funktion, die mit *int* als Rückgabewert deklariert wurde, auf jeden Fall mit *return* abgeschlossen werden muß. Und zwar mit einem *return*, das einen Wert zurückliefert.

Wenn Ihr Compiler bereits ein **implizites return** unterstützt, dann ist die Angabe eines *return*-Werts innerhalb von main nicht mehr zwingend notwendig. Sollte nämlich ein return-Wert fehlen, dann fügt der Compiler automatisch die Anweisung *return(0);* am Ende der Funktion ein, so daß die Funktion immer erfolgreich beendet wird.

---

5 Auf manchen Systemen besteht der Befehlsname aus dem kompletten Pfad. Bei anderen wird lediglich der Name selbst übergeben.

6 Eine Batch-Datei ist eine Textdatei, in der hintereinander alle Befehle stehen, die abgearbeitet werden sollen. Üblicherweise bieten Interpreter solcher Batch-Dateien auch Kontrollstrukturen an, die den C-Konstrukten *if* und *else* sehr ähneln.

20.7 Schützen vor Bereichsüberschreitung

Wie Sie sich vielleicht erinnern, waren wir in Kapitel 4.1 mit dem Problem konfrontiert, daß wir einer Eingabe, die außerhalb des für die Variablen gültigen Bereichs liegt, nichts entgegenzusetzen hatten. Unser jetziger Wissenstand erlaubt es jedoch, eine Lösung für dieses Problem zu entwerfen.

Dieser Idee liegt die Idee zugrunde, daß wir ja einfach die entsprechende Zahl in einen String einlesen, dort prüfen, ob sie im gültigen Bereich liegt und dann den Wert in die entsprechende Variable schreiben könnten.

```
#include <stdio.h>      /* PRG20-06.C */
#include <string.h>
#include <stdlib.h>

int check(char *s)
{
  if((s[0]=='+')||(s[0]=='-')) s++;
  if(strlen(s)>5) return(0);
  if(s[0]<'3') return(1);
  if(s[0]>'3') return(0);
  if(s[1]<'2') return(1);
  if(s[1]>'2') return(0);
  if(s[2]<'7') return(1);
  if(s[2]>'7') return(0);
  if(s[3]<'6') return(1);
  if(s[3]>'6') return(0);
  if(s[4]>'7') return(0);
  return(1);
}
void main(void)
{
char str[8];
int wert;
  do
    {
      printf("Bitte Wert eingeben :");
      scanf("%s",str);
      if(!check(str))
        printf("Wert ausserhalb des gueltigen Bereichs!\n");
      else
        {
          wert=atoi(str);
          printf("Der Wert ist %i\n",wert);
        }
    } while(!check(str));
}
```

Verweis Den Quellcode dieses Beispiels finden Sie auf der Diskette unter \BEISPIEL\PRG20-06.C.

Die Funktion *check* gibt den Wert 0 zurück, wenn der eingegebene Wert größer als 32767 oder kleiner als -32767 ist. Sollte der Wert innerhalb dieses Intervalls liegen, gibt sie 1 zurück.

Zuerst wird überprüft, ob ein Vorzeichen vorhanden ist. Wenn ja, wird es übersprungen. Dies geht nur deswegen, weil der Betrag der positiven und negativen Grenze gleich ist. Hätten Sie zum Beispiel als Grenzen -23 und +56, dann müßten Sie anhand des Vorzeichens eine Fallunterscheidung vornehmen.

Der Rest müßte verständlich sein. Die in *main* benutzte Funktion *atoi* ist in der Header-Datei *stdlib.h* enthalten und wandelt einen String-Wert in einen Integer-Wert um. Die Funktionen von *stdlib.h* werden in Kapitel 33.5 noch ausführlicher vorgestellt.

20.8 Erweiterte Formatierung der Ausgabe

Wie schon gewohnt, stehen Ihnen auch hier einige Erweiterungen zur Verfügung, die bei der formatierten Ausgabe von Strings nützlich sind. Wie üblich können Sie eine Anzhal von Zeichen für den String reservieren. Sollte die Anzahl der reservierten Zeichen größer sein als die Anzahl der Zeichen im String, wird der Freiraum mit Leerzeichen aufgefüllt.

```
printf("%16s\n","Programmierung");
```

Es wird das Wort „Programmierung" rechtsbündig ausgegeben, was bedeutet, daß dem Wort zwei Leerzeichen vorangehen.

Es ist eigentlich unnötig, zu erwähnen, daß Sie auch hier die Möglichkeit der Linksbündigkeit haben:

```
printf("%-16s\n","Programmierung");
```

Sie haben des weiteren die Möglichkeit, die Anzahl der auszugebenden Zeichen zu bestimmen. Dies ist nützlich, wenn für die Ausgabe nur ein begrenzter Raum zur Verfügung steht und ein Überschreiben anderer Informationen unerwünscht ist:

```
printf("%.8s\n","Programmierung");
```

Die vorherige Zeile gibt das Wort „Programm" aus. Sie können die Reservierung von Zeichen und das Begrenzen der Stringgröße auch mischen:

```
printf("%16.8s\n","Programmierung");
```

Jetzt wird das Wort „Programm" mit vorhergehenden Leerzeichen ausgegeben. Schließlich noch die linksbündige Variante:

```
printf("%-16.8s\n","Programmierung");
```

20.9 Kontrollfragen

1. Worin liegt der Unterschied zwischen einem *char*-Feld und einem String?
2. Wie lauten die Vor- und Nachteile von *gets* gegenüber *scanf*?
3. Worin liegt der Nachteil von *puts* gegenüber *printf*?
4. Bei der Parameterübergabe zu *main* werden die Parameter durch Leerzeichen getrennt. Wie kann man einen Parameter übergeben, der ein Leerzeichen enthält?

21 Übungen

Bitte versuchen Sie, die folgenden Aufgaben zuerst alleine zu lösen, bevor Sie die Lösung nachschlagen. Sollten Sie selbst auf die Lösung gekommen sein, rate ich Ihnen, trotzdem die entsprechenden Lösungen im Anhang durchzuarbeiten. Vielleicht lernen Sie dadurch einen anderen als Ihren eigenen Lösungsweg kennen. Denken Sie daran, für die Eingabe die *gets*-Funktion zu benutzen, damit Sie nicht während des Ausprobierens vermuten, daß Ihre Funktion die fehlenden Wörter verschluckt hätte. Weiterhin können sie bei Aufgaben, bei denen eine Eingabe erwartet wird, selbst entscheiden, ob Sie die Eingabe im Programm abfragen oder als Befehlsparameter einlesen. Bedenken Sie, daß Programme mit Befehlsparametern auf grafischen Oberflächen eher umständlich gehandhabt werden müssen.

Übung 1

Schreiben Sie eine Funktion namens *ownstrcpy,* die genauso wie *strcpy* den Inhalt eines Strings – einschließlich der Endekennung – in einen anderen kopiert, aber keinen Rückgabewert hat. Die Funktion sollte folgendermaßen aufgerufen werden können: *ownstrcpy(zielstring,quellstring)*. Realisieren sie die Funktion, ohne *strcpy* zu benutzen.

Übung 2

Schreiben Sie eine Funktion namens *ownstrlen,* die die Länge eines Strings einschließlich der Endekennung zurückgibt, was *strlen* bekanntlich nicht macht. Realisieren Sie die Funktion, ohne *strlen* zu benutzen.

Übung 3

Schreiben Sie eine Funktion namens *upstring*, die alle Kleinbuchstaben eines Strings in Großbuchstaben umwandelt, Großbuchtaben und andere Zeichen aber unverändert läßt. Die Funktion soll die Anzahl der umgewandelten Buchstaben zurückliefern.

Übung 4

Schreiben Sie eine Funktion namens *reversstring*, die einen String umdreht. Das ursprünglich erste Zeichen steht danach an letzter Stelle, das zweite an vorletzter Stelle usw. Die Funktion soll keinen Rückgabewert haben.

Übung 5

Schreiben Sie eine Funktion namens *mixstring*, der sie drei Strings übergeben *(ziel, quelle1, quelle2)*, wobei der Zielstring aus den beiden Quellstrings so erzeugt wird, daß er das erste Zeichen des ersten Strings, das erste Zeichen des zweiten Strings, das zweite Zeichen des ersten Strings, usw. enthält. Ein Beispiel: Wenn Quelle1="Anton" und Quelle2="Willi" ist, dann sollte die Funktion den Zielstring "AWnitlolni" erzeugen. Sollte einer der Strings länger sein, dann werden die übriggebliebenen Zeichen angehängt: Quelle1="Tim", Quelle2= "Adelheid", dann ist Ziel="TAidmelheid". Die Funktion liefert keinen Wert zurück. Implementieren Sie die Funktion einmal mit Indizes und einmal mit Dereferenzierungsoperatoren. Denken Sie beim Ausprobieren daran, daß der Zielstring so groß sein muß wie die Quellstrings zusammengenommen.

Übung 6

Schreiben Sie eine Funktion namens *summe*, die $\sum x_i$ berechnet. Das Sigma-Zeichen bedeutet die Summe aller *x* in einem Feld. Der Funktionskopf soll folgendermaßen aussehen:

```
long double summe(long double *f, int n)
```

f ist ein Zeiger auf ein Feld mit *long double*-Elementen und *n* die Anzahl der Elemente des Feldes, auf das *f* zeigt.

Übung 7

Schreiben Sie eine Funktion namens *average*, die den Durchschnittswert eines Feldes berechnet. Der Durchschnittswert ist definiert als

$(1/n) * \sum x_i$, wobei n die Anzahl der Elemente im Feld ist. Der Funktionskopf soll folgendermaßen aussehen:

```
long double average(long double *f, int n)
```

f ist ein Zeiger auf ein Feld mit *long double*-Elementen und *n* die Anzahl der Elemente des Feldes, auf das *f* zeigt. Benutzen Sie zur Implementation die Funktion *summe.*

Übung 8

Schreiben Sie eine Funktion namens *ownstrstr,* die überprüft, ob ein String in einem anderen enthalten ist. Ist dies der Fall, sollte *ownstrstr* den Index zurückgeben, an dem der String steht, und nicht wie *strstr* die Adresse. Ist der String nicht enthalten, soll die Funktion -1 zurückgeben. Beispiel: String1="Otto", String2="Und Otto geht baden.", dann sollte *ownstrstr(String2,String1)* den Wert 4 zurückliefern, weil "Otto" im String2 bei Index 4 beginnt. Implementieren Sie *ownstrstr,* ohne Funktionen aus *string.h* zu benutzen.

Übung 9

Schreiben Sie eine Funktion namens *leftstr,* die Sie mit *leftstr(ziel,quelle,anz)* aufrufen können, und die die ersten *anz* Zeichen des Quellstrings in den Zielstring kopiert. Der Zielstring soll mit einer Endekennung versehen werden. Die Funktion soll keinen Rückgabewert haben. Schützen Sie Ihre Funktion vor Bereichsüberschreitung. Es soll zum Beispiel verhindert werden, daß die ersten 8 Zeichen eines nur 6 Zeichen langen Strings kopiert werden. In diesem Fall werden nur 6 Zeichen kopiert. Es dürfen nur selbstgeschriebene Funktionen benutzt werden.

Übung 10

Schreiben Sie eine Funktion namens *rightstr,* die Sie mit *rightstr(ziel,quelle,anz)* aufrufen können, und die die letzten *anz* Zeichen des Quellstrings in den Zielstring kopiert. Der Zielstring soll mit einer Endekennung versehen werden. Die Funktion soll keinen Rückgabewert haben. Schützen Sie diese Funktion ebenfalls vor Bereichsüberschreitung. Es dürfen nur selbstgeschriebene Funktionen benutzt werden.

Übung 11

Schreiben Sie eine Funktion namens *midstr,* die Sie mit *midstr(ziel,quelle,pos,anz)* aufrufen können und die ab dem Index *pos* des Quellstrings *anz* Zeichen in den Zielstring kopiert. Der Zielstring soll mit einer Endekennung versehen werden. Die Funktion soll keinen Rückgabewert haben. Schützen Sie diese Funktion ebenfalls vor Bereichsüberschreitung. Es dürfen nur selbstgeschriebene Funktionen benutzt werden.

21.1 Lösungen

Lösung 1

```
void ownstrcpy(char *z, char *q)     /* UEB21-01.C */
{
int a=0;

  do
    {
      z[a]=q[a];
      a++;
    } while(q[a-1]!=0);
}
```

Den Quellcode dieses Beispiels finden Sie auf der Diskette unter \UEBUNG\UEB21-01.C.

Diese Version dürfte keine langen Erklärungen erfordern. In der *while*-Anweisung wird überprüft, ob *q[a-1]* ungleich Null ist, weil nach dem Kopieren *a* schon um eins erhöht wurde. Durch diese Abfrage wird überprüft, ob das zuletzt kopierte Zeichen die Endekennung war. Die Funktion leistet zwar das Geforderte, es gibt aber eine viel elegantere Lösung:

```
void ownstrcpy(char *z, char *q)     /* UEB21-02.C */
{
  do
    {
      *(z++)=*(q++);
    } while(*(q-1)!=0);
}
```

Den Quellcode dieses Beispiels finden Sie auf der Diskette unter \UEBUNG\UEB21-02.C.

Diese Lösungsvariante nutzt den Dereferenzierungsoperator, wodurch die Zählvariable eingespart wird. *z* und *q* beinhalten die Adressen der beiden Strings. Da sie aber auch Zeiger auf *char* sind, erhält man z.B. mit **q* den Inhalt der Adresse, auf die *q* zeigt. Das ist am Anfang das erste Zeichen des Strings. Deswegen wird mit **z=*q* das erste Zeichen des Quellstrings ins erste Zeichen des Zielstrings kopiert. In der Funktion wird die Zuweisung noch durch Postinkrementoperatoren ergänzt, so daß zuerst eine Zuweisung erfolgt und dann die Inhalte von *q* und *z*, die ja die Adressen der Strings sind, um eins erhöht werden. Dadurch zeigen sie anschließend jeweils auf das zweite Zeichen usw. In der *while*-Anweisung wird das zuletzt kopierte Zeichen durch durch **(q-1)!=0* daraufhin überprüft, ob es die Endekennung war. *q-1* deswegen, weil durch das Postinkrement die von den Zeigern gespeicherte Adresse schon um eins erhöht wurde.

Lösung 2

```
int ownstrlen(char *s)     /* UEB21-03.C */
{
int a=0;

  while(s[a++]);
  return(a);
}
```

Den Quellcode dieses Beispiels finden Sie auf der Diskette unter \UEBUNG\UEB21-03.C.

Bei dieser Lösung brauchen wir eine Zählvariable, weil Zählen die Hauptaufgabe der Funktion ist. Die *while*-Anweisung bricht ab, wenn die Bedingung falsch ist. Die Bedingung ist dann falsch, wenn *s[a]* gleich Null ist, was der Endekennung entspricht. Die Endekennung wird auch mitgezählt, weil *a* durch das Postinkrement auch dann noch einmal erhöht wird, wenn *while* durch die Endekennung abbricht.

Lösung 3

```
int upstring(char *s)     /* UEB21-04.C */
{
int a=0;

  while(*s)
    {
      if(islower(*s))
        {
          *s=toupper(*s);
          a++;
        }
```

```
    s++;
  }
  return(a);
}
```

Den Quellcode dieses Beispiels finden Sie auf der Diskette unter \UEBUNG\UEB21-04.C.

Die Funktion macht wie in der Lösung zu Übung 1 wieder Gebrauch vom Dereferenzierungsoperator, um eine Zählvariable zu sparen. Die *while*-Schleife wird solange ausgeführt, bis *s* auf die Endekennung zeigt. Zu Beginn zeigt *s* auf den Anfang des Strings, weshalb **s* das erste Zeichen liefert. Es wird daraufhin überprüft, ob es ein Kleinbuchstabe ist. Wenn ja, wird es in einen Großbuchstaben umgewandelt und die Zählvariable um eins erhöht. Schließlich wird *s* um eins erhöht, so daß der Zeiger nun auf das nächste Zeichen des Strings zeigt usw.

Lösung 4

```
void reversstring(char *s)     /* UEB21-05.C */
{
char k[100];
int x,y=0;

  strcpy(k,s);
  x=strlen(k)-1;
  while(x>=0)
    s[y++]=k[x--];
}
```

Den Quellcode dieses Beispiels finden Sie auf der Diskette unter \UEBUNG\UEB21-05.C.

Diese Lösung ist ziemlich einfach. Zuerst wird eine Kopie des Strings angefertigt. *x* bekommt den Index des letzten Zeichens des Strings *k*, so daß mit *x* der String *k* von hinten nach vorne und mit *y* der String *s* von vorne nach hinten durchlaufen wird. *x* bekommt den um eins erniedrigten Wert von *strlen* zugewiesen, weil das erste Zeichen des Strings den Index 0 hat. Diese Lösung ist ziemlich einfach, hat aber den Nachteil, daß die Strings, die mit der Funktion bearbeitet werden können, begrenzt sind. Sobald in diesem Fall der zu bearbeitende String länger als 100 Zeichen ist, paßt er nicht mehr in die Kopie. Nun bringt es aber auch nichts, die Kopie z.B. 1000 Zeichen lang zu machen, weil ein String mit 1001 Zeichen wieder nicht hineinpaßt. Sinnvoller wäre daher eine Lösung, die keine Kopie benötigt:

```
void reversstring(char *s)      /* UEB21-06.C */
{
char *b,z;

  b=s+strlen(s)-1;
  while(b>s)
    {
      z=*b;
      *(b--)=*s;
      *(s++)=z;
    }
}
```

Den Quellcode dieses Beispiels finden Sie auf der Diskette unter \UEBUNG\UEB21-06.C.

Diese Lösung basiert auf der Idee, daß ein String auch umgedreht wird, wenn das erste Zeichen mit dem letzten vertauscht wird, das zweite Zeichen mit dem vorletzten usw. *s* zeigt auf den Anfang des Strings. Zusätzlich wird ein zweiter Zeiger *b* angelegt, dem die von *s* gespeicherte Adresse plus der Länge des Strings minus 1 zugewiesen wird. Damit zeigt *b* nun auf das letzte Zeichen des Strings. Zudem ist eine *char*-Variable erforderlich, die das zu kopierende Zeichen zwischenspeichert. Die Schleife ist dann zu Ende, wenn die zu erhöhende Adresse größer geworden ist, als die zu vermindernde, denn genau dann wurde die Mitte des Strings passiert. Die Inkrement- und Dekrementoperatoren wurden so in die Anweisungen integriert, daß keine zusätzlichen Anweisungen benötigt werden. Man kann sie auch der Übersichtlichkeit und Verständlichkeit wegen als gesonderte Anweisungen schreiben:

```
z=*b;
*(b)=*s;
*(s)=z;
s++;
b++;
```

Es bleibt jedoch jedem selbst überlassen, welche Schreibweise er bevorzugt.

Lösung 5

Zuerst die Lösung mit Indizes:

```
void mixstring(char *z, char *q1, char *q2)    /* UEB21-07.C */
{
int cz=0,cq1=0,cq2=0;
```

```
  do
    {
      if(q1[cq1])  z[cz++]=q1[cq1++];

      if(q2[cq2])  z[cz++]=q2[cq2++];

    } while((q1[cq1])||(q2[cq2]));

  z[cz]=0;
}
```

Den Quellcode dieses Beispiels finden Sie auf der Diskette unter \UEBUNG\UEB21-07.C.

Und nun die Lösung mit Dereferenzierungsoperatoren:

```
void mixstring(char *z, char *q1, char *q2)    /*UEB21-08.C */
{
  do
    {
      if(*q1)  *z++=*q1++;
      if(*q2)  *z++=*q2++;
    } while((*q1)||(*q2));

  *z=0;
}
```

Den Quellcode dieses Beispiels finden Sie auf der Diskette unter \UEBUNG\UEB21-08.C.

Die Funktionen sind so einfach, daß sie keiner Erklärung bedürfen. Wenn wider Erwarten doch Verständnisprobleme auftreten sollten, dann spielen Sie die Funktion per Hand mit Teststrings einmal durch.

Lösung 6

```
long double summe(long double *f, int n)     /* UEB21-09.C */
{
long double x=0.0;

  for(n-=1;n>=0;n--)
    x+=f[n];

  return(x);
}
```

Den Quellcode dieses Beispiels finden Sie auf der Diskette unter \UEBUNG\UEB21-09.C.

Dadurch, daß *n* als Zähler benutzt wird, wurde eine zusätzliche Zählvariable gespart. *n* wird im Initialisierungsteil der *for*-Schleife um eins vermindert, weil das x-te Element eines Feldes den Index x-1 hat.

Lösung 7

```
long double average(long double *f, int n)     /* UEB21-10.C */
{
  return(summe(f,n)/n);
}
```

Den Quellcode dieses Beispiels finden Sie auf der Diskette unter \UEBUNG\UEB21-10.C.

Lösung 8

```
int strlen(char *s)     /* UEB21-11.C */
{
int a=0;

  while(s[a++]);
  return(a-1);
}

int ownstrstr(char *s1, char *s2)
{
int x,y,z;

  for(x=0;x<(strlen(s1)-strlen(s2));x++)
    {
      z=1;
      for(y=0;y<strlen(s2);y++)
        if(s2[y]!=s1[x+y])
          {
            z=0;
            break;
          }
      if(z)  return(x);
    }
  return(-1);
}
```

Den Quellcode dieses Beispiels finden Sie auf der Diskette unter \UEBUNG\UEB21-11.C.

Diese Lösung benötigt die Funktion *strlen*. Da jedoch die Aufgabenstellung ein Benutzen der *string.h*-Funktionen nicht erlaubt, wurde *strlen* selbst implementiert. Die selbstgeschriebene Funktion *strlen* ist

a. float add (float a, float b)
{ float c;
c=a+b
return(c);

mit *ownstrlen* aus Übung 2 identisch, nur daß *a-1* anstatt *a* zurückgegeben wird, weil *strlen* aus *string.h* die Länge des Strings ohne Endekennung berechnet. Sollte die Funktion *ownstrstr* in einem Programm benutzt werden, kann *strlen* mittels *string.h* zur Verfügung gestellt und die eigene *strlen* weggelassen werden.

Die erste Schleife geht alle möglichen Positionen des zu durchsuchenden Strings durch, an denen der Suchstring stehen könnte. *x* läuft bis zur Länge des zu durchsuchenden Strings minus der Länge des Suchstrings, damit während des Vergleichs nicht der Bereich des größeren Strings überschritten wird. Die nächste Schleife prüft, ob an der aktuellen Stelle *x* des zu durchsuchenden Strings der Suchstring steht. Wenn nicht, bricht die Schleife mit z=0 ab. Hinter der Schleife wird die Funktion verlassen und *x* zurückgegeben, wenn *z* wahr (ungleich 0) ist, was genau dann der Fall ist, wenn alle Vergleiche der vorherigen Schleife stimmten. Sollte der ganze String erfolglos durchsucht worden sein, wird -1 zurückgegeben.

Lösung 9

```
void leftstr(char *z, char *q, int n)     /* UEB21-12.C */
{
  for(n-=1;n>=0;n--)
    {
      if(!*q) break;
      *(z++)=*(q++);
    }
  *z=0;
}
```

Den Quellcode dieses Beispiels finden Sie auf der Diskette unter \UEBUNG\UEB21-12.C.

Der Bereichsschutz wurde mit der *if*-Anweisung realisiert, die bei Erreichen der Endekennung mit einem *break* die Schleife abbricht.

Lösung 10

```
void rightstr(char *z, char *q, int n)    /* UEB21-13.C */
{

  if((int)strlen(q)-n>0)
    q=q+strlen(q)-n;

  leftstr(z,q,n);
}
```

Den Quellcode dieses Beispiels finden Sie auf der Diskette unter \UEBUNG\UEB21-13.C.

rightstr benutzt die Funktionen *strlen* und *leftstr*, die jedoch in Lösung 8 und 9 schon beschrieben wurden.

Lösung 11

```
void midstr(char *z, char *q, int p, int n)    /* UEB21-14.C */
{
  if((int)strlen(q)-p>0)
    q+=p;

  leftstr(z,q,n);
}
```

Den Quellcode dieses Beispiels finden Sie auf der Diskette unter \UEBUNG\UEB21-14.C.

midstr benutzt die Funktionen *strlen* und *leftstr*, die in Übung 8 und 9 geschrieben wurden. Sie können zur Übung einmal versuchen, bei der oberen Funktion *rightstr* anstelle von *leftstr* zu benutzen.

22 Präprozessordirektiven

Starten wir nun eine Exkursion in die Welt der Präprozessor-Befehle, von denen wir einen, nämlich *#include*, schon seit längerem kennen. Der Präprozessor unterstützt den Programmierer aber auch noch in anderen Bereichen, wie dem bedingten Kompilieren, bei Makros etc. Dieses Kapitel muß nicht notwendigerweise von vorne bis hinten durchgearbeitet und auswendig gelernt werden. Es ist wichtig, daß man sich vorstellen kann, welche Möglichkeiten der Präprozessor dem Programmierer bietet. Im Bedarfsfall kann dann immer noch genau nachgelesen werden.

22.1 #define und #undef

#define ohne Parameter

Die *#define*-Direktive erlaubt es, einem bestimmten Namen einen Wert oder einen Ausdruck zuzuweisen.

```
#define MAXSTRSIZE 80
```

Die obere Zeile ordnet dem symbolischen Namen MAXSTRSIZE den Wert 80 zu. An jeder Stelle im Programm, an der nun der Name MAXSTRSIZE auftaucht, ersetzt der Präprozessor diesen durch 80. Ein Beispiel:

```
void main(void)
{
char s[MAXSTRSIZE];
}
```

Der String *s* wird 80 Zeichen groß. Grundsätzlich sollte man versuchen, soviele Zahlen wie möglich durch symbolische Namen zu ersetzen. Dies gilt besonders, wenn die entsprechende Zahl häufiger vorkommt, zum Beispiel der oben definierte String. Wenn Sie nun eine Schleife programmieren, die diesen String durchläuft, kommt der Wert 80 wieder in der Bedingung vor. Sind alle Vorkommnisse durch symbolische Namen ersetzt, brauchen Sie bei einer benötigten Größenänderung des Strings nur noch die Definition des symbolischen Namens zu ändern und das ganze Programm paßt sich an. Dadurch wird eine häufige Fehlerquelle ausgeschaltet.

Da der Präprozessor auf Textebene arbeitet, läßt sich mit ihm auch noch anderes realisieren:

```
#define Start main

void Start(void)
{
}
```

Bevor der Compiler den Quelltext bearbeitet, ersetzt der Präprozessor „Start" durch „main". Deswegen ist für den Compiler alles in Ordnung. Allerdings sollte dieses Beispiel keine Schule machen, weil das Programm dadurch enorm an Verständlichkeit verliert.

Sie können auch Stringkonstanten definieren:

```
#define STARTSTR "Dies ist ein Text"

void main(void)
{
char s[80]=STARTSTR;
}
```

Da der Präprozessor auf Textebene arbeitet, sollten sie darauf achten, zusammengesetzte Ausdrücke zu Klammern. Angenommen, sie definieren folgendes:

```
#define WERT160 80+80
```

Benutzen Sie diese Definition, kann folgendes Problem auftreten, denn die Zeile

```
x=WERT160*2;
```

wird vom Präprozessor folgendermaßen umgewandelt:

```
x=80+80*2;
```

Und schon erhalten Sie als Ergebnis nicht 320, sondern 240, weil der Compiler zuerst die Multiplikation berechnet. Ist die Definition jedoch geklammert,

```
#define WERT160 (80+80)
```

dann wird die obere Zeile so umgesetzt:

```
x=(80+80)*2;
```

Und wir erhalten das gewünschte Resultat

Sie können auch Makros mit Parametern definieren:

#define mit Parameter

Syntax

```
#define QUADRAT(x) (x*x)
```

Sollte der Präprozessor jetzt auf *QUADRAT(ausdruck)* stoßen, ersetzt er dies durch *(ausdruck*ausdruck)*. Dies kann manchmal günstiger sein als eine Funktion, da Funktionsaufrufe die Laufzeit des Programms erhöhen. Das obere Makro kann zum Beispiel folgendermaßen benutzt werden:

```
void main(void)
{
int zahl;

  printf("Bitte Wert eingeben:");
  scanf("%i",&zahl);
  printf("Das Quadrat von %i ist %i\n",zahl,QUADRAT(zahl));
}
```

Doch eben weil der Präprozessor auf Textebene arbeitet, tun sich oft Fallen auf, in die man leicht tappen kann. Angenommen, wir ändern die obere *printf*-Anweisung um in:

```
printf("Das Quadrat von %i ist %i\n",zahl,QUADRAT(zahl++));
```

Wenn Sie im Programm nun den Wert 4 eingeben, was glauben Sie, gibt das Programm als Quadrat von 4 aus, und welchen Wert hat die Variable *zahl* nach der *printf*-Anweisung? Der ausgegebene Wert ist 20 und *zahl* hat den Wert 6. Erstaunt? Ersetzen Sie doch einfach mal das Makro, wie der Präprozessor es machen würde:

```
printf("Das Quadrat von %i ist %i\n",zahl,(zahl++*zahl++));
```

Und nun sieht man den Fehler. Das Benutzen von Makros erfordert es vom Programmierer, sich ständig darüber im klaren zu sein, wie das Makro letztendlich vom Präprozessor expandiert wird.

Kommen wir nun wieder auf die Möglichkeiten von *#define* zurück. Es ist auch möglich, mehrere Parameter in einem Makro zu benutzen:

```
#define RECHTECKUMFANG(a,b) (2*a+2*b)
#define QUADERRAUM(a,b,c) (a*b*c)
```

Die beiden oberen Makros berechnen einmal den Umfang eines Rechtecks und einmal das Volumen eines Quaders. Makros können auch ganze Befehle repräsentieren, wie das folgende Beispiel zeigt, das es ermöglicht, einen beliebigen *int* Wert auszugeben:

```
#define SHOWWERT(x) printf("Der Wert ist :%i\n",x)
```

Das Makro kann dann z.B. folgendermaßen benutzt werden.

```
void main(void)
{
int a;

  for(a=0;a<20;a++)
    SHOWWERT(a);

}
```

SHOWWERT wird deshalb mit einem Semikolon abgeschlossen, weil es durch die *printf*-Anweisung ersetzt wird. Es wäre auch möglich gewesen, das Semikolon mit in die Makrodefinition aufzunehmen, um es dann bei SHOWWERT weglassen zu können.

#undef

Die *#undef*-Direktive ist die Umkehrung von *#define* und hebt eine Makrodefinition auf. Es ist manchmal nützlich oder notwendig, ein Makro nur für einen gewissen Bereich zu definieren oder die Definition umzuändern. Wenn Sie ein Makro ABC umdefinieren wollen, müßen sie die *#undef* Direktive benutzen:

```
#undef ABC
#define ABC 245
```

Es kann manchmal auch notwendig sein, Makros, die in Header-Files der Standardbibliothek definiert sind, durch eigene Definitionen zu ersetzen. Dies ist mit der *#undef*-Direktive ebenfalls möglich.

22.2 #include

Eine Variante der *#include*-Anweisung benutzen wir ja schon fast von Anfang an:

Syntax

```
#include <headerdatei>
```

Die spitzen Klammern bedeuten, daß die Header-Datei im *include*-Pfad des Compilers zu suchen ist.

Einbinden eigener Header-Dateien

Wir können auch eigene Header-Dateien schreiben, in denen die ganzen Deklarationen unseres Programms stehen. Im allgemeinen speichert man eigene Header-Dateien im gleichen Verzeichnis, in dem auch das dazugehörige Programm steht. Möchte man von einem Programm aus eine Header-Datei einbinden, die im gleichen Verzeichnis steht, benutzt man dafür die doppelten Anführungszeichen:

Syntax

```
#include "headerdatei"
```

Natürlich kann im Zusammenhang mit *#include* auch ein vorher definiertes Makro benutzt werden:

```
#define STD <stdio.h>
#define OWN "ownhead.h"

#include STD
#include OWN
```

22.3 #if und #endif

Die *#if*-Direktive entspricht der *if* C-Anweisung, nur daß sie sich auf Definitionen des Präprozessors bezieht. *#if* wird hauptsächlich zum bedingten Kompilieren benutzt, weil es möglich ist, bestimmte Anweisungen nur dann kompilieren zu lassen, wenn bestimmte Bedingungen erfüllt sind.

```
#if TEST == 1

  printf("Tralala");
  x++;

#endif
```

Die Anweisungen zwischen *#if* und *#endif* werden nur dann kompiliert, wenn das Makro TEST den Wert 1 hat. Die *#endif*-Direktive ist unbedingt erforderlich und schließt jede *#if*-Direktive ab. Wir sind nun ganz einfach in der Lage, zum Beispiel ein Programm zu schreiben, bei welchem wir vor der Kompilation entscheiden, in welcher Sprache der Text ausgegeben wird:

```
#include <stdio.h>     /* PRG22-01.C */

#define DEUTSCH 1
#define ENGLISCH 2

#define SPRACHE DEUTSCH

void main(void)
{
int zahl;

#if SPRACHE == DEUTSCH
  printf("Bitte Wert eingeben:");
#endif

#if SPRACHE == ENGLISCH
  printf("Please enter a value:");
```

```
#endif

  scanf("%i",&zahl);
}
```

Den Quellcode dieses Beispiels finden Sie auf der Diskette unter \BEISPIEL\PRG22-01.C.

Innerhalb der *main*-Funktion entscheidet der Präprozessor anhand des Wertes des Makros SPRACHE, welche Zeilen der Compiler kompilieren soll, was in diesem Fall über die benutzte Sprache entscheidet. Der Nachteil dieser Variante ist, daß der Quelltext drastisch an Übersichtlichkeit verliert. Dieser Nachteil kann aber leicht beseitigt werden, indem man Makros definiert, die die entsprechenden Textsegmente enthalten:

```
#include <stdio.h>      /* PRG22-02.C */

#define DEUTSCH 1
#define ENGLISCH 2

#define SPRACHE DEUTSCH

#if SPRACHE == DEUTSCH
#define WERTEINGABETXT1 "Bitte Wert eingeben:"
#define DANKETXT1 "Vielen Dank\n"
#endif

#if SPRACHE == ENGLISCH
#define WERTEINGABETXT1 "Please enter a value:"
#define DANKETXT1 "Thank you\n"
#endif

void main(void)
{
int zahl;

  printf(WERTEINGABETXT1);
  scanf("%i",&zahl);
  printf(DANKETXT1);
}
```

Den Quellcode dieses Beispiels finden Sie auf der Diskette unter \BEISPIEL\PRG22-02.C.

Die komplette Entscheidung wird nun außerhalb des eigentlichen Quelltextes getroffen, wodurch sich die Übersichtlichkeit erhöht. Wenn man darauf achtet, möglichst aussagekräftige Namen für die Stringmakros zu verwenden, ist es zudem gewährleistet, daß ohne den eigentlichen Text erkannt wird, was die *printf*-Funktionen ausgeben. Weiterhin eignet sich diese Variante hervorragend dafür, die gesamten Präprozessor-Anweisungen in einer Header-Datei zu speichern und diese dann einfach mit der *#include*-Direktive einzubinden. Dadurch wird das Programm noch einmal übersichtlicher.

Falls Sie einmal Shareware programmieren wollen, können Sie zum Beispiel die *#if*-Direktive so einsetzen, daß sie mit einem Makro zwischen Vollversion oder eingeschränktem Funktionsumfang wählen können.

#if unterstützt alle Vergleiche, wie Sie sie auch von der *if*-Anweisung her kennen: ==, !=, >, <, >=, <=. Es können auch sämtliche logischen Operatoren sowie berechenbare Ausdrücke bestehend aus Ganzzahlen oder aus Makros, die Ganzzahlen repräsentieren, benutzt werden.

22.4 #ifdef und #ifndef

Eine besondere Form der *#if*-Direktive, die es ermöglicht, Entscheidungen auf der Grundlage zu treffen, ob ein Makro definiert ist oder nicht, ist die folgende:

#ifdef

Die der *#ifdef*-Direktive folgenden Anweisungen werden nur dann compiliert, wenn das hinter *#ifdef* stehende Makro definiert ist. Die Schreibweise

Syntax

```
#ifdef MAKRO
```

ist mit

```
#if defined MAKRO
```

identisch. Der Anweisungsblock wird wie *#if* mit einem *#endif* abgeschlossen.

#ifndef

Die der *#ifndef*-Direktive folgenden Anweisungen werden nur dann compiliert, wenn das hinter *#ifndef* stehende Makro nicht definiert ist. Die Schreibweise

Syntax

```
#ifndef MAKRO
```

ist mit

```
#if !defined MAKRO
```

identisch. Der Anweisungsblock wird wie bei *#if* mit einem *#endif* abgeschlossen. Diese Direktive eignet sich besonders dazu, einer Mehrfachdefinition vorzubeugen:

```
#ifndef ABC
#define ABC 20
#endif
```

Das Makro *ABC* wird nur dann definiert, wenn es nicht schon definiert ist. Es ist üblich, den gesamten Text einer Header-Datei in solch eine Anweisung zu packen. Hier ein Ausschnitt aus *stdio.h.* (die Punkte kennzeichnen die ausgelassenen Stellen):

```
#ifndef __STDIO_H
#define __STDIO_H
:
:
#endif  /* __STDIO_H */
```

Es kann bei der Programmentwicklung vorkommen, daß sie zwei Header-Dateien benutzen, die beide die Header-Datei *stdio.h* benötigen. Das hätte zur Folge, daß alle Makros, die in *stdio.h* enthalten sind, zweimal definiert würden. Da dies ohne ein vorheriges *#undef* geschieht, wird der Compiler eine entsprechende Warnung ausgeben, wenn nicht sogar einen Fehler konstatieren. Jedoch wird durch die oben benutzte Struktur sichergestellt, daß die Definitionen nur einmal vorgenommen werden. Kommt der Präprozessor das erste Mal an die obere *#ifndef*-Anweisung, so ist sie wahr, weil das Makro *__STDIO_H* noch nicht definiert ist. Der Block dahinter wird ausgeführt. Innerhalb dieses Blockes stehen sämtliche Definitionen, sowie die Definition von *__STDIO_H*. Wird *stdio.h* danach noch einmal eingebunden, ist die *#undef*-Direktive falsch, und die Definitionen werden überprungen.

22.5 #else und #elif

#else Die bekannte C-Kontrollstruktur

```
if(bedingung)
  {
  }
else
  {
  }
```

kann mit der Präprozessor-Direktive *#else* ebenfalls realisiert werden:

Syntax

```
#if BEDINGUNG

#else

#endif
```

Das Beispiel aus 22.3 läßt sich deswegen auch mit #else realisieren, weil es sich nur um zwei verschiedene Sprachen handelt.

```
#if SPRACHE == DEUTSCH

#define WERTEINGABETXT1 "Bitte Wert eingeben:"
#define DANKETXT1 "Vielen Dank\n"

#else

#define WERTEINGABETXT1 "Please enter a value:"
#define DANKETXT1 "Thank you\n"

#endif
```

Da nur zwei Sprachen zur Auswahl anstehen, muß es Englisch sein, wenn es nicht Deutsch ist.

#elif

#elif ist die Abkürzung von „else if" und entspricht folgendem C-Konstrukt:

```
if(bedingung1)
  {
  }
else
  {
    if(bedingung2)
      {
      }
    else
      {
      }
  }
```

Umgesetzt in Präprozessordirektiven ergäbe dies folgendes:

Syntax

```
#if BEDINGUNG1
#elif BEDINGUNG2
#else
#endif
```

Ist *BEDINGUNG1* wahr, dann werden die Anweisungen hinter *#if* bis *#elif* ausgeführt. Ist *BEDINGUNG2* wahr, dann werden die Anweisungen hinter *#elif* bis *#else* ausgeführt. Ist weder *BEDINGUNG1* noch *BEDINGUNG2* wahr, dann werden die Anweisungen hinter *#else* bis *#endif* ausgeführt. Sie können mehrere *#elif*-Anweisungen benutzen, wobei dann die Anweisungen hinter *#else* ausgeführt werden, wenn keine der Bedingungen von *#elif* und *#if* erfüllt werden.

22.6 #error

Die *#error*-Direktive gibt während der Kompilierung einen Fehler aus. Diese Direktive ist nur in Verbindung mit einer Bedingung sinnvoll, weil sonst andauernd ein Fehler gemeldet würde. Ein Beispiel:

```
#if SPRACHE == DEUTSCH

#define WERTEINGABETXT1 "Bitte Wert eingeben:"
#define DANKETXT1 "Vielen Dank\n"

#elif SPRACHE == ENGLISCH

#define WERTEINGABETXT1 "Please enter a value:"
#define DANKETXT1 "Thank you\n"

#else

#error Ungueltige Sprache

#endif
```

Wenn *SPRACHE* weder dem Wert für Deutsch noch dem für Englisch entspricht, werden die Anweisungen hinter *#else* ausgeführt, was in dem Fall die *#error* Anweisung ist. Der Compiler wird die Kompilation mit der Meldung „ungueltige Sprache" abbrechen.

22.7 #line und #pragma

#line Die *#line*-Direktive dient dazu, die aktuelle Zeilennummer und den aktuellen Namen des Quellprogramms zu verändern.

```
#line 1234
```

Diese Direktive hat zur Folge, daß die Zeile hinter der *#line*-Direktive die Zeilennummer 1234 bekommt. Die folgenden Zeilen bekommen die Zeilennummern 1235,1236, usw. Der Compiler benutzt diese Zeilennummern dann bei einer eventuellen Ausgabe einer Fehlermeldung. Der Compiler gibt bei einer Fehlermeldung zudem den Namen der Datei aus, in der der Fehler aufgetreten ist. Dieser läßt sich mit der *#line*-Direktive ebenfalls verändern.

```
#line 1234 "name"
```

Der Dateiname kann nur in Verbindung mit einer neuen Zeilennummer verändert werden. Von dieser Direktive wird im allgemeinen nur von sogenannten „Source Code Utilities" Gebrauch gemacht. Dem

Programmierer bringen Änderungen der Zeilennummer oder des Dateinamens normalerweise gar nichts.

Die *#pragma*-Direktive wird dazu benutzt, dem Compiler Informationen zu übermitteln, die nicht in ANSI-C festgelegt sind. Da die von *#pragma* unterstützten Möglichkeiten compilerabhängig sind, wird hier nicht näher darauf eingegangen. Für genauere Informationen müssen Sie im Compilerhandbuch nachlesen, welche *#pragma*-Direktiven Ihr Compiler kennt.

#pragma

22.8 Vordefinierte Makros

Vordefinierte Makros sind Makros, die der Compiler vor der Programmkompilierung definiert und die dadurch im Programm zur Verfügung stehen, ohne daß sie explizit definiert werden müßten. Vordefinierte Makros können weder redefiniert noch mit der *#undef*-Direktive für ungültig erklärt werden.

__DATE__

Dieses Makro steht für eine Stringkonstante der Form „mmm tt jjjj", wobei mmm die Abkürzung des Monats (Jan, Feb etc), tt das Tagesdatum (1-31) und jjjj das Jahr repräsentieren. Das Datum entspricht dem Startdatum der Kompilation.

__TIME__

Dieses Makro steht für eine Stringkonstante der Form hh:mm:ss, wobei hh die Stunden, mm die Minuten und ss die Sekunden repräsentiert. Die Uhrzeit entspricht der Startzeit der Kompilation.

__FILE__

Dieses Makro steht für eine Stringkonstante, die den Namen der aktuellen Quelldatei repräsentiert. Änderungen des Dateinamens durch *#line* finden sich auch in *__FILE__* wieder.

__LINE__

Dieses Makro steht für eine Ganzzahl, die die aktuelle Zeilennumer repräsentiert. Änderungen der Zeilennummern durch *#line* finden sich auch in *__LINE__* wieder.

__STDC__

Dieses Makro liefert die Ganzzahl 1, wenn der Compiler ein ANSI-C-Compiler ist. Weicht der Compiler von ANSI-Standard ab, ist der durch *__STDC__* repräsentierte Wert ungleich eins.

Hier ein Beispiel zu _*TIME*_ und _*DATE*_

```
#include <stdio.h>/* prg 22-03 */

void main(void)
{
  printf("Compiliert am %s um %s.\n", __DATE__ , __TIME__);
}
```

Den Quellcode dieses Beispiels finden Sie auf der Diskette unter \BEISPIEL\PRG22-03.C.

22.9 Kontrollfragen

1. Welche Besonderheit des Präprozessors muß beim Entwurf von Makros immer berücksichtigt werden?
2. Welche Vor- und Nachteile hat ein Makro mit Parametern gegenüber einer Funktion mit der gleichen Funktionalität?

23 File-Handling

Kommen wir nun zu einem weiteren Aspekt der Ein- und Ausgabe, dem „File Handling". Unter File Handling versteht man das Speichern von Daten in und das Laden von Daten aus Dateien. Fangen wir mit den grundlegenden Funktionen an.

fopen, fclose

Die Funktionen, die eine Datei öffnen und schließen, heißen **fopen** und **fclose**. Ihre Prototypen sowie die Prototypen der anderen File-Handling-Funktionen, die wir in diesem Kapitel kennenlernen werden, stehen in der Headerdatei *stdio.h*. *fopen* und *fclose* haben das folgende Format:

Syntax

```
fileptr=fopen(dateiname, modus);
:
:
fclose(fileptr);
```

FILE

fileptr ist ein Zeiger auf eine **FILE**-Struktur. „File" heißt auf Deutsch „Datei". Er wird daher wie folgt definiert:

Syntax

```
FILE *fileptr;
```

Die File-Struktur wird durch den Aufruf von *fopen* erzeugt und mit *fclose* wieder gelöscht. Sie enthält alle charakteristischen Informationen über die geöffnete Datei und ist eindeutig. Sie können daher mit mehreren *fopen*-Aufrufen mehrere *FILE*-Strukturen erzeugen, und damit mehrere Dateien öffnen. Hat *fileptr* nach dem Aufruf von *fopen* den Wert 0, konnte die Datei nicht geöffnet werden. Die Prototypen von *fopen* und *fclose*, sowie die Deklaration von *FILE* stehen in der Headerdatei *stdio.h*. Der Name der Datei wird mit einer Stringkonstante *dateiname* angegeben. Die Regeln der Dateinamenvergabe hängen von Ihrem Computersystem ab. *modus* ist ebenfalls eine Stringkonstante und gibt den Modus der zu öffnenden Datei an. Die Modi entscheiden über das Format der Datei (Textdatei oder Binärdatei) und darüber, ob gelesen oder geschrieben werden kann oder soll.

23.1 Textdateien

Beschäftigen wir uns zuerst mit den Textdateien. *fopen* stellt uns dafür folgende Modi zur Verfügung:

Modus	Beschreibung
"r"	Öffnet eine Textdatei zum Lesen.
"w"	Erstellt eine Textdatei zum Schreiben. Der Inhalt einer bereits unter diesem Namen existierenden Datei wird gelöscht.
"a"	Erstellt oder öffnet eine bereits existierende Textdatei zum Schreiben. Der Dateipositionszeiger steht am Ende der Datei, dadurch werden neue Daten hinten angehängt.
"w+"	Erstellt eine Textdatei zum Lesen und Schreiben. Der Inhalt einer bereits unter diesem Namen existierenden Datei wird gelöscht.
"a+"	Erstellt oder öffnet eine bereits existierende Textdatei zum Lesen und Schreiben. Der Dateipositionszeiger steht am Ende der Datei, dadurch werden neue Daten hinten angehängt.

Tabelle 23.1: Die Dateimodi für Textdateien

Wollen wir z.B. eine Textdatei namens „test.txt" zum Schreiben öffnen, gehen wir folgendermaßen vor:

Syntax

```
fileptr=fopen("test.txt","w");
```

Die Datei wird ins aktuelle Verzeichnis geschrieben. Welches Verzeichnis das aktuelle ist, hängt von Ihrem Compiler und von dem Pfad ab, in dem sich der Compiler befindet.

fputs, fgets

Schauen wir uns nun die einfachsten Funktionen zum Lesen und Schreiben von Text in Dateien an, nämlich **fputs** und **fgets**. Diese Funktionen sind mit *puts* und *gets* für die normale Ein- und Ausgabe identisch, außer daß zusätzlich noch ein Zeiger auf die FILE-Struktur des zu lesenden oder beschreibenden Files und bei *fgets* noch die Anzahl der maximal einzulesenden Zeichen mit angegeben werden müssen.

feof

Des weiteren wird im folgenden Beispiel die Funktion **feof** benutzt. *feof* wird folgendermaßen aufgerufen:

Syntax

```
wert=feof(fileptr);
```

Abhängig davon, ob das Ende der Datei erreicht ist oder nicht, ist *wert* entweder „Wahr" oder „Falsch". Und hier das Beispiel:

```
#include <stdio.h>       /* PRG23-01.C */
#include <string.h>

#define DATNAME "test.txt"
#define MAXZEILENLAENGE 160
```

```
void schreiben(void)
{
FILE *fhd;
char s[MAXZEILENLAENGE];

  fhd=fopen(DATNAME,"w");
  if(!fhd)
    {
      printf("Datei konnte nicht erzeugt werden!\n\n");
    }
  else
    {
     printf("Bitte maximal %i Zeichen pro Zeile eingeben.\n",
             MAXZEILENLAENGE);
      printf("Eingabe wird mit . beendet.\n\n");
      do
        {
          printf(">");
          gets(s);
          if(strcmp(s,"."))
            {
              fputs(s,fhd);
              fputs("\n",fhd);
            }
        } while(strcmp(s,"."));

      fclose(fhd);
      printf("\nEingabe beendet!\n");
    }
}

void lesen(void)
{
FILE *fhd;
char s[MAXZEILENLAENGE];
int x=1;

  fhd=fopen(DATNAME,"r");
  if(!fhd)
    {
      printf("Datei konnte nicht geoeffnet werden!\n\n");
    }
  else
    {
      printf("Die Datei hat folgenden Inhalt:\n");

      fgets(s,MAXZEILENLAENGE,fhd);
```

```
        do
          {
            printf("%i:%s",x++,s);
            fgets(s,MAXZEILENLAENGE,fhd);
          } while(!feof(fhd));

        fclose(fhd);
        printf("\nEnde der Datei!\n");
      }
}

void main(void)
{
int input;

  printf("Soll die Datei 1=gelesen oder 2=beschrieben wer \
den?");
  scanf("%i",&input);

  if(input==1)
    {
      lesen();
    }
  else
    {
      if(input==2)
        {
          schreiben();
        }
      else
        {
          printf("\nFalsche Eingabe!\n\n");
        }
    }
}
```

Den Quellcode dieses Beispiels finden Sie auf der Diskette unter \BEISPIEL\PRG23-01.C.

In der *main*-Funktion liest die *scanf*-Anweisung eine Zahl ein. Der Benutzer beendet die Eingabe durch Drücken der Return-Taste. Es kann auf manchen Rechnern vorkommen, daß die Betätigung der Return-Taste im Tastaturpuffer bleibt. Bemerkbar macht sich dies, wenn nach dem Start des obigen Programms in der ersten Zeile zwei Eingabeaufforderungen stehen und bei der Textausgabe ihr Text einer ersten

Leerzeile folgt. Wenn dies der Fall ist, fügen Sie hinter *scanf* bitte folgende Anweisung ein[1]:

```
getchar();
```

getchar

getchar wartet auf die Eingabe eines Zeichens. Da wir aber wissen, daß an dieser Stelle im Programm noch ein CR im Tastaturpuffer gespeichert ist, wird dieses eingelesen.

Zu Anfang wurden zwei Makros definiert, einmal für die maximale Zeilenlänge der Ein- und Ausgabe des Textes und einmal für den Dateinamen. Der Vorteil dieser Makros ist der, daß man bei einer Änderung des Dateinamens oder der Zeilenlänge nur eine Stelle im Programm verändern muß, nämlich das Makro, und das ganze Programm paßt sich dieser Änderung an.

Die *main*-Funktion brauchen wir nicht zu besprechen, denn Sie ist ziemlich trivial. Gehen wir daher direkt zur Funktion *schreiben* über.

Zuerst werden ein Zeiger auf eine *FILE*-Struktur namens *fhd* und ein String namens *s* definiert, der die Eingabe aufnehmen soll. Dann wird die Datei zum Schreiben geöffnet. Sollte sie schon existieren, wird ihr Inhalt gelöscht. Es wird überprüft, ob *fhd* falsch ist (*!fhd*). *fhd* ist dann falsch wenn er den Wert 0 hat, und das bedeutet, daß die Datei nicht geöffnet werden konnte. Für diesen Fall wird eine entsprechende Meldung ausgegeben. Sollte *fhd* wahr, also ungleich null sein, ist die Datei ordnungsgemäß geöffnet und zum Schreiben bereit.

Innerhalb der *do*-Schleife läuft die eigentliche Eingabe über Tastatur und Ausgabe in die Datei ab. Die Vereinbarung im Programm lautet, daß die Eingabe abgebrochen wird, wenn in einer Zeile nichts weiter steht als ein Punkt in der ersten Spalte. Zuerst wird das eigene Prompt ausgegeben und mit *gets* ein String eingelesen, der in *s* gespeichert wird. Dann wird überprüft, ob die Zeile nur aus einem Punkt besteht. Wenn ja, wird sie nicht in die Datei geschrieben, denn der Punkt ist unsere Endekennung. Ansonsten wird die eingegebene Zeile mit *fputs* in die Datei geschrieben und durch ein zweites *fputs* mit CR ergänzt. Dies ist notwendig, weil *gets* das Drücken der Returntaste als Abschluß der Eingabe nicht im String gespeichert hat. Dann wird die *do*-Schleife geschlossen, wobei sie so lange wiederholt wird, wie *s* nicht nur aus einem Punkt besteht. Sollte unsere Abbruchbedingung erfüllt sein, ist die Eingabe komplett beendet, und die Schleife wird verlassen. Zum Schluß wird mit *fclose* die Datei geschlossen und eine entsprechende Meldung ausgegeben.

---

1 Dies liegt an der Eigenschaft bestimmter Systeme, ein *carriage-return* und ein *line-feed* zu senden.

Und nun die Funktion *lesen*. Sie definiert die gleichen Variablen wie *schreiben* und zusätzlich aber noch eine *int*-Variable *x*, die für das Zählen der Zeilen benutzt wird. Danach wird eine Datei zum Lesen geöffnet und anschließend überprüft, ob dies auch ordnungsgemäß geschah. Für die Eingabedatei wird der gleiche Name benutzt wie für die Augabedatei. Gehen wir nun zur *do*-Schleife. Der Aufbau sieht etwas umständlich aus, wenn man nicht die Besonderheit von *feof* kennt. Das Dateiendeflag wird nicht gesetzt, wenn das Dateiende erreicht ist, sondern erst dann, wenn versucht wird, weitere Daten zu lesen, obwohl das Dateiende erreicht ist. Dies bedeutet, daß ein Leseversuch fehlschlagen muß, bevor *feof* einen wahren Wert liefert.

> *feof* liefert erst dann einen wahren Wert, wenn versucht wurde, Daten zu lesen, obwohl das Dateiende erreicht ist.

Es muß erwähnt werden, daß die *do*-Schleife nur dann einwandfrei läuft, wenn die Datei mindestens eine Zeile enthält. Um den Fall einer leeren Datei abzufangen, müßte die *do*-Schleife noch in eine *if*-Abfrage gepackt werden:

```
fgets(s,MAXZEILENLAENGE,fhd);
if(!feof(fhd))
  {
   do
     {
       printf("%i:%s",x++,s);
       fgets(s,MAXZEILENLAENGE,fhd);
     } while(!feof(fhd));
  }
fclose(fhd);
```

Wie Sie am vorherigen Beispiel sehen können, positionieren die Funktionen, die in einer Datei lesen, den Dateipositionszeiger immer hinter das zuletzt gelesene Zeichen, wohingegen die Funktionen, die in eine Datei schreiben, den Dateipositionszeiger immer hinter das zuletzt geschriebene Zeichen setzen.

fprintf, fscanf

Es gibt noch weitere Funktion zur Bearbeitung von Textdateien. Die komfortabelsten heißen **fprintf** und **fscanf**. Ihre Funktionsweise ist identisch mit *printf* und *scanf*. Den Text, den zum Beispiel

```
printf("Das Wort heißt %s und besteht aus %i Buchstaben",
       wo, strlen(wo));
```

auf den Bildschirm bringt, schreibt

```
fprintf(fhd, "Das Wort heißt %s und besteht aus %i Buchstaben",
       wo, strlen(wo));
```

in die Datei, die der *FILE*-Struktur *fhd* zugeordnet ist. Analog dazu funktioniert die *fscan*-Funktion. Anstatt die Eingaben von der Tastatur zu holen, holt sie sich die Daten aus einer Datei:

```
fscanf(fhd,"%i %s",x,s);
```

fprintf und *fscanf* haben auch sehr viel Ähnlichkeiten mit den Funktionen *sprintf* und *sscanf*, die in Strings schreiben und aus ihnen lesen. Versuchen Sie einmal für den oberen *fprintf*-Aufruf den entsprechenden *fscan*-Aufruf zu entwerfen, der die Zeile wieder einliest.

```
fscanf(fhd,"%s%s%s%s%s%s%s%i%s",s1,s2,s3,s4,s5,s6,s7,&x,s8);
```

Sie sind vielleicht überrascht, aber wenn Sie sich an das Kapitel 4 über *scanf* erinnern, wissen Sie, daß für die *scanf*-Funktion zwei Eingaben durch ein Leerzeichen getrennt werden. Deswegen müssen alle Wörter in einzelne Strings eingelesen werden. Es liegt dann an Ihnen, die Wörter links von der Zahl wieder zu einem String zusammenzufassen. Schreiben Sie einmal aus dem Handgelenk ein Programmfragment, welches die Strings *s1* bis *s7* zu einem String namens *st* zusammenfaßt. Erst denken, dann weiterlesen!

```
strcpy(st,s1);
strcat(st,s2);
strcat(st,s3);
strcat(st,s4);
strcat(st,s5);
strcat(st,s6);
strcat(st,s7);
```

Der erste String wird mit *strcpy* in den String *st* kopiert, weil dies einer Initialisierung gleichkommt. Hätten wir den ersten String mit *strcat* an *st* angehängt, wäre ein eventuell vorhandender alter Inhalt des String *st* nicht überschrieben worden, sondern bliebe erhalten. Das soll aber nicht sein.

fgetc, fputc

So wie die Funktionen *gets* und *fputs* Strings lesen und schreiben, gibt es auch Funktionen, die ein einzelnes Zeichen aus einer Datei lesen oder in eine Datei schreiben. Die Funktionen heißen **fgetc** und **fputc**. Mit

```
fputc(zei,fhd);
```

EOF

wird das in der Variablen *zei* gespeicherte Zeichen in die Datei, die der *FILE*-Struktur *fhd* zugeordnet ist, geschrieben. *fputc* liefert den Wert von *zei* zurück, wenn alles in Ordnung ist, ansonsten wird der Wert **EOF** zurückgegeben. *EOF* ist ein in der Headerdatei *stdio.h* definiertes Makro. Sie können es folgendermaßen benutzen:

```
wert=fputc(zei,fhd);
if(wert==EOF)
  printf("Fehler beim Schreiben!!\n");
```

Das Lesen eines Zeichens funktioniert ähnlich:

```
zei=fgetc(fhd);
```

Danach enthält die Variable *zei* das gelesene Zeichen.

23.2 Binärdateien

Die Dateiform, die wir bisher behandelt haben, war die Textdatei. Textdateien können ohne Probleme in einen Texteditor geladen und dort betrachtet werden. Die C-Quellprogramme, die Sie gespeichert haben, sind im allgemeinen auch Textdateien. Nun ist es aber oft vorteilhafter, den Inhalt einer Variablen nicht als geschriebene Zahl, sondern direkt den Inhalt der Bytes, die diese Variable repräsentieren, zu speichern. Erstens kostet dies meist weniger Speicherplatz und das umständliche Zurückwandeln des Textes in Zahlvariablen mittels *fscan* entfällt. *fopen* bietet uns verschiedene Möglichkeiten, eine Binärdatei zu öffnen:

Modus	Beschreibung
"rb"	Öffnet eine Binärdatei zum Lesen.
"wb"	Erstellt eine Binärdatei zum Schreiben. Der Inhalt einer bereits unter diesem Namen existierenden Datei wird gelöscht.
"ab"	Erstellt oder öffnet eine bereits existierende Binärdatei zum Schreiben. Der Dateipositionszeiger steht am Ende der Datei, dadurch werden neue Daten hinten angehängt.
"rb+"	Öffnet eine Binärdatei zum Lesen und Schreiben.
"wb+"	Erstellt eine Binärdatei zum Lesen und Schreiben. Der Inhalt einer bereits unter diesem Namen existierenden Datei wird gelöscht.
"ab+"	Erstellt oder öffnet eine bereits existierende Binärdatei zum Lesen und Schreiben. Der Dateipositionszeiger steht am Ende der Datei, dadurch werden neue Daten hinten angehängt.

Tabelle 23.2: Die Dateimodi für Binärdateien

Für die letzten drei Modi gibt es noch eine andere Schreibweise, die hier aber nicht erwähnt zu werden braucht. Die Tabelle der Dateimodi im Anhang ist jedoch vollständig.

fwrite, fread

Es gibt zwei Hauptfunktionen für Binärdateien. Die eine heißt **fwrite**, und schreibt in eine Binärdatei, während die andere aus einer Binärdatei liest und **fread** heißt. *fwrite* wird folgendermaßen aufgerufen:

Syntax

```
anz=fwrite(adresse,groesse,anzahl,fhd);
```

adresse ist die Adresse, an der die zu speichernde Variable oder das zu speichernde Feld steht. *groesse* ist die Größe der Variablen oder eines Feldelements in Bytes. *anzahl* ist die Anzahl der Feldelemente. *anzahl* ist bei der Speicherung einer normalen Variablen gleich 1. *fhd* ist der Zeiger auf die *FILE*-Struktur, mit der die zu beschreibende Datei verknüpft ist. *fwrite* gibt die Anzahl der komplett geschriebenen Elemente zurück. Ähnlich sieht der Aufruf von *fread* aus:

Syntax

```
anz=fread(adresse,groesse,anzahl,fhd);
```

Wobei *adresse* die Adresse ist, an der die aus der Datei gelesenen Daten gespeichert werden. Die anderen Parameter entsprechen denen von *fwrite*. Auch *fread* gibt die Anzahl der komplett gelesenen Elemente wieder. Tritt z.B. beim Lesen des vierten Elementes ein Fehler auf, dann gibt *fread* den Wert 3 zurück.

sizeof

Die Funktionen bergen jedoch im Augenblick für uns noch ein Problem: Angenommen, wir wollen eine *int*-Variable speichern. Woher wissen wir, wieviel Bytes ein *int*-Wert groß ist, denn die Werte können sich von System zu System unterscheiden. In C wurde daher ein Größenbestimmungsoperator implementiert, der die Größe eines jeden Variablentyps und einer jeden Variablen bestimmen kann. Der Größenbestimmungsoperator heißt in C **sizeof**, was von den englischen Wörtern „size of" kommt und auf Deutsch „Größe von" heißt. Der Operator wird folgendermaßen benutzt:

Syntax

```
sizeof x
```

Hier wird die Größe der Variablen *x* in Bytes bestimmt. Man sollte sich angewöhnen, die Variable, auf die sich *sizeof* bezieht, immer zu klammern, denn das erhöht die Übersichtlichkeit. Passen Sie aber auf:

```
char s[80];
strcpy(s,"Test");
printf("Die Größe von s ist %i\n",sizeof(s));
```

Was glauben Sie wird für die Größe von *s* ausgegeben? Es wird 80 ausgegeben, weil sich *sizeof* nicht um den Inhalt einer Variablen oder eines Feldes kümmert, sondern um deren oder dessen Definition. Da *s* als ein Feld mit 80 *char*-Elementen definiert wurde und ein *char*-Element ein Byte groß ist, kommt als Ergebnis 80 heraus. Wie oben schon erwähnt, kann *sizeof* nicht nur die Größe einer Variablen, sondern auch eines Variablentyps bestimmen:

```
printf("Der Variablentyp int ist %i Bytes
groß.\n",sizeof(int));
```

Diese Zeile gibt die Größe des Variablentyps *int* aus. Nachdem wir dies nun wissen, schauen wir uns ein Beispiel an:

```
#include <stdio.h>      /* PRG23-02.C */
#include <string.h>

#define DATNAME "test.txt"
#define MAXVORNAME 25
#define MAXNACHNAME 20

void schreiben(void)
{
FILE *fhd;
char vname[MAXVORNAME],nname[MAXNACHNAME];
unsigned int alter,groesse;

  fhd=fopen(DATNAME,"wb");
  if(!fhd)
    {
      printf("Datei konnte nicht erzeugt werden!\n\n");
    }
  else
    {
      printf("Vorname (Max. %i Zeichen)  :",MAXVORNAME-1);
      scanf("%s",vname);
      printf("Nachname (Max. %i Zeichen) :",MAXNACHNAME-1);
      scanf("%s",nname);
      printf("Alter in Jahren            :");
      scanf("%u",&alter);
      printf("Groesse in Zentimetern     :");
      scanf("%u",&groesse);

      fwrite(vname,sizeof(vname),1,fhd);
      fwrite(nname,sizeof(char),MAXNACHNAME,fhd);
      fwrite(&alter,sizeof(alter),1,fhd);
      fwrite(&groesse,sizeof(unsigned int),1,fhd);

      fclose(fhd);
      printf("\nEingabe beendet!\n");
    }
}
```

```
void lesen(void)
{
FILE *fhd;
char vname[MAXVORNAME],nname[MAXNACHNAME];
unsigned int alter,groesse;

  fhd=fopen(DATNAME,"rb");
  if(!fhd)
    {
      printf("Datei konnte nicht erzeugt werden!\n\n");
    }
  else
    {

      fread(vname,sizeof(vname),1,fhd);
      fread(nname,sizeof(nname),1,fhd);
      fread(&alter,sizeof(alter),1,fhd);
      fread(&groesse,sizeof(groesse),1,fhd);
      fclose(fhd);

      printf("Vorname          : %s\n",vname);
      printf("Nachname         : %s\n",nname);
      printf("Alter in Jahren  : %u\n",alter);
      printf("Groesse in cm    : %u\n",groesse);
    }
}
```

Den Quellcode dieses Beispiels finden Sie auf der Diskette unter \BEISPIEL\PRG23-02.C.

Die dazugehörige *main*-Funktion wurde nicht mit abgedruckt, weil sie identisch mit der aus Programm „PRG23-01.C" ist.

Fangen wir mit der Funktion *schreiben* an. Das Öffnen der Datei unterscheidet sich – bis auf den anderen Modus – nicht vom vorherigen Beispiel. Das Einlesen der Daten ist auch nichts Neues. Beim Einlesen der Strings wird die maximale Anzahl der möglichen Eingabezeichen mit *Feldgröße-1* angegeben. Das liegt daran, daß ein Feldeintrag für die Endekennung frei bleiben muß. Der ersten *fwrite*-Anweisung werden die Adresse des Strings *vname*, die Größe des Feldes, die Anzahl der Elemente und der Name der Datei, in die geschrieben werden soll, übergeben. Die Anzahl der Elemente ist 1, weil ein einziges Feld abgespeichert wird. Bei der zweiten *fwrite*-Anweisung ist die Betrachtungsweise anders. Dort wird nicht ein String, sondern ein Array von *char*-Elementen abgespeichert. Das ist natürlich das gleiche, aber es wird nun einmal anders angegeben. Zuerst wird die Adresse des *char*-Feldes *nname* übergeben. Dann folgt die Größe eines *char*-Elements und danach die Anzahl der im Feld vorhandenen *char*-Elemente. Sie sollten sich darüber klar sein, daß die folgenden Zeilen identisch sind:

```
fwrite(nname,sizeof(char),MAXNACHNAME,fhd);

fwrite(nname,sizeof(nname),1,fhd);
```

Wenn jemand das Programm später liest, kann er daran aber erkennen, ob der Programmierer einen String, wie im ersten Fall, oder ein Feld von *char*-Elementen, wie im zweiten Fall, abspeichert. Denn es kann manchmal nützlich sein, ein Feld von *char*-Elementen nicht als String zu betrachten. Derjenige, der das Programm verstehen muß, erkennt dann aber, was der Programmierer vor hatte. Deswegen sollten Sie sich genau überlegen, welche Bedeutung Sie einer Variablen geben wollen.

Die dritte *fwrite*-Anweisung ist nicht erklärungsbedürftig. Die vierte Anweisung benutzt für den *sizeof*-Operator nicht den Variablennamen, sondern den Typ der Variablen. Dies ist möglich, aber nicht elegant. Denn sollten Sie in der Definition der Variablen eine Typänderung vornehmen, müssen Sie dies auch in der *fwrite*-Anweisung machen. Lassen Sie aber die Länge über den Variablennamen bestimmen, wie in der dritten Anweisung, dann bleibt Ihnen die Änderung der *fwrite*-Anweisung erspart.

Sie sollten sich angewöhnen, alle im Programm benutzten Konstanten als Makros zu definieren. Wenn Sie eine Konstante irgendwann einmal ändern wollen, ändern Sie nur das Makro, und die Änderung ist im ganzen Programm wirksam. Haben Sie jedoch die Konstante direkt angegeben, müssen sie das ganze Programm durchforsten, um alle Vorkommnisse der Konstanten zu finden, was bei langen Programmen sehr mühsam sein kann.

Die Funktion *lesen* muß nicht besprochen werden, denn sie müßte ohne weiteres verständlich sein.

23.3 Verändern des Dateipositionszeigers

Stellen sie sich folgendes Problem vor: Sie haben eine Datei, die ein Feld mit 100000 *int*-Werten enthält. Wenn Sie jetzt den 80000. Wert brauchen, müssen Sie, nachdem Sie die Datei geöffnet haben, zuerst die 79999 Werte, die davor stehen, lesen, um an die Position zu kommen. Dies ließe sich vermeiden, wenn es die Möglichkeit gäbe, nach dem Öffnen der Datei den Dateipositionszeiger direkt auf das 80000. Element zu setzen und nur dieses dann zu lesen. Und diese Möglichkeit gibt es, zumindest für Binärdateien.

fsetpos

Die Funktion, die dem Dateipositionszeiger einen neuen Wert zuweist, heißt **fsetpos**. Sie wird folgendermaßen aufgerufen:

```
fpos_t position;

a=fsetpos(fhd,&position)
```

Die Variable *a* enthält den Wert 0, wenn das Setzen des Dateipositionszeigers erfolgreich war. Bitte beachten Sie, daß, obwohl der Wert der Variablen *position* nicht verändert wird, deren Adresse übergeben werden muß. Dies bedeutet auch, daß an dieser Stelle keine Konstante benutzt werden kann. Der Variablentyp *fpos_t* ist ein selbstdeklarierter Variablentyp und zählt nicht zu den Grundvariablentypen von C. Wie man eigene Variablentypen deklarieren kann, lernen wir in einem späteren Kapitel. *fsetpos* löscht auch das Dateiendeflag. Doch schauen wir uns nun ein Beispiel an. Die Grundlage der folgenden Funktion ist die Funktion *lesen* aus dem Programm „PRG23-02.C". Die Funktion wurde so umgeändert, daß von den mit *schreiben* gespeicherten Daten nur noch die Größe eingelesen wird. Um die Funktion auszutesten, setzten Sie diese am besten für die Funktion *lesen* aus dem vorherigen Beispiel ein.

```
void lesen2(void)    /* PRG23-03.C */
{
FILE *fhd;
char vname[MAXVORNAME],nname[MAXNACHNAME];
unsigned int alter,groesse;
fpos_t skip;

  fhd=fopen(DATNAME,"rb");
  if(!fhd)
    {
      printf("Datei konnte nicht erzeugt werden!\n\n");
    }
  else
    {
      skip=sizeof(vname)+sizeof(nname)+sizeof(alter);
      fsetpos(fhd,&skip);

      fread(&groesse,sizeof(groesse),1,fhd);
      fclose(fhd);

      printf("Groesse in cm   : %u\n",groesse);
    }
}
```

Den Quellcode dieses Beispiels finden Sie auf der Diskette unter \BEISPIEL\PRG23-03.C.

Es wird eine Variable namens *skip* vom Typ *fpos_t* definiert. In ihr wird die Summe der Längen der zu überspringenden Daten gespeichert. Nach dem Öffnen der Datei wird mit *fsetpos* der Dateipositionszeiger an die Stelle vor den gespeicherten Daten der Größe gesetzt. Die restlichen Anweisungen entsprechen denen der ursprünglichen Funktion *lesen*. Die Variablen *vname*, *nname* und *alter* wurden definiert, obwohl sie nur zur Bestimmung der zu überspringenden Daten benutzt wurden. Es kann sein, daß der Compiler eine Warnung ausgibt, daß diese drei Variablen nicht benutzt wurden. Sollte dies der Fall sein, brauchen sie sich in diesem speziellen Fall nicht daran zu stören.

fgetpos

Als Gegenstück zu *fsetpos* gibt es die Funktion **fgetpos**, die den aktuellen Wert des Dateipositionszeigers in einer Variablen speichert.

```
fpos_t position;

a=fgetpos(fhd,&position)
```

Der Aufruf stimmt exakt mit dem von *fsetpos* überein, nur daß *fgetpos* jetzt, anstatt den Wert der Varible *position* in den Dateipositionszeiger zu schreiben, den Wert des Dateipositionszeigers in die Variable *position* schreibt. Sollte die Funktion ihre Aufgabe ordnungsgemäß erfüllt haben, gibt sie den Wert 0 zurück.

fseek

Es gibt eine weitere Funktion, mit der sich der Dateipositionszeiger verändern läßt, und die ist gleichzeitig auch die komfortabelste. Sie heißt **fseek** und kann mit verschiedenen Modi aufgerufen werden:

Syntax

```
a=fseek(fhd,distanz,modus);
```

Es stehen folgende Modi zur Verfügung:

SEEK_SET	Der Dateipositionszeiger wird auf den Dateianfang gesetzt und bekommt den Wert von *distanz* hinzuaddiert. Bei diesem Modus machen nur positive Werte für *distanz* einen Sinn. Der Aufruf mit diesem Modus kommt in der Wirkung dem Aufruf von *fsetpos(fhd,&position)* gleich, wenn *position* und *distanz* den gleichen Wert haben.
SEEK_END	Der Dateipositionszeiger wird auf das Dateiende gesetzt, und bekommt den Wert von *distanz* hinzuaddiert. Bei diesem Modus machen nur negative Werte für *distanz* Sinn.
SEEK_CUR	Dem Dateipositionszeiger wird der Wert von *distanz* hinzuaddiert. Dies ist der einzige Modus, bei dem positive und negative Werte für *distanz* sinnvoll sind. Der Aufruf entspricht der Anweisungsfolge:

Tabelle 23.3: Die Modi von fseek

```
fgetpos(fhd,&position);
position+=distanz;
fsetpos(fhd,&position);
```

Wollen Sie zum Beispiel den Dateipositionszeiger um zwei Bytes nach vorne bewegen, machen Sie dies so:

```
fseek(fhd,2,SEEK_CUR);
```

Die für *fseek* zur Verfügung stehenden Modi sind Makros, die in der Headerdatei *stdio.h* definiert sind. *fseek* liefert 0 zurück, wenn das Verändern des Dateipositionszeigers fehlerfrei vonstatten ging. *fseek* löscht außerdem noch das Dateiendeflag.

rewind

Die letzte Funktion heißt **rewind** und setzt den Dateipositionszeiger auf den Anfang der Datei. Weiterhin löscht sie das Fehlerflag. Ihr Aufruf sieht so aus:

```
rewind(fhd);
```

Die Funktionen *fsetpos*, *fgetpos* und *fseek* spezifizieren einen eventuell aufgetretenen Fehler im Makro *errno*.

23.4 Allgemeines zu Dateien

Es werden jetzt noch einige Funktionen besprochen, die das Arbeiten mit Dateien unterstützen und damit auch vereinfachen.

freopen

Als erstes wäre da die Funktion **freopen**. Sie schließt eine Datei und öffnet eine andere. Der Aufruf sieht folgendermaßen aus:

Syntax

```
neufhd=freopen(name, modus, altfhd);
```

Die Datei, die über die *FILE*-Struktur angesprochen wird, auf die *altfhd* zeigt, wird geschlossen. Dann wird eine Datei namens *name* mit dem Modus *modus* geöffnet. Die Adresse der zugehörigen *FILE*-Struktur wird in *neufhd* gespeichert. Sollte ein Fehler auftreten, enthält *neufhd* den Wert 0. Der Aufruf entspricht folgender Anweisungsfolge:

```
fclose(altfhd);
neufhd=fopen(name,modus);
```

freopen kann gut dazu benutzt werden, einem Zeiger auf eine *FILE*-Struktur eine neue Datei zuzuweisen:

```
fhd=freopen(name, modus, fhd);
```

remove, rename

Zwei Funktionen, die direkt mit dem Dateinamen operieren, sind **remove** und **rename**.

Syntax

```
a=remove(name);
```

remove löscht eine Datei namens *name* und gibt bei Erolg den Wert 0 zurück. *name* ist die Adresse eines Strings.

Syntax

```
a=rename(altername, neuername);
```

rename benennt eine Datei namens *altername* in *neuername* um. Bei Erfolg wird der Wert 0 zurückgegeben. *altername* und *neuername* sind Stringadressen. Zum Beispiel löscht

```
remove("test.txt");
```

die Datei namens „test.txt". Der Funktionsaufruf

```
rename("test.txt",name);
```

benennt die Datei namens „test.txt" in den Namen um, den die Stringvariable *name* enthält.

tmpnam

Wenn man aufgrund bestimmter Umstände eine Datei erzeugen muß, die aber vor Beendigung des Programms wieder gelöscht wird, also eine sogenannte **temporäre Datei**, dann steht man vor dem Problem, einen Namen für die Datei zu wählen, der einzigartig ist. Dies ist wichtig, damit nicht eine andere Datei überschrieben wird, weil sie zufällig den gleichen Namen hat. Um dieses Problem zu umgehen, wurde in C eine Funktion namens **tmpnam** implementiert, die einen einzigartigen Namen erzeugt. *tmpnam* wird folgendermaßen aufgerufen:

```
char a[80];
tmpnam(a);
```

tmpnam schreibt diesen Namen in die Stringvariable *a*. Aber *tmpnam* ist noch komfortabler, denn sie kann auch so aufgerufen werden:

```
char *a;
a=tmpnam(NULL);
```

NULL ist die Makrodefinition eines Zeigers, der den Wert 0 hat, also auf Adresse 0 zeigt. Ein Zeiger, der auf die Adresse 0 zeigt, steht nun aber in C für einen Zeiger, der auf nichts zeigt. Deswegen geben viele Funktionen, zum Beispiel *fopen*, bei Erfolg einen Zeiger auf die FILE-Struktur und bei Mißerfolg den Wert 0 zurück, weil danach der Zeiger auf Adresse 0 zeigt, was bedeutet, daß er auf nichts zeigt. Man hätte auch folgendes schreiben können:

```
a=tmpnam((void*)0);
```

Aber es ist viel eleganter, die Makrodefinition zu benutzen. Doch kommen wir zu *tmpnam* zurück. Rufen wir die Funktion so wie oben beschrieben auf, übergeben wir ihr den Wert 0 oder einen Nullzeiger. Das heißt für die Funktion, daß wir keinen Zeiger übergeben. Sie reserviert daraufhin selbst Speicher und schreibt den von ihr erzeugten Namen in diesen Speicher. Der Rückgabewert ist dann die Adresse des Speichers, in dem der Name steht. Der Speicher wird automatisch bei Programmbeendigung freigegeben. Er kann, falls ein neuer Name gebraucht wird, wieder an die *tmpnam*-Funktion übergeben werden, so daß der alte Name überschrieben wird und kein neuer Speicher reserviert werden muß.

tmpfile

Eine weitere Funktion, die einem noch mehr Arbeit als *tmpnam* abnimmt, ist **tmpfile**. Sie wird folgendermaßen aufgerufen:

Syntax

```
fhd=tmpfile();
```

Die Funktion öffnet eine binäre Datei zur Ein- und Ausgabe und liefert die Adresse der FILE-Struktur zurück, über die die Datei verwaltet wird. Der Aufruf von *tmpfile* kommt folgender Anweisungsfolge gleich:

```
a=tmpnam(NULL);
fhd=fopen(a,"wb+");
```

Wobei *a* ein Zeiger auf einen String ist. *tmpfile* hat jedoch den Vorteil, daß der Speicher, der den Namen aufnimmt, nur für das Öffnen der Datei reserviert und danach wieder freigegeben wird.

ferror

Zum Schluß kommen wir noch zur Funktion **ferror**, mit deren Hilfe man überprüfen kann, ob ein Fehler auftrat:

Syntax

```
a=ferror(fhd);
```

Sollte ein Fehler im Zusammenhang mit der Datei *fhd* aufgetreten sein, hat *a* einen Wert ungleich Null.

23.5 Gepufferte Dateien

C bietet die Möglichkeit, die Ausgabe in Dateien zu puffern. Das bedeutet, daß nicht jedesmal, wenn ein Zeichen in die Datei geschrieben wird, dies auch tatsächlich auf der Festplatte oder Diskette gespeichert wird. Vielmehr wird gewartet, bis der Puffer voll ist, und dann werden mit einem Zugriff alle Daten gespeichert. Dies erhöht die Verarbeitungsgeschwindigkeit, weil es schneller geht, einen großen Datenblock einmal zu schreiben, als kleine mehrmals. Dies macht sich besonders bei Disketten bemerkbar, die sich ja im Normalfall nicht drehen, sondern lediglich beim Zugriff in Rotation versetzt werden.

setvbuf

Die Funktion, mit der ein Puffer für eine Datei angelegt werden kann, heißt **setvbuf**. Sie wird wie folgt aufgerufen:

Syntax

```
a=setvbuf(fhd, adresse, modus, groesse)
```

Für die Datei, die mit der *FILE*-Struktur verbunden ist, auf die *fhd* zeigt, wird ein Puffer angelegt, der *groesse* Bytes groß ist und an der Adresse *adresse* liegt. Die Adresse muß die Startadresse eines *char*-Feldes sein. *setvbuf* gibt den Wert 0 zurück, wenn alles ordnungsgemäß ausgeführt werden konnte. Für *setvbuf* gibt es drei Modi:

_IOFBF	Die Ausgabe wird vollständig gepuffert.
_IOLBF	Die Ausgabe wird zeilenweise gepuffert.
_IONBF	Die Ausgabe wird nicht gepuffert.

Tabelle 23.4: Die Modi von setvbuf

_IOFBF, *_IOLBF* und *_IONBF* sind Makrodefinitionen und in der Headerdatei stdio.h enthalten.

Der Aufruf von *setvbuf* muß zwischen dem Öffnen der Datei und dem ersten Zugriff geschehen.

Ein Beispiel für das Einrichten eines Puffers wäre folgendes:

```
char a[100];
FILE *fhd;
int ok;

fhd=fopen("test.txt","w");
ok=setvbuf(fhd, a, _IOFBF, sizeof(a));

fclose(fhd);
```

setvbuf hat aber auch eine ähnliche Eigenschaft wie *tmpnam*: Sollte als Adresse des Puffers der Wert 0, also ein Nullzeiger, übergeben werden, reserviert die Funktion eigenständig Pufferspeicher der angegebenen Größe und gibt ihn auch automatisch beim Schließen der Datei wieder frei. Um dies zu bewerkstelligen, müßten wir im obigen Beispiel den *setvbuf*-Aufruf folgendermaßen gestalten:

Syntax

```
ok=setvbuf(fhd, NULL, _IOFBF, 100);
```

Folgende Schreibweise wäre allerdings die bessere:

```
ok=setvbuf(fhd, NULL, _IOFBF, (size_t)(100));
```

Die Größe muß nämlich als ein Variablentyp namens *size_t* angegeben werden. Jedoch sollte man diese explizite Typumwandlung nur vornehmen, wenn der Compiler sie verlangt. Ansonsten fördert sie nur die Unübersichtlichkeit.

setbuf

Die Funktion *setbuf* dient zum einfacheren Aufruf von *setvbuf*. Schauen wir uns einmal den Aufruf an:

Syntax

```
a=setbuf(fhd, adresse)
```

fhd ist ein Zeiger auf die entsprechende FILE-Struktur. Adresse ist Zeiger auf den Typ *char*. Sollte die übergebene Adresse ungleich Null sein, wird *setvbuf* automatisch so aufgerufen:

```
setvbuf(fhd, adresse, _IOFBF, BUFSIZ);
```

Wobei *BUFSIZ* ein in *stdio.h* vordefiniertes Makro ist. Hat *adresse* aber den Wert 0, wird *setvbuf* folgendermaßen aufgerufen:

```
setvbuf(fhd, NULL, _IONBF, BUFSIZ);
```

NULL steht hier wieder für den vordefinierten Nullzeiger.

fflush

Sollten Sie gepufferte Dateien benutzen, kann es vorkommen, daß Sie den Puffer gerne abspeichern würden, obwohl der Puffer noch nicht voll genug ist, um von C automatisch abgespeichert zu werden. Um dies zu bewerkstelligen, benutzt man **fflush**.

Syntax

```
wert=fflush(fhd);
```

Der Puffer der zu *fhd* gehörenden Datei wird abgespeichert. War die Abspeicherung erfolgreich, liefert *fflush* den Wert 0 zurück, ansonsten *EOF*.

Man kann zur Sicherheit *fflush* aufrufen, bevor die Datei mit *fclose* geschlossen wird, um einem Verlust des Puffers vorzubeugen. Unbedingt notwendig ist es aber nicht.

23.6 Kontrollfragen

1. Auf welche Besonderheit muß bei der Benutzung von *feof()* geachtet werden?
2. Was sind die Vor- und Nachteile gepufferter Dateien?
3. Worauf muß man bei der Wahl von Dateinamen achten?

24 Übungen

Kommen wir nun wieder zu ein paar Übungen, um das bisher Gelernte zu festigen.

Übung 1

Schreiben Sie ein Programm, welches Sie nach dem Dateinamen einer Textdatei fragt. Geben Sie diese Datei dann auf dem Bildschirm aus. Berücksichtigen sie, daß sie nicht wissen können, wie lang die längste Zeile der Datei ist.

Übung 2

Schreiben Sie ein Programm, welches Sie nach dem Namen einer Quelldatei und einer Zieldatei fragt. Der Text, der in der Quelldatei steht, soll zeilenweise umgedreht werden und in der Zieldatei abgespeichert werden. Benutzen Sie hierfür Textdateien. Angenommen, die Datei hat folgenden Inhalt:

```
Es ist warm
Johann
Otto
Willi klettert
```

Dann soll die Zieldatei so aussehen:

```
mraw tsi sE
nnahoJ
ottO
trettelk illiW
```

Der Einfachheit halber sollten Sie davon ausgehen, daß in der Textdatei keine Zeile länger als 300 Zeichen ist.

Übung 3

Schreiben Sie ein Programm, welches Sie nach dem Namen einer Textdatei fragt. Danach soll man die Möglichkeit zur Eingabe eines Strings haben. Das Programm soll dann prüfen, ob der eingegebene String in der Datei enthalten ist oder nicht. Ist er enthalten, soll die erste Stelle, an der der String gefunden wurde in Form von Zeilennummer und Position des Strings innerhalb der Zeile ausgegeben werden. Wenn Sie einen Suchstring angeben, der aus mehreren Wörtern besteht, kann es vorkommen, daß er sich über zwei oder mehrere Zeilen erstreckt. Sie sollen aber nur die Vorkommnisse des Suchstrings berücksichtigen, die in einer Zeile stehen. Gehen sie wieder davon aus, daß keine Zeile länger als 300 Zeichen ist.

Übung 4

Schreiben Sie ein Programm mit der gleichen Funktionalität wie in Aufgabe 3, nur sollen Sie hier binäre Dateien bearbeiten können. Bitte bedenken Sie, daß Sie bei dieser Aufgabe nicht mehr zeilenweise vorgehen können. Die gefundene Position muß daher als Position, gemessen vom Anfang der Datei, angegeben werden. Diese Aufgabe klingt im ersten Moment einfacher als sie ist. Aber Sie müssen berücksichtigen, daß, wenn Sie die Datei mit *fread* blockweise einlesen, das gesuchte Wort oder der gesuchte String teilweise im einen und teilweise im anderen Block enthalten sein könnte. Es gibt verschiedene Lösungswege. Lassen Sie sich einen einfallen. Das gleiche Problem tritt übrigens bei allen Aufgaben auf, die sich auf diese hier beziehen.

Übung 5

Ändern Sie die Programme aus 24.3 und 24.4 so um, daß nicht mehr das erste Vorkommen des Strings in der Datei, sondern das letzte Vorkommen ausgegeben wird. Sucht das Programm zum Beispiel das Wort „die" in einem Text, soll die Position des letzten „die" im Text ausgegeben werden.

Übung 6

Ändern Sie die Programme aus 24.3 und 24.4 so um, daß nur gezählt und ausgegeben wird, wie oft der entsprechende String in der Datei vorkommt.

Übung 7

Ändern Sie das Programm für Textdateien aus 24.6 so um, daß jedesmal, wenn der String gefunden wird, die Zeile und die Position des Strings innerhalb der Zeile in eine separate Textdatei geschrieben werden. Am Ende der Datei sollen Sie die Anzahl der Vorkommnisse und den String selber ebenfalls noch vermerken. Das Programm soll nach dem Namen der zu erstellenden Textdatei fragen. Der Inhalt der erstellten Datei sollte dann ungefähr so aussehen (bei drei Vorkommnissen des Strings „Arbeit"):

```
Zeile 3 an Position 23
Zeile 19 an Position 3
Zeile 129 an Position 17

Vorkommnisse insgesamt: 3
Gesuchter String : "Arbeit"
```

Übung 8

Ändern Sie das Programm aus 24.3 so um, daß eine neue Datei erzeugt wird, in der alle Vorkommnisse des Suchstrings in der Datei gelöscht sind. Angenommen, es sei folgende Datei gegeben:

```
Das Wetter und die Blumen sind schön. Aber die Straße ist
dreckig.
```

Ist der eingegebene String „die", dann sieht die neue Datei so aus:

```
Das Wetter und  Blumen sind schön. Aber  Straße ist dreckig.
```

Übung 9

Schreiben Sie ein Programm, welches sie nach dem Namen einer Textdatei fragt. Anschließend soll das Programm das Vorkommen aller Buchstaben und Zahlen zählen und in eine Textdatei schreiben, deren Namen der Benutzer voher eingeben kann. Der Inhalt der Textdatei sollte ungefähr so aussehen, wenn die bearbeitete Datei „text.txt" heißt:

Zählung der Datei „text.txt"

A=23

B=18

C=6

.

.

3=2

4=14

.

.

9=2

Unterscheiden Sie nicht zwischen Groß- und Kleinschreibung. Große und kleine Buchstaben sollen zusammengefaßt angegeben werden.

Übung 10

Ändern Sie das Programm aus 24.9 so um, daß nicht mehr die Anzahl der Zeichen numerisch, sondern grafisch dargestellt wird. Das Beispiel aus 24.9 könnte zum Beispiel so aussehen:

Zählung der Datei „text.txt"

AAAAA

BBBB

CC

.

.

3

444

.

.

9

Einheit : 5 Zeichen aufgerundet.

Dies ähnelt einer Art Balkendiagramm und erleichert den Vergleich der Häufigkeiten. Wie oben im Beispiel sollten Sie für jede angefangene 5er-Gruppe ein neues Zeichen hinzufügen.

Übung 11

Ändern Sie das Programm aus 24.10 so um, daß die starre 5er-Gruppe vom Programm variabel gehalten wird. Eine Gruppe sollte mindestens aus einem Zeichen bestehen. Der Balken des häufigsten Zeichens sollte aber nicht größer als 40 Zeichen sein. Das Programm muß deshalb die Anzahl der Zeichen, die zu einer Einheit zusammengefaßt werden, selbst bestimmen.

24.1 Lösungen

Lösung 1

```
#include <stdio.h>     /* UEB24-01.C */

void main(void)
{
FILE *fhd;
char name[100],z;

  printf("Bitte Dateinamen eingeben:");
  scanf("%s",name);
  printf("\n");

  if((fhd=fopen(name,"r")))
    {
      z=fgetc(fhd);
      while(!feof(fhd))
        {
          putchar(z);
          z=fgetc(fhd);
        }

      fclose(fhd);
    }
  else
    {
      printf("\nDatei nicht gefunden!!\n\n");
    }
}
```

Verweis

Den Quellcode dieses Beispiels finden Sie auf der Diskette unter \UEBUNG\UEB24-01.C.

Der Trick besteht darin, die Textdatei zeichenweise auszugeben. Damit braucht man sich nicht mehr um die maximale Zeilenlänge der Datei zu kümmern. Die Funktion *fgetc* wurde einmal vor der eigentlichen Schleife aufgerufen, um auch mit leeren Dateien fertig werden zu können. Denn *feof* liefert erst dann ein *EOF*, wenn versucht wurde, das Dateiende zu überschreiten. *feof* liefert noch kein *EOF*, wenn das Dateiende erreicht ist. Diese Besonderheit ist wirklich wichtig und sollte präsent sein.

Lösung 2

```
#include <stdio.h>          /* UEB24-02.C */
#include <string.h>

#define LINELENGTH 300
#define NAMELENGTH 100

void main(void)
{
FILE *qfhd,*zfhd;
char str[LINELENGTH],qname[NAMELENGTH],zname[NAMELENGTH];

  printf("Bitte Quell-Dateinamen eingeben:");
  scanf("%s",qname);
  printf("Bitte Ziel-Dateinamen eingeben :");
  scanf("%s",zname);
  printf("\n");

  if((qfhd=fopen(qname,"r"))&&(zfhd=fopen(zname,"w")))
    {
      fgets(str,LINELENGTH, qfhd);
      while(!feof(qfhd))
        {
          reversstring(str);
          fputs(str,zfhd);
          puts(str);
          fgets(str,LINELENGTH, qfhd);
        }

    }
if(qfhd) fclose(qfhd);
else
  {
    printf("\nQuell-Datei konnte nicht geoeffnet \
werden\n\n");
  }

if(zfhd) fclose(zfhd);
else
  {
```

```
    printf("\nZiel-Datei konnte nicht geoeffnet werden\n\n");
  }
}
```

Den Quellcode dieses Beispiels finden Sie auf der Diskette unter \UEBUNG\UEB24-02.C.

Die benutzte Funktion *reversstring* wurde schon in einem anderen Übungskapitel beschrieben, so daß sie hier nicht mehr aufgeführt wird. Der Anweisungsblock der *if*-Bedingung, die beide *fopen*-Aufrufe enthält und mit *AND* verknüpft ist, wird nur dann ausgeführt, wenn tatsächlich die Quelldatei zum Lesen und die Zieldatei zum Schreiben geöffnet werden konnten. Die *fclose*-Aufrufe müssen jeweils getrennt in einer *if*-Anweisung stehen, weil für den Fall, daß nur eine Datei geöffnet werden konnte, nicht bestimmbar ist, welche geöffnet wurde und welche nicht. Daher wird jedes Filehandle daraufhin überprüft, ob es auf eine geöffnete Datei zeigt. Sie erinnern sich: Das Filehandle hat den Wert 0, wenn eine Datei nicht geöffnet wurde.

Der Rest der Lösung bedarf keiner weiteren Erklärung.

Lösung 3

```
#include <stdio.h>     /* UEB24-03.C */
#include <string.h>

#define LINELENGTH 300
#define NAMELENGTH 100
#define SEARCHSTRLENGTH 100
void main(void)
{
FILE *fhd;
char str[LINELENGTH],name[NAMELENGTH],
     searchstr[SEARCHSTRLENGTH];
unsigned int line=1;
int found=0;

  printf("Bitte Dateinamen eingeben:");
  scanf("%s",name);
  printf("Bitte Suchstring eingeben :");
  scanf("%s",searchstr);
  printf("\n");

  if((fhd=fopen(name,"r")))
    {
     fgets(str,LINELENGTH, fhd);
     while(!feof(fhd))
       {
```

```
         if(strstr(str,searchstr))
            {
            printf("Erstes Vorkommen von \"%s\" in Zeile %u \
und Spalte %u\n\n",
              searchstr,line,(unsigned int)(strstr(str,
                                searchstr)-str+1));
              found=1;
              break;
            }

         fgets(str,LINELENGTH, fhd);
         line++;
       }
     if(!found)
       printf("Suchstring nicht enthalten!\n\n");

     fclose(fhd);
   }
  else
   {
     printf("\nQuell-Datei konnte nicht geoeffnet
                werden\n\n");
   }
}
```

Den Quellcode dieses Beispiels finden Sie auf der Diskette unter \UEBUNG\UEB24-03.C.

Das Programm macht von der Funktion *strstr* Gebrauch, die feststellt, ob ein String in einem anderen enthalten ist. Da *strstr* nicht die Position innerhalb des Strings sondern die absolute Adresse der Position zurückliefert, muß diese von der Startadresse des Strings subtrahiert werden, um die gewünschte Position zu erhalten. Des weiteren wird noch 1 addiert, weil die erste Zeile nicht als Zeile 0 ausgegeben werden soll.

Lösung 4

```
#include <stdio.h>     /* UEB24-04.C */
#include <string.h>

#define NAMELENGTH 100
#define SEARCHSTRLENGTH 100
#define BLOCKSIZE 1000

char *ownstrstr(char *b, char *s, unsigned int g)
{
unsigned int x;
```

```
  for(x=0;x<(g-strlen(s));x++)
    if(!strncmp(b+x, s, strlen(s)))
      return(b+x);
  return(0);
}

void main(void)
{
FILE *fhd;
char block[BLOCKSIZE],name[NAMELENGTH],
     searchstr[SEARCHSTRLENGTH];
unsigned long pos=0;
int found=0;
size_t got=0;

  printf("Bitte Dateinamen eingeben:");
  scanf("%s",name);
  printf("Bitte Suchstring eingeben :");
  scanf("%s",searchstr);
  printf("\n");

  if((fhd=fopen(name,"rb")))
    {
      got=fread(block,sizeof(char), BLOCKSIZE, fhd);
      while(got)
        {
          if(ownstrstr(block,searchstr,got))
            {
              printf("Erstes Vorkommen von \"%s\" an \
Position %lu\n\n", searchstr,pos+
              (unsigned long) (ownstrstr(block,searchstr,
              got)-block));
              found=1;
              break;
            }

          pos+=got;

          if(got==BLOCKSIZE)
            {
              fseek(fhd,-(long)(strlen(searchstr)),SEEK_CUR);
              pos-=(unsigned long)(strlen(searchstr));
            }
          got=fread(block,sizeof(char), BLOCKSIZE, fhd);
        }
      if(!found)
        printf("Suchstring nicht enthalten!\n\n");
```

```
      fclose(fhd);
    }
  else
    {
      printf("\nQuell-Datei konnte nicht geoeffnet
             werden\n\n");
    }
}
```

Den Quellcode dieses Beispiels finden Sie auf der Diskette unter \UEBUNG\UEB24-04.C.

Es mußte eine eigene *strstr*-Funktion geschrieben werden, weil in Binärdateien auch der Wert 0 vorkommen kann, der für die normale *strstr*-Funktion das Ende des Strings bedeuten würde.

Um zu verhindern, daß ein Vorkommen des Suchstrings nicht gefunden wird, weil er sich über zwei Blöcke erstreckt, wird vor jedem Einlesen eines Blockes der Dateipositionszeigers um die Größe des Suchstrings zurückversetzt. Sollte einmal ein Vorkommen über zwei Blöcke gehen, wird es beim nächsten Einlesen komplett im Block stehen.

Lösung 5

Zuerst das Programm für Textdateien:

```
#include <stdio.h>     /* UEB24-05.C */
#include <string.h>

#define LINELENGTH 300
#define NAMELENGTH 100
#define SEARCHSTRLENGTH 100
void main(void)
{
FILE *fhd;
char str[LINELENGTH],name[NAMELENGTH],
     searchstr[SEARCHSTRLENGTH];
unsigned int line=1,fline,fcol;
int found=0;

  printf("Bitte Dateinamen eingeben:");
  scanf("%s",name);
  printf("Bitte Suchstring eingeben :");
  scanf("%s",searchstr);
  printf("\n");

  if((fhd=fopen(name,"r")))
```

```
    {
      fgets(str,LINELENGTH, fhd);
      while(!feof(fhd))
        {
          if(strstr(str,searchstr))
            {
              fline=line;
              fcol=(unsigned int)(strstr(str,searchstr)-
                    str+1);
              found=1;
            }

          fgets(str,LINELENGTH, fhd);
          line++;
        }
      if(found)
        printf("Letztes Vorkommen von \"%s\" in Zeile %u und \
Spalte %u\n\n",searchstr,fline,fcol);
      else
        printf("Suchstring nicht enthalten!\n\n");

      fclose(fhd);
    }
  else
    {
      printf("\nQuell-Datei konnte nicht geoeffnet \
werden\n\n");
    }
}
```

Den Quellcode dieses Beispiels finden Sie auf der Diskette unter \UEBUNG\UEB24-05.C.

Anstatt die Schleife abzubrechen, nachdem der Suchstring zum ersten Mal gefunden wurde, wird die Position des Fundes gespeichert und weitergesucht. Dadurch ist immer die zuletzt gefundene Position gespeichert.

Und nun das Programm für Binärdateien:

```
#include <stdio.h>     /* UEB24-06.C */
#include <string.h>

#define NAMELENGTH 100
#define SEARCHSTRLENGTH 100
#define BLOCKSIZE 1000

char *ownstrstr(char *b, char *s, unsigned int g)
{
```

```
unsigned int x;
  for(x=0;x<(g-strlen(s));x++)
    if(!strncmp(b+x, s, strlen(s)))
      return(b+x);
  return(0);
}

void main(void)
{
FILE *fhd;
char block[BLOCKSIZE],name[NAMELENGTH],
searchstr[SEARCHSTRLENGTH];
unsigned long pos=0,fpos;
int found=0;
size_t got=0;

  printf("Bitte Dateinamen eingeben:");
  scanf("%s",name);
  printf("Bitte Suchstring eingeben :");
  scanf("%s",searchstr);
  printf("\n");

  if((fhd=fopen(name,"rb")))
    {
      got=fread(block,sizeof(char), BLOCKSIZE, fhd);
      while(got)
        {
          if(ownstrstr(block,searchstr,got))
            {
              fpos=pos+(unsigned long)(ownstrstr(block,
                        searchstr,got)-
                   block);
              found=1;
            }

          pos+=got;

          if(got==BLOCKSIZE)
            {
              fseek(fhd,-(long)(strlen(searchstr)),SEEK_CUR);
              pos-=(unsigned long)(strlen(searchstr));
            }
          got=fread(block,sizeof(char), BLOCKSIZE, fhd);
        }
      if(found)
        printf("Letztes Vorkommen von \"%s\" an \
Position %lu\n\n",searchstr,fpos);
```

```
      else
        printf("Suchstring nicht enthalten!\n\n");

      fclose(fhd);
    }
  else
    {
      printf("\nQuell-Datei konnte nicht geoeffnet \
werden\n\n");
    }
}
```

Den Quellcode dieses Beispiels finden Sie auf der Diskette unter \UEBUNG\UEB24-06.C.

Lösung 6

Die Lösung wird hier nicht aufgeführt, weil es nach den letzten beiden Aufgaben wirklich ein Klacks ist, diese Aufgabe zu lösen. Sie brauchen lediglich an der Stelle, an der die Position bei jedem Fund aktualisiert wird, einen Zähler hochzählen zu lassen.

Lösung 7

```
#include <stdio.h>    /* UEB24-07.C */
#include <string.h>

#define LINELENGTH 300
#define NAMELENGTH 100
#define SEARCHSTRLENGTH 100
void main(void)
{
FILE *fhd=0,*sfhd=0;
char str[LINELENGTH],name[NAMELENGTH],sname[NAMELENGTH];
char searchstr[SEARCHSTRLENGTH];
unsigned int line=1,anz=0;
int found=0;

  printf("Bitte Dateinamen eingeben    :");
  scanf("%s",name);
  printf("Bitte Suchstring eingeben    :");
  scanf("%s",searchstr);
  printf("Bitte Zieldateinamen eingeben:");
  scanf("%s",sname);
  printf("\n");

  if((fhd=fopen(name,"r"))&&(sfhd=fopen(sname,"w")))
```

```
    {
      fgets(str,LINELENGTH, fhd);
      while(!feof(fhd))
        {
          if(strstr(str,searchstr))
            {
              anz++;
              fprintf(sfhd,"%u. Zeile %u an Position \
%u\n\n",anz,line,
                      (unsigned int)(strstr(str,searchstr)-
                       str+1));
              found=1;
            }

          fgets(str,LINELENGTH, fhd);
          line++;
        }

      fprintf(sfhd,"\"%s\" wurde %u mal gefunden.\n",
              searchstr,anz);
    }

  if(fhd)
    fclose(fhd);
  else
    printf("\nQuell-Datei konnte nicht geoeffnet \
werden\n\n");
  if(sfhd)
    fclose(sfhd);
  else
    printf("\nZiel-Datei konnte nicht geoeffnet werden\n\n");
}
```

Den Quellcode dieses Beispiels finden Sie auf der Diskette unter \UEBUNG\UEB24-07.C.

Aufgrund der vorhergehenden Aufgaben und den Erklärungen dazu, sollten Sie für den Fall, daß Sie nicht auf eine Lösung gekommen sind, in der Lage sein, die hier abgedruckte Lösung zu verstehen.

Lösung 8

```
#include <stdio.h>      /* UEB24-08.C */
#include <string.h>

#define LINELENGTH 300
#define NAMELENGTH 100
#define SEARCHSTRLENGTH 100
```

```
void delstr(char *str, char *sstr)
{
unsigned int x;

  while(strstr(str,sstr))
    {
      for(x=strstr(str,sstr)-str;x<=(strlen(str)-
strlen(sstr));x++)
        str[x]=str[x+strlen(sstr)];
    }
}

void main(void)
{
FILE *qfhd,*zfhd;
char str[LINELENGTH],qname[NAMELENGTH],zname[NAMELENGTH];
char searchstr[SEARCHSTRLENGTH];

  printf("Bitte Quell-Dateinamen eingeben:");
  scanf("%s",qname);
  printf("Zu loeschenden String eingeben :");
  scanf("%s",searchstr);
  printf("Bitte Ziel-Dateinamen eingeben :");
  scanf("%s",zname);
  printf("\n");

  if((qfhd=fopen(qname,"r"))&&(zfhd=fopen(zname,"w")))
    {
      fgets(str,LINELENGTH, qfhd);
      while(!feof(qfhd))
        {
          delstr(str,searchstr);
          fputs(str,zfhd);
          puts(str);
          fgets(str,LINELENGTH, qfhd);
        }

    }
if(qfhd) fclose(qfhd);
else
  {
    printf("\nQuell-Datei konnte nicht geoeffnet \
werden\n\n");
  }

if(zfhd) fclose(zfhd);
else
```

```
    {
      printf("\nZiel-Datei konnte nicht geoeffnet werden\n\n");
    }
}
```

Den Quellcode dieses Beispiels finden Sie auf der Diskette unter \UEBUNG\UEB24-08.C.

Eigentlich ist das Hauptprogramm identisch mit dem aus Aufgabe 2, nur das anstelle der *reversstring*-Funktion eine Funktion namens *delstr* geschrieben wurde, die alle Vorkommnisse eines Strings innerhalb eines anderen löscht.

Lösung 9

```
#include <stdio.h>     /* UEB24-09.C */
#include <string.h>
#include <ctype.h>

#define LINELENGTH 300
#define NAMELENGTH 100
#define CARRAYSIZE ('9'-'0'+1+'Z'-'A'+1)

void countchar(char *s, unsigned long *a)
{
unsigned int x;

  for(x=0;x<strlen(s);x++)
    {
      s[x]=toupper(s[x]);
      if((s[x]>='A')&&(s[x]<='Z'))
        a[s[x]-'A']++;
      if((s[x]>='0')&&(s[x]<='9'))
        a[s[x]-'0'+'Z'-'A'+1]++;
    }
}


void main(void)
{
FILE *qfhd,*zfhd;
char str[LINELENGTH],qname[NAMELENGTH],zname[NAMELENGTH];
unsigned long carray[CARRAYSIZE];
int x;

  for(x=0;x<CARRAYSIZE;x++)
    carray[x]=0;
```

```
  printf("Bitte Quell-Dateinamen eingeben:");
  scanf("%s",qname);
  printf("Bitte Ziel-Dateinamen eingeben :");
  scanf("%s",zname);
  printf("\n");

  if((qfhd=fopen(qname,"r")))
    {
      fgets(str,LINELENGTH, qfhd);
      while(!feof(qfhd))
        {
          countchar(str,carray);
          fgets(str,LINELENGTH, qfhd);
        }
      fclose(qfhd);
    }
  else
    {
      printf("\nQuell-Datei konnte nicht geoeffnet
            werden\n\n");
    }

  if((zfhd=fopen(zname,"w")))
    {
      fprintf(zfhd,"Zaehlung der Datei \"%s\":\n\n",qname);
        for(x=0;x<CARRAYSIZE;x++)
          fprintf(zfhd,"%c = %lu\n",((x<=('Z'-'A'))?x+'A':
                 x-'Z'+'A'-1+'0'),carray[x]);
      fclose(zfhd);
    }
  else
    {
      printf("\nZiel-Datei konnte nicht geoeffnet \
werden\n\n");
    }
}
```

Den Quellcode dieses Beispiels finden Sie auf der Diskette unter \UEBUNG\UEB24-09.C.

Vielleicht schauen wir uns zunächst noch einmal ein paar Grundlagen für das Rechnen mit ASCII-Zeichen an. Wie Sie sich sicher erinnern, können sie mit Zeichenkonstanten, also Zeichen innerhalb einfacher Anführungsstriche, rechnen. Was für eine Zahl glauben Sie, kommt bei der folgenden Berechnung heraus?

```
'B'-'A'
```

Wir brauchen gar nicht genau zu wissen, welchen Wert das *'B'* und welchen das *'A'* hat. Tatsache ist, daß das *'B'* hinter dem *'A'* kommt, also vom Wert her um eins größer sein muß. Wenn nun von einem Wert ('B') ein Wert abgezogen wird, der um eins kleiner ist ('A'), dann ist das Ergebnis immer 1. Schauen Sie sich folgendes an:

```
'C'-'A'+1
```

Es kommt der Wert 3 heraus. Wir haben somit die Anzahl der Buchstaben von A bis C ermittelt. Deswegen ergibt

```
'Z'-'A'+1
```

die Anzahl aller Buchstaben, und

```
'9'-'0'+1
```

ergibt die Anzahl aller Ziffern. Daher wird in folgendem *define*, das aus der Lösung entnommen wurde, die Anzahl aller Ziffern plus die Anzahl aller Buchstaben festgelegt.

```
#define CARRAYSIZE ('9'-'0'+1+'Z'-'A'+1)
```

Der Wert wird später im Programm gebraucht, um die Größe des Feldes, in dem gezählt wird, zu bestimmen.

Schauen Sie sich die Lösung gut an, und versuchen Sie, jeden Gebrauch von Zeichenkonstanten im Programm zu verstehen. Schauen Sie sich auch den Gebrauch des ?:-Operators in der Lösung an.

Natürlich kann das Programm durch die Verwendung von Funktionen aus *ctype.h* noch vereinfacht werden. Jedoch wurde in der Lösung darauf verzichtet, um noch ein wenig mehr Wissen vermitteln zu können.

Lösung 10

```
if((zfhd=fopen(zname,"w")))
  {
    unsigned int y;
    fprintf(zfhd,"Zaehlung der Datei \"%s\":\n\n",qname);
      for(x=0;x<CARRAYSIZE;x++)
        {
          for(y=0;y<((carray[x]%GROUPSIZE)?carray[x]/
              GROUPSIZE+1:
              carray[x]/GROUPSIZE);y++)
            fputc(((x<=('Z'-'A'))?x+'A':x-'Z'+'A'
                    -1+'0'),zfhd);
          fprintf(zfhd," (%lu)\n",carray[x]);
        }
```

```
      fprintf(zfhd,"\nEinheit: %u Zeichen
              aufgerundet.\n",GROUPSIZE);
      fclose(zfhd);
    }
  else
    {
      printf("\nZiel-Datei konnte nicht geoeffnet \
werden\n\n");
    }
```

Gegenüber der Lösung von Aufgabe 9 ändert sich lediglich die *if*-Anweisung, in der die Zieldatei beschrieben wird. Deshalb ist auch nur diese hier aufgeführt.

Lösung 11

```
  if((zfhd=fopen(zname,"w")))
    {
      unsigned int y,grpsiz=0;
      for(x=0;x<CARRAYSIZE;x++)
          if(carray[x]>grpsiz) grpsiz=carray[x];
      grpsiz/=OUTPUTLENGTH;
      if(!grpsiz) grpsiz=1;
      fprintf(zfhd,"Zaehlung der Datei \"%s\":\n\n",qname);
      for(x=0;x<CARRAYSIZE;x++)
        {
          for(y=0;y<((carray[x]%grpsiz)?carray[x]/grpsiz+1:
                    carray[x]/grpsiz);y++)
            fputc(((x<=('Z'-'A'))?x+'A':x-'Z'+'A'
                  -1+'0'),zfhd);
          fprintf(zfhd," (%lu)\n",carray[x]);
        }
      fprintf(zfhd,"\nEinheit: %lu Zeichen \
aufgerundet.\n",grpsiz);
      fclose(zfhd);
    }
  else
    {
      printf("\nZiel-Datei konnte nicht geoeffnet \
werden\n\n");
    }
```

Auch hier ändert sich nur wieder der Teil des Programms aus Aufgabe 10, in dem die Zieldatei beschrieben wird. Daher wird hier auch nur der relevante Teil abgedruckt.

25 Strukturen

Blicken wir einmal zurück auf unsere bisherige Reise durch die Welt der Variablen. Ganz am Anfang begegneten wir den ganzzahligen Variablen wie *int, long* und *short*. Wir lernten sie mit Vorzeichen und vorzeichenlos kennen. Später kam dann die Erweiterung des Zahlenbereichs durch die Fließkommazahlen in Form von *float* und *double*. Wir konnten von da ab fast jede beliebige Zahl darstellen. Nachdem wir etwas über die Lebensdauer der Variablen erfahren haben und den Unterschied zwischen lokalen und globalen Variablen kennenlernten, kamen wir zu den Variablen, die ein Zeichen aufnehmen konnten. Es war der Typ *char*. All diese Variablentypen gehören zu den elementaren Datentypen. Wir lernten noch die Zeiger kennen und fürchten und konnten dann funktionsübergreifend Variableninhalte verändern. Eine erste Zusammenfassung von elementaren Datentypen zu einer Gruppe wurde uns mit Hilfe der Felder möglich. Wir konnten eine Liste von Variablen des gleichen Typs mit einfachen Mitteln verwalten. Des weiteren beschäftigten wir uns mit Variablenfeldern bestehend aus *char*-Variablen, „Strings" genannt, und deren Sonderstellung.

Nachdem wir in den letzten Kapiteln das Verwalten von binären und textbasierten Dateien besprochen haben, steht nun eine weitere Etappe unserer Reise durch die Variablenwelt an. Auf unserer nächsten Station werden wir Möglichkeiten kennenlernen, mit denen Variablen von unterschiedlichen Typen zu einer Gruppe zusammengefaßt werden können.

Stellen wir uns vor, wir müßten bestimmte Daten einer Person speichern. Der Einfachheit halber nehmen wir den Vornamen, Nachnamen, Bruttogehalt und Alter. Die entsprechenden Variablen sind schnell definiert:

```
char Vorname[40];
char Nachname[40];
int Bruttogehalt;
int Alter;
```

Mit unserem jetzigen Wissen sind wir problemlos in der Lage, ein Programm zu schreiben, das den Benutzer nach den einzelnen Informationen fragt, sie in die Variablen schreibt, und dann als Textdatei oder binär speichert. Sie können es zur Übung ja einmal programmieren.

Was aber, wenn die Daten von 100 Personen verarbeitet werden sollen? Mit unserem jetzigen Wissen gäbe das eine nicht sehr elegante Lösung. Überlegen Sie einmal, welche. Genau, wir könnten einfach von jedem Datum ein Feld erzeugen:

```
char Vorname[100][40];
char Nachname[100][40];
int Bruttogehalt[100];
int Alter[100];
```

Das ist möglich. Eleganter wäre es jedoch, einen neuen Datentyp zu entwerfen, der all unsere benötigten Informationen beinhaltet, und dann einfach ein Feld mit diesem Datentyp anzulegen.

Deklaration einer Struktur

Diese Eleganz ist in C kein Problem und wird als Struktur bezeichnet. Das C-Schlüsselwort dafür ist **struct**.

Syntax

```
struct Personendaten
  {
    char Vorname[40];
    char Nachname[40];
    int Bruttogehalt;
    int Alter;
  };
```

Wir haben nun eine Stuktur namens *Personendaten* deklariert. Bitte beachten Sie, daß das Semikolon hinter der geschweiften Klammer kein Schreibfehler ist. Es dient zum ordnungsgemäßen Abschluß der Struktur.

> Der Anweisungblock einer Struktur wird hinter der geschlossenen geschweiften Klammer mit Semikolon abgeschlossen.

Die einzelnen Elemente einer Struktur bezeichnet man auch als **Member**, was auf Deutsch soviel wie „Mitglied" heißt.

Definition

Wollen wir nun eine Variable diesen Typs definieren, so geschieht dies wie folgt:

```
struct Personendaten person;
```

Syntax

Zugriff auf die Elemente

Wir haben nun eine Variable namens *person* erzeugt, die vom Typ *struct Personendaten* ist. Auf die einzelnen Elemente der Struktur greifen wir wie folgt zu:

```
person.Alter=34;
person.Bruttogehalt=6700;
strcpy(person.Vorname,"Joseph");
strcpy(person.Nachname,"Müller");
```

Wie Sie sehen, erfolgt der Zugriff genauso, wie sie es von den einzelnen Komponenten (String und *int*-Variable) gewohnt sind. Nur muß dem Variablennamen der Name der Strukturvariablen, gefolgt von einem Punkt, vorangehen, damit der Compiler weiß, daß die Variable innerhalb der Struktur gemeint ist.

Elemente besitzen eigenen Bezugsrahmen

Da die einzelnen Komponenten innerhalb der Struktur stehen, können Sie den Namen außerhalb der Struktur weiterhin gebrauchen. Sie können zum Beispiel zusätzlich noch eine weitere Variable definieren:

```
int Alter=48;
```

Sie können dann über den Namen *Alter* auf die einzelne Variable und über den Namen der Strukturvariablen *person.Alter* auf die Variable innerhalb der Struktur zugreifen. Die Variablennamen innerhalb der Struktur besitzen also einen lokalen Charakter. Sie könnten auch eine zweite Struktur entwerfen, in der Sie auch Namen benutzen können, die Sie vorher schon in der ersten Struktur benutzt haben. Hier einmal ein vollständiges Beispiel:

```
#include <stdio.h>     /* PRG25-01.C */
#include <string.h>

struct Personendaten
  {
    char Vorname[40];
    char Nachname[40];
    int Bruttogehalt;
    int Alter;
  };

void main(void)
{
  struct Personendaten person, person2;

  person.Alter=34;
```

```
    person.Bruttogehalt=6700;
    strcpy(person.Vorname,"Joseph");
    strcpy(person.Nachname,"Müller");

    printf("%s,%s. Alter:%i Bruttogehalt:%i\n",person.Nachname,
    person.Vorname,person.Alter,person.Bruttogehalt);

    person2=person;

    printf("%s,%s. Alter:%i Bruttogehalt:%i\n",person2.Nach \
name, person2.Vorname,person2.Alter,
person2.Bruttogehalt);
}
```

Den Quellcode dieses Beispiels finden Sie auf der Diskette unter \BEISPIEL\BSP25-01.C.

Die Struktur wurde außerhalb einer Funktion deklariert. Warum? Damit sie global ist und in jeder Funktion zur Verfügung steht. In *main* wurden zwei Variablen vom Typ *struct* Personendaten definiert. Der Rest dürfte Ihnen bekannt sein. Wenn Sie sich das Programm genau ansehen, wird Ihnen eine angenehme Eigenschaft von Strukturen auffallen. Erkennen Sie sie?

> Strukturen können genauso mit Hilfe des Zuweisungsoperators = kopiert werden wie die elementaren Datentypen.

Obwohl die Strukturen Strings enthalten, werden sie mitkopiert, ohne daß auf die entsprechenden Stringkopierfunktionen zurückgegriffen werden muß.

> Strukturen besitzen fast alle Vorzüge elementarer Datentypen.

Strukturen als Funktionsparameter

Dies wirkt sich auch darauf aus, daß Sie Strukturen als Funktionsparameter deklarieren können. Es wird dann automatisch eine Kopie angelegt, die als lokale Variable der Funktion zur Verfügung steht, genauso, wie Sie es von den elementaren Datentypen wie z.B. *int* gewohnt sind. Sie brauchen also nicht – wie es bei den Feldern nötig ist – eine Referenz auf die Struktur zu übergeben[1].

Diesen Vorteil könnten Sie sich wiederum bei den Feldern zunutze machen. Sie bräuchten einfach nur ein Feld in eine Struktur einzubetten und schon könnten Sie auch ein Feld als Funktionsparameter

1 Es sei denn, daß die Funktion die Inhalte der Originalstruktur verändern soll. Dann kommen Sie an Zeigern nicht vorbei (zumindest nicht in C).

nutzen. Ein kleiner Nachteil wäre es jedoch, daß Sie dann immer über die Struktur auf das Feld zugreifen müßten.

Initialisierung

Im Beispielprogramm wurde die Initialisierung der Struktur nach der Definition vorgenommen. Sie hätten die Initialisierung aber auch – genau wie bei den anderen Variablentypen – direkt bei der Definition vornehmen können:

```
struct Personendaten person={"Joseph", "Müller",  6700, 34};
```

Beachten Sie, daß die Reihenfolge der Initialisierungswerte mit der Reihenfolge der Variablen in der Strukturdeklaration übereinstimmen muß.

25.1 Zeiger auf Strukturen

Kommen wir nun zu unserem „Lieblingsthema" zurück: den Zeigern. Natürlich kann man auch Zeiger auf Strukturen definieren. Schauen wir uns erst noch einmal die Definition einer Variablen vom Typ unserer eigenen Struktur an:

```
struct Personendaten person;
```

Definition eines Zeigers

Wenn Sie sich noch daran erinnern, wie die Zeiger auf andere Variablentypen definiert wurden, dürfte es Ihnen nicht schwerfallen, einen Zeiger auf eine Struktur vom Typ *struct Personendaten* zu definieren.

Syntax

```
struct Personendaten *personptr;
```

Zuweisung

Die Zuweisung erfolgt ebenfalls analog. Da ein Zeiger ja die Adresse einer Variablen des Typs, auf die er zeigt, speichert, müssen wir einfach die Adresse übergeben:

```
personptr=&person;
```

Der Zugriff auf die einzelnen Komponenten einer normalen Strukturvariablen geschah zum Beispiel wie folgt:

```
person.Alter=34;
```

Zugriff

Der Zugriff über einen Zeiger erfordert eine andere Schreibweise:

```
Personptr->Alter=40;
```

Diese Schreibweise ist sehr intuitiv, weil man sich den aus Bindestrich und Größerzeichen entstehenden Pfeil gut als „zeigt auf" vorstellen kann. Es ist natürlich klar, daß sich durch diese Zuweisung die Variable *Alter* der Strukturvariablen *person* geändert hat, weil ja *personptr* auf die Variable *person* zeigt. Die Anweisung

```
printf("Alter = %i", person.Alter);
```

ergibt demnach als Alter den Wert 40. Schauen Sie sich einmal folgendes Fragment an:

```
struct Personendaten a, b, c, *d, *e;

b=a;
d=&b;
e=&c;
*e=*d;
e=d;
```

Zuerst werden *a,b* und *c* als Strukturvariablen und *d* und *e* als Zeiger auf eine Struktur definiert. Die erste Zeile kopiert den Inhalt der Strukturvariablen *a* komplett in die Strukturvariable *b*. Die zweite Zeile weist die Adresse von *b* dem Zeiger *d* zu. *d* zeigt somit auf *b*. In der nächsten Zeile wird die Adresse von *c* dem Zeiger *e* zugewiesen, wodurch er auf *c* zeigt. Dann wird durch die Dereferenzierung von *e* und *d* der Inhalt der Variablen, auf die *d* zeigt, komplett in die Variable kopiert, auf die *e* zeigt. Weil aber *d* auf *b* und *e* auf *c* zeigen, wird der Inhalt von *b* nach *c* kopiert. In der letzten Zeile wird der Inhalt von *d* nach *e* kopiert. Da sowohl *d* als auch *e* Zeiger sind, wird hier nur eine Adresse kopiert, weil der Dereferenzierungsoperator fehlt. Deshalb zeigt *e* nun auf die gleiche Variable, auf die *d* zeigt, nämlich auf *b*. Hat man das Kapitel 18 über Zeiger verstanden, müßten diese Zuweisungen problemlos nachzuvollziehen sein. Andernfalls möchte ich Ihnen empfehlen, sich Kapitel 18 noch einmal zu Gemüte zu führen. Weiter geht's:

```
struct Personendaten x,*y;

y=&x;
x.Alter=28;
y->Bruttogehalt=3000;
```

Durch beide Zuweisungen wird nur die Variable *x* geändert, weil *y* auf *x* zeigt.

25.2 Felder von Strukturen

Da Felder häufig eine elegante Möglichkeit zur Problemlösung bilden, wollen wir hier das Erstellen von Strukturfeldern besprechen. Schauen wir uns die Felder noch einmal an einem bekannten Beispiel an. Eine normale *int*-Variable wird folgendermaßen definiert:

```
int x;
```

Wollten wir ein Feld von 100 Einträgen definieren, sähe dies so aus:

```
int x[100];
```

Bedenken Sie dabei, daß der erste Wert den Index Null hat (*x[0]*) und der letzte, sprich hundertste Wert den Index 99 (*x[99]*). Bei Strukturen verläuft die Definition analog. So sieht eine Definition einer einzelnen Strukturvariablen aus:

```
struct Personendaten person;
```

Definition

Wollten Sie nun 100 Personen verwaltet, müßten sie folgendes schreiben:

Syntax

```
struct Personendaten personen[100];
```

Soll nun das Alter der vierten Person gesetzt werden, dann geschieht dies folgendermaßen:

```
personen[3].Alter=65;
```

Feld von Zeigern auf Strukturen

Drei deswegen, weil ja die erste Person den Index 0 hat. Des weiteren könnte man nun ein Feld von Zeigern auf die Struktur *struct Personendaten* definieren:

```
struct Personendaten *personenptr[100];
```

Sie sollten nun wissen, wie Sie das Bruttogehalt der Person ändern, auf die der 20. Zeiger zeigt:

```
personenptr[19]->Bruttogehalt=5000;
```

Soviel zum Thema Felder von Strukturen.

25.3 Verschachtelte Strukturen

Genauso wie die Anweisungsblöcke anderer Konstrukte können auch Strukturen verschachtelt werden. Allerdings gestaltet es sich ein wenig anders. Zuerst wird eine innere Struktur deklariert:

```
struct S_Adresse
  {
    char Strasse[100];
    unsigned long PLZ;
    char Ort[80];
  };
```

Dann wird diese als Variable in die andere Struktur eingesetzt.

```
struct Personendaten
  {
    struct S_Adresse Adresse;
```

```
    char Vorname[40];
    char Nachname[40];
    int Bruttogehalt;
    int Alter;
  };
```

Zugriff

Auf die bereits bekannten Komponenten von *Personendaten* wird wie bisher zugegriffen. Angenommen, daß *person* eine Variable vom Typ *struct Personendaten* ist, werden die Komponenten der inneren Struktur *Adresse* folgendermaßen angesprochen:

```
person.Adresse.PLZ=50000;
```

Da diese verschachelte Struktur nach außen hin wiederum eine Struktur ist, werden bei einem Kopiervorgang erfreulicherweise sowohl die Hauptstruktur als auch die innere Struktur vollständig kopiert.

```
struct Personendaten person, person2;

person2=person;
```

Abbildung 25.1 stellt die 1:1 Vervielfältigung einer verschachtelten Struktur dar.

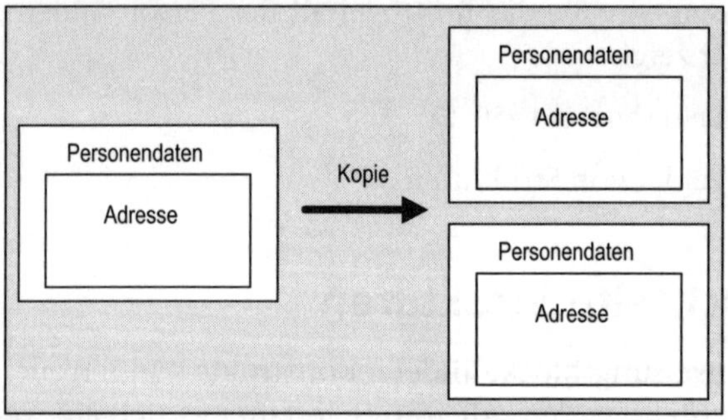

Abbildung 25.1: Anfertigung einer Kopie von einer verschachtelten Struktur

person2 ist inhaltlich nun vollkommen mit *person* identisch, es wurde eine 1:1 Kopie angefertigt[2].

Man kann die Daten der inneren Struktur auch komplett außerhalb der Hauptstruktur verwalten und nur auf sie verweisen. Dazu muß die Hauptstruktur folgendermaßen deklariert werden:

```
struct Personendaten2
  {
```

2 Durch diese vollständige Kopie ist gewährleistet, daß Änderungen der einen Variablen keine Auswirkungen auf die andere haben.

```
    struct S_Adresse *Adresse;

    char Vorname[40];
    char Nachname[40];
    int Bruttogehalt;
    int Alter;
  };
```

Wie Sie sehen, ist die Deklaration der Variablen *Adresse* einem Zeiger mit Namen *Adresse* gewichen. Folgendes Fragment ist nun nötig, um den gleichen Effekt wie zuvor zu erzielen:

```
struct S_Adresse madresse;
struct Personendaten2 mdaten;

mdaten.Adresse=&madresse;
```

Zuerst muß getrennt von der Variablen des Typs *Personendaten* eine Variable vom Typ *S_Adresse* erzeugt werden, weil sie ja nicht mehr in der Struktur *Personendaten* vorhanden ist, sondern nur noch ein Verweis darauf existiert. Danach wird eine Variable vom Typ *Personendaten* definiert. Letztlich wird die Adresse von *madresse* dem Zeiger innerhalb der Variablen *mdaten* zugewiesen. Die Situation ist in Abbildung 25.2 grafisch dargestellt.

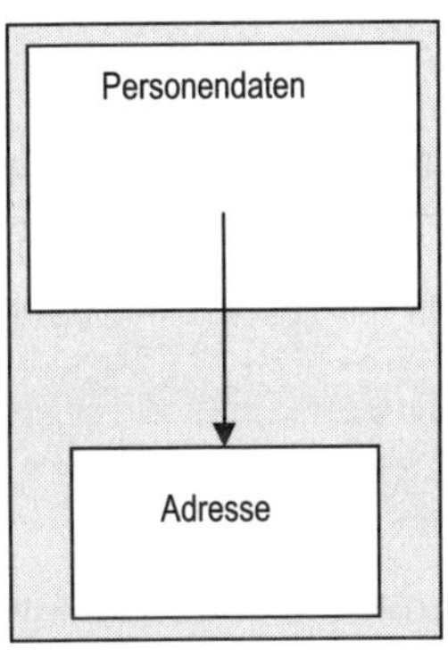

Abbildung 25.1: Eine Verschachtelung in Form einer Referenz

Wie müßten Sie nun über *mdaten* auf die PLZ zugreifen? Ganz einfach:

```
mdaten.Adresse->PLZ=40000;
```

Zuerst wird auf *Adresse* innerhalb der Struktur *Personendaten* mit einem Punkt adressiert, weil *mdaten* eine echte Variable ist. Von *Adresse* muß aber mit -> weiter auf *PLZ* adressiert werden, weil hinter *Adresse* keine tatsächliche Struktur, sondern nur ein Verweis steckt. Bitte beachten Sie folgendes:

```
struct S_Adresse madresse;
struct Personendaten2 mdaten, mdaten2;

mdaten.Adresse=&madresse;

mdaten2=mdaten;
```

Hier wird zum Schluß *mdaten* nach *mdaten2* kopiert. *mdaten2* ist nun eine Kopie von *mdaten*. Der Inhalt exisiert nun zweimal. *madresse* wurde aber nicht kopiert. Da die Hauptstruktur nur einen Verweis auf *madresse* beinhaltet, wurde auch nur dieser Verweis kopiert. Das heißt, daß beide Variablen (*mdaten* und *mdaten2*) den selben Zeiger beinhalten, sprich: Sie zeigen auf dieselbe Adresse. Das heißt, *madresse* ist nun sowohl die Adresse von *mdaten* und von *mdaten2*. Abbildung 25.3 zeigt diesen Sachverhalt.

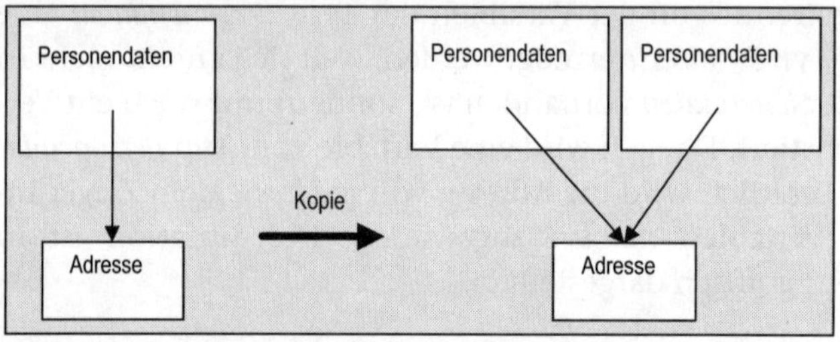

Abbildung 25.1: Abbildung 25.3: Die Folgen einer flachen Kopie

Flache Kopie

Würden Sie jetzt die Adresse von *mdaten* ändern, änderte sich automatisch die Adresse von *mdaten2*.

> Kopien, bei denen nur das zu kopierende Element selbst kopiert wird, nicht aber die Elemente, auf die eventuelle Zeiger verweisen, nennt man *flache Kopien.*

Der Nachteil einer flachen Kopie liegt darin begründet, daß nicht alle die Kopie betreffenden Daten mitkopiert werden[3]. Schauen Sie sich noch einmal das obige Beispiel an. Angenommen, sie hätten *mdaten2* als Sicherheitskopie von *mdaten* angefertigt. Nun könnte bei einer vollständigen Kopie *mdaten* beliebig geändert und bei Bedarf mit Hilfe von *mdaten2* wieder in den Ursprungszustand versetzt werden. Da bei dieser flachen Kopie aber nur der Verweis auf die Adresse,

3 Die Bezeichnungen *flache Kopie* und *tiefe Kopie* werden nur im Zusammenhang mit Datentypen verwendet, die Verweise auf andere Datentypen besitzen. Bei dem ersten Beispiel unserer verschachtelten Struktur, wo *S_Adresse* komplett in *Personendaten* enthalten war, spricht man nicht von einer tiefen Kopie, weil keine Verweise im Spiel waren.

nicht aber die Adresse selbst kopiert wurde, können eventuelle Änderungen an der Adresse nicht rückgängig gemacht werden, eben weil die Änderungen sich nicht nur auf *mdaten* sondern auch auf *mdaten2* beziehen würden, und somit auch die vermeintliche Sicherungskopie verändert worden wäre.

> Eine Kopie, bei der sowohl das zu kopierende Element selbst als auch alle Elemente, auf die verwiesen wird, kopiert werden, nennt man *tiefe Kopie*.

Tiefe Kopie

Das Erstellen tiefer Kopien ist mit unserem augenblicklichen Wissen nur mangelhaft und kompliziert zu bewerkstelligen. Wir verschieben das Thema daher, bis wir die dynamische Speicherverwaltung kennengelernt haben.

25.4 Das Speichern von Strukturen

Nachdem man Strukturen entworfen und früher oder später auch ein Programm geschrieben hat, in welchem diese Strukturen benutzt werden, möchte man natürlich auch die Strukturen abspeichern können. Das Abspeichern der Strukturen erfolgt auf einfachste Weise. Da in Strukturen sowohl Strings als auch numerische Variablen vorkommen können, bietet sich die Speicherung als binäre Datei an. Das Öffnen und Schließen von binären Dateien wurde ausgiebig in 23.2 behandelt, so daß hier nur auf die Speicherung selbst eingegangen wird.

Schauen wir uns nochmal die Befehle zum Speichern und Laden von binären Daten an:

```
anz=fwrite(adresse,groesse,anzahl,fhd);

anz=fread(adresse,groesse,anzahl,fhd);
```

Größenbestimmung

Zuerst brauchen wir die Größe. Gehen wir wieder von folgender Struktur aus:

```
struct Personendaten
  {
    char Vorname[40];
    char Nachname[40];
    int Bruttogehalt;
    int Alter;
  };
```

Man kann die Bytegröße einer Struktur elegant mit der *sizeof*-Anweisung bestimmen.

```
groesse=sizeof(struct Personendaten);
```

Natürlich kann auch die Größe einer schon definierten Variablen bestimmt werden:

```
struct Personendaten pdaten;
groesse=sizeof(pdaten);
```

Damit sähe das konkrete Speichern der Variablen *pdaten* folgendermaßen aus[4]:

```
anz=fwrite(&pdaten, sizeof(pdaten), 1, fhd);
```

Es ist jedoch aussagekräftiger, wenn Sie in der *sizeof*-Anweisung den Namen der Struktur verwenden. Dadurch weiß man an der Stelle genau, was für ein Variablentyp abgespeichert wird:

```
anz=fwrite(&pdaten, sizeof(struct Personendaten), 1, fhd);
```

Das Laden verläuft analog:

```
anz=fread(&pdaten, sizeof(struct Personendaten), 1, fhd);
```

Beachten Sie jedoch, daß das Portieren einer so abgespeicherten Datei auf eine andere Plattform zu Schwierigkeiten führen kann. Auf bestimmten Systemen dürfen aus prozessortechnischen Gründen Variablen bestimmter Größe nur an geraden oder durch 4 teilbaren Adressen liegen. Diese Forderung nennt man **Alignment**, was auf deutsch soviel wie „Ausrichtung" bedeutet.

Sollte vor solch einer Adresse gerade eine 1Byte-Variable an einer geraden Adresse liegen, müßte die folgende Variable an einer ungeraden beginnen. Damit dies nicht passiert, wird ein Füllbyte eingefügt, um die nachfolgende Variable auch wirklich an einer geraden Adresse beginnen zu lassen.

Speichert man auf so einem System eine Struktur ab, werden die Füllbytes natürlich mit abgespeichert. Soll diese Datei nun auf einem System geladen werden, welches solche Füllbytes nicht benötigt, wird der Inhalt der Struktur komplett anders interpretiert, und die Fehler sind da.

---

4 Der Adreßoperator wird deswegen benutzt, weil *fwrite* an dieser Stelle die Adresse der zu speichernden Variablen verlangt.

Besteht also die Möglichkeit, daß die abgespeicherte Datei portiert werden soll, müssen alle Elemente der Struktur einzeln abgespeichert und auch wieder eingelesen werden.

Dessenungeachtet sollten Sie aber für den Fall, daß die Datei auf dem entsprechenden System bleibt, weiterhin die Struktur komplett abspeichern, weil es Arbeit spart.

25.5 Unions

Stellen Sie sich vor, Sie bräuchten eine Struktur, in der entweder ein String oder eine Ganzzahl oder eine Fließkommazahl gespeichert werden müßte, aber nie zwei oder drei der verschiedenen Typen zusammen. Entwerfen Sie einmal einen Datentyp, der diesen Anforderungen gerecht wird. Ich vermute, daß er so oder so ähnlich wie dieser hier aussehen wird.

```
struct block
  {
    char string[10];
    int integer;
    double dbl;
  };
```

Nun ist dies aus der Sicht des Speichers eine äußerst verschwenderische Variante. Würden Sie einen *int*-Wert speichern, hätten Sie mindestens 14 Bytes verschwendet (wegen des Strings und der *double*-Variablen). Etwas weniger aber immer noch genug wird verschwendet, wenn Sie einen String oder eine Fließkommazahl speichern.

union

Deswegen hat man sich für den Fall, daß immer nur ein Wert von mehreren gespeichert werden muß, eine Variante der Struktur ausgedacht, die **union**, was auf deutsch „Zusammenschluß" heißt.

Syntax

```
union block
  {
    char string[10];
    int integer;
    double dbl;
  };
```

Nun ist die Umwandlung der Struktur in eine *union* denkbar einfach. Es muß nur das Wort *struct* gegen das Wort *union* ausgetauscht werden. In diesem Fall ist die union 10 Bytes groß, weil das größte Datenelement in ihr der String ist[5]. Schreiben Sie in die *union* einen String, können Sie ihn natürlich auch auslesen. Sollten Sie danach aber einen *int*-Wert speichern, wird der String überschrieben. Dazu ein kleines Beispiel:

```
#include <stdio.h>      /* PRG25-02.C */
#include <string.h>

union block
  {
    char string[20];
    double dbl;
    int integer;
  };

void main(void)
{
union block sammlung;

  sammlung.integer=20;
  printf("int = %i\n",sammlung.integer);

  strcpy(sammlung.string, "Johann");
  printf("string = %s\n", sammlung.string);
  printf("int = %i\n",sammlung.integer);

  sammlung.dbl=3.1415926535;
  printf("double = %f\n",sammlung.dbl);
  printf("string = %s\n", sammlung.string);
  printf("int = %i\n",sammlung.integer);
}
```

Den Quellcode dieses Beispiels finden Sie auf der Diskette unter \BEISPIEL\BSP25-02.C.

Schauen wir uns einmal die *main*-Funktion an. Zuerst wird dem *int*-Wert 20 zugewiesen. Die nachfolgende Ausgabe bestätigt die Speicherung. Die folgende Anweisung kopiert „Johann" in den String hinein. Auch dies wird von der folgenden Ausgabe bestätigt. Doch bei der darauffolgenden Ausgabe, die eigentlich 20 ausgeben müßte, tritt etwas überraschendes auf. Eine andere Zahl erscheint, aber nicht 20. Das liegt daran, daß alle drei Komponenten der *union* den gleichen Speicherplatz benutzen. Es ist darum nicht verwunderlich, daß, nachdem die Fließkommazahl zugewiesen wurde, sie auch korrekt

5 Es ist jedoch sehr wichtig, sich immer vor Augen zu halten, daß durch die Speicherplatzeinsparung nur immer einer der in der *union* enthaltenen Datentypen gespeichert werden kann.

ausgeben wird. Nicht korrekt ist jedoch die folgende Ausgabe des Strings und des *int*-Wertes. Sie kann es auch nicht, weil sie durch die Fließkommazahl überschrieben wurden.

> Während bei einer Struktur jedes Element seinen eigenen Speicherplatz bekommt, benutzen bei einer union alle Elemente denselben Speicherplatz. Die Größe des Speicherplatzes richtet sich nach dem größten Element der union.

Mit *unions* kann all das gemacht werden, was auch mit Strukturen gemacht werden kann. Abgesehen natürlich von den Einschränkungen, die die Tatsache mit sich bringt, daß nur immer ein Variablentyp gleichzeitig in einer *union* gespeichert werden kann.

Mit der zunehmenden Größe des Arbeitsspeichers im Computer werden die praktischen Anwendungen der *union* immer mehr eingegrenzt. Sie ist jedoch in einigen Fällen immer noch sinnvoll. Dazu folgendes Beispiel: Sie möchten eine Adressenkartei anlegen und fangen mit der Planung des Datentyps an. Nun soll die Kartei sowohl die privaten als auch die geschäftlichen Adressen verwalten. Es ist klar, daß bei den privaten Adressen andere Informationen wichtig sind als bei den geschäftlichen. Im Hinblick auf die Benutzung einer *union* entwerfen wir die Struktur für die privaten und für die geschäftlichen Adressen getrennt:

```
struct Privat
  {
    char Vorname[40];
    char Nachname[40];
    char GebDatum[[12]
    char Sternzeichen[20];
    char Telefon[20];
    char Strasse[100];
    char Ort[50];
  };

struct Business
  {
    char Vorname[40];
    char Nachname[40];
    char Firma[40];
    char TelefonPrivat[20];
    char TelefonBüro[20];
    char Strasse[100];
    char Ort[50];
  };
```

```
union PInfo
  {
    struct Privat privat;
    struct Business business;
  };
```

Nun brauchen wir noch eine Möglichkeit zur Unterscheidung zwischen den privaten und den geschäftlichen Adressen, daher erstellen wir die folgende Struktur:

```
struct Adresse
  {
    int isprivat;
    union Pinfo pinfo;
  };
```

isprivat wird als wahr/falsch-Variable benutzt. Ist sie wahr, ist die Adresse privat, ansonsten ist sie geschäftlich. Eine Variable vom Typ Adresse wird wie gewohnt definiert:

```
struct Adresse adr;
```

Als Beispiel für den Zugriff wird folgende Ausgabe implementiert: Ist es eine private Adresse, wird das Sternzeichen ausgegeben. Bei einer Geschäftsadresse wird die Firma ausgegeben:

```
if(adr.isprivat)
  printf("Sternzeichen : %s", adr.pinfo.privat.Sternzeichen);
else
  printf("Firma : %s", adr.pinfo.business.Firma);
```

25.6 Der Aufzählungstyp enum

Ein weiterer Datentyp, den wir jetzt kennenlernen werden, ist der Aufzählungstyp **enum**. *enum* ist die Abkürzung von „enumeration", was auf deutsch soviel wie „Aufzählung" heißt. *enum* ist ein Ganzzahltyp, dessen Zahlenmenge aber eingeschränkt ist, zum Beispiel:

Syntax

```
enum Woche{MO,DI,MI,DO,FR,SA,SO};
```

Es wurde nun ein Variablentyp namens *Woche* deklariert, der genau sieben Werte annehmen kann (MO,DI,MI,DO,FR,SA,SO). Der Name Aufzählungstyp kommt daher, daß C den sieben Konstanten Werte zuweist. MO hat den Wert 1, DI=2 usw. bis SO=7. Wir können nun eine Variable definieren:

```
enum Woche tag;

tag=MI;
```

In diesem Beispiel hätte *tag* den Wert 3. Folgendes wäre jedoch nicht erlaubt:

```
tag=10;
```

Da *tag* nur für die Werte 1 bis 7 definiert ist, wird diese Anweisung einen Fehler bei der Kompilation hervorrufen[6]. Sie können die Werte auch zur Schleifensteuerung benutzen. Für den Fall, daß Sie alle Wochentage durchgehen möchten:

```
for(tag=MO; tag<=SO; tag++)
```

Zuweisungen an andere Ganzzahl-Variablen sind möglich:

```
int x;
short y;

x=DO;
x=tag;
y=tag;

tag=x;
```

Wie Sie sehen, können die Aufzählungstypen anderen Ganzzahl-Variablen zugewiesen werden. Die letzte Anweisung jedoch wird wieder einen Fehler bei der Kompilation hervorrufen, weil *x* eine größere Zahlenmenge repräsentiert als *tag*. Es könnte daher sein, daß *x* einen Wert besitzt, der für *tag* nicht zulässig ist. Deswegen meckert der Compiler[7]. Sie können jedoch mit einer expliziten Typumwandlung[8] eine Zuweisung erzwingen.

```
tag=(Woche)(x);
```

Sie sollten jedoch sicherstellen, daß *x* tatsächlich immer einen für *tag* gültigen Wert annimmt[9]. Sie können die einzelnen Werte des Aufzählungstyps auch selbst bestimmen:

```
enum Monate{JAN=3, FEB, MAR, APR=20, MAI,  JUN,  JUL=100,
            AUG=35, SEP, OKT, NOV, DEZ=0};
```

---

6 Genaugenommen wird dieser Fehler erst ab C++ gemeldet. C akzeptiert diesen Schnitzer widerspruchslos. Sie sollten in Anbetracht der Situation, daß Sie später einmal C++ programmieren werden, jedoch jetzt schon diese Schreibweise meiden. Warum sich jetzt etwas angewöhnen, was Sie sich bald schon wieder abgewöhnen müssen.

7 Auch hier gilt wieder, daß der Fehler erst ab C++ gemeldet wird und noch nicht bei C. Trotzdem sollten Sie versuchen, ihn zu vermeiden.

8 Die explizite Typumwandlung wird mit dem *cast*-Operator vorgenommen.

9 Um dies sicherzustellen, definieren sie *x* am besten auch als vom Typ *Woche*. Dann brauchen Sie auch keine explizite Typumwandlung mehr.

Die einzelnen Werte wurden wie folgt vergeben: JAN=3, FEB=4, MAR=5, APR=20, MAI=21, JUN=22, JUL=100, AUG=35, SEP=36, OKT=37, NOV=38, DEZ=0. Daraus läßt sich folgende Regel ableiten:

> Ist der Wert einer Konstanten nicht explizit angegeben, ist er um 1 höher als der ihrer Vorgängerin. Ist der Wert der ersten Konstanten nicht explizit angegeben, dann ist er 1.

25.7 Eigene Typen mit typedef

In C hat man die Möglichkeit, eigene Variablentypen zu deklarieren. Dies hat den Vorteil, daß der tatsächliche Variablentyp im Programm nicht vorkommt und entsprechende Änderungen nur an der Typendefinition vorgenommen werden müssen. Nehmen wir zum Beispiel die Struktur *Adresse* aus dem vorherigen Kapitel. Wir deklarieren nun einen neuen Variablentyp namens *TAdresse*[10].

Syntax

```
typedef struct Adresse TAdresse;
```

Definition

Nun können Sie eine Variable vom neuen Typ definieren:

```
TAdresse adr;
```

Dies läuft auf dasselbe hinaus als schrieben Sie *struct Adresse adr;*. Die Variante mit der Typendeklaration ist jedoch die elegantere[11]. Sie können die Typendeklaration auch direkt mit der Strukturdeklaration verbinden:

```
typedef struct Adresse
  {
    int isprivat;
    union Pinfo pinfo;
  } TAdresse;
```

Dies hat die gleiche Wirkung wie das getrennte Deklarieren der Struktur mit anschließender Typendeklaration. Auch mit den anderen Datentypen kann ein neuer Typ erzeugt werden:

```
typedef int integer;
typedef unsigned int UINT;
typedef char Name[40];
```

10 Der Name mit führendem T ist für die Deklaration nicht zwingend. Es bietet sich aber an, den Namen selbstdeklarierter Typen mit einem T oder T_ beginnen zu lassen, um das Programm lesbarer zu gestalten.

11 Die Typendeklaration ist nicht zu vergleichen mit der *#define*-Anweisung des Präprozessors, mit der ähnliche Effekte zu erzielen wären. *typedef* ist ein Element der Sprache C.

Die erste Anweisung erzeugt einen Variablentyp mit Namen *integer*, der sich genauso verhält wie *int*. Die zweite Zeile deklariert *UINT*. Die dritte Zeile deklariert den Datentyp *Name*, welcher gleichbedeutend ist mit einem Feld von 40 *char*-Werten. Eine Definition sähe folgendermaßen aus:

```
Name vorname;
```

vorname ist nun ein 40-elementiges *char*-Feld. Sie können auch mit Aufzählungstypen eine neue Typendeklaration entwerfen:

```
typedef enum Woche{MO=0,DI,MI,DO,FR,SA,SO};

Woche tag;
```

Hiermit ist das Kapitel über Stukturen in C abgeschlossen.

25.8 Kontrollfragen

1. Nennen Sie ein sinnvolles Beispiel für eine flache Kopie und für eine tiefe Kopie.
2. Kann man erst bei der Variablendefinition die Struktur deklarieren? Wie sähe das aus?
3. Nennen Sie den Hauptunterschied zwischen Unions und Strukturen.
4. Verbraucht eine Struktur mehr Speicherplatz als die Summe ihrer Elemente? Wenn ja, warum?
5. Wird auch bei Unions Alignment angewandt?
6. Nennen Sie Pro-Argumente zur Benutzung von *typedef*.
7. Gibt es Situationen, in denen man auf Strukuren verzichten sollte?
8. Wie kann man das Problem des Alignment umgehen, wenn abgespeicherte Strukturen auf andere Systeme portiert werden sollen?

26 Dynamische Speicherverwaltung

„Dynamische Speicherverwaltung" – allein der Begriff klingt schon beeindruckend. Und das mit gutem Grund. Die dynamische Speicherverwaltung gibt uns eine der größten Freiheiten, die man sich als Programmierer wünscht. Natürlich wächst mit dieser Freiheit auch die Verantwortung.

Schauen wir einmal zurück: Eine Form der Speicherverwaltung haben wir die ganze Zeit über benutzt, ohne es zu wissen: Die statische Speicherverwaltung. Statisch bedeutet in diesem Fall, daß die benötigte Speichermenge beim Start des Programms bekannt ist, und somit belegt werden kann. Auch eine Form der dynamischen Speicherverwaltung haben wir schon kennengelernt: Lokale Variablen. Der Speicherplatz lokaler Variablen wird erst zur Laufzeit des Programms belegt und dann wieder freigegeben. Allerdings entzieht sich bei den lokalen Variablen die Verwaltung unserer Kontrolle. Lernen wir also nun die aktive dynamische Speicherverwaltung kennen.

Warum dynamische Speicherverwaltung?

Zu erst einmal die Frage der Motivation. Wozu brauchen wir überhaupt die dynamische Speicherverwaltung. Ein paar Beispiele

1. Sie erinnern sich bestimmt noch an die Übungsaufgaben, wo Sie Änderungen an einer Textdatei vornehmen sollten. Wir mußten dort von einer maximalen Länge ausgehen, die eine Textzeile haben kann, um die Größe des zur Aufnahme der Zeile vorgesehenen Strings zu bestimmen. Wollten wir jedoch mit dem einmal kompilierten Programm eine Textdatei bearbeiten, die Textzeilen beinhaltet, die länger sind als der von uns reservierte String, sind wir schon wieder am Ende. Wir können aber auch nicht hingehen und einen String der Länge 100000 definieren, nur um möglichst viele Fälle abzudecken. Erstens wäre dies im Großteil aller Fälle Speicherverschwendung und zweitens schützt uns das auch nicht vor Textdateien mit einer Zeilenlänge von 100001.

2. im Kapitel über Strukturen haben wir eine Adreßstruktur entworfen. Was, wenn Sie wirklich einmal eine Adreßdatei programmieren wollen? Sie müssen ja die Anzahl der zu verwaltenden Adressen vorher wissen. Für den einen Benutzer sind 200 Adressen schon zu viel und für den anderen dagegen 10000 zu wenig.
3. Sie wollen einen Texteditor programmieren. Wie groß sollte die maximale Größe der zu bearbeitenden Datei sein?

26.1 Reservierung eines Speicherblocks

Sie sehen, worauf es hinausläuft. Wir brauchen ein Werkzeug, mit dem wir Speicher anfordern können, wenn wir ihn brauchen, und ihn wieder freigeben können, wenn wir ihn nicht mehr brauchen. Glücklicherweise bietet C auch hier Hilfe.

malloc, free

Der Befehl zur Reservierung heißt **malloc** und derjenige zum Freigeben des Speichers heißt **free**. Beide Funktionen haben ihre Prototypen in der Header-Datei „stdlib.h". Der Funktionsaufruf von *malloc* sieht folgendermaßen aus:

```
void *malloc(size_t groesse);
```

Der Funktion wird die Größe des zu reservierenden Speicherblockes übergeben. Der Typ der Größe ist *size_t*. *sizeof* liefert einen Wert vom Typ *size_t* zurück, wodurch der *sizeof*-Operator ohne weiteres bei *malloc* verwendet werden kann[1], denn er liefert ebenfalls einen Wert vom Typ *size_t* zurück.

Wie Sie sehen, gibt die Funktion einen Zeiger auf *void* zurück. Das klingt im ersten Moment etwas befremdlich. *void* heißt doch „kein Wert". Wie kann eine Funktion einen Zeiger auf keinen Wert zurückgeben? In C bedeutet ein Zeiger vom Typ *void*, daß es sich um einen typenlosen Zeiger handelt[2]. Ein typenloser Zeiger kann auf alles zeigen. Der *void*-Zeiger muß zum weiteren Gebrauch durch explizite Typumwandlung mit dem *cast*-Operator einem Zeiger zugewiesen werden. Der von *malloc* gelieferte Zeiger ist die Adresse des reservier-

---

1 Es kann passieren, daß der Compiler meckert, wenn sie *malloc* einen Typ übergeben, der nicht *size_t* ist. In diesem Fall müssen sie durch explizite Typumwandlung den Typ *size_t* erzwingen.

2 Typenlose Zeiger werden im allgemeinen dann von einer Funktion zurückgegeben, wenn der Typ, den die Funktion „eigentlich" zurückliefern sollte, vom Funktionsparameter oder Kontext abhängt, so daß er nicht eindeutig im vorhinein bestimmt werden kann.

ten Speicherblocks oder der Nullzeiger 0[3], wenn kein Speicher reserviert werden konnte.

Die Funktion *free* sieht folgendermaßen aus:

Syntax

```
void free(void *ptr);
```

Es wird der Zeiger des freizugebenden Speicherblocks übergeben. Da ein *void*-Zeiger auf alles zeigen kann, brauchen Sie beim Aufruf keine Typumwandlung. Wie schon erwähnt, sind die Prototypen von *malloc* und *free* in der Headerdatei *stdlib.h* enthalten. Schauen wir uns hierzu ein Beispiel an:

```
#include <stdio.h>     /* PRG26-01.C */
#include <stdlib.h>

void main(void)
{

void *nullptr;
int *ptr;

  nullptr=malloc( sizeof(int) );
  ptr=(int*)(nullptr);
  if(ptr)
    {
      *ptr=30;
      printf("Der dynamische Speicherblock hat den Wert \
%i gespeichert\n",*ptr);
      free(ptr);
    }
}
```

Den Quellcode dieses Beispiels finden Sie auf der Diskette unter \BEISPIEL\PRG26-01.C.

Zuerst wird ein Zeiger auf den Typ *void*[4] namens *nullptr* definiert. Dieser hat somit das gleiche Format wie der Rückgabewert von *malloc*. Danach wird ein Zeiger auf *int* namens *ptr* definiert, weil wir eine dynamische *int*-Variable erzeugen wollen. Dann wird *malloc* mit *sizeof(int)* aufgerufen, damit der reservierte Speicherblock genau die

3 Ein Nullzeiger ist ein Zeiger, der die Adresse Null beinhaltet. Per Definition ist ein Zeiger mit der Adresse Null ein leerer Zeiger, er zeigt also auf kein Element. Dies wird bei Funktionen dazu benutzt, anzuzeigen, daß kein Element vorhanden ist oder erzeugt wurde.

4 Also ein typenloser Zeiger.

Größe einer *int*-Variablen hat[5]. Der Rückgabewert wird dem *void*-Zeiger *nullptr* zugewiesen. Dann wird dem *int*-Zeiger mit expliziter Typumwandlung die Adresse des *void*-Zeigers zugewiesen. Nun haben wir einen regulären Zeiger auf einen *int*-Wert. Doch halt! Zuerst muß geprüft werden, ob der Speicher wirklich reserviert wurde. In der *if*-Anweisung wird geprüft, ob die Adresse von *ptr* ungleich Null ist. Ist sie ungleich Null ist die Bedingung wahr, und der Block dahinter wird ausgeführt. Der *int*-Variablen wird über *ptr* ein Wert zugewiesen und später wieder ausgegeben. Sollte die Bedingung falsch gewesen sein, heißt dies, daß die Adresse in *ptr* 0 ist und kein Speicherplatz reserviert wurde.

Dies war die einfache Version. Natürlich kann die Schreibweise noch verkürzt werden. Zum Beispiel kann die Typumwandlung direkt den von *malloc* gelieferten Wert umwandeln:

Syntax

```
ptr=(int*)( malloc( sizeof(int) ));
```

Dadurch haben wir den *void*-Zeiger gespart. Des weiteren kann dieser Ausdruck direkt in die *if*-Anweisung gepackt werden:

```
if(ptr=(int*)( malloc( sizeof(int) )))
```

Dadurch wurde das Programm erheblich verkürzt[6]. Das Programm sieht jetzt folgendermaßen aus:

```
#include <stdio.h>     /* PRG26-02.C */
#include <stdlib.h>

void main(void)
{

int *ptr;

  if(ptr=(int*)(malloc( sizeof(int) )))
    {
      *ptr=30;
      printf("Der dynamische Speicherblock hat den Wert \
```

---

5 Sie sollten die Größe eines Variablentyps immer im Programm bestimmen. Nie sollten Sie sich vorher die Größe des Variablentyps anschauen und dann als Konstante eintragen. Der Gebrauch einer solchen Konstante würde den Quell-Code unportierbar machen.

6 Es kann sein, daß der Compiler bei dieser *if*-Anweisung meckert, weil er eine Ganzzahl und keinen Zeiger erwartet. Für diesen Fall müssen Sie noch den Typ, um einen Vergleich durchzuführen, nach *int* wandeln: if((int)(ptr=(int*)(malloc(sizeof(int))))). Sollte Ihr Compiler zu den meckernden gehören, dann sind Sie gezwungen diese Umwandlung fortan immer vorzunehmen. Es ist zudem auch die genauere und leichter verständliche Schreibweise.

```
%i gespeichert\n",*ptr);
      free(ptr);
    }
  else
    printf("Speicher konnte nicht reserviert werden!!\n\n");
}
```

Den Quellcode dieses Beispiels finden Sie auf der Diskette unter \BEISPIEL\PRG26-02.C.

Es wurde zusätzlich noch eine Ausgabe eingebaut, die gegebenenfalls darüber informiert, daß kein Speicher reserviert werden konnte.

Speicher für mehrere Variablen

Sie haben natürlich auch die Möglichkeit, einen Speicherblock zu reservieren, der mehrere Variablen des gleichen Typs enthält. Schreiben wir das obere Beispiel so um, daß wir vier *int*-Variablen haben:

```
#include <stdio.h>     /* PRG26-03.C */
#include <stdlib.h>

void main(void)
{

int *ptr;

  if(ptr=(int*)(calloc(4, sizeof(int) )))
    {
      *ptr=30;
      ptr[1]=40;
      ptr[2]=60;
      ptr[3]=100;
      printf("Die Werte sind %i, %i, %i \
und %i\n",ptr[0],ptr[1],ptr[2],ptr[3]);
      free(ptr);
    }
  else
    printf("Speicher konnte nicht reserviert werden!!\n\n");
}
```

Den Quellcode dieses Beispiels finden Sie auf der Diskette unter \BEISPIEL\PRG26-03.C.

calloc

Zuerst schauen wir uns die neue Funktion **calloc** an:

Syntax

```
void *calloc(size_t anzahl, size_t groesse);
```

Es wird ein Speicherblock reserviert, der die Größe *anzahl*groesse* hat. Das heißt, es passen genau *anzahl* Elemente der Größe *groesse* in den Block hinein. Den gleichen Effekt hätte man auch mit *malloc* erzielen können.

```
void *malloc(size_t (anzahl*groesse) );
```

Doch sollten Sie für die gleichzeitige Reservierung von mehreren Elementen die Funktion *calloc* benutzen. Auch das erhöht wieder die Lesbarkeit Ihres Programms.

Sie erinnern sich sicher, daß ein Zeiger auf einen Datentyp *typ* das gleiche bedeutet wie ein Zeiger auf ein Feld mit Elementen vom Datentyp *typ*. Da der reservierte Speicherblock nichts anderes ist als eine Aneinanderreihung von Elementen, entspricht er einem Feld. Wie Sie sehen, wird der Zeiger mit den eckigen Klammern zu einem Feldindex, über den die einzelnen Elemente angesprochen werden können[7]. Für den Zugriff auf das erste Element mit **ptr* hätten wir auch *ptr[0]* schreiben können. Genausogut, wie wir für *ptr[2]* auch **(ptr+2)* hätten schreiben können. Man sollte aber immer die einfachere und intuitivere Variante wählen.

26.2 Verwaltung mehrerer Speicherblöcke

Nun hat das Reservieren eines Speicherblockes, in dem dann alle dynamischen Variablen enthalten sind, die gebraucht werden, einen gewaltigen Nachteil: Der zur Verfügung stehende Speicher ist auf den größten vorhandenen Speicherblock beschränkt. Es wäre viel praktischer, für jede einzelne Variable einen Speicherblock zu reservieren. Die eine Variante wäre ein Feld von Zeigern, bei dem jeder Zeiger auf einen reservierten Speicherblock, sprich eine Variable, zeigt. Dies hätte aber den Nachteil, daß die Anzahl der Variablen nun von der Größe des Zeigerfeldes begrenzt würde.

realloc

Deswegen müßte das Zeigerfeld ebenfalls dynamisch angelegt werden. Jedesmal, wenn eine Variable hinzukommt, muß ein neues Feld angelegt werden, welches einen Eintrag größer ist. Dazu gibt es eine gute Funktion:

Syntax

```
void *realloc(void *ptr, size_t groesse);
```

7 Wundern Sie sich nicht, daß die mit Index versehenen Zeiger keinen Dereferenzierungsoperator mehr haben. Ein Zeiger ohne Dereferenzierungsoperator und Index steht für eine Adresse. Ein Feldname ohne Dereferenzierungsoperator und Index steht aber auch für eine Adresse. Deswegen kann man einfach so „tun, als ob" der Zeiger ein Feldname wäre, und ihn mit einem Index versehen. Es gibt keinen Unterschied. Außer demjenigen, daß der Zeiger ein Zeiger ist und der Feldname ein Vektor. Da wir aber für die Dauer der Existenz des Speicherblocks die Adresse im Zeiger konstant halten müssen (sonst wüßten wir nicht mehr, wo der Speicherblock liegt), ist er für uns quasi ein Vektor.

Für den Fall, daß *ptr* gleich 0 ist, also auf nichts zeigt, verhält sich *realloc* genauso wie *malloc*. Zeigt aber *ptr* auf ein von Ihnen mit *calloc*, *malloc* oder *realloc* erzeugtes Objekt, wird dieses Objekt in das neu erzeugte Objekt kopiert, und der Speicherplatz des alten Objekts wird automatisch freigegeben. Ist das neue Objekt kleiner als das andere, dann ist die Kopie unvollständig. Ist es größer, bleibt der überschüssige Speicher undefiniert. Schauen wir uns einmal ein Beispiel mit wachsendem Array an:

```
#include <stdio.h>     /* PRG26-04.C */
#include <stdlib.h>

void main(void)
{

int **ptr=0,**dummy, anzahl=0,x;

  for(x=1;x<=10;x++)
    {
      dummy=realloc(ptr,(anzahl+1)*sizeof(int*));
      if(dummy)
        {
          ptr=dummy;
          if(ptr[anzahl]=malloc(sizeof(int)))
            {
              printf("Element erstellt.\n");
              *ptr[anzahl]=x*2;
            }
          else
            {
              printf("Element konnte nicht erstellt \
werden!\n");
            }
          anzahl++;
        }
      else
        {
          printf("Feld wurde zu groß!!\n");
        }
    }

  if(ptr)
    {
      for(x=0;x<anzahl;x++)
        {
          if(ptr[x])
            {
```

```
                printf("Das zu löschende Element hatte als \
Inhalt %i\n",*ptr[x]);
                free(ptr[x]);
            }
        }
    free(ptr);
    }
}
```

Den Quellcode dieses Beispiels finden Sie auf der Diskette unter \BEISPIEL\PRG26-04.C.

Zuerst werden zwei Zeiger auf *int*-Zeiger definiert. Da ein Zeiger auf einen *int*-Zeiger das gleiche ist wie ein Zeiger auf ein Feld von *int*-Zeigern, geht dies in Ordnung. *ptr* wird zudem noch mit 0 initialisiert, was soviel bedeutet wie: er zeigt auf nichts. Dann folgt die erste Schleife, die 10 *int*-Variablen hintereinander dynamisch anlegt. Zuerst wird *dummy* mit *realloc* ein neuer Block zugewiesen. Wir setzen *anzahl+1* deswegen, weil der neue Block einen Zeiger mehr aufnehmen soll als der alte. Die Multiplikation mit *sizeof(int*)* ist nötig, weil die Größe der *int*-Zeiger berücksichtigt werden soll. Dann wird geprüft, ob ein neuer Speicherblock zugewiesen werden konnte. Wenn ja, wurde der alte Block, auf den *ptr* zeigte, automatisch von *realloc* gelöscht, so daß *ptr* nun von *dummy* die Adresse des neuen Zeigerfeldes bekommt. Es folgt der Versuch, eine *int*-Variable dynamisch zu reservieren und ihre Adresse dem neu hinzugekommenen Element im Zeigerfeld zuzuweisen[8]. Wenn es geklappt hat, wird ein entsprechender Text ausgegeben, und der neue *int*-Wert mit x*2 initialisiert[9]. Wenn nicht, wird eine Nachricht ausgegeben, daß der Wert nicht erzeugt werden konnte. In jedem Fall wird jedoch *anzahl* um eins erhöht, weil der zusätzliche Zeiger ja auf jeden Fall schon hinzugekommen ist.

---

8 Diesmal nicht *anzahl+1*, weil der Index eines Feldes mit 0 anfängt, und nicht mit 1. Da *ptr* ein Zeiger auf ein Feld von Zeigern ist, bildet **ptr* oder als Feld *ptr[]* die erste Dereferenzierung. Der Zeiger zeigt auf ein Zeigerfeld, so daß wir nun den Inhalt des Zeigerfeldes, also die im Feld gespeicherten Adressen, ansprechen. In dieses Adressenfeld werden dann die einzelnen Adressen der angelegten *int*-Variablen abgelegt.

9 Der Wert x*2 hat keine Bedeutung und ist reine Willkür. Jeder andere Wert hätte es auch getan. Wie schon so oft erwähnt ist *ptr* ein Zeiger auf ein Zeigerfeld. Deswegen ist ***ptr* oder als Feld **ptr[]* die zweite Dereferenzierung. Die erste Dereferenzierung erlaubte Zugriff auf den Inhalt des Zeigerfeldes. Die zweite Dereferenzierung greift auf den Inhalt der im Zeigerfeld gespeicherten Adressen, was in diesem Fall gleichbedeutend ist mit dem Inhalt der angelegten Variablen.

Danach beginnt schon die Schleife zum Löschen der einzelnen *int*-Werte. Zuerst wird abgefragt, ob *ptr* ein Nullzeiger ist, denn es kann ja sein, daß zu Anfang überhaupt kein Zeigerfeld allokiert werden konnte und somit auch keine *int*-Werte freigegeben zu werden brauchen und können. In jedem Durchgang wird geprüft, ob *ptr[x]* ein Nullzeiger ist. Wenn ja, wurde in ihm keine Adresse von einem für einen *int*-Wert reservierten Speicherblock abgelegt. Dies könnte passieren, wenn bei der Reservierung der Speicher für einen weiteren Zeiger noch gereicht hätte, nicht aber für den dazugehörigen *int*-Wert. Dann wird der Wert noch ausgegeben, bevor er mit *free* freigegeben wird.

Falls Sie Probleme haben, die Schreibweisen mit den Zeigern zu verstehen, sollten Sie noch einmal die entsprechenden Kapitel sowie das Beispiel für ein Feld in einem reservierten Speicherblock in diesem Kapitel durcharbeiten.

Nun ist diese Variante auch nur eine Verbesserung der vorherigen Methode. Wir haben jetzt lediglich die Beschränkung auf das variable Zeigerfeld verlegt. Denn nun kommt unser Programm dann an seine Grenze, wenn das Zeigerfeld größer wird als der größte verfügbare Speicherblock. Die Lösung ist also auch weder Fisch noch Fleisch. Wir werden später noch eine Variante kennenlernen, die als Beschränkung wirklich nur noch den verfügbaren Speicher hat. Aber zuerst noch einmal zurück zu den tiefen Kopien.

26.3 Tiefe Kopien

Mit der dynamischen Speicherverwaltung sind wir jetzt in der Lage, tiefe Kopien anzufertigen. Sie erinnern sich noch: Tiefe Kopien sind Kopien, bei denen die Elemente, auf die verwiesen wird, mit kopiert werden. Bei flachen Kopien wird nur der Verweis auf die Elemente kopiert. Nehmen wir dazu wieder die zwei Strukturen, die wir schon aus dem vorherigen Kapitel kennen.

```
struct S_Adresse
  {
    char Strasse[100];
    unsigned long PLZ;
    char Ort[80];
  };

struct Personendaten
  {
    struct S_Adresse *Adresse;
```

```
    char Vorname[40];
    char Nachname[40];
    int Bruttogehalt;
    int Alter;
  };
```

Struktur erzeugen

Der Trick besteht nun darin, keine statischen Variablen mehr zu benutzen, sondern nur noch dynamische. Schreiben wir uns zuerst eine Funktion namens *create*, die uns eine verschachtelte dynamische Struktur vom Typ *struct Personendaten* allokiert:

```
struct Personendaten *create(void)
{
  struct S_Adresse *adr=malloc(sizeof(struct S_Adresse));
  struct Personendaten *pdat=
malloc(sizeof(struct Personendaten));

  if(adr&&pdat)
    {
      pdat->Adresse=adr;
      return(pdat);
    }
  else
    {
      if(adr) free(adr);
      if(pdat) free(pdat);
      return(0);
    }
}
```

Die Funktion liefert uns einen Zeiger vom Typ *struct Personendaten* zurück. Wie Sie sehen, kann einer Variablen bei der Initialisierung auch ein Funktionsergebnis zugewiesen werden. Es wird ein Zeiger vom Typ *struct S_Adresse* definiert, und er wird gleichzeitig mit einem Speicherblock der entsprechenden Größe initialisiert. Das gleiche wurde mit dem Zeiger gemacht, der auf den Typ *struct Personendaten* zeigt. Danach wird geprüft, ob beide (*pdat* und *adr*) ungleich 0 sind, ob also beide einen Speicherblock allokiert bekommen haben. Wenn ja, dann liegt der Speicher für die verschachtelte Struktur vollständig vor. Es wird in *pdat* nur noch der Verweis auf die *S_Adresse*-Struktur hineingeschrieben und dann das Ergebnis zurückgegeben.

Sollte *pdat* oder *adr* oder beide eine 0 beinhalten, heißt dies, daß einem von beiden oder beiden kein Speicher zur Verfügung gestellt wurde. Deswegen wird dann noch einmal für jeden geprüft, ob er Speicher allokiert hat und dieser dann gegebenenfalls freigegeben. Dann wird eine 0 zurückgegeben, um dem aufrufenden Programmteil mitzuteilen, daß keine Struktur allokiert werden konnte.

Nun schreiben wir noch eine Funktion *copy*, die eine tiefe Kopie anfertigt. Die Funktion soll einen Zeiger auf die Kopie zurückgeben.

Struktur kopieren

```
struct Personendaten *copy(struct Personendaten *original)
{
  struct S_Adresse *adr=malloc(sizeof(struct S_Adresse));
  struct Personendaten *pdat=
malloc(sizeof(struct Personendaten));

  if(adr&&pdat)
    {
      *pdat=*original;
      pdat->Adresse=adr;
      *(pdat->Adresse)=*(original->Adresse);
      return(pdat);
    }
  else
    {
      if(adr) free(adr);
      if(pdat) free(pdat);
      return(0);
    }
}
```

Diese Funktion ist fast identisch mit *create*. Nachdem Speicher für die Struktur allokiert wurde, passiert jedoch folgendes: Der Inhalt der Originalstruktur *Personendaten*[10] wird in die neu allokierte Struktur kopiert. Bis hier hin wäre es eine flache Kopie, weil durch das Kopieren der *Personendaten*-Struktur nur der Verweis auf die *S_Adresse*-Struktur kopiert wurde. Doch dann wird der kopierte Verweis mit der Adresse der neu allokierten *S_Adresse*-Struktur überschrieben, so daß jetzt jede Personendaten-Struktur auf eine eigene *S_Adresse*-Struktur verweist[11]. Dann wird der Inhalt der Original-*S_Adresse*-Struktur noch in die neu allokierte Struktur kopiert[12]. Der Fehlerfall ist identisch mit dem von *create*.

Strukturspeicher freigeben

Da wir auch den Speicher für diese Strukturen wieder freigeben müssen, schreiben wir noch eine triviale Funktion namens *del*:

---

10 Hier werden nicht die Adressen kopiert, sondern die Inhalte, weil der Dereferenzierungsoperator benutzt wurde.

11 Die Reihenfolge ist hier wichtig. Wäre zuerst der Verweis auf die neue *S_Adresse*-Struktur in die neue *Personendaten*-Struktur geschrieben worden, dann wäre anschließend dieser neue Verweis durch das Kopieren der *Personendaten*-Struktur wieder überschrieben worden. Deshalb erst die Struktur kopieren und dann den neuen Verweis nachtragen.

12 Die Klammerung ist hier wichtig, weil sonst der Dereferenzierungsoperator eine stärkere Bindung hätte.

```
void del(struct Personendaten *obj)
{
  free(obj->Adresse);
  free(obj);
}
```

Auch hier ist die Reihenfolge der Löschung wichtig. Würden Sie zuerst *obj* löschen, wäre auch der Verweis auf die *S_Adresse*-Struktur von *obj* gelöscht und sie hätten keine Chance mehr, an sie heranzukommen.

Nun noch die *main*-Funktion, die unsere Funktion austestet[13]:

```
#include <stdio.h>     /* PRG26-05.C */
#include <stdlib.h>
#include <string.h>

void main(void)
{
struct Personendaten *mdaten,*mdaten2;

  mdaten=create();
  strcpy(mdaten->Adresse->Strasse,"Unter fetten Hennen 320");
  mdaten->Adresse->PLZ=50000;

  mdaten2=copy(mdaten);

  printf("Adresse 1 %s, %lu\n",mdaten->Adresse->Strasse,
          mdaten->Adresse->PLZ);
  printf("Adresse 2 %s, %lu\n\n",mdaten2->Adresse->Strasse,
          mdaten2->Adresse->PLZ);

  strcpy(mdaten2->Adresse->Strasse,"Roncalliplatz 100");
  mdaten->Adresse->PLZ=50100;

  printf("Adresse 1 %s, %lu\n",mdaten->Adresse->Strasse,
          mdaten->Adresse->PLZ);
  printf("Adresse 2 %s, %lu\n\n",mdaten2->Adresse->Strasse,
          mdaten2->Adresse->PLZ);

  del(mdaten);
  del(mdaten2);
}
```

13 Im abgespeicherten Programm sind die Funktionen *create, copy* und *del* mit enthalten.

Den Quellcode dieses Beispiels finden Sie auf der Diskette unter \BEISPIEL\PRG26-05.C.

Wie Sie an der Ausgabe des Programms sehen können, sind wir jetzt in der Lage, Änderungen an der Adresse der Kopie zu machen, ohne daß es Auswirkungen auf die Originalstruktur hat. Wir haben sozusagen unsere erste tiefe Kopie erstellt.

26.4 Kontrollfragen

1. Was ist das Besondere an einem Zeiger auf den Typ *void*?
2. Was muß man beim Löschen einer dynamisch allokierten, mit Verweisen verschachtelten Struktur beachten?
3. Darf man Speicher freigeben, der gar nicht allokiert wurde?
4. Welche Nachteile hat die dynamische Speicherverwaltung?

27 Listen

Lernen wir nun unseren ersten **abstrakten Datentyp** kennen. Ein abstrakter Datentyp ist ein Datentyp, dem zusätzlich noch Funktionen zur Verfügung stehen, die auf ihm operieren. In gewisser Weise war unsere verschachtelte Struktur aus dem letzten Kapitel auch ein abstrakter Datentyp, denn wir hatten eine Datenstruktur und Funktionen, die mit der Datenstruktur arbeiteten.

Erinnern Sie sich noch an unser Problem bei der dynamischen Speicherverwaltung? Es ging darum, daß der Speicherblock nicht größer werden konnte als der größte freie, zusammenhängende Speicherblock.

Stellen Sie sich einmal vor, sie hätten eine ziemlich lange Schlange von Menschen (z.B. beim Einwohnermeldeamt). Nun gibt es da einen Pförtner, der genau im Auge behält, wer an welcher Position in der Reihe steht. Plötzlich muß der Saal verlassen werden, meinetwegen wegen einer Feueralarmprobe. Als nach dem Schreck alle wieder in den Saal strömen ist der Ärger groß, denn keiner weiß mehr genau, wo er in seiner Reihe gestanden hat. Doch glücklicherweise gibt es da den Pförtner. Er stellt die Warteschlange wieder her. Aber auch Pförtner haben ihre Grenzen, und irgendwann ist die Warteschlange so groß, daß er nicht mehr alle Positionen im Kopf behalten kann.

Aber eigentlich gibt es da einen ganz einfachen Trick. Sie kennen ihn sicher noch aus der Schule. Wenn sich einfach jeder in der Schlange nur seinen Vordermann merken würde, könnte die Schlange auch wiederhergestellt werden. Dabei spielt die Länge der Schlange keine Rolle, denn jede Person muß sich nur eine andere Person merken.

Dies wäre der ideale Fall für unsere dynamische Speicherverwaltung. Denn egal, wie viele Elemente wir speichern müssen, der größte zusammenhängende Speicherblock, den wir benötigen, ist nie größer als die Größe eines einzelnen Elementes.

Also machen wir uns an die Arbeit.

27.1 Einfach verkettete Listen

Nutzdaten

Zuerst brauchen wir natürlich eine Struktur, die verwaltet werden soll. Nehmen wir eine einfache:

```
struct Telefon
  {
    char vorname[80];
    char nachname[80];
    char telefon[80];
  };
```

Es ist sehr vorteilhaft und eleganter, die zu verwaltenden Daten in einer eigenen Struktur zu kapseln. Sie haben so eine strikte Trennung zwischen den Nutzdaten und den Kontrolldaten. Wenn Sie die Daten irgendwann einmal speichern wollen, brauchen Sie nur die Strukturen mit den Nutzdaten zu sichern.

> Sie sollten Nutzdaten immer in einer eigenen Struktur kapseln und diese dann in die Kontrolldatenstruktur einbetten.

Kontrolldaten

So, was braucht denn ein Element einer Liste? Klar, zuerst natürlich die Nutzdaten, also in unserem Fall die Struktur *Telefon*. Und wie wir am Beispiel in der Einleitung zu diesem Kaptiel erfahren haben, brauchen wir eine Erinnerung an den Vordermann, sprich einen Zeiger auf das nachfolgende Element. Die Struktur sähe dann so aus:

```
struct Knot
  {
    struct Telefon *telefon;
    struct Knot *next;
  };
```

Dies ist schon die fertige Struktur für einen Knoten in der Liste[1]. Es mag vielleicht erstaunlich erscheinen, daß eine Struktur einen Zeiger auf sich selbst haben kann, aber sie zeigt ja nicht wirklich auf sich selbst, sondern nur auf ein anderes Element vom selben Typ.

Listenkopf

Als Kopf der Liste nehmen wir einen Zeiger auf das erste Element:

```
struct Knot *listhead=0;
```

1 Es wird nur deshlab ein Verweis auf die Nutzdaten-Struktur eingebettet, um die Nutzdaten auch im Speicher separat von den Kontrolldaten zu halten. Das hat den Vorteil, daß man Funktionen einen Verweis auf die Nutzdaten übergeben könnte, ohne das diese gleichzeitig Zugriff auf die Kontrolldaten der Knotenstruktur haben. Diese Form der Informations-Kapselung sollte konsequent durchgeführt werden.

Wir initialiseren ihn direkt mit 0, weil am Anfang ja noch kein Knoten existiert. Jetzt schreiben wir die erste Funktion unserer Liste. Sie soll einen Knoten an die Liste anhängen. Deshalb nennen wir sie *ListAppend*. Ihr werden die Nutzdaten und der Listenkopf übergeben, sie ihrerseits erzeugt einen Knoten und hängt ihn an die Liste an. Dann gibt sie den Wert wahr oder falsch zurück, je nachdem, ob es geklappt hat oder nicht.

```
int ListAppend(struct Knot *hd, struct Telefon *tel)
{
struct Knot *cur, *ap=malloc(sizeof(struct Knot));

  if(ap)
    {
      ap->telefon=tel;
      ap->next=0;

      if(!hd)
        {
          hd=ap;
          return(1);
        }
      else
        {
          cur=hd;
          while(cur->next) cur=cur->next;
          cur->next=ap;
          return(1);
        }
    }
  return(0);
}
```

Zuerst werden zwei Zeiger auf *Knot* definiert, wobei der eine direkt einen Speicherblock der Größe von *Knot* zugewiesen bekommt. Dann wird geprüft, ob *hd* wirklich ein Speicherblock zugewiesen wurde. Wenn ja, wird ein Verweis auf die Nutzdaten hergestellt, und der Verweis auf das nächste Element auf 0 gesetzt, weil dies das letzte Element werden soll und daher keinen Nachfolger hat. Dann wird überprüft, ob *hd* 0 ist. Ist *hd* 0, exisiert noch kein Knoten in der Liste, und dieser wird der erste.

Sollte *hd* nicht 0 sein, existiert mindestens ein Knoten, und wir müssen den letzten finden. *cur* bekommt die in *hd* gespeicherte Adresse zugewiesen. Damit zeigt auch *cur* nun auf den ersten Knoten der Liste. Nun wird in der *while*-Anweisung geprüft, ob der *next*-Zeiger des Knotens, auf den *cur* zeigt, 0 ist. Ist dies der Fall, hat er keinen Nachfolger und muß der letzte Knoten sein. Deswegen wird die *while*-Anweisung abgebrochen. Ist *cur->next* aber nicht 0, gibt es noch mindestens einen weiteren Knoten. Deswegen wird *cur* nun durch *cur->next* die Adresse des nächsten Knotens übergeben. *cur* zeigt damit auf den Nachfolger. Dann wird in der *while*-Anweisung wiederum geprüft, ob es der letze Knoten ist, usw. Nachdem die *while*-Anweisung beendet wurde, wissen wir, daß *cur* nun auf den letzten Knoten der Liste zeigt. Also setzen wir sein *next* einfach auf unseren neuen Knoten, und die Liste ist um ein Element länger geworden.

Listenkpf als Struktur

Nun hat die Liste in dieser Form eine Schwäche. Um an das letzte Element heranzukommen, müssen wir uns erst an der ganzen Liste entlanghangeln. Es wäre besser, wenn wir dirket auf die beiden Enden zugreifen könnten. Deshalb ersetzen wir den Zeiger auf den Anfang der Liste durch eine Listenkopf-Struktur:

```
struct ListHead
  {
    struct Knot *head;
    struct Knot *tail;
  };
```

Nun haben wir nur noch einen Zeiger auf den Listenkopf:

```
struct ListHead *liste;
```

Erzeugen einer Liste

Des weiteren brauchen wir dann noch eine Funktion, die uns einen Listenkopf anlegt und initialisiert:

```
struct ListHead *ListCreate(void)
{
struct ListHead *head=malloc(sizeof(struct ListHead));

  if(head)
    {
      head->head=head->tail=0;
      return(head);
    }
  return(0);
}
```

Diese Funktion bedarf wohl keiner großartigen Erläuterung. Die Adresse des erzeugten Listenkopfes wird zurückgegeben, oder 0, falls er nicht erzeugt werden konnte.

Element anhängen

Nun muß noch die *ListAppend*-Funktion angepaßt werden.

```
int ListAppend(struct ListHead *hd, struct Telefon *tel)
{
struct Knot *ap=malloc(sizeof(struct Knot));
```

```
  if(ap)
    {
      ap->telefon=tel;
      ap->next=0;

      if(!(hd->head))
        {
          hd->head=hd->tail=ap;
          return(1);
        }
      else
        {
          hd->tail->next=ap;
          hd->tail=ap;
          return(1);
        }
    }
  return(0);
}
```

Liste löschen

Es kann nun auf die Variable *cur* sowie auf die *while*-Schleife verzichtet werden. Nun brauchen wir noch eine Funktion, die die gesamte Liste löscht. Wir nennen sie *ListDelAll*.

```
void ListDelAll(struct ListHead *hd)
{
struct Knot *cur=hd->head, *nex;

  while(cur)
    {
      nex=cur->next;
      free(cur->telefon);
      free(cur);
      cur=nex;
    }
  free(hd);
}
```

Die Funktion geht die gesamte Liste vom Anfang bis zum Ende durch. Bevor sie einen Knoten löscht, prüft sie, ob er einen Nachfolger hat. Wenn ja, wird die Adresse des Nachfolgers in einer Variable zwischengespeichert, weil beim Löschen des Knotens der Verweis auf den Nachfolger ebenfalls gelöscht wird. Gelöscht wird zuerst die Nutzdatenstruktur und dann der Knoten. Würde zuerst der Knoten gelöscht, würde das gleiche mit dem Verweis auf die Nutzdaten geschehen.

Zum guter Letzt wird noch der Listenkopf selbst gelöscht, somit jeglicher Speicher wieder freigegeben.[2]

Nutzdaten bestimmen

Nun schreiben wir uns noch eine Funktion, mit der man einen Knoten mit Nutzdaten in die Liste einfügen kann:

```
int ListInput(struct ListHead *hd)
{
struct Telefon *dat=malloc(sizeof(struct Telefon));

  if(dat)
    {
      printf("Vorname   :");
      gets(dat->vorname);
      printf("Nachname  :");
      gets(dat->nachname);
      printf("Telefon   :");
      gets(dat->telefon);
      if(ListAppend(hd,dat))
        {
          return(1);
        }
      else
        {
          free(dat);
          return(0);
        }
    }
  else
    {
      return(0);
    }
}
```

Zuerst wird eine Nutzdaten-Struktur dynamisch erzeugt. Dann werden die Daten eingelesen und mit Hilfe von *ListAppend* in die Liste eingefügt.

Liste ausgeben

Nachdem wir Daten eingeben können, wollen wir sie auch betrachten können. Schreiben wir also noch flink eine Funktion, die diesen Zweck erfüllt:

2 Sie müssen beim Entwurf Ihres Programms überlegen, ob Sie die Liste nur als Medium zum Speichern und Verwalten von Daten benutzen wollen oder ob sie die Instanz ist, die auch für das Kreieren und Löschen der Nutzdaten verantwortlich ist. Im ersten Fall dürfen die Listenfunktionen keine Nutzdaten löschen. Dies darf nur von der dafür verantwortlichen Instanz vorgenommen werden. Unsere bisherige Liste ist ein Beispiel für den zweiten Fall.

```
void ListShow(struct ListHead *hd)
{
struct Knot *cur=hd->head;

  if(!cur)
    {
      printf("Die Liste ist leer!\n");
      return;
    }

  while(cur)
    {
      printf("Name: %s, %s. Tel.:%s\n",cur->telefon->
             nachname,
              cur->telefon->vorname,cur->telefon->telefon);
      cur=cur->next;
    }
}
```

Hierzu muß auch nicht viel gesagt werden. Die Liste wird einfach vom Anfang bis zum Ende ausgegeben. Nun brauchen wir nur noch eine *main*-Funktion, die uns das Ansprechen unserer Funktionen ermöglicht[3]:

```
#include <stdio.h>    /* PRG27-01.C */
#include <stdlib.h>

void main(void)
{
struct ListHead *liste;
int eingabe;

  liste=ListCreate();

  if(liste)
    {
      do
        {
          printf("\n1 = Liste zeigen\n");
          printf("2 = Knoten anfügen\n");
          printf("\n0 = Ende\n\n");
          printf("Eingabe:");
          scanf("%i",&eingabe);
          getchar();
          printf("\n\n");
```

3 Die abgespeicherte Version des Programms beinhaltet sowohl die Funktion als auch die nötigen Stukturen.

```
            switch(eingabe)
            {
               case 1:  ListShow(liste);
                        break;

               case 2:  if(ListInput(liste))
                         printf("\nElement wurde erzeugt.\n");
                        else
                          printf("\nElement konnte nicht \
erzeugt werden!\n");
                        break;
            }

         } while(eingabe);

      ListDelAll(liste);
   }
}
```

Den Quellcode dieses Beispiels finden Sie auf der Diskette unter \BEISPIEL\PRG27-01.C.

Kompileren Sie das Programm ruhig einmal, und spielen Sie etwas damit herum.

Die Liste funktioniert bis hierhin ja ganz wunderbar. Nur hat unsere Liste noch einen kleinen Schönheitsfehler. Und zwar gibt sie die Namen genau in der Reihenfolge aus, wie sie eingegeben wurden, was auch logisch ist, denn schließlich hängen wir neue Elemente einfach hinten an. Wen wundert es, es gibt auch hier eine Lösung.

Sortierte Liste

Nein, kein Sortierverfahren, das wäre mit Kanonen auf Spatzen schießen. Es gibt einen einfacheren Ansatz. Wir bauen die Liste doch Element für Element auf. Nach dem ersten Element ist die Liste noch sortiert, logisch. Anstatt das nächste Element jetzt einfach hinten anzuhängen, können wir zuerst die Elemente vergleichen und dann entscheiden, ob das neue Element hinten angefügt wird, oder vor das schon vorhandene Element plaziert wird. Damit hätten wird schon eine zwei-elementige Liste, die sortiert ist. Nun fahren wir einfach damit fort, neue Elemente immer am richtigen Platz in der Liste einzufügen, so daß die Sortierung immer erhalten bleibt. Und schon haben wir eine sortierte Liste.

Durch das Einfügen von neuen Elementen an der richtigen Stelle innerhalb der Liste, bleibt die Liste stets sortiert.

Als erstes brauchen wir dazu eine Vergleichsfunktion:

```
int ListCompare(struct Telefon *el1, struct Telefon *el2)
{
int x=strcmp(el1->nachname,el2->nachname);

  if(x) return(x);
  return(strcmp(el1->vorname,el2->vorname));
}
```

Wahl eines Vergleichsschlüssels

Die Funktion vergleicht zwei Nutzdaten-Strukturen. Das Ergbnis läuft konform mit *strcmp*[4]. Die Liste wird so entworfen, daß der benutzte Schlüssel[5] eindeutig sein muß.

Die Funktion zum Einfügen eines Knotens nennen wir *ListInsert*.

```
int ListInsert(struct ListHead *hd, struct Telefon *tel)
{

struct Knot *cur, *ap=malloc(sizeof(struct Knot));

  if(ap)
    {
      ap->telefon=tel;
```

Bis hierher ist sie noch identisch mit *ListAppend*. Nun müssen wir beim Einfügen vier Fälle unterscheiden:

Erster Fall, die Liste ist leer. Das hinzukommende Element wird das erste. Dieser Fall ist trivial und wir haben ihn schon bei *ListAppend* besprochen:

```
      if(!(hd->head))
        {
          hd->head=hd->tail=ap;
          ap->next=0;
          return(1);
        }
```

Der zweite Fall ist ebenfalls trivial. Und zwar tritt er dann ein, wenn das hinzuzufügende Element größer ist als alle bereits in der Liste vorhandenen. In diesem Fall wird das Element an die Liste angehängt.

---

4 *strcmp(a,b)* liefert einen Wert >0 für a>b, einen Wert <0 für a<b und den Wert 0 für a=b;

5 In diesem Fall besteht der Schlüssel aus dem Vor- und dem Nachnamen. Ein eindeutiger Schlüssel heißt hier, daß jedes Element einen Vor- und Nachnamen haben muß, der eindeutig ist, also nur einmal in der ganzen Liste vorkommt. Das gilt für die Kombination von beiden. Gleiche Nachnamen mit unterschiedlichen Vornamen sind erlaubt (weil der Schlüssel aus Vor- und Nachnamen besteht).

Dies kennen wir ebenfalls schon von *ListAppend*. Und wann ist das neue Element das größte? Da wir eine sortierte Liste haben, ist das neue Element dann das größte, wenn es größer als das größte bereits vorhandene ist, und das steht in einer sortierten Liste am Ende. Abbildung 27.1 stellt den Sachverhalt von Fall 2 dar.

```
if(ListCompare(tel,hd->tail->telefon)>0)
  {
    hd->tail->next=ap;
    hd->tail=ap;
    ap->next=0;
    return(1);
  }
```

Hierbei ist die Reihenfolge der Operationen wieder wichtig. Hätten Sie zum Beispiel den Schritt 2 in Abbildung 27.1 zuerst gemacht, hätten Sie den Verweis auf das nun vorletzte Element verloren. Sie hätten dann die ganze Liste wieder durchlaufen müssen, um den Verweis zu finden, der es Ihnen erlaubt den *next*-Eintrag setzen können.

Der dritte Fall ist der genau entgegengesetzte. Das einzusortierende Element ist kleiner als alle bisher in der Liste vorhandenen Elemente. In der sortierten Liste steht das kleinste Element am Anfang, so daß das neue Element an den Anfang der Liste gepackt werden muß. Zuerst wird also verglichen, ob das neue Element kleiner als das erste ist.

```
if(ListCompare(tel,hd->head->telefon)<0)
  {
    ap->next=hd->head;
    hd->head=ap;
    return(1);
  }
```

Fall 3 ist in Abbildung 27.2 dargestellt. Natürlich ist auch hier die Reihenfolge wichtig. Hätten Sie Schritt zwei an erster Stelle ausgeführt, wäre Ihnen der Verweis auf die restliche Liste, und damit auch die Liste selbst, abhanden gekommen.

Der vierte Fall ist der schwierigste. Er tritt ein, wenn das neue Element irgendwo innerhalb der Liste eingefügt werden muß. Als erstes muß die Stelle, an der das Element eingefügt werden soll, bestimmt werden. Zunächst wird geprüft, ob der Schlüssel des ersten Elements gleich ist mit dem des neu einzusortierenden[6].

6 Bei unseren Nutzdaten wird also überprüft, ob Vor- und Nachname gleich sind.

```
if(ListCompare(tel,hd->head->telefon)==0)
  {
    free(ap);
    return(0);
  }
```

In Fall drei wurde das neue Element daraufhin überprüft, ob es kleiner als das erste der Liste ist. Wenn nicht, wird hier geprüft, ob das neue Element gleich mit dem ersten Element der Liste ist. Ist dies der Fall, wird der schon für den Knoten allokierte Speicherplatz wieder freigegeben. Ist das neue Element aber nicht gleich dem ersten Element der Liste, muß es auf jeden Fall größer sein[7]. Das heißt, daß das neue Element auf jeden Fall irgendwo hinter dem ersten Element eingefügt werden muß. Wir vergleichen nun über den *next*-Verweis des ersten Elements einfach das nächste Element mit dem neu einzufügenden. Sollte das nächste Element nicht größer sein als das neue, haben wir die Stelle gefunden. Denn das linke Element wäre dann kleiner als das neue und das rechte wäre größer. Dazwischen muß das Element eingefügt werden. Sollte aber auch das nächste Element kleiner sein als das neue, wissen wir, daß auch dieses Element Vorgänger des neuen Elements sein muß. Der *cur*-Zeiger wird über den *next*-Verweis ein Element weiter geschoben, und die Prüfroutine beginnt von neuem. Spätestens beim letzten Element bricht die *while*-Schleife ab, denn wir wissen aus Fall zwei, daß das neue Element nicht größer ist als das letzte. Nachfolgend finden Sie die zugehörige Schleife:

```
cur=hd->head;
while(ListCompare(tel,cur->next->telefon)>0)
  cur=cur->next;

if(ListCompare(tel,cur->next->telefon)==0)
  {
    free(ap);
    return(0);
  }

ap->next=cur->next;
cur->next=ap;
return(1);
```

Nachdem die *while*-Schleife abgebrochen hat, bleiben zwei Möglichkeiten: Das neue Elemente ist kleiner als das nächste oder es ist ihm gleich. Deswegen wird mit der darauffolgenden *if*-Anweisung geprüft, ob es gleich ist und entsprechend der Speicherblock des Knotens freigegeben. Ansonsten wird das neue Element an der entspre-

7 Wenn es weder kleiner noch gleich ist, muß es größer sein.

chenden Stelle eingefügt. Wie in den anderen Fällen sollten Sie auch hier auf die Reihenfolge der Operationen achten. Abbildung 27.3 zeigt die Vorgänge des Einfügens für Fall 4.

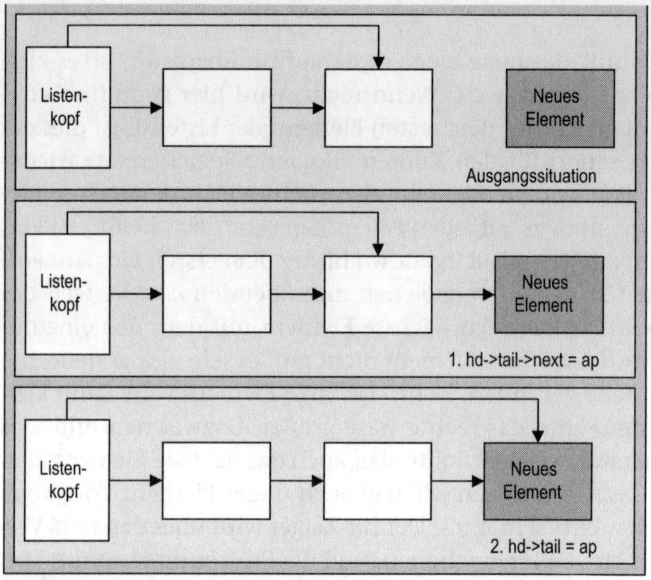

Abbildung 27.1: Der 2. Fall von ListInsert bei einfach verketteten Listen

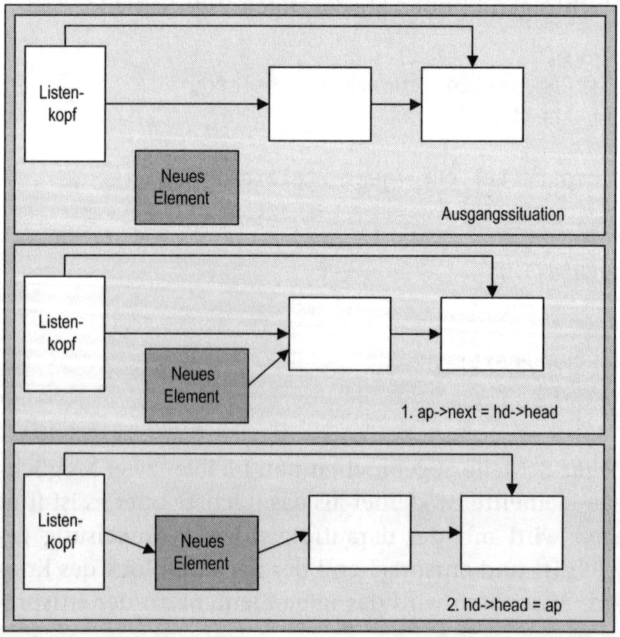

Abbildung 27.2: Der 3. Fall von ListInsert bei einfach verketteten Listen

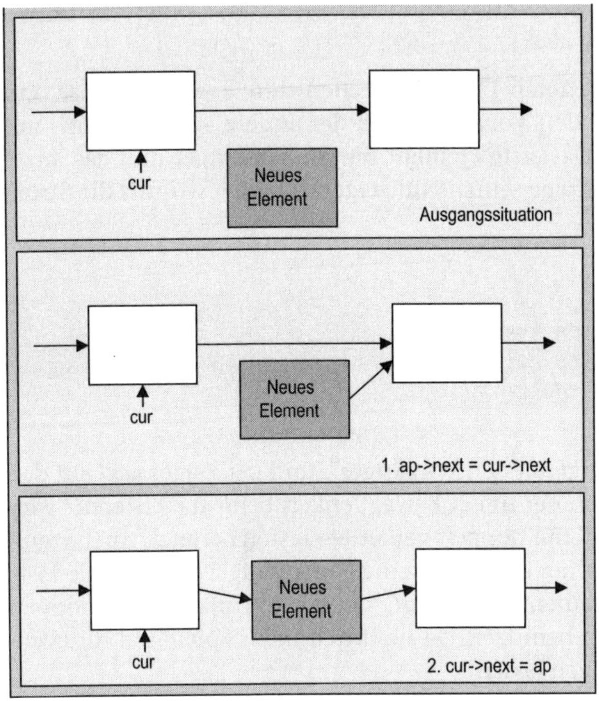

Abbildung 27.3: Der 4. Fall von ListInsert bei einfach verketteten Listen

Die Funktion *ListInsert* sowie alle nötigen Änderungen an den anderen Funktionen finden sie in „PRG27-02.C"

Es fehlt für unsere Liste nun noch eine Funktion *ListRemove*, mit der gezielt ein Element aus der Liste entfernt werden kann. Doch sollten Sie diese Funktion zur Übung selber programmieren. Sie werden wieder auf die vier Fälle stoßen, die wir schon bei *ListInsert* kennengelernt haben. Mit Hilfe der Abbildungen dürfte es kein Problem sein, die *ListRemove*-Funktion zu programmieren. Weiterhin wäre für größere Listen noch eine Funktion namens *ListFind* interessant, welche die zum Namen gehörige Telefonnummer direkt findet, ohne die ganze Liste anschauen zu müssen. Diese Funktion ist jedoch sehr einfach, so daß Sie sie auch als Übung programmieren sollten.

27.2 Doppelt verkettete Listen

Nachdem wir nun die einfach verketteten Listen ausführlich besprochen haben, kommen wir zu der doppelt verketteten Variante. Der Nachteil der einfach verketteten Listen liegt ganz klar darin, daß jedes Element nur einen Verweis auf seinen Nachfolger hat. Wollten wir auf seinen Vorgänger zugreifen, müßten wir die Liste wieder von

Anfang an durchgehen (traversieren), bis wir das Element gefunden haben.

Die doppelt verketteten Listen bestechen durch zwei Verweise. Ein Verweis zeigt auf den Vorgänger und der andere – wie gehabt – auf den Nachfolger. Das erste Element hat als Vorgänger und das letzte Element als Nachfolger einen Nullzeiger. Schauen wir uns die Struktur an:

```
struct Knot
  {
    struct Telefon *telefon;
    struct Knot *prev;
    struct Knot *next;
  };
```

Der Zeiger *prev* zeigt auf den Vorgänger[8], und der Zeiger *next* auf den Nachfolger. Wegen der freien Beweglichkeit beim traversieren[9] werden im Normalfall nur doppelt verkettete Listen benutzt. Auch wenn Sie im Augenblick des Entwurfs keine Notwendigkeit sehen, die Liste rückwärts durchlaufen zu können, sollten sie trotzdem die doppelt verketteten Listen benutzen, da sie Ihnen mehr Spielraum für eventuelle Erweiterungen lassen.

Element einfügen

Wie auch bei den einfach verketteten Listen sind die Funktionen *ListInsert* und *ListRemove* die schwierigsten. Gehen wir zunächst die Funktion *ListInsert* durch. Auch hier werden wieder die vier bekannten Fälle unterschieden.

```
int ListInsert(struct ListHead *hd, struct Telefon *tel)
{

struct Knot *cur, *ap=malloc(sizeof(struct Knot));

  if(ap)
    {
      ap->telefon=tel;
```

Bis hierher unterscheidet sie sich noch durch nichts von der einfach verketteten Variante. Nun kommt der erste Fall. Die Liste war leer und das neue Element wird das erste der Liste.

8 Vom englischen Wort „previous“. Die Wahl der Namen ist Ihnen natürlich freigestellt.

9 Als Traversieren bezeichnet man das Durchlaufen der Liste.

```
if(!(hd->head))
  {
    hd->head=hd->tail=ap;
    ap->next=0;
    ap->prev=0;
    return(1);
  }
```

Dieser Fall ist trivial. Da es das erste Element der Liste ist, hat es weder einen Vorgänger noch einen Nachfolger. Daher verweisen sowohl *head* als auch *tail* auf dieses Element.

Der zweite Fall tritt ein, wenn das Element das größte der Liste ist, also hinten angehängt wird: Dieser Umstand wird in Abbildung 27.4 dargestellt.

```
if(ListCompare(tel,hd->tail->telefon)>0)
  {
    hd->tail->next=ap;
    ap->prev=hd->tail;
    hd->tail=ap;
    ap->next=0;
    return(1);
  }
```

Beachten Sie bitte, daß das erste Element nicht auf den Kopf der Liste zeigt.

Der dritte Fall tritt ein, wenn das neue Element das kleinste der Liste ist, es also an den Anfang der Liste gesetzt wird. Abbildung 27.5 zeigt diesen Sachverhalt.

```
if(ListCompare(tel,hd->head->telefon)<0)
  {
    hd->head->prev=ap;
    ap->next=hd->head;
    hd->head=ap;
    ap->prev=0;
    return(1);
  }
```

Der vierte Fall tritt wieder dann ein, wenn das Element irgendwo innerhalb der Liste eingefügt werden muß. Er ist in Abbildung 27.6 dargestellt.

```
if(ListCompare(tel,hd->head->telefon)==0)
  {
    free(ap);
    return(0);
  }
```

```
        cur=hd->head;
        while(ListCompare(tel,cur->next->telefon)>0)
          cur=cur->next;

        if(ListCompare(tel,cur->next->telefon)==0)
          {
            free(ap);
            return(0);
          }

        ap->next=cur->next;
        ap->prev=cur;
        cur->next->prev=ap;
        cur->next=ap;
        return(1);
      }
}
```

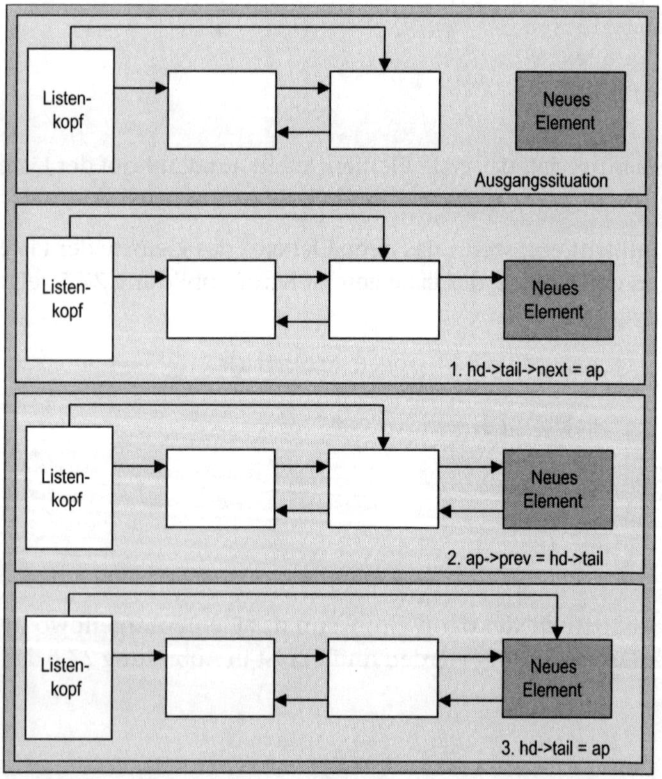

Abbildung 27.4: Der 2. Fall von ListInsert bei doppelt verketteten Listen

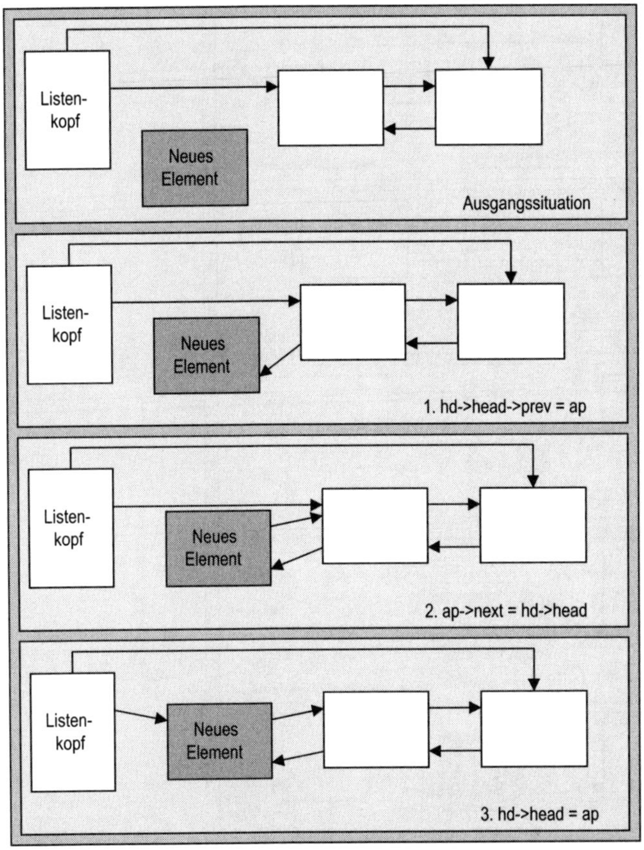

Abbildung 27.5: Der 3. Fall von ListInsert bei doppelt verketteten Listen

Die Überprüfung der Schlüssel daraufhin, ob sie kollidieren,[10] und die anschließende Schleife zur Auffindung der Einfügeposition sind identisch mit der Version für einfach verkettete Listen.

10 Zwei Schlüssel kollidieren, wenn sie identisch sind. In unserem Fall tritt dies auf, wenn zwei Elemente sowohl den gleichen Vornamen als auch den gleichen Nachnamen besitzen.

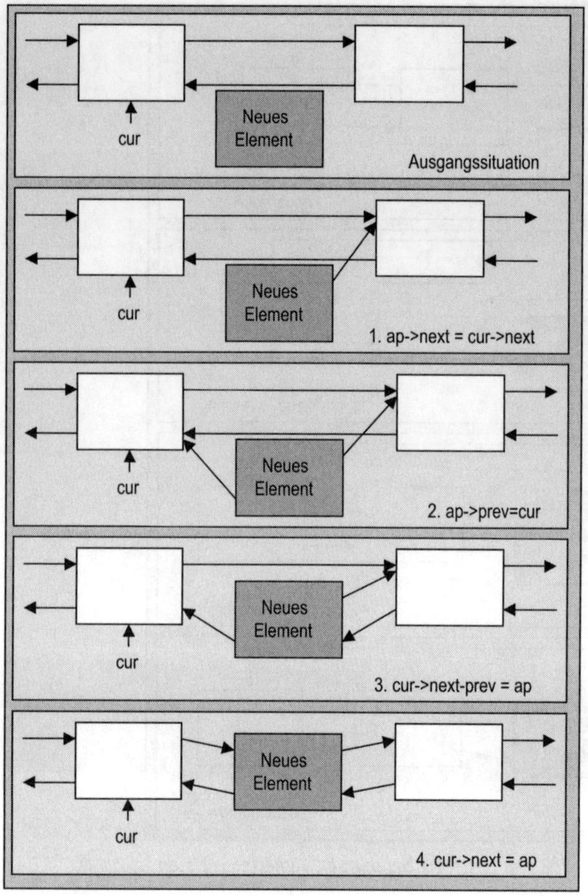

Abbildung 27.6: Der 4. Fall von ListInsert bei doppelt verketteten Listen

Element entfernen

Die Funktion *ListRemove* sieht folgendermaßen aus:

```
int ListRemove(struct ListHead *hd, struct Knot *kn)
{
  if(kn)
    {
      if(hd->head==hd->tail)
        {
          hd->head=hd->tail=0;
          free(kn->telefon);
          free(kn);
          return(1);
        }

      if(kn->prev==0)
        {
```

```
            hd->head=kn->next;
            kn->next->prev=0;
            free(kn->telefon);
            free(kn);
            return(1);
          }

        if(kn->next==0)
          {
            hd->tail=kn->prev;
            kn->prev->next=0;
            free(kn->telefon);
            free(kn);
            return(1);
          }

        kn->prev->next=kn->next;
        kn->next->prev=kn->prev;
        free(kn->telefon);
        free(kn);
        return(1);

      }
  return(0);
}
```

Die Funktion liefert einen wahren Wert zurück, wenn der Knoten gelöscht werden konnte. Wie Sie sehen, werden beim Entfernen die gleichen vier Fälle unterschieden wie beim Einfügen. Eine genauere Erklärung wird hier nicht gegeben, da mit Hilfe der Diagramme für die verschiedenen Fälle der Vorgang nachvollziehbar ist. Betrachten Sie es als Übung.

Element suchen

Die schon bei den einfach verketten Listen erwähnte Funktion, die ein bestimmtes Element sucht, wird hier für die doppelt verketteten Listen vorgestellt. Sie heißt *ListFind*. Man übergibt ihr den Vor- und Nachnamen, und sie gibt den entsprechenden Knoten zurück, falls er denn vorhanden war.

```
struct Knot *ListFind(struct ListHead *hd, char vn[VORNAMEL],
                      char nn[VORNAMEL])
{
struct Telefon *tel=malloc(sizeof(struct Telefon));
struct Knot *cur;

  if(tel)
    {
      strcpy(tel->vorname,vn);
```

```
        strcpy(tel->nachname,nn);

        cur=hd->head;
        if(cur)
          {
            while((ListCompare(tel,cur->telefon)>0)&&
(cur->next))
              cur=cur->next;
            if(ListCompare(tel,cur->telefon)==0)
              {
                free(tel);
                return(cur);
              }
          }
        free(tel);
      }
  return(0);
}
```

Alle Funktionen für die doppelt verketteten Listen sowie eine neue *main*-Funktion, die es ermöglicht, Elemente aus der Liste zu löschen und in ihr zu suchen, finden sie in „PRG27-03.C".

27.3 Doppelt verkettete Ringe

Ein doppelt verketteter Ring ist nichts anderes als eine doppelt verkettete Liste, bei der das erste Element Vorgänger des letzten und das letzte Element Nachfolger des ersten ist. Abbildung 27.7 zeigt einen aus fünf Elementen bestehenden, doppelt verketteten Ring.

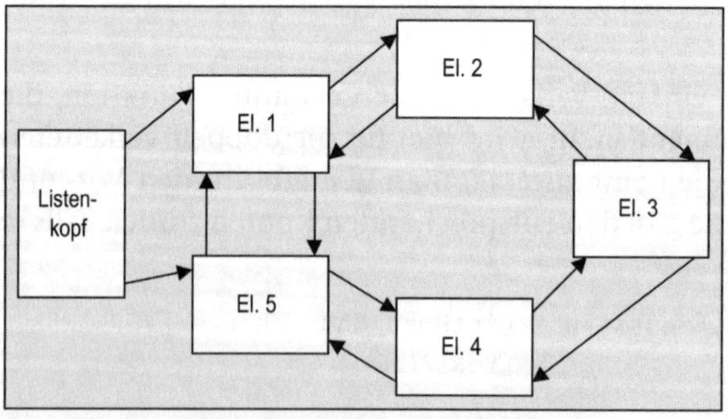

Abbildung 27.7: Ein doppelt verketteter Ring.

Dadurch, daß die Elemente in einem Ring angeordnet sind, ergeben sich einige Vereinfachungen für die Programmierung. Zum Beispiel fällt die Fallunterscheidung der *ListInsert*-Funktion in dieser Form weg. Denn in einem Ring fügt man immer ein Element zwischen zwei

Elemente ein. Es muß lediglich darauf geachtet werden, daß die Zeiger auf Start und Ende der Liste im Kopf entsprechend aktualisiert werden. Diese Abfrage ist leichter und spart Rechenzeit. Man darf jetzt aber nicht fälschlicherweise denken, daß es nun egal sei, an welcher Stelle der Kopf der Liste und wo das Ende sich befindet, da ja sowieso ein Ring vorliegt. Bedenken Sie, daß der Ring sortiert ist. Der Anfang ist immer beim kleinsten, das Ende beim größten Element.

Ringe sind im allgemeinen aber nicht üblich, so daß hier darauf verzichtet wird, alle zur Verwaltung eines Ringes nötigen Funktionen vorzustellen. Sollten Sie zu irgendeinem Zeitpunkt einmal Ringe benötigen, werden Sie auch in der Lage sein, sie selbst zu implementieren.

27.4 Erstellen von Indextabellen

So viele Vorteile dynamische Listen auch haben mögen, sie haben einen entscheidenden Nachteil: Auf sie kann nur sequentiell zugegriffen werden[11].

Indextabelle

Doch kann man sich hier eines Tricks bedienen. Man kann eine sogenannte **Indextabelle** erstellen. Eine Indextabelle haben wir schon im Kapitel über dynamische Speicherverwaltung kennengelernt. Wir hatten dort alle Adressen der einzeln erzeugten dynamischen Speicherblöcke hintereinander in ein Feld eingetragen. Das kann man bei Listen auch machen. Es wird einfach die ganze Liste traversiert und jede Knotenadresse in ein Feld geschrieben. Der Speicherplatz dieses Feldes wird ebenfalls dynamisch allokiert. Die Größe dieses Feldes bedeutet jedoch keine Begrenzung, denn sollte die Liste sehr lang und dadurch die Indextabelle so groß sein, daß kein zusammenhängender Speicherblock dieser Größe mehr vorhanden ist, wird einfach auf die Indextabelle und ihre Vorzüge verzichtet.

Günstigerweise sollte man die Struktur des Listenkopfes erweitern:

```
struct ListHead
  {
    struct Knot *head;
    struct Knot *tail;
```

11 Sequentieller Zugriff bedeutet, daß der Zugriff immer am Anfang oder am Ende beginnt. Das heißt, daß zum Beispiel bei einem Zugriff auf das fünfte Element einer Liste auf jeden Fall zuvor auf die ersten vier zugegriffen werden muß, um einen Verweis auf das fünfte Element zu erhalten. Typisches Beispiel für sequentiellen Zugriff ist ein Magnetband. Es muß immer erst an die Stelle gespult werden, an der gelesen werden soll. Und dafür muß alles andere davor auch gelesen werden, denn sonst wüßte man nicht, wann die gewünschten Daten beginnen.

```
    struct Knot **index;
    unsigned long anzahl;
  };
```

index ist ein Zeiger auf ein Feld, das seinerseits Zeiger beinhaltet, die auf Variablen des Typs *struct Knot* verweisen. Des weiteren kommt eine Variable hinzu, die die aktuelle Anzahl der vorhandenen Knoten angibt, um möglichst schnell eine Information über die nötige Größe der Indextabelle zu erhalten.

Sie müssen die *ListCreate*-Funktion so ändern, daß *anzahl* mit 0 und *index* mit einem Nullzeiger initialisiert wird. Die Funktionen *ListInsert* und *ListRemove* müssen bei jedem erfolgreichen Hinzufügen oder Entfernen eines Knotens die Variable *anzahl* um eins erhöhen oder vermindern.

Indextabelle erstellen

Schauen wir uns nun die Funktion an, die die Indextabelle erstellt:

```
int ListBuildIndex(struct ListHead *hd)
{
struct Knot *cur;
unsigned long x=0;

  if(hd->index)
    {
      free(hd->index);
      hd->index=0;
    }
  if(hd->index=calloc(hd->anzahl, sizeof(struct Knot*)))
    {
      if(hd->anzahl)
        {
          cur=hd->head;
          do
            {
              hd->index[x++]=cur;
              cur=cur->next;
            } while(cur);
          return(1);
        }
    }
  return(0);
}
```

Der Aufruf dieser Funktion muß überall dort eingefügt werden, wo *anzahl* verändert wird – also in *ListInsert* und *ListRemove*. Gehen wir die Funktion einmal durch. Zuerst wird geprüft, ob schon eine Indextabelle vorhanden ist. Wenn ja, wird sie gelöscht. Es folgt der Versuch, eine Indextabelle mit der neuen Größe zu allokieren. Wenn dies funktionieren sollte, wird die komplette Liste traversiert, und die Adressen aller Knoten werden in die Indextabele eingetragen. Für denn Fall, daß eine neue Indextabelle erzeugt wurde, wird 1 zurückgegeben, ansonsten 0.

Sie finden diese Funktion sowie alle vorgenommenen Änderungen in „PRG27-04.C".

Vor- und Nachteile

Kommen wir zum Schluß zu den Vor- und Nachteilen einer Indextabelle. Die Vorteile liegen klar auf der Hand. Wir können zum Beispiel sofort das 100. Element ansprechen. Das schnellste Suchverfahren, die binäre Suche, setzt diese Eigenschaft des direkten Zugriffs voraus. Um dieses Verfahren effektiv nutzen zu können, brauchen wir unbedingt eine Indextabelle. Auch einige Sortierverfahren funktionieren vielfach besser mit einer Indextabelle. Man muß natürlich immer dafür Sorge tragen, daß auch zusätzlich noch Verfahren implementiert werden, die auf eine Indextabelle verzichten können. So sollte eine Implementation der binären Suche automatisch ihre Aufgabe an eine normale Suchfunktion übertragen, wenn keine Indextabelle vorhanden ist. Sollte Ihre Liste sich aber häufig ändern, Sie also vielmehr damit beschäftigt sind, Knoten hinzuzufügen und zu löschen als sie zu suchen, rechnet sich die Indextabelle nicht mehr. Denn Sie müssen bei jeder Veränderung der Liste immer wieder die Indextabelle neu erstellen.

Durch bestimmte Verfahren wird man das Verwalten der Indextabelle noch optimieren können. Zum Beispiel können Sie, nachdem ein Element hinzugefügt wurde, einfach die Adresse des Elements an die richtige Stelle in der Indextabelle einfügen, anstatt die ganze Liste zu traversieren und die komplette Tabelle neu aufzubauen. Jedoch müssen Sie immer von Fall zu Fall abschätzen, ob Sie Indextabellen benutzen wollen oder nicht. Für den Hausgebrauch kann man eigentlich auf sie verzichten, da normalerweise nie so große Datenmengen anfallen, daß die normale Suchfunktion unerträglich langsam arbeiten würde.

27.5 Die Sentinel-Technik

Die Sentinel-Technik wird angewandt, um traversierende Suchfunktionen[12] in Listen und anderen abstrakten Datentypen zu optimieren. Das Wort „sentinel" bedeutet auf deutsch soviel wie „Wächter". Die Suchfunktionen, die wir bisher kennengelernt haben, durchsuchten die Listen vom Anfang bis zum Ende oder bis zum Fund des gesuchten Elements. Dabei mußte immer wieder geprüft werden, ob das Ende der Liste schon erreicht ist. Denn über das Ende hinauszuschießen hätte fatale Folgen. Die Sentinel-Technik macht nun nichts anderes, als einfach das zu suchende Element nochmal ans Ende der Liste anzuhängen.

> Die Sentinel-Technik hängt das zu suchende Element ans Ende der Liste.

Das hat den Vorteil, daß das zu suchende Element auf jeden Fall gefunden wird. Entweder, wenn es tatsächlich in der Liste steht oder wenn es als das am Schluß angehängte Element gefunden wird. Dadurch spart man sich während des Traversierens die Abfrage auf das Ende der Liste, was den Traversiervorgang beschleunigt. Nachdem die Suchfunktion das Element gefunden hat, muß nur noch kontrolliert werden, welches Element gefunden wurde. War es das Sentinel-Element, war das gesuchte Element nicht in der Liste. Wurde ein anderes Element gefunden, handelt es sich um das gesuchte. Zum Schluß muß das Sentinel-Element auf jeden Fall wieder gelöscht werden.

Es bleibt noch anzumerken, daß für das Anhängen und Löschen des Sentinel-Elements nicht die Funktionen *ListInsert* und *ListRemove* benutzt werden dürfen. *ListInsert* würde das Sentinel-Element nämlich korrekt einsortieren, wodurch es mit großer Wahrscheinlichkeit nicht am Ende der Liste landet. Und *ListRemove* würde das erste Vorkommen des Elementes löschen, es sich dann auch um das echte und nicht um das Sentinel-Element handeln könnte.

Da das Sentinel-Element nur für den Vorgang des Suchens eingefügt und danach sofort wieder gelöscht wird, braucht es auch nicht 100%ig korrekt eingefügt zu werden. Es reicht, wenn das normalerweise letzte Element als Nachfolger den Sentinel hat. Sie brauchen weder im Sentinel einen Vorgänger anzugeben noch im Listenkopf den Listenende-Zeiger auf den Sentinel setzen.

---

12 Eine traversierende Suchfunktion ist eine Suchfunktion, die das zu suchende Element dadurch findet, daß sie die gesamte Liste durchläuft, bis sie das gesuchte Element gefunden hat oder am Ende der Liste angekommen ist.

27.6 Kontrollfragen

1. Welche Vorteile haben doppelt verkettete Listen gegenüber den einfach verketteten?
2. Welchen Trick benutzt man, um immer eine sortierte Liste zu haben?
3. Wozu werden Index-Tabellen benötigt?
4. Welche Vereinfachung in der Suchfunktion ergibt sich durch einen Sentinel?
5. Wie lauten die Vor- und Nachteile von Ringen gegenüber Listen?

28 Das Sortierverfahren Bubblesort

Im letzten Kapitel haben wir über Listen gesprochen und dabei eine Verwaltung kennengelernt, die automatisch die Elemente so in die Liste einfügte, daß die Liste immer in sortiertem Zustand war. Nun kommt es aber häufiger vor, daß man auf unsortierte Daten stößt. Natürlich könnte man aus unsortierten Daten einfach eine Liste bilden und diese wäre dann sortiert. Nur ist dies der rechenintensivere Weg. Schneller geht es, die Daten selbst zu sortieren. Und dazu gibt es verschiedene Verfahren. Das einfachste, aber nicht das effizienteste, heißt „Bubblesort". Schauen wir uns ein Beispiel an. Sie haben die vier Zahlen 18, 48, 26 und 12. Sind zwei Zahlen nicht in der richtigen Reihenfolge, werden sie vertauscht. Die zu vergleichenden Zahlen sind fett gedruckt. Müssen die Zahlen vertauscht werden, sind sie zusätzlich noch unterstrichen.

18 48 26 12	Vergleichen sie Zahl1 mit Zahl2. Ist Zahl1>Zahl2, werden beide Zahlen vertauscht.
18 **48 26** 12	Vergleichen sie Zahl2 mit Zahl3. Ist Zahl2>Zahl3, werden beide Zahlen vertauscht.
18 26 **48 12**	Vergleichen sie Zahl3 mit Zahl4. Ist Zahl3>Zahl4, werden beide Zahlen vertauscht.
18 26 12 48	

Wenn sie mindestens eine Vertauschung hatten, wiederholen Sie den Vorgang:

18 26 12 48	Vergleichen sie Zahl1 mit Zahl2. Ist Zahl1>Zahl2, werden beide Zahlen vertauscht.
18 **26 12** 48	Vergleichen sie Zahl2 mit Zahl3. Ist Zahl2>Zahl3, werden beide Zahlen vertauscht.

18 12 **26 48** Vergleichen sie Zahl3 mit Zahl4. Ist Zahl3>Zahl4, werden beide Zahlen vertauscht.

18 12 26 48

Wenn sie mindestens eine Vertauschung hatten, wiederholen Sie den Vorgang:

18 12 26 48 Vergleichen sie Zahl1 mit Zahl2. Ist Zahl1>Zahl2, werden beide Zahlen vertauscht.

12 **18 26** 48 Vergleichen sie Zahl2 mit Zahl3. Ist Zahl2>Zahl3, werden beide Zahlen vertauscht.

12 18 **26 48** Vergleichen sie Zahl3 mit Zahl4. Ist Zahl3>Zahl4, werden beide Zahlen vertauscht.

12 18 26 48

Wenn sie mindestens eine Vertauschung hatten, wiederholen Sie den Vorgang:

12 18 26 48 Vergleichen sie Zahl1 mit Zahl2. Ist Zahl1>Zahl2, werden beide Zahlen vertauscht.

12 **18 26** 48 Vergleichen sie Zahl2 mit Zahl3. Ist Zahl2>Zahl3, werden beide Zahlen vertauscht.

12 18 **26 48** Vergleichen sie Zahl3 mit Zahl4. Ist Zahl3>Zahl4, werden beide Zahlen vertauscht.

12 18 26 48

Wenn sie mindestens eine Vertauschung hatten, wiederholen Sie den Vorgang:

Wir hatten keine Vertauschung mehr, also sind wir fertig. Und siehe da, die vier Zahlen sind sortiert. Das Verfahren heißt Bubblesort, weil die Zahlen wie Blasen aufsteigen, wenn Sie sie von unten nach oben notiert hätten.

Steigerung der Effizienz

Nun gibt es noch eine Vereinfachung an diesem Algorithmus, die ihn schneller macht. Sehen Sie welche? Versuchen Sie einmal, es selbst herauszufinden.

Nun, nach dem ersten Durchgang steht die größte Zahl schon an ihrem richtigen Platz. Deswegen brauchen wir sie nicht mehr mit einzubeziehen. Nach dem zweiten Durchgang steht die zweitgrößte Zahl an ihrem richtigen Platz, also brauchen wir sie und die größte nicht mehr miteinzubeziehen usw. Der Algorithmus sieht für unser Beispiel nun durchgespielt so aus:

18 48 26 12 Vergleichen sie Zahl1 mit Zahl2. Ist Zahl1>Zahl2, werden beide Zahlen vertauscht.

18 **48 26** 12 Vergleichen sie Zahl2 mit Zahl3. Ist Zahl2>Zahl3, werden beide Zahlen vertauscht.

18 26 **48 12** Vergleichen sie Zahl3 mit Zahl4. Ist Zahl3>Zahl4, werden beide Zahlen vertauscht.

18 26 12 48

Wenn sie keine Vertauschung hatten oder der letzte Durchgang nur noch aus einem Vergleich bestand, brechen Sie ab.

18 26 12 48 Vergleichen sie Zahl1 mit Zahl2. Ist Zahl1>Zahl2, werden beide Zahlen vertauscht.

18 **26 12** 48 Vergleichen sie Zahl2 mit Zahl3. Ist Zahl2>Zahl3, werden beide Zahlen vertauscht.

18 12 26 48

Wenn sie keine Vertauschung hatten oder der letzte Durchgang nur noch aus einem Vergleich bestand, brechen Sie ab.

18 12 26 48 Vergleichen sie Zahl1 mit Zahl2. Ist Zahl1>Zahl2, werden beide Zahlen vertauscht.

12 18 26 48

Wenn sie keine Vertauschung hatten oder der letzte Durchgang nur noch aus einem Vergleich bestand, brechen Sie ab.

Wir haben abgebrochen, das Feld ist wieder sortiert und es ging erheblich schneller als beim ersten Mal. Die Abbruchbedingung ist um ein Kriterium erweitert worden, denn jeder Durchgang hat einen Vergleich weniger als der vorherige. Wenn also der letzte Durchgang nur noch einen Vergleich hatte, hätte der nächste gar keinen mehr, und ein weiterer Durchgang wäre überflüssig.

Sie sollten jetzt versuchen, diesen Algorithmus einmal selbst als Funktion zu schreiben. Zum Austesten schreiben Sie eine kleine *main*-Funktion, mit der Sie Zahlen in ein Feld eingeben und dann sortieren können. Lesen Sie erst weiter, wenn Sie es versucht haben.

Nun gut, hier also die *Bubblesort*-Funktion. Abbildung 28.1 zeigt den zugehörigen Programmablaufplan.

```
void Bubblesort(int *feld, int anz)
{
  int end=anz,x,sorts,tausch;
  do
```

```
    {
        sorts=0;
        end--;
        for(x=0;x<end;x++)
           if(feld[x]>feld[x+1])
              {
                 tausch=feld[x];
                 feld[x]=feld[x+1];
                 feld[x+1]=tausch;
                 sorts++;
              }
    } while(sorts&&(end>2));
}
```

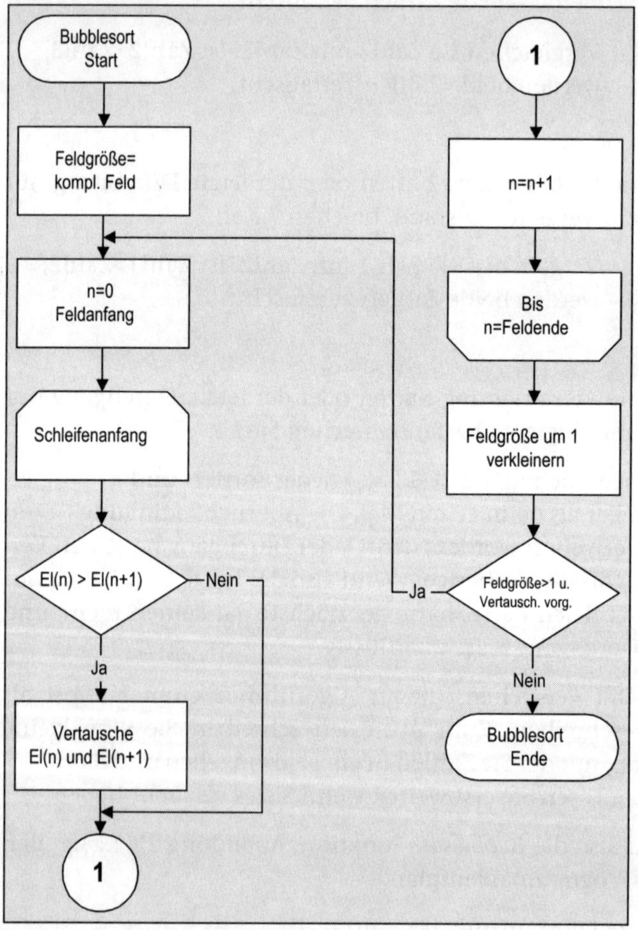

Abbildung 28.1: Das Sortierverfahren Bubblesort als PAP

Der Funktion werden ein Feld und die Anzahl der Elemente, die im Feld sortiert werden sollen, übergeben. Die Variable *sorts* wird dazu benutzt, die Vertauschungen pro Durchgang zu zählen. Die *for*-Schleife steht für einen Durchgang. Die Verkleinerung der *end*-Variable realisiert die Tatsache, daß nach jedem Durchgang ein Vergleich weniger durchgeführt zu werden braucht. Dies ist gleichbedeutend mit Verkleinerung des zu sortierenden Feldes um eins. Der Rest müßte eindeutig sein.

Hier noch die *main*-Funktion, um die Routine auszutesten:

```
#include <stdio.h>     /* PRG28-01.C */

void main(void)
{
int eingabe;
int feld[200];
int anz=0,x;


  do
    {
      printf("\n1 = Liste zeigen\n");
      printf("2 = Zahl hinzufuegen\n");
      printf("3 = Liste sortieren\n");
      printf("\n0 = Ende\n\n");
      printf("Eingabe:");
      scanf("%i",&eingabe);
      getchar();
      printf("\n\n");
      switch(eingabe)
        {
          case 1:  if(anz)
                     {
                       printf("\n");
                       for(x=0;x<anz;x++)
                        printf("Wert %i = %i\n",x+1,feld[x]);
                       printf("\n");
                     }
                   else
                     printf("\nListe ist leer!\n");
                   break;

          case 2:  if(anz<200)
                     {
                       printf("\nWert :");
                       scanf("%i",&feld[anz++]);
                     }
```

```
            else
              printf("\nListe voll!\n");
            break;

      case 3:  if(anz)
             {
               Bubblesort(feld,anz);
               printf("\nListe wurde sortiert\n");
             }
            else
              printf("\nListe ist leer!\n");
            break;
      }
   } while(eingabe);
}
```

Den Quellcode dieses Beispiels finden Sie auf der Diskette unter \BEISPIEL\PRG28-01.C.

Bubblesort ist für kleine bis mittelgroße Datenmengen vollkommen ausreichend. Eine Adreßdatei mit 100 Adressen kann man auch ohne unangenehme Wartezeiten mit Bubblesort sortieren. Es gibt natürlich schnellere Verfahren. Da wären beispielsweise **Quicksort** und **Heapsort**. Diese werden wir später noch besprechen, da uns dazu noch ein paar Handwerkszeuge fehlen. Quicksort ist ein rekursives Verfahren, das Wissen darum voraussetzt, wie man Rekursionen programmiert. Für Heapsort brauchen wir noch den abstrakten Datentyp *Heap*. Dies alles wird im zweiten Buch abgehandelt.

28.1 Die binäre Suche

Nun sind wir in der Lage, Daten jeglicher Art in einen sortierten Zustand zu bringen. Weiterhin können wir über die dynamische Speicherverwaltung, Listen und Indextabellen einen freien Zugriff auf unsere Daten realisieren. Dies sind die Voraussetzungen für die binäre Suche, das schnellste bekannte Suchverfahren.

Angenommen, Sie wollten eine Telefonnummer in einem Telefonbuch suchen. Zuerst schlagen Sie das Buch an einer Stelle auf, von der Sie vermuten, daß sie der gesuchten Nummer ziemlich nahe ist. Dann orientieren Sie sich und blättern entsprechend Seiten vor oder zurück. Irgendwann sind Sie so nahe dran, daß Sie Eintrag für Eintrag durchlesen, bis Sie die Nummer gefunden haben.

Nun braucht man für diese Vorgehensweise bestimmte Voraussetzungen, die ein Computer nicht hat. Sie greifen auf bestimmte Erfahrungen zurück, zum Beispiel das Wissen, daß es unter bestimmten Buchstaben mehr Namen gibt als unter anderen.

Deswegen müssen wir für den Computer einen algorithmischen Weg finden, der mit einfachen Anweisungen beschrieben werde kann und der möglichst schnell zum Ziel führt. Solch ein Algorithmus ist die binäre Suche. Als Beispiel soll noch einmal das Telefonbuch dienen. Gesucht wird eine bestimmte Nummer, die einem Vor- und Nachnamen zugeordnet ist. Das Telefonbuch ist sortiert nach Namen und wir haben direkten Zugriff. Also kann die binäre Suche angewandt werden.

Vorgehensweise

Zuerst schlagen wir das Telefonbuch genau in der Mitte auf. Nun überprüfen wir, ob sich der Name in der linken oder der rechten Häfte des Telefonbuchs befindet. Dann nehmen wir die entsprechende Häfte und schlagen diese in der Mitte auf. Von diesen beiden Häften wird wieder diejenige genommen, die den Namen enthält. Dann wird wieder halbiert usw. Irgendwann bleibt nur noch ein Element übrig, es muß die gesuchte Nummer sein. Sollte sie es nicht sein, war der gesuchte Eintrag nicht vorhanden. Die binäre Suche ist ein sogenannter **divide and conquer**-Algorithmus. „divide and conquer" heißt auf deutsch soviel wie „teile und herrsche" Das Hauptproblem wird durch Teilung in immer kleinere und damit einfachere Probleme zerlegt, bis das Problem zum Schluß so klein ist, daß es die Lösung ergibt.

Schauen wir uns einmal die Funktion *Binsearch* an, deren Programmablaufplan in Abbildung 28.2 gezeigt wird.

int Binsearch(int *feld, int links, int rechts, int wert)

```
{
int mitte;

  while(1)
    {
      if(links>rechts) return(-1);
      mitte=(links+rechts)/2;
      if(feld[mitte]==wert) return(mitte);

      if(wert<feld[mitte])
        rechts=mitte-1;
      else
        links=mitte+1;
    }
}
```

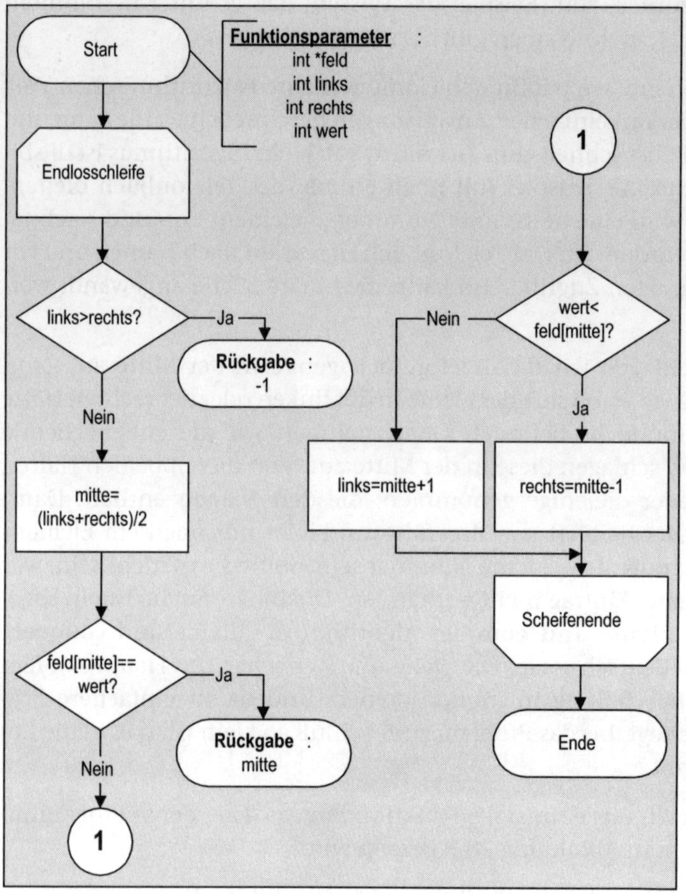

Abbildung 28.2: Die binäre Suche als PAP

Zuerst wird überprüft, ob eine der Grenzen zufällig schon das gesuchte Element ist. Sollte keine der beiden Grenzen mit dem gesuchten Element übereinstimmen, und sollten die beiden Grenzen sich überschneiden, ist das gesuchte Element nicht vorhanden.

Sollten sich die Grenzen noch nicht überschneiden, kann die Menge der Elemente weiter halbiert werden. *mitte* wird die Position des mittleren Elements zugewiesen. Je nachdem, in welcher Hälfte das gesuchte Element liegt, werden die Grenzen neu gesetzt. Der gesamte Halbierungsabschnitt ist in eine Endlosschleife gelegt, so daß die Suchfunktion nur durch Finden oder Nichtfinden des gesuchten Elements abgebrochen wird.

In \BEISPIEL\PRG28-02.C können Sie die Funktion in den übrigen Kontext eingebunden sehen.

Die Anwendung der binären Suche macht es erforderlich, daß die Elemente sortiert vorliegen und ein direkter Zugriff möglich ist.

Übrigens können Sie in Abbildung 28.2 auch sehen, wie man eine Anmerkung in einem PAP darstellt. Hier wurde eine konkrete Bemerkung an den Start-Terminator geschrieben.

28.2 Kontrollfragen

1. Wie kommt das Sortierverfahren „Bubblesort" zu seinem Namen?
2. Was sind die Vor- und Nachteile der binären Suche gegenüber den vorher kennengelernten traversierenden Suchfunktionen?

29 Die bitweisen Operatoren

Kommen wir nun zu unersem letzten Kapitel über C-Operatoren. Wir haben in Kapitel 13 die logischen Operatoren kennengelernt, die zwei Bedingungen aufgrund einer logischen Verknüpfung zu einer Bedingung verbinden. Nun gibt es auch noch die binären Operatoren, die zwei Zahlen bitweise mit einer logischen Verknüpfung zu einer Zahl verknüpfen. Wichtig zum Verständnis dieser Operatoren ist das Kaptiel 17.5 über das binäre Zahlensystem.

29.1 Der AND-Operator &

Schauen wir uns noch einmal die AND-Verknüpfung an: &

Bit1	Bit2	(Bit1&Bit2)
0	0	0
0	1	0
1	0	0
1	1	1

Tabelle 29.1: Die binäre UND-Verknüpfung

Wenn Sie das Wort „Bit" gegen „Bedingung", „0" gegen „falsch" und „1" gegen „wahr" eintauschen, haben Sie die gleiche Verknüpfung wie für den Operator „&&". Nur das der bitweise AND-Operator mit einem & geschrieben wird. Schauen wir uns ein Beispiel an:

```
x=7&20;
```

Welchen Wert hat nun *x*? *x* hat den Wert 4. Falls Sie nicht auf das Ergebnis gekommen sind, versuchen Sie einmal mit Hilfe der Verknüpfungstabelle das Ergebnis nachzuvollziehen.

Zuerst müssen wir die Zahlen in ihr binäres Format umwandeln[1].

7 =00111

20= 10100

Und nun stellen wir die bitweise Verknüpfung her.

00111

10100

00100

Und 100 ist dezimal die Zahl 4. Die Verknüpfung können sie anhand der oben angegebenen AND-Verknüpfung nachvollziehen. Einfach die untereinander stehenden Bits miteinander verknüpfen. 7&7 wäre dann 7.

Bits löschen

Mit der AND-Verknüpfung können Sie einfach und effektiv einzelne Bits einer Zahl auf Null setzen. Sie bilden einfach eine Maske, in der Sie die Bits, die Sie beibehalten wollen, mit 1 belegen und die, die gelöscht werden sollen mit 0. Sie müssen dazu natürlich die Bitbreite einer Variablen kennen. Da ein Byte aus acht Bits besteht, brauchen sie den *sizeof()*-Wert der Variablen nur mit 8 zu multiplizieren. Wollen Sie zum Beisiel in einem *char*-Wert das erste und letzte Bit löschen, alle anderen aber beibehalten, benutzen Sie als Maske 01111110. Dezimal ist dies 126. Also nach der Operation *x=x&126* sind bei *x* das erste und letzte Bit gelöscht und die anderen sind unverändert.

Mit dieser Ausmaskierung von Bits können Sie ganz einfach festestellen, ob eine Zahl gerade oder ungerade ist. Zuerst eine kleine Aufgabe: Welche Eigenschaft haben alle geraden Zahlen gemeinsam und welche die ungeraden Zahlen? Denken Sie einmal bitweise.

Genau. Bei allen geraden Zahlen ist Bit0 = 0 und bei allen ungeraden Zahlen ist Bit0 gesetzt. Das heißt, wenn die Verknüpfung x&1 den Wert 1 hat, war x eine ungerade Zahl. Kommt der Wert Null heraus, war x gerade.

Zuweisungsoperator

Für den AND-Operator gibt es auch einen Zuweisungesoperator.

```
x&=7
```

ist äquivalent mit

```
x=x&7
```

1 Zur Erinnerung: Bit x hat den dezimalen Wert 2 hoch x. Das erste Bit ist Bit0. Das erste Bit hat also die Wertigkeit 2 hoch 1 und das ist 1.

29.2 Der Inclusive-OR-Operator |

|

Das Zeichen für den inklusiven ODER-Operator ist |. Er ist die einfache Variante des logischen OR-Operators ||. Hier die Verknüpfungstabelle:

Bit1	Bit2	(Bit1|Bit2)
0	0	0
0	1	1
1	0	1
1	1	1

Tabelle 29.2: Die binäre INKLUSIV-ODER-Verknüpfung

Diese Verknüpfungstabelle entspricht der des logischen Operators ||, nur daß der binäre Inklusiv-ODER Operator | bitweise arbeitet. Daher die ähnliche Schreibweise.

Bits setzen

Mit dem Inklusiv-ODER-Operator können Sie bequem Bits in einer Variablen setzen. Die dafür nötige Maske muß für die zu setztenden Bits eine 1 enthalten und für die beizubehaltenden Bits eine 0. *x|129* würde also das erste und letzte Bit einer *char*-Variablen setzen und die anderen beibehalten.

Zuweisungsoperator

Es gibt auch hier einen Zuweisungsoperator:

```
x|=7
```

Er ist äquivalent mit:

```
x=x|7
```

29.3 Der Exclusive-OR-Operator ^

^

Der Exklusiv-ODER-Operator ^ ist eine Art Ungleichheitsoperator. Die Verknüpfung liefert nur dort eine 1, wo die beiden Bits unterschiedlich waren. Hier die Verknüpfungstabelle:

Bit1	Bit2	(Bit1^Bit2)
0	0	0
0	1	1
1	0	1
1	1	0

Tabelle 29.3: Die EXKLUSIV-ODER-Verknüpfung

Auch hier gibt es wieder einen Zuweisungsoperator:

```
x^=7
```

Dieser ist äquivalent mit:

```
x=x^7
```

29.4 Der NOT-Operator ~

~

Der NOT-Operator ~ wirkt sich auf eine Zahl in der Form aus, daß er jedes Bit umdreht.

Bit1	~Bit1
0	1
1	0

Tabelle 29.4: Der NOT-Operator

Der Operator wird in der Form x=~x oder x=~7 benutzt.

29.5 Die Verschiebeoperatoren << und >>

<<, >>

Es gibt zwei binäre Verschiebeoperatoren. Das Verschieben nach rechts mit >> und das Verschieben nach links mit <<.

Linksverschiebung

Beim Verschieben nach links werden alle Bits innerhalb einer Variablen nach links geschoben. Neu von rechts hereinkommende Bits bekommen den Wert 0. Die Bits, die links rausgeschoben werden, sind verloren. Schieben Sie zum Beispiel den *char*-Wert 160 einmal nach links, kommt der Wert 64 heraus. Da 160 binär geschrieben 10100000 ist, kommt nach einer einmaligen Verschiebung nach links der Wert 01000000 heraus und das ist dezimal 64.

Die beiden in C möglichen Schreibweisen wären:

```
x=x<<1;
```

oder

```
x<<=1;
```

Rechtsverschiebung

Die Verschiebung nach rechts verläuft ähnlich, bis auf die Bits, die links hineingeschoben werden. War der Ursprungswert positiv, wird von links mit 0-Bits gefüllt. Ansonsten hängt das Ergebnis vom Compiler ab.

C erlaubt auch hier zwei Schreibweisen:

```
x=x>>1;
```

oder

```
x>>=1;
```

Sie können natürlich auch um mehrere Positionen auf einmal verschieben:

```
x=x<<y;
x<<=y;
x=x>>y;
x>>=y;
```

y beinhaltet dabei die Anzahl der zu verschiebenden Stellen.

29.6 Bitfelder

Weiterhin bietet C die Möglichkeit, einzelne Bits oder Bitgruppen zu sogenannten Bitfeldern zusammenzuschließen. Ein Bitfeld wäre zum Beispiel folgendes:

Syntax

```
struct MeineBits
  {
    unsigned int wert1:1,wert2:1,wert3:2,wert4:4;
  };
```

Definition

Sie können nun eine Variable dieses Typs definieren:

```
struct MeineBits a;
```

Zugriff

Auf die einzelnen Felder greifen Sie dann so zu:

```
a.wert1=1;
a.wert4=5;
```

Das Bitfeld muß immer Teil einer Struktur sein. Die Bitgruppen *wert1* und *wert2* bestehen jeweils aus einem Bit und können daher die Werte von 0 bis 1 annehmen. Bitgruppe *wert3* besteht aus 2 Bits und kann Werte von 0 bis 3 annehmen. Bitgruppe *wert4* besteht aus 4 Bits und kann Werte von 0 bis 15 annehmen.

Insgesamt benötigt das Bitfeld 8 Bits. Das Bitfeld selbst ist so groß wie der Datentyp *unsigned int*. Wäre das Bitfeld vom Typ *char*, wäre es 8 Bits groß. Die einzelnen Gruppen werden von der Reihenfolge her so belegt, daß die niederwertigen Bits zuerst belegt werden. Das heißt, daß Gruppe *wert1* an Bitposition 0 der *int*-Variablen liegt. Gruppe *wert2* liegt an Position 1, Gruppe *wert3* an den Positionen 2-3 und Gruppe *wert4* an den Positionen 4-7.

Praktische Anwendung

Benutzt werden die Bitfelder, wenn bestimmte Hardware-Register bitweise angesprochen werden müssen. Sie definieren dann einfach einen Zeiger vom Typ Ihres Bitfeldes und geben als Adresse die Adresse des Registers im Speicher an.

Wie Sie sehen, können sie nur die Gruppen des Bitfeldes einzeln ansprechen, nicht aber den Gesamtwert, den alle Gruppen zusammen bilden würden. Doch dazu gibt es einen Trick. Sie bilden einfach eine *union* mit dem Bitfeld und einer normalen *unsigned int*-Variablen:

```
union Zugriff
  {
    unsigned int zahl1;
    struct MeineBits zahl2;
  };
```

Wenn Sie jetzt eine Variable diesen Typs definieren,

```
union Zugriff x;
```

ermöglicht Ihnen die folgende Anweisung den Zugriff auf das gesamte Feld, das dann als eine Zahl interpretiert wird[2]:

```
x.zahl1=0;
```

Der Zugriff auf die einzelnen Gruppen des Bitfeldes kann folgendermaßen realisiert werden:

```
x.zahl2.wert3=2;
```

Wir haben nun alle Möglichkeiten besprochen, die uns C zur bitweisen Manipulation bietet.

29.7 Kontrollfragen

1. Worin unterscheiden sich die binären Verknüpfungen von den logischen?
2. Welche Verwendung finden die binären Operatoren hauptsächlich?

2 Zum Beispiel zum Initialiseren des gesamten Feldes.

30 Rekursion

Nun kommen wir zu einem programmiertechnisch nicht einfachen Kapitel. Und zwar geht es hier bezeichnenderweise um Rekursion. Grob gesagt sprechen wir immer dann von Rekursion, wenn Funktionen sich selber aufrufen. Das mag auf den ersten Blick befremdlich klingen, zumal eine unkontrolliert ablaufende Rekursion fatale Folgen haben kann. Ein gutes Beispiel für eine unkontrolliert arbeitende, rekursive Funktion lautet:

```
void rek(void)
{
  int x=10;
  static int count=1;
  printf("%i:Ich lasse ihn abstuerzen! (%i)\n",count++,x);
  rek();
}
```

Es ist nur eine Frage der Zeit, bis ihr Computer (oder der entsprechende Task) abstürzt. Das liegt daran, daß sich der Computer bei jedem Funktionsaufruf die Stelle merken muß, an der er nach dem Ende der Funktion wieder weiterarbeitet. Nun werden durch das ständige Sichselbstaufrufen immer mehr Rücksprungadressen gespeichert. Hinzu kommt noch die lokale *int*-Variable, die für jeden Aufruf angelegt werden muß. Irgendwann läuft der Stack über, und der Computer stürzt ab.

Kontrollierte Rekursion

Sie werden sich jetzt fragen, was daran toll sein soll, wenn man einen Computer dazu bringt, abzustürzen. Wenn Sie aber die Rekursion unter Ihre Kontrolle bringen, sie also sicherstellen, daß sie irgendwann einmal aufhört, stellt sie eine sehr einfache Methode zur Lösung bestimmter Probleme dar. Nehmen wir zum Besipiel nochmal die Fakultät einer Zahl. Die Fakultät von 3 ist 1*2*3=6. Die Fakultät von 5 ist 1*2*3*4*5=120 Die Fakultät von x wird geschrieben als x!. Eine entsprechende Übungsaufgabe haben wir bereits bearbeitet und waren zu folgender Lösung gekommen:

```
int fakul(int x)
{
int f=1;

   if(x<0)  return(0);
   if(x<2)  return(1);

   while(x>1)
      f*=x--;

   return(f);
}
```

Diese Funktion deckt den Fehlerfall für x<0 ab und gibt als Fehlerwert 0 zurück.

Definition der Fakultät

Die Berechnung der Fakultät einer Zahl wurde bisher etwas salopp geschildert. Die richtige (rekursive) Definition der Fakultät lautet so:

```
x! =x * (x-1)!  ;mit 0! = 1
```

Das Interessante ist hierbei, daß zur Erklärung der Fakultät die Fakultät selbst benutzt wird. In Worten ausgedrückt: Die Fakultät von 0 ist 1. Die Fakultät einer Zahl x ist gleich x multipliziert mit der Fakultät von (x-1). Diese Definition der Fakultät ist rekursiv, denn sie benutzt sich selbst zu ihrer eigenen Definition. Programmiert man diesen rekursiven Ansatz, so erhält man eine äußerst einfache Funktion:

```
int rekfakul(int x)
{
  if(x<0)  return(0);
  if(x==0)  return(1);
  return( x * rekfakul(x-1) );
}
```

Die Funktion *rekfakul* mit einer *main*-Funktion zum Testen ist unter BEISPIEL\PRG30-01.C gespeichert.

Unser rekursiver Ansatz hat zu einer netten, übersichtlichen Funktion geführt. Dies ist ein einfaches Beispiel für eine kontrollierte Rekursion, denn durch den Aufruf von x-1 muß x irgendwann zwangsläufig 0 werden, so daß ein neuerlicher Selbstaufruf nicht stattfindet.

Spielen wir die Funktion einmal exemplarisch für die Fakultät von 4 durch.

Aufruf von rekfakul(4) : x>0, daher Rückgabe von 4* rekfakul(3)

Aufruf von rekfakul(3) : x>0, daher Rückgabe von 3* rekfakul(2)

Aufruf von rekfakul(2) : x>0, daher Rückgabe von 2* rekfakul(1)

Aufruf von rekfakul(1) : x>0, daher Rückgabe von 1* rekfakul(0)

Aufruf von rekfakul(0) : x=0, daher Rückgabe von 1

Zurück in rekfakul(1) : Rückgabe von 1*1=1

Zurück in rekfakul(2) : Rückgabe von 2*1=2

Zurück in rekfakul(3) : Rückgabe von 3*2=6

Zurück in rekfakul(4) : Rückgabe von 4*6=24

Das Ergebnis ist 24.

30.1 Die Fibonacci-Zahlen

Der rekursive Ansatz versucht, das Problem durch eine einfachere Lösung des gleichen Problems so zu vereinfachen, bis die **triviale Lösung** erreicht ist. Im Beipiel der Fakultät ist die triviale Lösung die Fakultät von 0, denn sie kann direkt angegeben werden. Schauen wir uns noch ein Beispiel an, die sogenannten „Fibonacci-Zahlen".

Definition

Eine Fibonacci-Zahl ist die Summe ihrer beiden Vorgänger. Die ersten beiden Fibonacci-Zahlen sind 1.

F(1)=1

F(2)=1

F(3)=2 (F(1)+F(2))

F(4)=3 (F(2)+F(3))

F(5)=5 (F(3)+F(4))

F(6)=8 (F(4)+F(5))

Und so weiter und so fort. Versuchen Sie nun einmal, für diese Rechnung eine rekursive Funktion namens *rekfibo* zu programmieren, der sie die Nummer der Fibonacci-Zahl übergeben und die dann den Wert der entsprechenden Fibonacci-Zahl ausgibt. Zuerst sollten Sie sich über die triviale Lösung im klaren sein. Sie ist für F(1) und (F(2) gegeben und lautet jeweils 1.

```
int rekfibo(int x)
{
  if(x<3)  return(1);
  return( rekfibo(x-1) + rekfibo(x-2) );
}
```

Die Lösung muß nicht mehr dokumentiert werden, denn das Verfahren ist analog zur Fakultäts-Berechnung. Die Funktion mit der dazugehörigen *main*-Funktion finden sie in „PRG30-02.C".

30.2 Die Türme von Hanoi

Kennen Sie das Spiel „Die Türme von Hanoi"? Wenn ja, können Sie die Erklärung des Spiels überspringen.

Das Spiel „Türme von Hanoi" besteht aus drei Stangen A, B und C. Auf Stange A befinden sich ein Turm von n Scheiben. Die Scheiben werden von unten nach oben hin immer kleiner.

Spielregeln

Nun müssen Sie den Turm von A nach C transportieren. Sie müssen dabei drei Regeln beachten:

1. Es darf immer nur eine Scheibe auf einmal bewegt werden.
2. Es darf immer nur die oberste Scheibe einer Stange genommen werden.
3. Es darf nie eine größere Scheibe auf einer kleineren liegen, nur kleinere auf größeren.

Das sind die Regeln. Für den Fall mit drei Scheiben wurde die Lösung des Spiels in Abbildung 30.1 dargestellt.

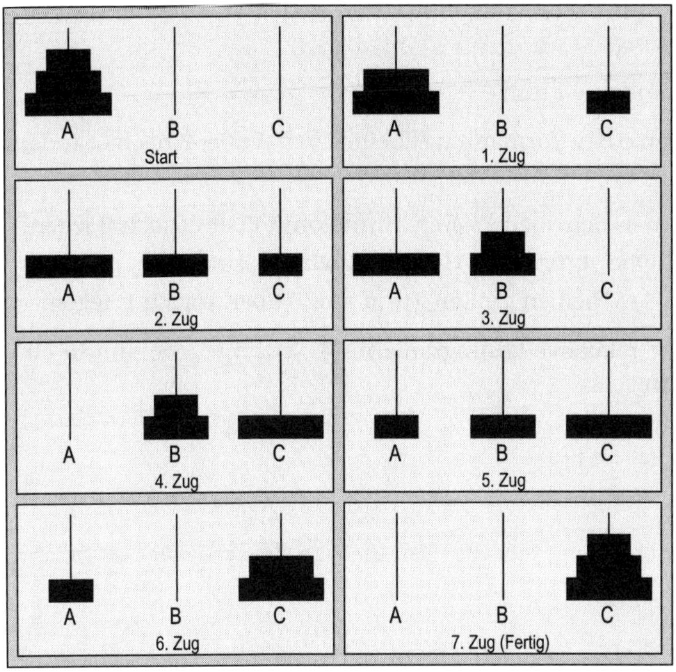

Abbildung 30.1: Türme von Hanoi, Lösung für 3 Scheiben

Versuchen Sie einmal, eine rekursive Lösung für dieses Spiel zu finden. Ihr Programm sollte es ermöglichen, die Anzahl der Scheiben einzugeben, und dann nacheinander ausgeben, welche Scheibe von wo nach wo gelegt werden muß, bis das Spiel gelöst ist.

Gehen wir nun den Lösungsweg einmal Schritt für Schritt durch.

Rekursiver Lösungsansatz

Zuerst müssen wir die triviale Lösung für dieses Problem finden. Überlegen Sie, wie die triviale Lösung für die Türme von Hanoi aussieht. Die triviale Lösung ist, wenn auf Stange A nur eine Scheibe liegt und auf C gar keine. Denn dann können wir die Scheibe einfach von A nach C bewegen.

Überlegen wir jetzt, wir wir einen Turm mit zwei Scheiben auf die triviale Lösung reduzieren. Wir legen einfach die Scheibe, die bei A auf der untersten Scheibe liegt, nach B. Nun ist die triviale Lösung erreicht. Bei A liegt nur eine Scheibe und bei C keine. Danach legen wir die Scheibe von B nach C, und wir haben die Lösung.

Wie sieht es bei einem Turm von drei Scheiben aus (siehe Beispiel)? Das gleiche: Wir legen erst die beiden oberen Scheiben von A mit Hilfe von C nach B. Im Beispiel haben wir damit bei Zug 3 die triviale Lösung erreicht. Danach brauchen wir einfach nur den zwei Scheiben großen Turm von B mit Hilfe von A nach C zu legen, und wir haben die Lösung.

Verallgemeinern wir nun.

Wir bewegen einen Turm mit n Scheiben von A über B nach C, indem wir:

1. Einen (n-1) Scheiben großen Turm von A über C nach B legen.
2. Die Scheibe von A nach C legen (triviale Lösung).
3. Den (n-1) Scheiben großen Turm von B über A nach C legen.

Dies ist eine rekursive Lösungsanleitung. Setzen wir sie nun in eine Funktion um:

```
void rekhanoi(int x, char a, char b, char c)
{
  if(x==1)
    {
      printf("Eine Scheibe von %c nach %c schieben.\n",a,c);
      return;
    }

  rekhanoi(x-1, a, c, b);
  rekhanoi(1, a, b, c);
  rekhanoi(x-1, b, a, c);
}
```

Schreiben wir nun noch eine Hilfsfunktion, der wir nur die Anzahl der Scheiben übergeben müssen und die dann *rekhanoi* entsprechend aufruft:

```
void hanoi(int x)
{
  rekhanoi(x, 'A', 'B', 'C');
}
```

Die Rekursion ist ein mächtiges Werkzeug zur einfachen Lösung von Problemen. Sie können ja einfach mal versuchen, ein Programm zu schreiben, welches Ihnen die Lösung zu den Türmen von Hanoi ohne Rekursion liefert. Viel Spaß! Die hier geschilderte rekursive Lösung finden sie übrigens in „PRG30-03.C".

30.3 Backtracking

Backtracking

Kommen wir nun zu einem Problemlöseverfahren, welches sich meist sehr einfach mit Hilfe der Rekursion implementieren läßt. Es geht um das sogenannte **Backtracking**, was zu Deutsch soviel wie „Rückverfolgung" bedeutet. Backtracking verfolgt ein ziemlich einfaches System. Schauen Sie sich einmal den Graphen in Abbildung 30.2 an. Angenommen, Sie wollen von Punkt S nach Punkt 5. Backtracking geht dann folgendermaßen vor: Von Punkt S zuerst zum linken Punkt. Von diesem weiter zum nächsten linken. Angekommen bei Punkt 1 geht es nicht mehr weiter. Also einen Punkt hoch und den mittleren Weg hinunter. Wir sind bei Punkt 2. Wieder hoch, den rechten Weg runter. Wir sind bei Punkt 3. Wieder einen Punkt hoch. Kein Weg mehr, also noch einen Punkt hoch. Wir sind wieder bei Punkt S und nehmen den nächsten Weg nach unten, den in der Mitte. Dort gehen wir wieder den linken Weg. Wir sind bei Punkt 4. Wieder hoch und den mittleren Weg hinunter. Wir haben Punkt 5 erreicht. Auf diese Weise würde das Backtracking alle Möglichkeiten durchlaufen und würde den gesuchten Punkt auf jeden Fall finden, wenn es ihn denn gibt.

Backtracking ist ein einfaches Verfahren,
alle Möglichkeiten einer Situation durchzuspielen.

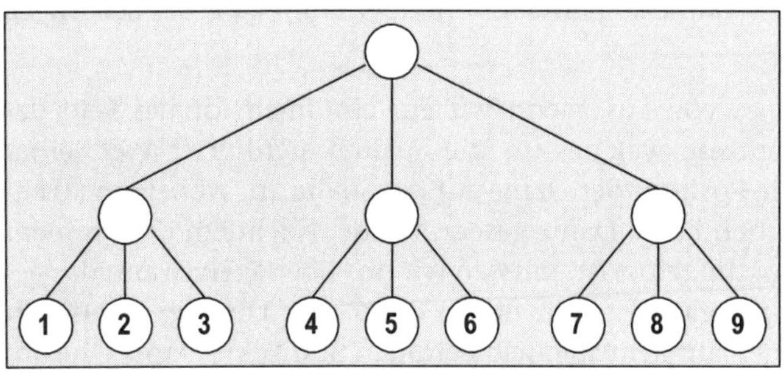

Abbildung 30.2: Ein Beispiel für einen Graphen

Schauen wir uns nun ein Anwendungsbeispiel für Backtracking an.

30.4 Das Dame-Problem

Das Dame-Problem ist ein beliebtes Beispiel für Backtracking. Es geht um die Dame beim Schach. Wenn Sie mit den Regeln des Schach-Spiels leicht vertraut sind, wissen Sie, daß die Dame von ihrer aktuellen Position aus beliebig viele Felder in horizontaler, vertikaler oder diagonaler Richtung gehen kann. Das bedeutet, daß eine Figur, die auf der gleichen Spalte, Reihe oder Diagonalen mit einer Dame steht, von dieser Dame bedroht wird. Das Dame-Problem lautet nun folgendermaßen:

Problematik

Wie müssen acht Damen auf dem Schachbrett verteilt werden, daß keine Dame eine andere bedroht?

Dieses Problem ist nicht allzu schwierig. Mit ein bißchen Ausprobieren dürfte die Lösung leicht gefunden werden. Wie jedoch müßte man einen Computer programmieren, damit er die Lösung findet? Gehen wir den Lösungsgedanken einmal Schritt für Schritt durch.

Zuerst müssen wir uns eine Methode überlegen, wie wir das Spielfeld im Computer repräsentieren, denn irgendwie müssen wir die Damen ja auch setzen und verschieben können. Anbieten würde sich ein zweidimensionales 8*8 Integer-Feld, wobei eine 1 auf einem Feld bedeutet, daß sich dort eine Dame befindet, und eine 0, daß das Feld leer ist.

Nun kann man diesen Ansatz noch vereinfachen. Wenn wir uns die Regeln anschauen, nach denen sich Damen bewegen, fällt eins auf: Sollten sich zwei Damen auf der gleichen Zeile oder Spalte befinden, können wir nicht mehr zu einer Lösung finden, da die beiden Damen sich gegenseitig bedrohen würden. Das bedeutet, daß pro Zeile oder Spalte nur eine Dame stehen darf, um überhaupt zu einer Lösung zu kommen.

Daher reicht es voll aus, wenn wir ein eindimensionales Feld der Größe 8 benutzen, welches für die Spalten steht. Der Wert einer Spalte gibt die Position der Dame auf der Spalte an, wobei eine 0 bedeutet, daß noch keine Dame gesetzt wurde. Nachdem das Problem der Datenstruktur gelöst ist, müssen wir uns überlegen, wann das gesamte Problem gelöst ist. Wir haben dann eine Lösung, wenn sich alle acht Damen auf dem Spielfeld befinden und keine Dame eine andere bedroht.

Test auf vorhandene Bedrohung

Also schreiben wir zunächst eine Funktion, die das Spielfeld daraufhin untersucht, ob irgendwelche Bedrohungen vorhanden sind:

```
int collide(int *feld)
{
int x,y;
  for(x=0;x<7;x++)
    if(feld[x])
      for(y=x+1;y<8;y++)
      {
        if(feld[y])
        {
          if(feld[x]==feld[y]) return(1);
          if(abs(x-y)==abs(feld[x]-feld[y])) return(1);
        }
      }
```

```
  return(0);
}
```

Der Funktion wird das zu untersuchende Feld übergeben. Sie liefert den Wert 1 zurück, wenn eine Bedrohung existiert, und 0, wenn das Feld frei von jeglicher Bedrohung ist. Die *x*-Schleife geht jede Spalte durch. Sollte in einer Spalte eine Dame gesetzt sein[1], werden mit der *y*-Schleife alle Spalten durchgegangen, die hinter der aktuellen liegen[2] und in denen ebenfalls eine Dame gesetzt wurde. Die erste *if*-Anweisung prüft, ob die beiden Damen auf der gleichen Zeile stehen. Die zweite *if*-Anweisung überprüft, ob sich die beiden Damen auf einer gemeinsamen Diagonalen befinden. Es bleibt Ihnen überlassen herauszufinden, warum diese Überprüfungen so funktionieren.

Schauen wir uns nun noch die *main*-Funktion an:

```
#include <stdio.h>      /* PRG30-04.C */
#include <stdlib.h>

void main(void)
{
int feld[8],x;

  for(x=0;x<8;x++) feld[x]=0;
  Dame(feld,7);
  for(x=0;x<8;x++)
    printf("Dame %i : (%i;%i)\n",x+1,x+1,feld[x]);
}
```

Den Quellcode dieses Beispiels finden Sie auf der Diskette unter \BEISPIEL\PRG30-04.C.

Zuerst wird ein Feld der Größe 8 angelegt. Das Feld wird mit 0 initialisiert, weil sich anfangs noch keine Damen auf dem Spielfeld befinden. Dann wird die Backtracking-Funktion *Dame* aufgerufen, der das Feld und die Nummer der letzten Spalte[3] übergeben werden. Nachdem *Dame* beendet wurde, beinhaltet *feld* eine gültige Lösung. Diese wird dann in Form von Koordinaten einer jeden Dame auf dem Spielfeld ausgegeben. Abbildung 30.3 zeigt eine Lösung des Problems.

---

1 Der Wert also ungleich Null sein.

2 Diese Vereinfachung kann man deswegen durchführen, weil beispielsweise nach einem Vergleich der Spalte 1 mit der Spalte 3 der Vergleich von Spalte 3 mit Spalte 1 unnötig ist.

3 Die letzte (achte) Spalte hat den Wert 7, weil der Index eines Feldes mit 0 beginnt.

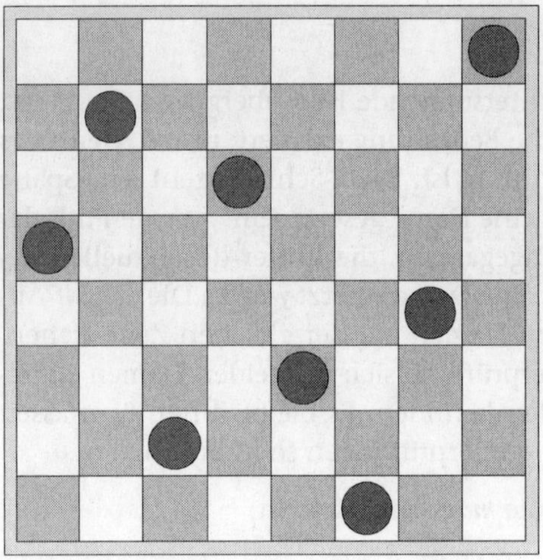

Abbildung 30.3: Eine Lösung des Dame-Problems

Doch schauen wir uns jetzt die rekursive Backtracking-Funktion *Dame* an:

```
int Dame(int *feld,int pos)
{
int x=1;

  while(x<=8)
    {
      feld[pos]=x;
      if(!collide(feld))
        {
          if(pos)
            {
              if(Dame(feld,pos-1)) return(1);
            }
          else
            {
              return(1);
            }
        }
      x++;
    }
  feld[pos]=0;
  return(0);
}
```

Da die Funktion von *main* mit der letzten Spalte als Parameter aufgerufen wurde, setzt die Funktion die Dame der letzten Spalte in die erste Reihe. Dann wird überprüft, ob eine Bedrohung vorhanden ist. Es kann natürlich keine vorhanden sein, denn es ist ja die erste Dame. Sollte die Funktion nicht gerade die letzte Spalte – also Spalte 0 – bearbeiten, ruft sie sich selbst mit der nächst niedrigeren Spalte auf. Dort wird die Dame ebenfalls in die erste Reihe gesetzt. Nun ist eine Bedrohung vorhanden, also wird die Dame in die zweite Reihe versetzt. Dort wird ebenfalls bedroht, so daß sie in die dritte Reihe verschoben wird. Dort besteht keine Bedrohung mehr, und die nächste Spalte wird bearbeitet. Sollten bei einer Spalte alle 8 Reihen bedroht sein, wird die Dame dieser Spalte weggenommen, und die Funktion gibt 0 zurück, um der vorherigen Spalte mitzuteilen, daß sie ihre Dame um eine Reihe nach unten verschieben soll usw.

Sie sollten das einfach mal auf einem Schachbrett durchspielen. Spielen Sie einfach mal *Dame*-Funktion und schauen Sie, wie das Backtracking alle Kombinationen bis zum Erreichen einer Lösung durchgeht.

Da es sehr wichtig ist, das Entwerfen rekursiver Funktionen zu beherrschen, werden wir in den Übungen noch weiter darauf eingehen.

30.5 Rest-rekursive Funktionen

Kommen wir noch auf die von Rekursionsgegnern eingebrachten Argumente zu sprechen, daß iterative[4] Lösungen schneller seien als rekursive. Schauen wir uns den Overhead[5] rekursiver Lösungen einmal an. Zuerst muß für jeden Funktionsaufruf ein Stack angelegt werden. Auf diesen Stack werden die lokalen Variablen der Funktion sowie die Funktionsparameter gelegt. Des weiteren muß sich das Programm merken, an welcher Stelle es nach dem Beenden der aufgerufenen Funktion weitergeht. Zudem muß noch der Rückgabeparameter übergeben werden, damit er für weitere Berechnungen zur Verfügung steht. All dies ist für iterative Lösungen nicht notwendig.

Rest-Rekursion

Aber es gibt eine besondere Form rekursiver Funktionen, nämlich die **rest-rekursiven Funktionen**. Der Vorteil der rest-rekursiven Funktionen gegenüber den normalen rekursiven Funktionen besteht darin, daß all die oben aufgezählten Nachteile für sie nicht gelten. Es wird

4 Man bezeichnet Lösungen als iterativ, wenn sie nach einem immer wiederkehrenden, sich wiederholenden Algorithmus gelöst werden. Iterative Lösungen erkennt man daran, daß sie in einer Programmiersprache mit Schleifen-Konstrukten implementiert werden. Die nicht-rekursive Lösung der Fakultät aus der Übung in Kapitel 11 ist ein Beispiel für die Iteration.

5 „Overhead“ heißt zu Deutsch soviel wie „Mehraufwand“.

Ihnen nun die rest-rekursive Variante der Fakultätsberechnung und deren Vorteile vorgestellt:

```
int rekfakul(int x, int y)
{
  if(x<0)  return(0);
  if(x==0)  return(1);
  if(x==1)  return(y);
  return(rekfakul(x-1,y*(x-1)) );
}
```

Der auf den ersten Blick auffälligste Unterschied besteht darin, daß die rest-rekursive Variante die Fakultät während des Abstiegs in die Rekursion berechnet, während die normal-rekursive Funktion die tatsächliche Berechnung beim Aufstieg aus der Rekursion vornimmt.

Aufruf

Zur Berechnung der Fakultät von *a* wird die Funktion folgendermaßen aufgerufen:

```
rekfakul(a,a);
```

Das, was die Rest-Rekursivität ausmacht, sind folgende Punkte:

1. Der Rückgabewert eines rekursiven Aufrufs wird nicht für Berechnungen benutzt.
2. Hinter dem rekursiven Aufruf folgen keine Anweisungen mehr.
3. Der rekursive Aufruf steht unmittelbar innerhalb einer *return*-Anweisung.

Wenn man nun die Frage stellt, was diese Variante für Vorteile haben soll, findet man zuerst einen Nachteil: Die Funktion hat einen Funktionsparameter mehr, weswegen der anzulegende Stack für jeden Aufruf größer wird. Dies hat zur Folge, daß die Funktion langsamer wird.

Last-Call-Optimierung

All dies ist ein Irrtum. Unter der Voraussetzung, daß Ihr Compiler die sogenannte **Last-Call-Optimierung** unterstützt[6], also rest-rekursive Funktionen erkennt, ist diese Funktion genauso schnell wie die iterative Variante, denn der Compiler legt keinen Stack mehr an. Warum?

1. Da der rekursive Aufruf die letzte Anweisung der Funktion ist, müssen keine lokalen Variablen auf den Stack gerettet werden, denn sie werden nicht mehr benötigt.

---

6 Sollte Ihr Compiler die Last-Call-Optimierung nicht unterstützen, haben Sie sich leider einen schlechten Compiler angeschafft.

2. Da hinter dem rekursiven Aufruf keine Anweisungen mehr folgen, braucht auch keine Rücksprungadresse auf den Stack gelegt zu werden[7].
3. Da der rekursive Funktionsaufruf unmittelbar in einer *return*-Anweisung steht, braucht auch der Rückgabewert nicht zwischengespeichert zu werden.

Durch die Berechnung des Ergebnisses während des Rekursionsabstiegs ist bei Ankunft auf dem Grund der Rekursion das endgültige Ergebnis schon berechnet. Der Rekursionsaufstieg ist nichts anderes als ein „Durchreichen" des immer gleichen Wertes, bis die Rekursion verlassen wird. Compiler, die Rest-Rekursivität erkennen, kürzen dies ab, in dem sie diesen Aufstieg nicht vornehmen, sondern direkt die komplette Rekursion durch Rückgabe des Endergebnisses an die aufrufende Funktion beenden.

Der einzige Nachteil, nämlich daß Abfragen, die nur einmal nötig wären, wie z.B. das Überprüfen, ob ein negativer Wert übergeben wurde, bei jedem Rekursionsschritt erneut vorgenommen werden, läßt sich durch das Vorschalten einer Funktions-Shell beheben:

```
int rekfakul(int x, int y)
{
  if(x==1)return(y);
  return(rekfakul(x-1,y*(x-1)) );
}

int fakul(int x)
{
  if(x<0)  return(0);
  if(x==0)  return(1);
  return(rekfakul(x,x));
}
```

Der Benutzer kann nun die Fakultät von *a* wie gewohnt berechnen:

```
fakul(a);
```

Der Benutzer bekommt von dem ungewöhnlicheren, zwei Parameter umfassenden Aufruf der rest-rekursiven Funktion überhaupt nichts mit, und die nur einmal notwendigen Überprüfungen sind von der rest-rekursiven Funktion abgespalten.

7 Für den ersten Aufruf der rest-rekursiven Funktion aus einer anderen Funktion heraus muß die Rücksprungadresse natürlich gesichert werden. Da dies aber die einzige zu merkende Adresse ist, kommt der Aufruf der rest-rekursiven Funktion dem Aufruf einer normalen nicht-rekursiven Funktion gleich.

Für den Fall, daß sie existiert, sollte die rest-rekursive Lösung immer der normal-rekursiven vorgezogen werden.

Wenn Sie diese Regel beherzigen, steht Ihre rekursive Lösung der iterativen in nichts nach. Es sollte noch erwähnt werden, daß rest-rekursive Lösungen im allgemeinen nicht so leicht nachzuvollziehen sind wie die normal-rekursiven. Der erhöhte Denkaufwand für den Entwurf einer rest-rekursiven Funktion wird aber immer durch ein besseres Laufzeitverhalten derselben belohnt.

30.6 Kontrollfragen

1. Was ist das besondere Merkmal einer rekursiven Funktion?
2. Welche Gefahr besteht bei fehlprogrammierten Rekursionen?
3. Worin unterscheiden sich rekursive Funktionen von rest-rekursiven Funktionen?
4. Wie würden Sie möglichst einfach die hinter dem Backtracking stehende Idee beschreiben?
5. Hätte das „Türme von Hanoi"-Problem auch mit einem Backtracking-Algorithmus gelöst werden können?

31 Modulares Programmieren

Nachdem wir nun schon einige Übung darin haben, unsere Programme in verschiedene Funktionen aufzuteilen, werden wir jetzt besprechen, wie wir unser Programm in verschiedene Quelldateien aufteilen. Die Aufteilung in verschiedene Quelldateien hat den Vorteil, daß der Compiler immer nur die Quelldatei kompilieren muß, die geändert wurde. Haben Sie zum Beispiel ein 1000 Zeilen langes Quellprogramm in einer Datei, muß der Compiler bei jeder kleinen Änderung 1000 Zeilen Programm kompilieren. Hätten Sie Ihren Quellcode aber in 5 Dateien á 200 Zeilen Programmtext aufgeteilt, hätte der Compiler bei einer Änderung an einer Funktion nur 200 Zeilen Code kompilieren müssen.

31.1 Eigene Header-Dateien

Sie sollten sich grundsätzlich angewöhnen, alle #defines, Makro-Definitionen, Struktur- und Union-Deklarationen sowie Prototypen in Header-Dateien zu schreiben. Schauen Sie sich folgendes Programm an:

```
#include <stdio.h>      /* PRG31-1A.C */
#include "prg31-1a.h"

void main(void)
{
int x;

  for(x=MINWERT;x<MAXWERT;x+=STEP)
    printf("Wert = %i\n",x);
}
```

Den Quellcode dieses Beispiels finden Sie auf der Diskette unter \BEISPIEL\PRG31-1A.C.

Die Deklarationen sind hier in einer Header-Datei ausgelagert, welche mit *#include* eingebunden wird. Achten Sie darauf, daß die *#include*-Anweisung zum Einbinden unserer eigenen Header-Datei den Namen in doppelten Anführungszeichen einschließt und nicht in spitzen Klammern. Die doppelten Anführungszeichen sorgen dafür, daß der Compiler die Datei im Arbeitsverzeichnis sucht.

> Bei doppelten Anführungszeichen sucht die #include-Direktive die Datei im aktuellen Arbeitsverzeichnis.

Wie Sie bei Ihrem Compiler das Arbeitsverzeichnis für das aktuelle Projekt angeben, müssen Sie im Compiler-Handbuch nachlesen. Doch schauen wir uns jetzt die Header-Datei an:

```
#ifndef __PRG311A_H     /* prg31-1a.h */
#define __PRG311A_H

#define MINWERT 20
#define MAXWERT 80
#define STEP 3

#endif
```

Den Quellcode dieses Beispiels finden Sie auf der Diskette unter \BEISPIEL\PRG31-1A.H.

Die Deklarationen stehen in einer *#ifndef*-Anweisung, um bei komplexeren Projekten zu verhindern, daß sie mehrmals kompiliert werden und dadurch zu einem Fehler führen. Die Schreibweise __PRG311A_H ist an die Konventionen von C angelehnt. Wenn sie einmal in solche Header-Dateien wie *stdio.h* oder *string.h* hineinsehen, werden Sie feststellen, daß sie diese Namenskonstrukte ebenfalls beinhalten.

31.2 Aufteilen in Module

Schauen wir uns nun an einem Beispiel an, wie Funktionen in verschiedene Dateien aufgeteilt werden können. Es werden eine Struktur für komplexe Zahlen, mitsamt zweier Funktionen für die Addition und die Multiplikation deklariert. Es ist hier weniger wichtig, ein Verständnis für die komplexen Zahlen zu gewinnen, als die Technik des Aufteilens in Module kennenzulernen, weswegen wir die mathematische Seite nicht genauer betrachten werden. Hier das Modul mit den Funktionsdefinitionen:

```
#include "PRG31-2B.H"    /PRG31-2B.C */

void KomplexAdd(struct Komplex *er, struct Komplex *z1,
                struct Komplex *z2)
{
  er->re=z1->re+z2->re;
  er->im=z1->im+z2->im;
}

void KomplexMul(struct Komplex *er, struct Komplex *z1,
                struct Komplex *z2)
{
  er->re=z1->re*z2->re - z1->im*z2->im;
  er->im=z1->re*z2->im + z2->re*z1->im;
}
```

Den Quellcode dieses Beispiels finden Sie auf der Diskette unter \BEISPIEL\PRG31-2B.C.

Wie Sie sehen, ist die Deklaration der Struktur *Komplex* nicht enthalten. Schauen wir uns deshalb die dazugehörige Header-Datei an:

```
#ifndef __PRG312B_H    /* PRG31-2B.H */
#define __PRG312B_H

struct Komplex
  {
    double re, im;
  };

extern void KomplexAdd(struct Komplex*, struct Komplex*,
                       struct Komplex*);
extern void KomplexMul(struct Komplex*, struct Komplex*,
                       struct Komplex*);

#endif
```

Den Quellcode dieses Beispiels finden Sie auf der Diskette unter \BEISPIEL\PRG31-2B.H.

extern

Das *#ifndef*-Konstrukt ist uns schon bekannt. Neu ist lediglich das Schlüsselwort **extern**. Steht dieses Wort vor einem Prototyp oder einer Deklaration, bedeutet dies, daß die Definition der Funktion[1] oder Variablen nicht in diesem Modul stehen muß. Dies machen wir uns im nächsten Modul zu nutze:

1 Die Funktionsdefinition ist der Programmcode der Funktion.

```
#include <stdio.h>     /* prg31-2a.c */
#include "prg31-2a.h"
#include "prg31-2b.h"

void main(void)
{
struct Komplex feld[FELDGROESSE];

  feld[0].re=2;
  feld[0].im=6;
  feld[1].re=18;
  feld[1].im=7;
  KomplexAdd(&feld[2],&feld[0],&feld[1]);
  KomplexMul(&feld[3],&feld[0],&feld[1]);
}
```

Den Quellcode dieses Beispiels finden Sie auf der Diskette unter \BEISPIEL\PRG31-2A.C.

Sie sehen, daß die im anderen Modul definierten Funktionen hier benutzt werden. Dadurch, daß die Header-Datei des anderen Moduls mit eingebunden wird, weiß der Compiler, daß diese Funktionen in einem anderen Modul stehen können. Des weiteren wird noch die Header-Datei des Moduls selbst eingebunden:

```
#ifndef __PRG312A_H     /* prg31-2a.h */
#define __PRG312A_H

#define FELDGROESSE 20

#endif
```

Den Quellcode dieses Beispiels finden Sie auf der Diskette unter \BEISPIEL\PRG31-2A.H.

extern bei globalen Variablen

Das wort *extern* wird auch bei globalen Variablen benutzt. Angenommen, Sie haben folgende globale Variable definiert:

```
int Anzahl;
```

Sie müssen dann, um die Variable in einem anderen Modul benutzen zu können, folgende Zeile im benutzenden Modul aufnehmen:

```
extern int Anzahl;
```

Bei der modularen Programmierung sollten sie einige Regeln beherzigen:

1. Achten Sie darauf, daß Sie Funktionen zu sinnvollen Modulen zusammenfassen. Sinnvoll heißt z.B. themenbezogen.

2. Des weiteren sollte das Aufteilen eines Programms in Funktionen so erfolgen, daß die Schnittstelle zu den Funktionen[2] möglichst transparent und nachvollziehbar ist.
3. Dort, wo es ohne sehr großen Aufwand möglich ist, sollten Sie auf Zeiger und globale Variablen verzichten.
4. Schreiben Sie zu jeder Funktion einen Kopf aus Bemerkungen, in dem der Rückgabewert und die Funktionsparameter erklärt werden. Weiterhin kann das Datum der letzten Änderung hinzugefügt werden.
5. Sollten der Funktion Zeiger übergeben und über diese Daten anderer Funktionen verändert werden, empfiehlt es sich, Art und Ausmaß der Veränderung im Funktionskopf zu erwähnen.
6. Jedes Modul sollte einen Kopf aus Bemerkungen besitzen, der den Namen des Moduls sowie die darin enthaltenen Funktionen erwähnt.

31.3 Die Funktionsweise des Compilers

Die Entwicklung eines Programms läuft im Normalfall dergestalt ab, daß Sie mit einem Texteditor ihren Programmtext schreiben. Optimalerweise teilen Sie den Programmtext in Programmtextmodule auf, die Sie mit der Endung „.c" oder in C++ mit „.cpp" speichern. Die für jedes Programmtextmodul erforderlichen Deklarationen speichern sie in Headerdateien, die mit „.h" enden. Ein Programmtextmodul bindet die benötigten Headerdateien mit *#include* ein.

Um daraus ein lauffähiges Programm zu erzeugen, werden alle Programmtextmodule getrennt kompiliert. Dazu bindet der Präprozessor auf der Textebene die Headerdateien in die Programmtextmodule ein. Die so erzeugten Module werden vom Compiler kompiliert und als Objektcodemodule abgespeichert, deren Namen mit „.obj" enden.

Diese Objektcodemodule bestehen schon aus ablauffähigem Programmcode. Lediglich die Aufrufe von Funktionen und die Benutzung von definierten globalen Variablen aus anderen Modulen können noch nicht einwandfrei zugeordnet werden.

Alle so erzeugten Objektcodemodule werden dem Linker übergeben, der die Module zu einem Programm zusammenfügt und modulübergreifende Querverweise, also Funktionsaufrufe und die Benutzung von globalen Variablen anderer Module, auflöst. Das so entstandene

2 Also die Funktionsparameter und der Rückgabewert.

Programm wird mit der Endung „exe"[3] abgespeichert und kann nun ausgeführt werden. Dieser Ablauf wird in Abbildung 31.1 verdeutlicht.

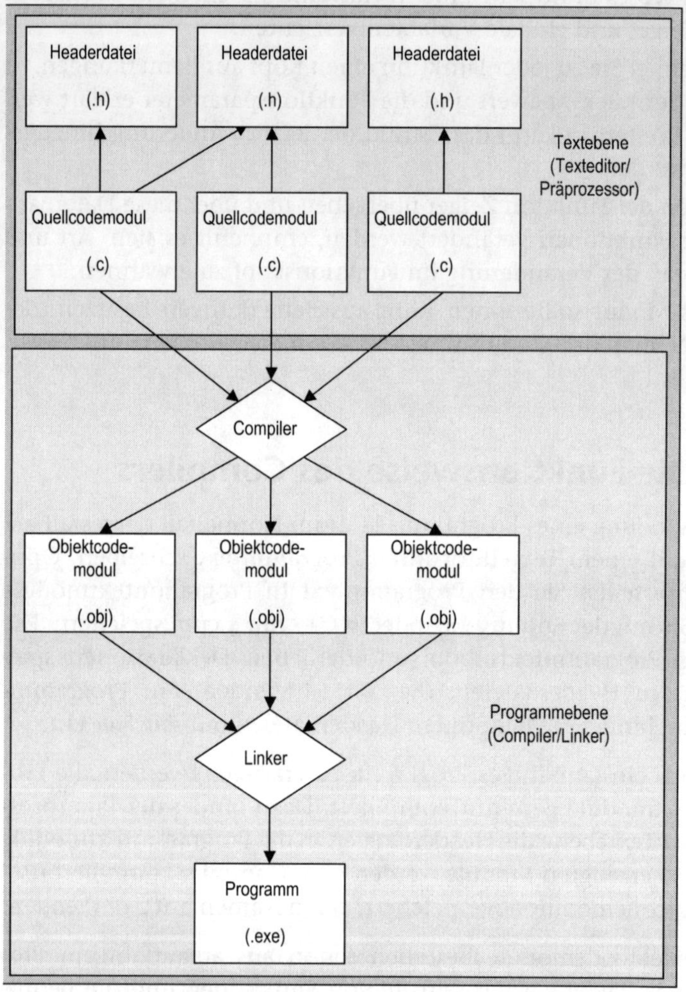

Abbildung 31.1: Die Stadien der Programmkompilation

Moderne Compiler bieten auf ihrer Arbeitsoberfläche die Möglichkeit, die Dateien der Textebene[4] zu einem Projekt zusammenzufassen. Wenn Sie dem Compiler dann die Anweisung zur Erzeugung des lauffähigen Programms geben, schaut er automatisch nach, welche der Programmtextmodule oder Headerdateien verändert wurden,

3 Die Endung des ausführbaren Programms hängt unmittelbar von der benutzten Plattform ab. Die „.exe"-Endung ist z.B. typisch für MS-DOS.

4 Gemeint sind die „.c/.cpp" und die „.h" Dateien.

ruft für diese Module den Präprozessor auf und kompiliert alle Module, die von dieser Änderung betroffen sind, neu. Dann ruft er automatisch den Linker auf, der dann die Module zum eigentlichen Programm zusammenlinkt.

Bei anderen Compilern muß jede gewünschte Kompilation eines Moduls vom Benutzer aufgerufen werden. Der Benutzer selbst muß schließlich unter Angabe aller Module den Linker aufrufen, um das lauffähige Programm zu erhalten. Um auch mit solchen Compilern komfortabel arbeiten zu können, hat man sich ein System ausgedacht, mit welchem es ebenfalls möglich ist, nur veränderte Module zu compilieren und automatisch den Linker aufzurufen.

make-Datei

Dies erledigt ein sogenanntes **make**-Programm, dem man eine sogenannte **make-Datei** übergibt, in der die Anweisungen zur Compilation und zum Linken formuliert sind. Wir wollen hier jedoch nicht näher darauf eingehen, weil *make* nicht Gegenstand unseres Kurses ist. Sollten Sie mit einem Compiler arbeiten, der auf *make* angewiesen ist, schauen Sie die Erklärung bitte im Handbuch nach.

31.4 Statische Funktionen und Variablen

In Kapitel 8 haben wir bereits lokale statische Variablen kennengelernt. Die Speicherklasse der statischen Variablen hat auf globaler Ebene aber eine andere Bedeutung. Definieren Sie zum Beispiel innerhalb eines Moduls eine globale *int*-Variable folgendermaßen:

Syntax

```
static int a;
```

Dies bedeutet dann, daß die Variable *a* nur für das Modul, in dem sie definiert wurde, gültig ist. Ein Verweis auf diese Variable mittels *extern* in einem anderen Modul ist unzulässig. Damit ist eine primitive Methode der Daten- oder Informationskapselung gegeben.

Das Schlüsselwort *static* ist auch bei Funktionen verwendbar und hat dort die gleiche Wirkung. Sie können die rekursive Funktion aus Kapitel 30.5 zum Beispiel folgendermaßen definieren:

```
static int rekfakul(int x, int y)
{
  if(x==1)  return(y);
  return(rekfakul(x-1,y*(x-1)) );
}
```

```
int fakul(int x)
{
  if(x<0) return(0);
  if(x==0)  return(1);
  return(rekfakul(x,x));
}
```

Dadurch, daß die rest-rekursive Funktion *rekfakul* als *static* deklariert wurde, ist sie nur in dem Modul verwendbar, in dem sie steht. Die Funktion *fakul* kann *rekfakul* also ohne Schwierigkeiten aufrufen. Diese Kapselung der Funktion *rekfakul* ist ein Beispiel dafür, wie man Daten oder Funktionen vor Fremdzugriffen schützen kann. Wollen Sie nun als Außenstehender die Fakultätsfunktion benutzen, geht dies nur über *fakul*. Es gibt keine andere Möglichkeit, an *rekfakul* heranzukommen.

31.5 Kontrollfragen

1. Was sind die Vorteile der modularen Programmierung?
2. Zeigen Sie die Unterschiede der zwei Anwendungsweisen von *static*.
3. Wozu wird *extern* verwendet?
4. Kann eine Header-Datei in mehreren Modulen mittels *#include* eingebunden werden?

32 Übungen

Dies ist das letzte Übungskapitel des ersten Buches.

Übung 1

Schreiben Sie eine Funktion namens *reversstring*, der Sie einen String übergeben, der dann rückwärts ausgegeben wird. Die Funktion soll rekursiv programmiert sein. Der umgedrehte String muß nicht in einem anderen gespeichert werden. Die bloße Ausgabe desselben reicht aus.

Übung 2

Wandeln Sie die Funktion *Binsearch* aus Kapitel 28.1 in eine rekursive Funktion um.

Übung 3

Beschreiben Sie eine Methode, wie man Ganzzahlen mit 2 multipliziert oder durch 2 dividiert, ohne die Grundrechenoperatoren +, -, * oder / zu benutzen.

Übung 4

Die Funktion *Bubblesort* aus Kapitel 28 sortiert die entsprechenden Daten aufsteigend. Das heißt, daß die kleineren Daten am Anfang und die größeren am Ende stehen. Bei alphabetischen Daten würde von A nach Z sortiert. Schreiben Sie *Bubblesort* so um, daß die Daten absteigend sortiert werden, also die größeren Zahlen am Anfang und die kleineren am Ende stehen (oder von Z nach A).

Übung 5

Gegeben ist folgende Struktur:

```
struct Knoten
  {
    struct Knoten next;
    int wert;
  };
```

Was will der Programmierer damit bezwecken? Wie reagiert der Compiler auf die Struktur? Wie sähe eine entsprechende Typendeklaration für diese Struktur aus?

Übung 6

Wir haben in Kapitel 30.4 die rekursive Backtracking-Funktion *Dame* kennengelernt. Schreiben Sie die Funktion *Dame* mitsamt der *main*-Funktion so um, daß nicht nur die erste Lösung, sondern alle möglichen Lösungen ausgegeben werden. Wie viele Lösungen gibt es?

Übung 7

Schreiben Sie einen ganz einfachen Formelinterpreter als Funktion. Dem Formelinterpreter wird ein String übergeben, in dem eine Rechnung steht, z.B. „20+4*2-13+105/2". Die Funktion gibt dann einen *int*-Wert zurück, der das Ergebnis repräsentiert. In diesem Beispiel wäre das 70.

Das Programm soll nur Ganzahlen bearbeiten können. Es sollen nur die Grundrechenarten +, -, * und / erkannt werden. Klammerungen dürfen im String nicht vorkommen. Auch die bekannte Punkt-vor-Strich-Regel soll vernachlässigt werden. Die Rechnung wird von links nach rechts durchgeführt.

Übung 8

Schreiben Sie eine nicht-rekursive Funktion *IterDame*, die die gleichen Aufgaben erledigt, wie die Funktion *Dame* aus Kapitel 30.4.

Übung 9

Schreiben Sie ergänzend zu den Funktionen der doppelt verketteten Liste aus Kapitel 27.2 eine Funktion namens *ListSwap*, die folgenden Funktionskopf haben soll:

*int ListSwap(struct ListHead *hd, struct Knot *k1, struct Knot *k2).*

Die Funktion soll die beiden Knoten *k1* und *k2* vertauschen. Beachten Sie auch den Fall, daß die Knoten am Anfang oder am Ende der Liste stehen können.

Übung 10

Schreiben Sie eine Funktion *ListSwap2* ähnlich der aus Aufgabe 9, nur soll der Funktionskopf so aussehen:

*int ListSwap2(struct ListHead *hd, unsigned long p1, unsigned long p2).*

Diesmal werden nicht die Knoten selbst, sondern ihre Position in der Liste übergeben.

Übung 11

Schreiben Sie eine Funktion *deztobin*, die eine übergebene dezimale Zahl binär ausgibt.

Übung 12

Schreiben Sie eine Funktion *bintodez*, der sie eine binäre Zahl in einem String übergeben und die daraus die dezimale Zahl berechnet und sie dann zurückgibt.

Übung 13

Schreiben Sie eine Funktion *hextobin*, der sie eine sedezimale Zahl in einem String übergeben und die dann binär ausgegeben wird.

Übung 14

Schreiben Sie eine Funktion *bintohex*, der sie eine binäre Zahl in einem String übergeben und die dann sedezimal ausgegeben wird.

Übung 15

Schreiben Sie ein Programm, welches das sogenannte „Springer-Problem" löst. Der Springer im Schachspiel kann bei einem Zug immer zuerst ein Feld horizontal oder vertikal und dann ein Feld diagonal gehen. Der Springer steht zu Anfang in der unteren linken Ecke. Er muß nun so über das Schachbrett springen, das er auf jedem Feld genau einmal war. Er darf kein Feld auslassen, und er darf auf kein Feld zweimal springen. Die Position des zuletzt angesprungenen Feldes ist egal. Ihr Programm soll die Sprungfolge einer Lösung ausgeben. Entwerfen Sie das Programm so, daß der Benutzer vorher die Spielfeldgröße eingeben kann (Anzahl der Zeilen und Anzahl der Spalten getrennt, so daß auch rechteckige Spielfelder vom Programm bearbeitet werden können). Des weiteren soll das Programm in der Lage sein zu erkennen, wenn es keine Lösung gibt. Benutzen sie zur Lösung die dynamische Speicherverwaltung und das Backtracking.

Übung 16

Ändern Sie das Programm aus Aufgabe 15 so um, daß nur Lösungen erkannt werden, bei denen der Springer wieder auf sein Startfeld zurückgekommen ist. Das Startfeld ist somit das einzige Feld, welches vom Springer zweimal erreicht wird. Das Startfeld soll vom Benutzer eingegeben werden können.

Übung 17

Wir haben das Dame- und das Springer-Problem kennengelernt. Schreiben Sie ein Programm, welches Sie gemäß Aufgabe 15 nach der Spielfeldgröße fragt. Danach soll die Anzahl der Springer abgefragt werden. Die Springer sollen von Ihrem Programm so auf dem Spielfeld verteilt werden, daß keiner den anderen bedroht. Falls es keine Lösung gibt[1], soll dies ausgegeben werden.

32.1 Lösungen

Lösung 1

```
void reversstring(char *str)    /* UEB32-01.C */
{
  if(strlen(str)==1)
    printf("%s",str);
  else
    {
      reversstring(str+1);
      printf("%c",*str);
    }
}
```

Den Quellcode dieses Beispiels finden Sie auf der Diskette unter \UEBUNG\UEB32-01.C.

1 Für den Fall, daß die Anzahl der Springer für das angegebene Spielfeld zu groß ist.

Wie Sie sehen, ist der rekursive Ansatz der Lösung in diesem Fall nicht viel eleganter. Genaugenommen sollte man die iterative Lösung vorziehen, denn sie wird mit Sicherheit ein besseres Laufzeitverhalten haben.

Es zeigt sich hier sehr schön, daß der rekursive Ansatz nicht immer der bessere ist. Der rekursive Ansatz ist nur dann lohnenswert, wenn auch das Problem rekursiver Natur ist.

Lösung 2

```
int Binsearch(int *feld, int links, int rechts, int wert)
{
int mitte;

  if(links>rechts) return(-1);
  mitte=(links+rechts)/2;
  if(feld[mitte]==wert) return(mitte);

  if(wert<feld[mitte])
    return(Binsearch(feld,links,mitte-1,wert));
  else
    return(Binsearch(feld,mitte+1,rechts,wert));
}
```

Obwohl es sich bei der binären Suche um ein rekursives Problem handelt, wird sie zumeist iterativ implementiert, um eine geringere Laufzeit zu erzielen. Sie müssen bedenken, daß die Funktion vier Funktionsparameter hat, für die bei der rekursiven Lösung bei jedem Aufruf Speicher reserviert und später wieder freigegeben werden muß.

Sie finden die Funktion eingebettet in den übrigen Kontext auf der Diskette unter \UEBUNG\UEB32-02.C.

Lösung 3

Die Lösung ist ziemlich einfach. Sie benutzen einfach die Verschiebeoperatoren aus Kapitel 29.5. Und zwar kommt ein Verschieben der Zahl um eine Stelle nach links (<<) einer Multiplikation mit zwei gleich, wohingegen ein Verschieben um eine Stelle nach rechts (>>) einer Division durch 2 gleichkommt. Beachten Sie, daß auch bei dieser Variante der Division das Ergebnis von 5/2 (also 5>>1) 2 wäre, da Bit0 „herausgeschoben" wird.

Lösung 4

Die Lösung ist so trivial, daß die Funktion hier nicht noch einmal aufgeführt wird. Sie brauchen den Vergleich zwischen zwei Elementen in der Funktion nur von größer (>) auf kleiner (<) zu ändern und schon sortiert die Funktion nicht mehr aufsteigend sondern absteigend.

Lösung 5

Der Programmierer wollte ein Feld von *int*-Variablen in Form einer einfach verketteten Liste entwerfen. In der vorgegebenen Form wird der Compiler allerdings sagen, daß die Struktur nicht vollständig deklariert ist, denn der Verweis *next* auf das nächste Element ist kein Zeiger sondern eine normale Variable. Eine Variablendefinition kann aber nicht in ihrer eigenen Deklaration stehen, weil der Compiler nicht weiß, wie groß die Struktur noch wird. Korrekterweise müßte die Struktur so aussehen:

```
struct Knoten
  {
    struct Knoten *next;
    int wert;
  };
```

Die entsprechende Typendeklaration sähe so aus:

```
typedef struct Knoten Knotentyp;
```

Lösung 6

Eins vorweg: Es gibt 92 Lösungen.

Nun zu den Änderungen an der *dame*-Funktion. Ich denke, es ist klar, daß die Ausgabe der Lösungen in die *dame*-Funktion selbst verlagert werden muß, denn würden wir nach der Ausgabe der ersten Lösung *dame* nochmals aufrufen, würde die Suche von vorne beginnen und wieder die gleiche Lösung gefunden. Doch an welcher Stelle in der *dame*-Funktion muß die Änderung vorgenommen werden? Diese Frage kann mit einer Gegenfrage beantwortet werden: An welcher Stelle innerhalb der *dame*-Funktion wissen wir, daß wir eine Lösung gefunden haben? Genau dann, wenn die letzte Dame gesetzt wurde, ohne eine Bedrohung auszulösen. Zudem führen wir eine *static* Variable ein, damit wir die Lösungen trotz des ständigen Aufrufs von *dame* zählen können. Ist Ihnen nicht klar, warum hier eine *static*-Variable benutzt wurde, sollten Sie noch einmal Kapitel 8.3 lesen. Hier die abgeänderte *dame*-Funktion:

```
int Dame(int *feld,int pos)
{
static int solanz=1;
int x=1;

  while(x<=8)
    {
      feld[pos]=x;
      if(!collide(feld))
        {
          if(pos)
            {
              if(Dame(feld,pos-1)) return(1);
            }
          else
            {
              int c;
              printf("Lösug %3i :",solanz++);
              for(c=0;c<8;c++)
                printf("  (%i,%i)",c+1,feld[c]);
              printf("\n");
            }
        }
      x++;
    }
  feld[pos]=0;
  return(0);
}
```

Die *main*-Funktion sieht nun so aus:

```
#include <stdio.h>    /* UEB32-03.C */
#include <stdlib.h>

void main(void)
{
int feld[8],x;

  for(x=0;x<8;x++) feld[x]=0;
  Dame(feld,7);
}
```

Den Quellcode dieses Beispiels finden Sie auf der Diskette unter \UEBUNG\UEB32-03.C.

Die Ausgabe der Lösung innerhalb der *main*-Funktion wurde gelöscht.

Lösung 7

```
#include <stdio.h>    /* UEB32-04.C */
#include <ctype.h>
```

Zuerst werden ein paar Funktionen definiert, die kleinere, aber wichtige Aufgaben übernehmen:

```
int iscalc(char x)
{
  return((x=='+')||(x=='-')||(x=='*')||(x=='/'));
}

int isvalue(char *str)
{
int x=0;
  while(isdigit(str[x])) x++;
  return(x);
}



int isvalid(char *str)
{
int x=0;

  while(str[x])
    {
      if((!isdigit(str[x]))&&(!iscalc(str[x])))
        return(0);
      x++;
    }

  if(!isvalue(str)) return(0);
  str+=isvalue(str);
  while(*str)
    {
      if(!iscalc(*(str++))) return(0);
      if(!isvalue(str)) return(0);
      str+=isvalue(str);
    }
  return(1);
}
```

Die Funktion *iscalc* prüft, ob es sich bei dem übergebenen Zeichen um eins der gültigen Rechenzeichen handelt. Dementsprechend gibt sie wahr oder falsch zurück. *isvalue* überprüft, ob der Zeiger auf einen numerischen ganzzahligen Wert verweist. Die Funktion gibt die Länge des Wertes in Zeichen zurück oder Null, falls es sich um einen ungültigen Wert handelt. Die Funktion *isvalid* überprüft, ob es sich um eine gültige Formel handelt. Eine gültige Formel darf nur aus Ziffern und den vier gültigen Rechensymbolen bestehen. Des weiteren muß eine gültige Formel mit einer Zahl beginnen und enden. Und innerhalb der Formel müssen Rechensymbole und Zahlen immer abwechselnd hintereinander stehen.

```
int getvalue(char *str)
{
int x=0,value=0;

  while(isdigit(str[x+1])) x++;
  while(x>=0) value+=potenz(10,x--)*((*(str++))-'0');
  return(value);
}

int interpreter(char *fptr)
{
int ergeb=getvalue(fptr);

  fptr+=isvalue(fptr);
  while(*fptr)
    {
      switch(*(fptr++))
        {
          case '+':  ergeb+=getvalue(fptr);
                     break;
          case '-':  ergeb-=getvalue(fptr);
                     break;
          case '*':  ergeb*=getvalue(fptr);
                     break;
          case '/':  ergeb/=getvalue(fptr);
                     break;
        }
      fptr+=isvalue(fptr);
    }
  return(ergeb);
}

void main(void)
{
char formel[80];

  printf("Bitte Formel eingeben :");
  scanf("%s",formel);
  if(!isvalid(formel))
    printf("Ungueltige Formel!!\n\n");
  else
```

```
    printf("\nDas Ergebnis lautet :%i\n\n",interpreter(for-
mel));
}
```

getvalue wandelt den String, auf den der *char*-Zeiger verweist, in eine Integer-Zahl um. Die Funktion *interpreter* schließlich geht die Formel durch und rechnet sie aus. Die Funktion *potenz* wurde schon in einer früheren Übung geschrieben und wird deshalb hier nicht aufgeführt.

Die Aufgabe hätte einfacher mit den Funktionen *atoi* und *pow* aus der C-Standardbibliothek gelöst werden können. Jedoch ist die vorliegende Lösung ergiebiger, da man an ihr den Ablauf besser nachvollziehen kann.

Den Quellcode dieses Beispiels finden Sie auf der Diskette unter \UEBUNG\UEB32-04.C.

Lösung 8

```
int Dame(int *feld)
{
int x=0,solution=0;

  while((!solution)&&(x>=0))
    {
      if((++feld[x])>8)
        {
          feld[x]=0;
          x--;
          continue;
        }
      if(!collide(feld)) x++;
      if(x==8) solution=1;
    }
  return(solution);
}
```

Die *while*-Schleife läuft solange, bis entweder die Lösung gefunden wurde oder x kleiner als Null wird, was gleichbedeutend damit ist, daß es keine Lösung gibt. Das Wechseln von einer Dame zur anderen, welches in der rekursiven Variante mit dem Abstieg in die Rekursion realisiert wurde, wird hier mit der Variablen *x* erledigt. Der Wert von *x* entspricht damit der Rekursionsstufe in der rekursiven Lösung.

Lösung 9

```
int ListSwap(struct ListHead *hd, struct Knot *k1,
             struct Knot *k2)
{
struct Telefon *tptr=k1->telefon;

  k1->telefon=k2->telefon;
  k2->telefon=tptr;
  return(1);
}
```

Häufig wird bei dieser Aufgabe mit Kanonen auf Spatzen geschossen, dadurch daß die kompletten Knoten aus der Liste entfernt und vertauscht wieder eingefügt werden. Es reicht jedoch vollkommen, wenn die Verweise auf die Nutzdaten vertauscht werden. Dies ist ein weiterer Vorteil der strikten Trennung von Nutz- und Kontrolldaten.

Lösung 10

Zuerst schreiben wir eine Funktion, die einen Knoten aufgrund seiner Position in der Liste ausfindig macht:

```
struct Knot *ListGetByNumber(struct ListHead *hd,
                             unsigned long nr)
{
struct Knot *cur=hd->head;

  if(nr>hd->anzahl) return(0);
  while(--nr) cur=cur->next;
  return(cur);
}
```

Die Funktion *ListSwap2* macht sich nun die gerade aufgeführte Funktion *ListGetByNumber* und die Funktion *ListSwap* aus der vorherigen Aufgabe zunutze:

```
int ListSwap2(struct ListHead *hd, unsigned long p1,
unsigned long p2)
{
  if((p1>hd->anzahl)||(p2>hd->anzahl)) return(0);
  return(ListSwap(hd,ListGetByNumber(hd,p1),
         ListGetByNumber(hd,p2)));
}
```

So einfach ist das. Dies ist der Vorteil, wenn Funktionen so entworfen werden, daß sie einerseits von anderen Funktionen benutzt werden können und sich andererseits andere Funktion zunutze machen können.

Sie finden die Funktionen aus Aufgabe 9 und Aufgabe 10 eingebunden in den übrigen Kontext auf der Diskette unter \UEBUNG\UEB32-06.C.

Lösung 11

```
void deztobin(long z)
{
unsigned long b=0x80000000;

  while(b&&(!(z&b))) b>>=1;
  if(!b) printf("0");
  while(b)
    {
      if(z&b)
        printf("1");
      else
        printf("0");
      b>>=1;
    }
}
```

Die erste *while*-Schleife überspringt die führenden Nullen. Die *if*-Anweisung sorgt dafür, daß eine Null ausgegeben wird, falls der dezimale Wert Null war. Wollen Sie auf jeden Fall alle 32 Bits ausgegebenen haben, also auch die führenden Nullen, müssen sie die erste *while*-Schleife und die *if*-Anweisung entfernen. Die Funktion geht davon aus, daß ein *long*-Wert aus 32 Bits besteht. Bit 31 hat die Wertigkeit 0x80000000, deshalb auch die Zuweisung dieses Wertes an die Variable *b*.

Die oben aufgeführte Funktion ist mitsamt einer entsprechenden *main*-Funktion auf der Diskette unter UEBUNG\UEB32-07.C verfügbar.

Lösung 12

```
long bintodez(char *s)
{
unsigned long b=1<<(strlen(s)-1);
long w=0;

  while(*s)
    {
      if(*s=='1') w|=b;
      s++;
      b>>=1;
```

```
    }
  return(w);
}
```

Die Funktion schaut nach, wieviel Bits im String gespeichert sind und ermittelt damit den Wert für das höchste Bit. Es ist wichtig, daß die eingegebene binäre Zahl keine Leerzeichen oder andere Zeichen außer „0" und „1" enthält. Ist dies in einem Programm nicht gewährleistet, muß eine Funktion geschrieben werden, die die binäre Zahl in das vorgeschriebene Format umwandelt.

Die oben aufgeführte Funktion ist mitsamt einer entsprechenden *main*-Funktion auf der Diskette unter UEBUNG\UEB32-07.C verfügbar.

Lösung 13

```
void hextobin(char *s)
{
unsigned long w;

  sscanf(s,"%lx",&w);
  deztobin(w);
}
```

Die Funktion macht sich andere Funktion zunutze und ist dadurch erheblich verkürzt.

Die oben aufgeführte Funktion ist mitsamt einer entsprechenden *main*-Funktion auf der Diskette unter UEBUNG\UEB32-07.C verfügbar.

Lösung 14

```
void bintohex(char *s)
{
  printf("0x%lX",bintodez(s));
}
```

Wenn Sie Aufgabe 13 verstanden haben, müßte auch diese Lösung nachvollziehbar sein. Das x in „%lX" ist großgeschrieben, damit die sedezimalen Ziffern „A" bis „F" als Großbuchstaben ausgegeben werden.

Die oben aufgeführte Funktion ist mitsamt einer entsprechenden *main*-Funktion auf der Diskette unter UEBUNG\UEB32-07.C verfügbar.

Lösung 15

Überlegen wir uns nun zusammen eine Lösung für das „Springer-Problem". Anders als beim Dame-Problem können zwei Springer auf der gleichen Zeile oder Spalte stehen, ohne sich dabei zu bedrohen. Deshalb kommt die vereinfachte Repräsentation des Spielfeldes, wie wir sie beim Dame-Problem benutzt haben, hier nicht in Frage. Wir müssen also tatsächlich ein zweidimensionales Feld anlegen.

Wir können jedoch in einem anderen Bereich eine Vereinfachung vornehmen. Ein Springer kann grundsätzlich, wenn nicht durch die Spielfeldbegrenzung eingeschränkt, von einer Position aus acht andere Positionen erreichen. Nun müssen wir beim Bewegen des Springers über das Spielfeld immer darauf achten, daß wir nur diejenigen der acht Positionen weiter berücksichtigen, die gültig sind, also innerhalb des Spielfeldes liegen.

Diese achtfache Bereichsabfrage pro Zug verschlingt erhebliche Rechenzeit, weswegen wir uns mit einem Trick behelfen. Wie weit kann sich ein Springer maximal von seinem Ausgangspunkt mit einem Zug in eine beliebige Richtung entfernen? Es sind maximal zwei Felder. Wir umrahmen unser Spielfeld nun einfach mit zwei Feldern, die für den Springer schon belegt sind. Als unbelegtes Feld nehmen wir die 0, als Rahmenfeld nehmen wir die -1. Dadurch wird das zu verwaltende Spielfeld vertikal und horizontal jeweils um vier[2] Felder größer.

```
#include <stdio.h>     /* UEB32-08.C */
#include <stdlib.h>

int xsize=0,ysize=0,*feld=0;
```

Wir benutzen hier unanständigerweise globale Variablen. Vom Programmieraufwand her wäre es kein Problem, diese drei Variablen lokal zu halten und der Funktion als Funktionsparameter zu übergeben. Da wir hier aber genau auf die Laufzeit achten müssen, entscheiden wir uns für die weniger elegante, dafür aber schnellere Variante.

```
void main(void)
{
int x,y,z,xstart,ystart;

  printf("Breite des Feldes :");
  scanf("%i",&xsize);
  printf("Höhe des Feldes   :");
  scanf("%i",&ysize);
```

2 Zwei pro Seite.

```
xsize+=4;
ysize+=4;
```

Die Breite und die Höhe des Feldes wird vom Benutzer abgefragt. Anschließend wird jeweils die Breite und die Höhe um vier vergrößert und somit Platz für den Rahmen geschaffen.

```
if(feld=malloc(xsize*ysize*sizeof(int)))
  {
    for(x=0;x<xsize;x++)
      for(y=0;y<ysize;y++)
        feld[y*xsize+x]=0;
```

Der Speicher für das Feld wird allokiert, und alle Felder auf 0 gesetzt, was für unbelegt steht.

```
    for(x=0;x<xsize;x++)
      {
        feld[x]=-1;
        feld[xsize+x]=-1;
        feld[((ysize-1)*xsize)+x]=-1;
        feld[((ysize-2)*xsize)+x]=-1;
      }
```

Diese Schleife setzt den oberen und unteren Rahmen auf -1.

```
    for(y=0;y<ysize;y++)
      {
        feld[xsize*y]=-1;
        feld[xsize*y+1]=-1;
        feld[xsize*y+x-1]=-1;
        feld[xsize*y+x-2]=-1;
      }
```

Diese Schleife setzt den linken und rechten Rahmen auf -1.

```
    printf("\n");
    for(y=0;y<ysize;y++)
      {
        for(x=0;x<xsize;x++)
          printf("%2i",feld[y*xsize+x]);
        printf("\n");
      }
    printf("\n");
```

Das so erzeugte Spielfeld mitsamt Rahmen wird ausgegeben.

```
    do
      {
        printf("X-Position des Springers ( 1-%2i) :",
               xsize-4);
```

```
        scanf("%i",&xstart);
      } while((xstart<1)||(xstart>(xsize-4)));

    do
      {
        printf("Y-Position des Springers ( 1-%2i) :",
               ysize-4);
        scanf("%i",&ystart);
      } while((ystart<1)||(ystart>(ysize-4)));

    printf("\nBerechne Loesung fuer Feldgroesse (%i,%i) \
und Startposition (%i,%i)...\n\n",
           xsize-4,ysize-4,xstart,ystart);
```

Die Koordinaten der Startposition werden abgefragt. Danach wird die aktuelle Konfiguration ausgegeben.

```
    if(!springer(xstart+1,ystart+1,1))
      printf("Es gibt keine Lösung!!\n\n");
    else
      {
        for(y=2;y<ysize-2;y++)
          {
            for(x=2;x<xsize-2;x++)
              printf("%3i ",feld[y*xsize+x]);
            printf("\n");
          }
        printf("\n");
```

Das Endspielfeld bei gefundener Lösung wird ausgegeben.

```
        for(z=1;z<=(ysize-4)*(xsize-4);z++)
          for(y=2;y<ysize-2;y++)
            for(x=2;x<xsize-2;x++)
              if(feld[y*xsize+x]==z)
                printf("(%i,%i)\n",x-1,y-1);
      }
```

Die Zugreihenfolge wird mit Koordinaten ausgegeben.

```
    free(feld);
  }
}
```

Die rekursive *springer*-Funktion wurde so entworfen, daß jeder Zug seine Nummer an die aktuelle Position des Springers schreibt. Deswegen wird in der *springer*-Funktion auch der Funktionsparameter *pos* benötigt. Sie könnten die Laufzeit noch verkürzen, indem sie anstelle des Funktionsparameters *pos* eine statische Variable einführen. Aber das bleibt Ihnen als Übung überlassen.

```
int springer(int x, int y, int pos)
{
  if(feld[y*xsize+x]) return(0);

  feld[y*xsize+x]=pos;
  if(pos!=((xsize-4)*(ysize-4)))
    if(!springer(x+1,y-2,pos+1))
      if(!springer(x+2,y-1,pos+1))
        if(!springer(x+2,y+1,pos+1))
          if(!springer(x+1,y+2,pos+1))
            if(!springer(x-1,y+2,pos+1))
              if(!springer(x-2,y+1,pos+1))
                if(!springer(x-2,y-1,pos+1))
                  if(!springer(x-1,y-2,pos+1))
                    {
                      feld[y*xsize+x]=0;
                      return(0);
                    }
  return(1);
}
```

Wenn die aktuelle Position schon belegt ist, gibt die Funktion 0 zurück. Sollte der Platz frei sein, belegt ihn die Funktion mit dem aktuellen Zug. Dann werden hintereinander alle acht Zugmöglichkeiten des Springers durchprobiert. Die Verschachtelung der *if*-Anweisungen deshalb, weil der nachfolgende Versuch nur dann ausgeführt werden muß, wenn der vorherige fehlgeschlagen ist. Die erste der verschachtelten *if*-Anweisungen prüft, ob die Positionsnummer gleich der Anzahl der vorhandenen Felder ist. Ist dies der Fall, bedeutet es, daß alle Felder belegt sind. Denn wenn bei x Feldern der Springer auf x Positionen war, war er überall und das wäre eine Lösung. Abbildung 32.1 zeigt eine gültige Lösung des Springer-Problems.

Den Quellcode dieses Beispiels finden Sie auf der Diskette unter \UEBUNG\UEB32-08.C.

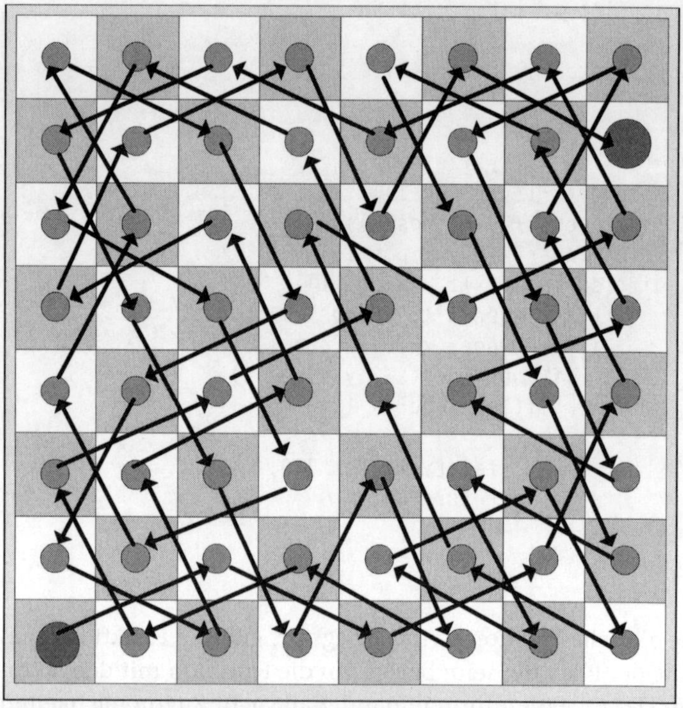

Abbildung 32.1: Eine Lösung des Springer-Problems

Lösung 16

Da die Lösung von Aufgabe 15 schon die freie Wahl der Startposition des Springers enthielt, brauchen wir uns hier nur noch um das Problem zu kümmern, daß der Springer wieder an seine Startposition zurückkommt.

Wir müssen uns zuerst darüber im klaren sein, inwieweit sich diese Lösung von der aus der vorherigen Übung unterscheidet.

Tatsache ist, daß die Lösung für dieses Problem auch eine Lösung für das vorherige Problem ist, aber nicht umgekehrt. Es handelt sich hierbei also um einen Sonderfall des vorherigen Problems. Das bedeutet, daß wir mit der *springer*-Funktion aus Aufgabe 15 die Lösung für dieses Problem finden könnten, wenn wir nicht bei der ersten gefunden Lösung stoppen würden, sondern so lange nach anderen Lösungen suchen, bis sie auch dem jetzigen Sonderfall genügt.

Deswegen müssen wir nur die alte Bedingung[3] für eine Lösung verwerfen und durch eine schärfer formulierte Bedingung ersetzen.

```
int springer(int x, int y)
{
static int pos=1;

  if((feld[y*xsize+x]==1)&&(pos==((xsize-4)*(ysize-4)+1)))
    return(1);

  if(feld[y*xsize+x]) return(0);

  feld[y*xsize+x]=pos;
  pos++;
  if(!springer(x+1,y-2))
    if(!springer(x+2,y-1))
      if(!springer(x+2,y+1))
        if(!springer(x+1,y+2))
          if(!springer(x-1,y+2))
            if(!springer(x-2,y+1))
              if(!springer(x-2,y-1))
                if(!springer(x-1,y-2))
                  {
                    feld[y*xsize+x]=0;
                    pos--;
                    return(0);
                  }
  return(1);
}
```

Die verschärfte Bedingung für die Lösung ist die erste *if*-Anweisung der Funktion. Denn wenn schon alle Plätze des Feldes belegt sind und der nächste Platz die Position 1 ist, bedeutet dies, daß der Springer über alle Felder wieder zum Anfang gesprungen ist. Und genau das ist die Lösung. Da sich die Lösungsmenge[4] gegenüber der aus der letzten Übung drastisch verkleinert hat, wird sich die Laufzeit des Programms um ein Vielfaches verlängern. Deshalb wurde hier schon mit einer statischen Positionsvariablen gearbeitet. Sollten Sie die Lösung für ein Schachbrett (8*8) mit dem Springer startend in einer der vier Ecken durchrechnen, kommen Sie selbst mit einem Pentium nicht unter einer Stunde weg.

Den Quellcode dieses Beispiels finden Sie auf der Diskette unter \UEBUNG\UEB32-09.C.

3 Die erste der verschachtelten *if*-Anweisungen in der alten *springer*-Funktion.

4 Die Lösungsmenge ist die Menge aller gültigen Lösungen.

Lösung 17

```
int springer(int x, int y,int anz)
{
  while(y<=ysize)
    {
      feld[anz*2+1]=y;
      while(x<=xsize)
        {
          feld[anz*2]=x;
          if(!collide())
            {
              if(anz)
                {
                  if(springer(x+1,y,anz-1)) return(1);
                }
              else
                {
                  return(1);
                }
            }
          x++;
        }
      x=1;
      y++;
    }
  feld[anz*2]=0;
  feld[anz*2+1]=0;
  return(0);
}


int collide(void)
{
int x,y;

  for(x=0;x<anzahl-1;x++)
    if(feld[x*2])
      for(y=x+1;y<anzahl;y++)
        if(feld[y*2])
          {
            if((feld[x*2]==(feld[y*2]+1))&&(feld[x*2+1]==
                                (feld[y*2+1]-2)))
              return(1);
            if((feld[x*2]==(feld[y*2]+2))&&(feld[x*2+1]==
                               (feld[y*2+1]-1)))
              return(1);
```

```
        if((feld[x*2]==(feld[y*2]+2))&&(feld[x*2+1]==
                        (feld[y*2+1]+1)))
          return(1);
        if((feld[x*2]==(feld[y*2]+1))&&(feld[x*2+1]==
                        (feld[y*2+1]+2)))
          return(1);
        if((feld[x*2]==(feld[y*2]-1))&&(feld[x*2+1]==
                        (feld[y*2+1]+2)))
          return(1);
        if((feld[x*2]==(feld[y*2]-2))&&(feld[x*2+1]==
                        (feld[y*2+1]+1)))
          return(1);
        if((feld[x*2]==(feld[y*2]-2))&&(feld[x*2+1]==
                        (feld[y*2+1]-1)))
          return(1);
        if((feld[x*2]==(feld[y*2]-1))&&(feld[x*2+1]==
                        (feld[y*2+1]-2)))
          return(1);
      }
  return(0);
}
```

Den Quellcode dieses Beispiels finden Sie auf der Diskette unter \UEBUNG\UEB32-10.C.

33 Nachtrag

Im Nachtrag werden noch einige nützliche Punkte besprochen, die einem das Leben als Programmierer erleichtern können. Des weiteren werden noch die Inhalte einiger Header-Dateien besprochen, um Ihnen noch mehr Werkzeuge an die Hand zu geben.

33.1 Der Zufall

Manchmal kann es nützlich sein, Zahlen zufällig bestimmen zu lassen. Das bedeutet, daß Sie nicht exakt im voraus wissen, welchen Wert die entsprechende Variable haben wird. Lediglich der Bereich, in dem der Wert liegen soll, kann angegeben werden.

Zum Beipiel hätten wir eine Liste mit zufälligen Werten erzeugen können, um sie dann mit unserem Sortierverfahren aus Kapitel 28 zu sortieren. Damit wäre uns das manuelle Eingeben der Werte zum Austesten der Funktion erspart geblieben.

rand

Die Funktion, die eine Zufallszahl ermittelt, heißt **rand** und ist in *stdlib.h* enthalten. Die Werte, die *rand* liefert, liegen zwischen 0 und RAND_MAX einschließlich. RAND_MAX ist ein in *stdlib.h* vordefiniertes Makro.

Syntax

```
x=rand();
```

Schauen wir uns dazu ein Beispiel an:

```
#include <stdio.h>     /* PRG33-01.C */
#include <stdlib.h>

void main(void)
{
int x;

  for(x=1;x<=20;x++)
```

```
    printf("Zufallszahl %2i :%i\n",x,rand());
}
```

Den Quellcode dieses Beispiels finden Sie auf der Diskette unter \BEISPIEL\PRG33-01.C.

Pseudozufallszahlen

Diese Funktion gibt 20 Zufallszahlen aus. Wenn Sie das Programm mehrmals starten, werden Sie feststellen, daß die Zahlen immer die gleichen sind. Das liegt daran, daß der Computer keine echten Zufallszahlen produzieren kann. Er berechnet die Zahlen nach einem Algorithmus, so daß sie für uns zufällig erscheinen. Deshalb nennt man die vom Computer erzeugten Zufallszahlen **Pseudozufallszahlen**. Nun hängen die Werte, die der Algorithmus produziert, davon ab, wie er initialisiert wurde.

srand

Um den Algorithmus zu initialisieren, gibt es eine Funktion namens **srand**.

```
srand(x);
```

Schauen wir uns auch dazu ein Beispiel an:

```
#include <stdio.h>     /* PRG33-02.C */
#include <stdlib.h>

void main(void)
{
int x;

  printf("Initialisierungswert :");
  scanf("%i",&x);
  srand(x);

  for(x=1;x<=20;x++)
    printf("Zufallszahl %2i :%i\n",x,rand());
}
```

Den Quellcode dieses Beispiels finden Sie auf der Diskette unter \BEISPIEL\PRG33-02.C.

Nun fragt unser Pseudozufallszahlen-Programm vorher nach einem Initialisierungswert für den Algorithmus, der dann mittels *srand* übergeben wird. Ohne explizite Initialisierung verhält sich der Algorithmus so, als hätten Sie *srand(1)* aufgerufen.

Zufällige Initialisierung

Nun ist aber auch diese Variante nicht unbedingt das Wahre, denn bei gleichem Initialisierungswert kommen wieder die gleichen Zahlen zum Vorschein. Der Benutzer erkennt dann schnell, wie er den Zufall manipulieren kann. Bei einem Spiel etwa braucht er nur einen

Initialisierungswert zu finden, bei dem die produzierten Zufallszahlen den Spielablauf günstiger gestalten.

Doch auch dafür läßt sich eine Lösung finden:

```
#include <stdio.h>     /* PRG33-03.C */
#include <stdlib.h>
#include <time.h>

void main(void)
{
int x;
time_t tim;

  srand(time(&tim));

  for(x=1;x<=20;x++)
    printf("Zufallszahl %2i :%i\n",x,rand());
}
```

Den Quellcode dieses Beispiels finden Sie auf der Diskette unter \BEISPIEL\PRG33-03.C.

time

Wir haben nun zusätzlich die Header-Datei *time.h* eingebunden, in der Funktionen für die Verwaltung der Zeit zur Verfügung gestellt werden. Es wird die Funktion **time** benutzt. Ihr wird die Adresse einer Variablen vom Typ *time_t* übergeben. *time_t* ist ein in *time.h* deklarierter Datentyp, der speziell für die Aufnahme der Zeit vorgesehen ist. Das in ihm gespeicherte Zeitformat ist die Anzahl von Sekunden, die seit einem festgelegten Datum verstrichen sind. Der gleiche Wert, der durch *time* in die Variable geschrieben wird, wird auch von der Funktion zurückgegeben.

Unter der Voraussetzung, daß sie den Pseudozufallszahlengenerator nicht mehrmals in der gleichen Sekunde aufrufen, sorgt die *time*-Funktion dafür, daß einerseits immer ein anderer Wert für die Initialisierung benutzt wird, und andererseits die Initialisierung vor dem Benutzer gekapselt wird. Er hat damit keinen Einfluß mehr darauf.

Schauen wir uns nun noch ein Beispiel für eine allgemeine Zufallszahlen-Funktion an:

```
#include <stdio.h>     /* PRG33-04.C */
#include <stdlib.h>
#include <time.h>

int randomize(int min, int max)
{
int x;
```

```
   do
     {
       x=rand();
     } while((x<min)||(x>max));
   return(x);
}

void main(void)
{
int x, min, max;
time_t tim;

  srand(time(&tim));

  printf("Minimalwert :");
  scanf("%i",&min);
  printf("Maximalwert :");
  scanf("%i",&max);

  for(x=1;x<=20;x++)
    printf("Zufallszahl %2i :%i\n",x,randomize(min,max));
}
```

Den Quellcode dieses Beispiels finden Sie auf der Diskette unter \BEISPIEL\PRG33-04.C.

Es wurde eine Funktion *randomize* geschrieben, der ein Minimal- und ein Maximalwert übergeben werden. Die Funktion liefert dann einen Pseudozufallswert, der im Intervall *[min,max]* liegt. Voraussetzung ist, daß sowohl der Minimal- als auch der Maximalwert im für die Zufallszahlen von *rand* gültigen Bereich liegen. Zudem muß gewährleistet sein, daß der Minimalwert kleiner oder gleich dem Maximalwert ist.

Negative Zufallszahlen

Einen Nachteil hat die Funktion allerdings noch. Sie ist nicht in der Lage, negative Zufallszahlen zu produzieren. Dem können wir jedoch abhelfen, indem wir die Anweisung *x=rand();* folgendermaßen umändern:

```
x=rand()*(1-2*(rand()&1));
```

Gehen wir diese Zeile einmal gemeinsam durch. Betrachten wir zuerst *rand()&1*. In Kapitel 29.1 haben wir gelernt, daß wir mit dem bitweisen UND-Operator einfach Bits isolieren können. Mit der Anweisung *rand()&1* isolieren wir von der gelieferten Zufallszahl das erste Bit, also Bit0. Bit0 hat die Wertigkeit 2^0, also 1. Der daraus resultierende Wert ist damit 1, wenn das Bit gesetzt war und 0, wenn es nicht gesetzt war. Nun haben wir auch gelernt, daß Bit0 immer dann gesetzt ist, wenn es sich um eine ungerade Zahl handelt, und immer 0 ist, wenn es sich um eine gerade Zahl handelt. Da die Hälfte aller Zahlen gerade und die andere Hälfte ungerade ist, erhalten wir mit der Anweisung *rand()&1* in 50% aller Fälle den Wert 0 und in den anderen 50% den Wert 1.

Danach wird der so erhaltene Wert mit 2 multipliziert: *2*(rand()&1).* Weil *rand()&1* nur 1 oder 0 wird, haben wir auch nach der Multiplikation mit 2 nur zwei Möglichkeiten. Einmal 2*0=0 und 2*1=2, also 0 und 2.

Dieser Wert wird dann von 1 abgezogen: *1-2*(rand()&1).* Hatten wir vorher die möglichen Werte 0 und 2, so ergeben sich nun durch die Subtraktion die beiden Möglichkeiten 1-0=1 und 1-2=-1, also 1 und -1.

Der vom ersten *rand*-Aufruf gelieferte Wert wird also in 50% aller Fälle mit 1 multipliziert, was keine Veränderung bedeutet. In den anderen 50% der Fälle wird er mit -1 multipliziert, was einem Vorzeichenwechsel gleichkommt.

Wir erhalten also in 50% aller Fälle eine positive Zahl und in den andern 50% der Fälle eine negative Zahl.

Erweitern wir nun noch die Funktion um eine Abfrage:

```
int randomize(int min, int max)
{
int x;

  if(max<min)
    {
      x=max;
      max=min;
      min=x;
    }
  do
    {
      x=rand()*(1-2*(rand()&1));
    } while((x<min)||(x>max));
  return(x);
}
```

Sollte *max<min* sein, werden *min* und *max* vertauscht, damit die Bedingung *min<=max* wieder gilt. Sie haben somit eine universelle Funktion zur Hand, mit der Sie komplikationslos alle möglichen Zufallszahlen erzeugen können.

Den Quellcode dieses Beispiels finden Sie auf der Diskette unter \BEISPIEL\PRG33-05.C.

Vergessen Sie jedoch nie, daß Sie bei der Benutzung der Funktion zuerst im Hauptprogramm den Pseudozufallszahlengenerator initialisieren sollten.

Zufällige Fließkommazahlen

Sollten Sie zufällige Fließkommazahlen benötigen, müssen Sie die Nachkommastellen durch einen weiteren Aufruf von *rand* erzeugen und diese dann geschickt der bereits erzeugten Ganzzahl hinzufügen. Eine entsprechende Funktion könnte so aussehen:

```
#include <stdio.h>     /* PRG33-06.C */
#include <stdlib.h>
#include <time.h>

float randomize(float min, float max)
{
float x,y;

  if(max<min)
    {
      x=max;
      max=min;
      min=x;
    }
  do
    {
      x=(float)(rand()*(1-2*(rand()&1)));
      y=(float)(rand());
      while(y>=1) y/=10.0F;
      x+=y;
    } while((x<min)||(x>max));
  return(x);
}

void main(void)
{
int x;
float min, max;
time_t tim;

  srand(time(&tim));

  printf("Minimalwert :");
  scanf("%f",&min);
  printf("Maximalwert :");
  scanf("%f",&max);
```

```
  for(x=1;x<=20;x++)
    printf("Zufallszahl %2i :%f\n",x,randomize(min,max));
}
```

Den Quellcode dieses Beispiels finden Sie auf der Diskette unter \BEISPIEL\PRG33-06.C.

Zuerst wird eine vorzeichenbehaftete Pseudozufallszahl erzeugt, wie wir es vorhin schon gelernt haben. Danach wird eine weitere positive Pseudozufallszahl erzeugt, die wir solange durch 10 teilen, bis sie nicht mehr größer als 1 ist. Aus der Zahl 2384 würde dann 0.2384. Dieser Wert wird dann zu der vorher erzeugten Zufallszahl addiert, und voilà , wir haben unsere Pseudozufallsfließkommazahl.

33.2 Der irreguläre Abbruch

Normalerweise wird ein Programm dadurch beendet, daß die *main*-Funktion beendet wird. Nun kann es aber in seltenen Fällen sinnvoll sein, daß man das Programm an einer beliebigen Stelle beenden kann. Dies würde sich zum Beispiel dann anbieten, wenn in einer Funktion eine Situation eintritt, bei der nur noch die Beendigung des Programms sinnvoll wäre.

exit

Die Funktion, die dies ermöglicht, ist in *stdlib.h* enthalten und heißt **exit**, was auf deutsch soviel wie „aussteigen" bedeutet. Dazu einmal ein kleines Beispiel:

```
#include <stdio.h>    /* PRG33-07.C */
#include <stdlib.h>

void main(void)
{
  printf("Ich werde ausgefuehrt\n");

  exit(EXIT_SUCCESS);

  printf("Ich nicht\n");
}
```

Den Quellcode dieses Beispiels finden Sie auf der Diskette unter \BEISPIEL\PRG33-07.C.

Natürlich kann das Programm, wie oben ja auch schon erwähnt, innerhalb einer Funktion abgebrochen werden:

```
#include <stdio.h>    /* PRG33-08.C */
#include <stdlib.h>
```

```
void funktion(void)
{
  printf("Ich werde ausgefuehrt\n");

  exit(EXIT_SUCCESS);

  printf("Ich nicht\n");
}

void main(void)
{
  funktion();

  printf("Ich natürlich auch nicht\n");
}
```

Den Quellcode dieses Beispiels finden Sie auf der Diskette unter \BEISPIEL\PRG33-08.C.

EXIT_SUCCESS, EXIT_FAILURE

Die Funktion kann mit zwei vordefinierten Makros beendet werden. Einmal mit **EXIT_SUCCESS**, was soviel wie „erfolgreich aussteigen" bedeutet oder mit **EXIT_FAILURE**, was mit „fehlerhaft aussteigen" übersetzt werden kann. Die erste Version benutzt man, wenn das Programm beendet werden soll, ohne daß die aufrufende Umgebung[1] darauf reagiert. Beenden Sie Ihr Programm mit EXIT_FAILURE, wird der aufrufenden Umgebung mitgeteilt, daß ein Fehler aufgetreten ist, und sie reagiert entsprechend. Die Makros sind in *stdlib.h* definiert.

Genaugenommen entspricht der an *exit* übergebene Wert dem Wert, den die *main*-Funktion bei Beendigung zurückgeben würde[2].

Funktionsaufruf bei exit

Nun ist die Möglichkeit, das Programm an jeder beliebigen Stelle verlassen zu können schon sehr vorteilhaft. Aber es kann bei bestimmten Programmen durchaus sinnvoll sein, daß vor dem Verlassen des Programms noch bestimmte Aktionen gestartet werden. Zum Beispiel, daß allokierter Speicher freigegeben wird, Daten abgespeichert werden, Fenster geschlossen werden etc.

atexit

Dafür gibt es eine Funktion namens **atexit**. Der Name leitet sich vom englischen „at exit" ab, was soviel wie „beim Verlassen..." bedeutet. Die Funktion ist in *stdlib.h* deklariert. Der Aufruf sieht folgendermaßen aus:

Syntax

```
x=atexit(fktadresse);
```

1 Eventuell eine Shell.

2 Die Parameter der *main*-Funktion wurden in Kapitel 20.6 besprochen.

fktadresse muß die Adresse einer Funktion sein, die weder einen Rückgabeparameter noch Funktionsparameter hat, also vom Typ *void fkt(void)* ist. Wurde die Adresse ordnungsgemäß gespeichert, liefert *atexit* den Wert 0 zurück. Ansonsten einen Wert, der von 0 verschieden ist. ANSI versichert, daß mindestens 32 Adressen gespeichert werden können. Manche Systeme stellen auch mehr Speicher zur Verfügung, jedoch würde sich ein Ausnutzen dieser Möglichkeit negativ auf die Portierbarkeit des Programms auswirken. Die gespeicherten Funktionen werden in umgekehrter Reihenfolge ihrer Speicherung aufgerufen. Hier ein Beispiel für *atexit*:

```
#include <stdio.h>        /* PRG32-09.C */
#include <stdlib.h>

void funktion(void)
{
  printf("Ich werde ausgefuehrt\n");

  exit(EXIT_SUCCESS);

  printf("Ich nicht\n");
}

void abbruch1(void)
{
  printf("Aber ich werde ausgefuehrt\n");
}

void abbruch2(void)
{
  printf("Und ich auch\n");
}


void main(void)
{
  atexit(abbruch2);
  atexit(abbruch1);
  funktion();

  printf("Ich natürlich auch nicht\n");
}
```

Den Quellcode dieses Beispiels finden Sie auf der Diskette unter \BEISPIEL\PRG33-09.C.

33.3 Die letzte Anweisung

Wir lernen nun die buchstäblich letzte C-Anweisung kennen, die eigentlich verschwiegen werden sollte und bei der deren Anwendung sich bei allen strukturiert Programmierenden die Nackenhaare sträuben werden: Die **goto**-Anweisung.

Die *goto*-Anweisung funktioniert in der Art, daß sie eine Sprungmarke definieren und dann dorthin springen können. Schauen wir uns ein kleines Beispiel an:

```
#include <stdio.h>          /* PRG33-10.C */

void main(void)
{
  int x=1;

  Johann:

  printf("X=%i\n",x);
  x++;
  if(x<=20)
   goto Johann;
}
```

Den Quellcode dieses Beispiels finden Sie auf der Diskette unter \BEISPIEL\PRG33-10.C.

Hier ist *Johann* die Sprungmarke. Sie wird mit einem Doppelpunkt abgeschlossen. Für sie gelten die gleichen Regeln der Namensvergabe wie auch für alle anderen Variablen- und Funktionsnamen. Die *goto*-Anweisung sorgt dafür, daß der Programmfluß an der angegebenen Sprungmarke fortgesetzt wird. Bitte beachten Sie, daß Sie nicht in eine Funktion hinein oder aus ihr heraus springen können.

33.4 Die Funktionen von stdio.h

Hier eine Zusammenfassung der wichtigsten Funktionen aus *stdio.h*. Es sind auch viele Funktionen enthalten, die sonst nicht im Buch besprochen wurden.

_IOFBF

Vordefiniertes Makro: Liefert den Wert für den Modus der vollständigen Pufferung für *setvbuf*.

_IOLBF

Vordefiniertes Makro: Liefert den Wert für den Modus der zeilenweisen Pufferung für *setvbuf*.

_IONBF

Vordefiniertes Makro: Liefert den Wert für den Modus der fehlenden Pufferung für *setvbuf*.

BUFSIZ

Vordefiniertes Makro: Liefert die Größe des Stream-Puffers von *setbuf*.

clearerr
```
void clearerr(FILE *fhd);
```

Setzt die Werte, die von *feof* und *ferror* für die Datei *fhd* zurückgegeben werden, auf 0.

fclose
```
int flose(FILE *fhd);
```

Schließt die Datei *fhd* und gibt bei Erfolg den Wert 0 und bei Mißerfolg den Wert *EOF* zuück. Genauere Erläuterungen finden Sie in Kapitel 23.

feof
```
int feof(FILE *fhd);
```

Liefert einen Wert ungleich 0 zurück, wenn das Dateiendeflag von *fhd* gesetzt ist, ansonsten wird 0 zurückgegeben. Genauere Erläuterungen finden Sie in Kapitel 23.

ferror
```
int ferror(FILE *fhd);
```

Liefert einen Wert ungleich 0 zurück, wenn das Fehlerflag von *fhd* gesetzt ist, ansonsten wird 0 zurückgegeben.

fflush
```
int fflush(FILE *fhd);
```

Speichert im Puffer befindliche, noch nicht gesicherte Ausgabedaten der Datei *fhd* in die Datei *fhd*. Bei Erfolg wird der Wert 0, bei Mißerfolg ein Wert ungleich 0 zurückgegeben. Genauere Erläuterungen finden Sie in Kapitel 23.5.

fgetc
```
int fgetc(FILE *fhd);
```

Liefert, wenn möglich, das nächste Zeichen der Datei *fhd*. Der Dateipositionszeiger steht danach hinter dem gelesenen Zeichen. Falls durch *fgetc* das Dateiende- oder Fehlerflag gesetzt wird, wird *EOF* zurückgegeben. Genauere Erläuterungen finden Sie in Kapitel 23.1.

fgetpos

```
int fgetpos(FILE *fhd, fpos_t *position);
```

Speichert den Wert des Dateipositionszeigers in *position*. Bei Erfolg wird 0, bei Mißerfolg ein Wert ungleich 0 zurückgegeben, und das Fehlerflag sowie *errno* werden entsprechend gesetzt. Genauere Erläuterungen finden Sie in Kapitel 23.3.

fgets

```
char *fgets(char *a,int b, FILE *fhd);
```

Liest maximal *b-1* Zeichen aus der Datei *fhd* und speichert sie im String *a*. Es werden weniger als *b-1* Zeichen eingelesen, wenn ein *NL* in *s* gespeichert wurde, ein Fehler aufgetreten ist oder das Dateiende erreicht wurde. Bei Erfolg wird *s*, bei einem aufgetretenen Fehler der Wert 0 zurückgegeben. Der Dateipositionszeiger befindet sich danach hinter dem zuletzt gelesenen Zeichen. Genauere Erläuterungen finden Sie in Kapitel 23.1.

fopen

```
FILE *fopen(const char *name, const char *modus);#
```

Es wird die Datei namens *name* mit Modus *modus* geöffnet und der Zeiger auf die *FILE* Struktur der Datei zurückgegeben. Falls das Öffnen fehlschlug, wird 0 zurückgegeben. Für die zur Verfügung stehenden Modi schauen Sie bitte im Anhang nach. Genauere Erläuterungen finden Sie in Kapitel 23.

fprintf

```
int fprintf(FILE *fhd, const char *format, ...);
```

Gleiche Funktionsweise wie *printf*, nur daß das Ergebnis in eine Datei *fhd* geschrieben wird. Bei Erfolg wird die Anzahl der geschriebenen Zeichen, bei Mißerfolg ein negativer Wert zurückgegeben. Genauere Erläuterungen finden Sie in Kapitel 23.1.

fputc

```
int fputc(int z, FILE *fhd);
```

Schreibt das Zeichen *z* in eine Datei. Bei Erfolg wird *z*, bei Mißerfolg *EOF* zurückgegeben. Der Dateipositionszeiger steht danach hinter dem geschrieben Zeichen. Genauere Erläuterungen finden Sie in Kapitel 23.1.

fputs

```
int fputs(const char *s, FILE *fhd);
```

Schreibt den bei Adresse *s* beginnenden String ohne die Endekennung (0) in die Datei *fhd*. Bei Erfolg wird ein Wert ungleich 0, bei Mißerfolg *EOF* zurückgegeben. Genauere Erläuterungen finden Sie in Kapitel 23.1.

fread
```
size_t fread(void *feldadr, size_t groesse, size_t anzahl,
             FILE *fhd);
```

Aus einer Datei *fhd* werden *anzahl* Elemente der Größe *groesse* gelesen und hintereinander ab Adresse *feldadr* gespeichert. Bei Erfolg wird die Anzahl der komplett gelesenen Elemente zurückgegeben. Der Lesevorgang wird früher abgebrochen, wenn das Dateiende erreicht oder ein Fehler aufgetreten ist. Sollte während des Lesens ein Fehler aufgetreten sein, wird das Fehlerflag gesetzt. Genauere Erläuterungen finden Sie in Kapitel 23.2.

freopen
```
FILE *freopen(const char *name, const char *modus,
              FILE *fhd);
```

Schließt eine Datei, um anschließend eine andere zu öffnen. Der Aufruf dieser Funktion entspricht untenstehender Anweisungsfolge:

```
fclose(fhd);
fhd=fopen(name, modus);
```

Genauere Erläuterungen finden Sie in Kapitel 23.4.

fscan
```
int fscan(FILE *fhd, const char *format, ...);
```

Funktionsweise wie *scanf*, nur daß die Eingabe nicht von der Tastatur, sondern aus einer Datei *fhd* kommt. Bei Erfolg wird die Anzahl der mit dem Format übereinstimmenden Zeichen, bei Mißerfolg *EOF* zurückgegeben. Genauere Erläuterungen finden Sie in Kapitel 23.1.

fseek
```
int fseek(FILE *fhd, long distanz, int modus);
```

Der Dateipositionszeiger der Datei *fhd* wird abhängig vom Modus *modus* um den Wert *distanz* verändert. Folgende Modi sind möglich:

SEEK_SET	Der Dateipositionszeiger bekommt den Wert Dateinanfang+*distanz*.
SEEK_END	Der Dateipositionszeiger bekommt den Wert Dateiende+*distanz*.
SEEK_CUR	Der Dateipositionszeiger wird um den Wert *distanz* verändert, wobei *distanz* positiv oder negativ sein kann.

Bei Erfolg wird der Wert 0, bei Mißerfolg ein Wert ungleich 0 zurückgegeben. Genauere Erläuterungen finden Sie in Kapitel 23.3.

fsetpos

```
int fsetpos(FILE *fhd, fpos_t *position);
```

Der Dateipositionszeiger der Datei *fhd* wird auf die Position *position* gesetzt und das Dateiendeflag gelöscht. Bei Erfolg wird 0, bei Mißerfolg ein Wert größer 0 zurückgegeben sowie *errno* entsprechend gesetzt. Genauere Erläuterungen finden Sie in Kapitel 23.3.

ftell

```
long ftell(FILE *fhd);
```

Bei Erfolg wird der Dateipositionszeiger der Datei *fhd* in der Form von Anzahl der Bytes ab Dateianfang, bei Mißerfolg -1 zurückgegeben sowie *errno* entsprechend gesetzt. Bei Textdateien hängt der Rückgabewert von der Implementationsumgebung ab.

fwrite

```
size_t fwrite(const void *feldadr, void size_t groesse,
size_t anzahl, FILE *fhd);
```

Ab der Adresse *feldadr* werden *anzahl* Elemente der Größe *groesse* in die Datei *fhd* geschrieben. Bei Erfolg wird die Anzahl der komplett gespeicherten Elemente zurückgegeben. Bei Mißerfolg wird das Fehlerflag gesetzt. Genauere Erläuterungen finden Sie in Kapitel 23.2.

getc

```
int getc(FILE *fhd);
```

Funktionsweise wie *fgetc(fhd)*.

getchar

```
int *getchar(void);
```

Liest ein Zeichen von der Standardeingabe, im allgemeinen die Tastatur. Die Funktionsweise entspricht fgetc(*stdin*).

gets

```
char gets(char *s);
```

Liest Zeichen aus der Standardeingabe, im allgemeinen die Tastatur, und schreibt sie in den String *s*. Die Eingabe wird mit einem *NL* beendet. *gets* beendet den String mit der Endekennung 0. Das *NL* wird nicht mit in den String aufgenommen. Genauere Erläuterungen finden Sie in Kapitel 20.1.

perror

```
void perror(const char *s);
```

Schreibt den String *s* nach *stderr*. Falls *s* gleich 0 ist, wird ein Doppelpunkt mit nachfolgender Ausgabe der Funktion *strerror(errno)* und abschließendem *NL* nach *stderr* geschrieben.

printf

```
int printf(const char *format,...);
```

Gibt einen formatierten Text mit zusätzlichen Argumenten aus. Eine genaue Beschreibung aller Format- und Steuerzeichen finden Sie im Anhang. Die Funktion liefert die Anzahl der ausgegebenen Zeichen zurück.

putc

```
int putc(int z, FILE *fhd);
```

Funktionsweise wie *fputc*.

putchar

```
int putchar(int z);
```

Leitet ein Zeichen in die Standardausgabe, im allgemeinen auf den Bildschirm. Funktionsweise wie *fputc(z,stdout)*.

puts

```
int puts(const char *s);
```

Schreibt einen String in die Standardausgabe, im allgemeinen auf den Bildschirm. Zusätzlich wird noch ein *NL* ausgegeben. Genauere Erläuterungen finden Sie in Kapitel 20.1.

remove

```
int remove(const char *name);
```

Löscht die Datei namens *name*. Bei Erfolg wird 0, bei Mißerfolg ein Wert ungleich 0 zurückgegeben. Genauere Erläuterungen finden Sie in Kapitel 23.4.

rename

```
int rename(const char *altname, const char *neuname);
```

Benennt eine Datei namens *altname* in *neuname* um. Bei Erfolg wird 0, bei Mißerfolg ein Wert ungleich 0 zurückgegeben. Genauere Erläuterungen finden Sie in Kapitel 23.4.

rewind

```
void rewind(FILE *fhd);
```

Setzt den Dateipositionszeiger der Datei *fhd* auf den Dateianfang und löscht das Fehlerflag. Genauere Erläuterungen finden Sie in Kapitel 23.3.

scanf

```
int scanf(const char *format,...);
```

Liest formatierten Text von der Standardeingabe, im allgemeinen von der Tastatur. Es wird die Anzahl der mit dem Format übereinstimmenden Eingabezeichen zurückgegeben. Für genauere Information lesen Sie bitte Kapitel 4.

setbuf

```
void setbuf(FILE *fhd, char *puffer);
```

Ruft *setvbuf(fhd,puffer,_IOFBF,BUFSIZ)* auf. Hat *puffer* den Wert 0 wird *stvbuf(fhd,NULL,_IONBF,BUFSIZ)* aufgerufen. Genauere Erläuterungen finden Sie in Kapitel 23.5.

setvbuf

```
int setvbuf(FILE *fhd, char *puffer, int modus,
            size_t groesse);
```

Legt das Pufferungsverfahren für die Datei *fhd* fest. *setvbuf* muß zwischen dem Öffnen der Datei und dem ersten Ansprechen aufgerufen werden. Hat *puffer* einen Wert ungleich 0, benutzt *setvbuf* den Speicherblock ab Adresse *puffer* mit der Größe *groesse* als Puffer. Hat *puffer* den Wert 0, reserviert *setvbuf* einen Puffer, der beim Schließen der Datei wieder freigegeben wird. Für *modus* sind folgende Modi wählbar:

_IOFBF	vollständige Pufferung
_IOLBF	zeilenweise Pufferung
_IONBF	keine Pufferung

sprintf

```
int sprintf(char *s, const char *format,...);
```

Funktionsweise wie *printf*, nur daß die Ausgabe in einen String geschrieben und mit der Endekennung 0 abgeschlossen wird. Erläuterungen finden Sie in Kapitel 20.3.

sscanf

```
int sscanf(const char *s, const char *format,...);
```

Funktionsweise wie *scanf*, nur daß die Eingabe aus einem String eingelesen wird. Erläuterungen finden Sie in Kapitel 20.3.

tmpfile

```
FILE *tmpfile(void);
```

Öffnet eine Datei mittels *fopen(name,"wb+)*, wobei *name* ein von *tmpfile* reservierter String ist, der einen mit *tmpnam* erzeugten Namen enthält. Beim Schließen der Datei wird der Speicher von *name* freigegeben.

tmpnam

```
char *tmpnam(char *s);
```

Erzeugt einen genau einmal vorkommenden Dateinamen der Länge *L_tmpnam*, der im String *s* gespeichert wird. *s* muß mindestens *L_tmpnam* Zeichen groß sein. Der von *tmpnam* erzeugte Name kollidiert mit keinem anderen. Es wird *s* zurückgegeben. Hat *s* den Wert 0, erzeugt *tmpnam* einen statischen String, und gibt die Adresse zurück.

ungetc
```
int ungetc(int z, FILE *fhd);
```

Speichert das Zeichen *z* in *fhd*, löscht das Dateiendeflag und gibt *z* zurück. Ist *z* gleich *EOF* wird *EOF* zuückgegeben.

vfprintf
```
int vfprintf(FILE *fhd, const char *format, va_list arg);
```

Funktionsweise wie *fprintf*, nur daß die zusätzlichen Argumente über die *va_list* bereitgestellt werden, was einen Aufruf von *va_start* vor und von *va_end* nach dem Aufruf *vfprintf* nötig macht.

vprintf
```
int vprintf(const char *format, va_list arg);
```

Funktionsweise wie *printf*, nur daß die zusätzlichen Argumente über die *va_list* bereitgestellt werden, was einen Aufruf von *va_start* vor und von *va_end* nach dem Aufruf *vprintf* nötig macht.

vsprintf
```
int vsprintf(char *s, const char *format, va_list arg);
```

Funktionsweise wie *sprintf*, nur daß die zusätzlichen Argumente über die *va_list* bereitgestellt werden, was einen Aufruf von *va_start* vor und von *va_end* nach dem Aufruf *vsprintf* nötig macht.

33.5 Die Funktionen von stdlib.h

abort
```
void abort(void);
```

Bricht den Programmablauf ab, indem sie mit der Funktion *signal* das Abbruchsignal *SIGABRT* sendet und gegebenenfalls die Funktion *exit* mit dem Parameter *EXIT_FAILURE* aufruft.

abs
```
int abs(int a);
```

Liefert den Absolutwert von *a* (|*a*|), auch Betrag genannt.

atexit
```
int atexit(void (*fkt)(void));
```

Es wird die Adresse einer Funktion gespeichert, die beim Aufruf der Funktion *exit* von ihr aufgerufen wird. Es können mindestens 32 Funktionsadressen mit *atexit* gespeichert werden[3], die von *exit* in umgekehrter Reihenfolge der Speicherung aufgerufen werden. Erläuterungen finden Sie in Kapitel .

atof

```
double atof(const char *s);
```

Liefert einen *double*-Wert, der dem Wert entspricht, den die Zeichen des Strings *s* darstellen. Die von *s* dargestellte Zahl kann jedes von C bei der Ausgabe von *double*-Werten erlaubte Format besitzen.

atoi

```
int atoi(const char *s);
```

Liefert einen *int*-Wert, der dem Wert entspricht, den die Zeichen des Strings *s* dargestellen.

atol

```
long atol(const char *a);
```

Liefert einen *long*-Wert, der dem Wert entspricht, den die Zeichen des Strings *s* dargestellen.

bsearch

```
void *bsearch(const void *schluessel, const void *feldadr,
              size_t elementanz, size_t groesse,
              int(*fkt)(const void *el1, const void *el2));
```

Sucht in einem bei Adresse *feldadr* beginnenden, sortierten Feld mit *elementanz* Datensätzen der Größe *groesse* den Datensatz *schluessel* und liefert bei erfolgreicher Suche die Adresse von *schluessel* zurück. Sollte *schluessel* nicht gefunden werden, wird der Wert 0 zurückgegeben. Die Suchfunktion benötigt die Adresse *fkt* einer Vergleichsfunktion, die einen negativen Wert bei *el1<el2*, einen positiven Wert bei *el1>el2* und 0 bei *el1==el2* zurückliefert.

calloc

```
void *calloc(size_t anzahl, size_t groesse);
```

Reserviert einen Speicherblock für *anzahl* Elemente der Größe *groesse* und liefert dessen Adresse zurück. Sollte nicht genügend Speicher vorhanden sein, wird 0 zurückgegeben. Erläuterungen finden Sie in Kapitel 26.1.

div

```
div_t div(int dividend, int divisor);
```

3 Manche Systeme können mehr als 32 Adressen verwalten. Von ANSI-C werden jedoch lediglich 32 Adressen garantiert.

Speichert den ganzzahligen Quotienten *dividend/divisor* und den ganzzahligen Rest *dividend%divisor* in der Struktur *div_t*.

div_t
```
typedef struct
{
  int qout;     /* Quotient */
  int rem;      /* Rest */
} div_t;
```

Dient zur Speicherung des Rückgabewertes von *div*.

exit
```
void exit(int status);
```

Ruft alle mit *atexit* gespeicherten Funktionen auf und bricht das Programm ab. Der Status (EXIT_SUCCESS oder EXIT_FAILURE) wird an die aufrufende Instanz übergeben. Erläuterungen finden Sie in Kapitel .

free
```
void free(void *memadr);
```

Der Speicherblock ab Adresse *memadr* wird freigegeben, wenn er vorher mit *calloc, malloc* oder *realloc* reserviert wurde. Erläuterungen finden Sie in Kapitel 26.1.

getenv
```
char *getenv(const char *name);
```

Sucht in einer Liste, in der alle in der Umgebung definierten Werte stehen, dem sogenannten „Environment", nach einem Eintrag, dessen Name mit *name* übereinstimmt. Bei Erfolg wird ein Zeiger auf das mit dem Namen korrespondierende Datenobjekt, bei Mißerfolg 0 zurückgegeben.

labs
```
long labs(long a);
```

Liefert den Absolutwert von *a* (|*a*|), auch Betrag genannt.

ldiv
```
ldiv_t ldiv(long dividend, long divisor);
```

Speichert den ganzzahligen Quotienten *dividend/divisor* und den ganzzahligen Rest *dividend%divisor* in der Struktur *ldiv_t*.

malloc
```
void *malloc(size_t groesse);
```

Reserviert einen *groesse* Bytes großen Speicherblock und gibt bei Erfolg die Anfangsadresse des Blockes zurück. Bei Mißerfolg wird 0 zurückgegeben. Erläuterungen finden Sie in Kapitel 26.1.

qsort

```
void qsort(void *feldadr, size_t anzahl, size_t groesse,
           int (*fkt)(const void *el1, cons void *el2));
```

Sortiert ein Feld beginnend bei *feldadr* und bestehend aus *anzahl* Elementen der Größe *groesse* mit Hilfe des „Quicksort"-Algorithmus. *qsort* benötigt die Adresse *fkt* einer Vergleichsfunktion, die einen negativen Wert bei *el1<el2*, einen positiven Wert bei *el1>el2* und 0 bei *el1==el2* zurückliefert.

rand

```
int rand(void);
```

Liefert eine Pseudozufallszahl, die im Bereich 0 bis *RAND_MAX* liegt. Erläuterungen finden Sie in Kapitel .

realloc

```
void *realloc(void *ptr, size_t groesse);
```

Reserviert einen Speicherblock der Größe *groesse* und gibt bei Erfolg die Adresse des Speicherblocks, bei Mißerfolg 0 zurück. Zeigt *ptr* auf einen mit *calloc*, *malloc* oder *realloc* reservierten Speicherblock, werden die Daten in den neu reservierten Speicherblock kopiert und der alte freigegeben. Ist der neue Speicherblock kleiner als der alte, wird nur der Teil der alten Daten kopiert, der in den neuen paßt. Erläuterungen finden Sie in Kapitel 26.2.

srand

```
void srand(unsigned start);
```

Initialisiert den von *rand* benutzten Zufallsgenerator mit dem Wert *start*. Bei gleichem Startwert liefert *rand* die gleiche Folge von Zufallswerten. Der Zustand bei Programmstart ist wie der Aufruf von *srand(1)*. Erläuterungen finden Sie in Kapitel .

strtod

```
double strtod(const char *s, char **ende);
```

Liefert einen *double*-Wert, der dem Wert entspricht, den die Zeichen des Strings *s* darstellen. Ist *ende* ungleich 0, wird in **ende* die Adresse des Zeichens, das hinter dem letzten interpretierten Zeichen steht, gespeichert. Konnte keine Umwandlung erfolgen, ist **ende* gleich *s*.

strtol

```
long strtol(const char *s, char **ende, int basis);
```

Liefert einen *long*-Wert, der dem Wert entspricht, den die Zeichen des Strings *s* darstellen. Ist *ende* ungleich 0, wird in **ende* die Adresse des Zeichens, welches hinter dem letzten interpretierten Zeichen steht, gespeichert. Konnte keine Umwandlung erfolgen, ist **ende* gleich *s*.

basis gibt das Zahlensystem an. Ist *basis* gleich 0, wird die Erkennung des Zahlensystems anhand der in C üblichen Zahlendarstellung vorgenommen. Sollte es zu einer Bereichsüberschreitung kommen, wird *errno* auf *ERANGE* gesetzt und dem Vorzeichen entsprechend *LONG_MAX* oder *LONG_MIN* zurückgegeben.

strtoul

```
long strtoul(const char *s, char **ende, int basis);
```

Funktionsweise wie *strtol*, nur für *unsigned long*-Werte.

system

```
int system(const char *s);
```

Der String *s* wird von einem Befehlsprozessor der Umgebung ausgeführt, vergleichbar mit einem in einer Shell eingegebenen Befehl. Der Status des Befehlsprozessors wird zurückgegeben. Ist *s* gleich 0 wird bei Nichtvorhandensein eines Befehlsprozessors der Wert 0, ansonsten ein Wert ungleich 0 zurückgegeben.

33.6 Schlußbemerkung

Nach einer langen Reise über viele Stationen haben Sie nun das erste Ziel erreicht. Sie haben die Strukturen von C kennen und hoffentlich auch lieben gelernt. Alles bisher Erlernte (abgesehen von den Programmiertechniken) wurde ausschließlich von C-Konstrukten abgeleitet, so daß Ihnen auch auf reinen C-Compilern die gewünschten Erfolge sicher sein werden. Sie sollten das bisher Erlernte nun festigen und einmal ein etwas größeres, eigenes Projekt programmieren.

34 Anhang

Im Anhang finden Sie die Antworten auf die Kontrollfragen der einzelnen Abschnitte, so wie tabellenförmige Zusammenfassungen wichtiger, im ganzen Buch verstreuter Informationen.

34.1 Anhang A – Antworten auf die Kontrollfragen

34.1.1 Antworten zu Kapitel 1

1. Ein Präprozessorbefehl beginnt in der ersten Spalte mit dem Zeichen „#". Er darf nicht eingerückt werden, wie die C-Anweisungen.
2. Stringkonstanten erkennt man daran, daß sie von doppelten Anführungszeichen eingerahmt werden.
3. Beim Start eines C-Programms wird automatisch die *main*-Funktion aufgerufen. Erreicht die *main*-Funktion ihr Ende, ist auch das Ende des Programms erreicht.
4. In C beendet das Semikolon eine Anweisung.

34.1.2 Antworten zu Kapitel 2

1. Prototypen sind dann notwendig, wenn eine Funktion vor ihrer Definition aufgerufen wird. Mit dem Prototyp wird die Funktion vor ihrer Definition deklariert, damit sie vor ihrer Definition aufgerufen werden kann.

2. Eine Funktion wird mit ihrem Namen, gefolgt von einem Paar runder Klammern[1], das mit einem Semikolon abgeschlossen wird, aufgerufen.
3. Es gelten die allgemeinen Regeln für die Namensvergabe. Weiterhin darf eine Funktion kein C-Schlüsselwort als Namen haben.
4. Ein Funktionsname kann so lang sein, wie er will. Von ANSI-C werden jedoch nur die ersten 31 Zeichen zur Namensunterscheidung herangezogen.
5. Der Prototyp endet mit einem Semikolon. Weiterhin kann bei einem Prototyp auf die Variablennamen bei der Parameterdeklaration verzichtet werden. Im Funktionskopf sind sie dagegen zwingend notwendig.

34.1.3 Antworten zu Kapitel 3

1. *int*-Variablen sind Ganzzahlen, die sowohl positiv als auch negativ sein können.
2. *unsigned* bedeutet, daß der Variablentyp vorzeichenlos ist, also nur positive Zahlen aufnehmen kann.
3. Eine Variable muß nicht initialisiert werden. Nur ist der Inhalt einer nicht initialisierten Variablen unvorhersagbar, wodurch sie nutzlos wird. Deswegen erfordert ein sinnvolles Arbeiten mit Variablen immer eine Initialisierung.

34.1.4 Antworten zu Kapitel 4

1. Im Gegensatz zu *printf* benötigt *scanf* die Adresse der Variablen, weil nur so ihr Inhalt verändert werden kann. Deshalb müssen Variablen bei *scanf* immer einen Adreß-Operator besitzen.
2. Bei *printf* beinhaltet die Stringkonstante sowohl Text als auch Formatzeichen für die Formatierung des Textes und Platzhalter für auszugebende Variablen. Dagegen haben in der Stringkonstanten von *scanf* nur Platzhalter für Variablen eine Bedeutung. Eventuell vorhandener Text wird weder ausgebenen noch sonst irgendwie berücksichtigt.
3. Bei *scanf* sind Sie schutzlos der Bereichsüberschreitung von Variablen bei der Eingabe durch den Benutzer ausgeliefert. Später werden wir noch Möglichkeiten kennenlernen, wie wir uns vor diesem Manko schützen können.

---

1 Innerhalb dieser runden Klammern stehen gegebenenfalls die an die Funktion zu übergebenden Parameter.

34.1.5 Antworten zu Kapitel 5

1. 17/3 ergibt 5, weil es sich um eine Division von Ganzzahlen handelt. Normalerweise ergibt diese Division 5,6667. Die Nachkommastellen fallen bei Ganzzahlen jedoch unter den Tisch.
2. Es gibt keinen Unterschied. Beide Ausdrücke ergeben 17, da der Multiplikationsoperator stärker bindet als der Additionsoperator, also wird er in beiden Fällen zuerst ausgeführt.
3. Der erste Ausdruck ergibt 17 und der zweite ergibt 27, weil die Klammern stärker binden als die Rechenoperatoren. Deswegen wird der Ausdruck innerhalb der Klammern auf jeden Fall zuerst berechnet.
4. Sollte der Ausdruck keine Zuweisung sein, kann das Ergebnis der Berechnung nicht weiterverwendet werden.
5. Es ist nicht das gleiche, weil es die Anweisung *x++2* nicht gibt.
6. Der ++ Operator kann sowohl als Prä- als auch Postoperator benutzt werden, wohingegen sich der += Operator immer wie ein Präoperator verhält.

34.1.6 Antworten zu Kapitel 7

1. Die Aussage ist wahr.
2. Die Aussage ist auch wahr. Soll ein *if*-Anweisungsblock ausgeführt werden, obwohl die Bedingung falsch ist, muß die Bedingung vorher mit dem Negationsoperator ! negiert werden, damit sie wahr wird.
3. Der =-Operator wird für Zuweisungen verwendet und der ==-Operator für das Prüfen der Gleichheit.
4. Es ist mit sehr viel Aufwand möglich. Allerding reichen dafür verschachtelte *if*-Anweisungen nicht aus. Es bedarf einer Anweisung, die wir erst später kennenlernen werden. Jedoch wurde die *if-else*-Anweisung gerade deswegen eingeführt, weil sie erhebliche Erleichterungen mit sich bringt.
5. Wenn etwas gleich ist, dann ist es nicht ungleich. Daher kann die Bedingung *x==y* als *!(x!=y)* geschrieben werden. Und dafür wird kein ==-Operator benötigt.
6. Es gibt keinen Unterschied. Denn wenn etwas größer ist, dann ist es nicht kleiner oder gleich.
7. Die Vorteile des ?:-Operators liegen darin, daß er in einem berechenbaren Audruck stehen kann. Der große Nachteil ist die Unübersichtlichkeit, die mit ihm einhergeht.

34.1.7 Antworten zu Kapitel 8

1. Es ist nicht möglich von einer Funktion an die lokalen Variablen einer anderen Funktion heranzukommen, weil lokale Variablen bei Beendigung der Funktion gelöscht werden. Eine Funktion kann lediglich durch Aufruf einer anderen Funktion dieser eine Referenz auf eine lokale Variable als Funktionsparameter übergeben. Das dazu nötige Wissen erhalten Sie in Kapitel 9 und 18.

2. Ja, allerdings können Sie in C während der Lebenszeit der lokalen Variablen nicht mehr auf die globale Variable zugreifen.

3. Es ist möglich, wenn eine der Variablen lokaler ist als die andere. Zum Beispiel können Sie innerhalb einer Funktion eine lokale Variable definieren. Innerhalb z.B. einer *if*-Anweisung, die sich ebenfalls innerhalb der Funktion befindet, können Sie wiederum eine lokale Variable definieren. Diese ist dann lokaler als die vorher definierte. Daher können beide Variable den gleichen Namen haben. Aber auch hier können sie während der Lebenszeit der lokaleren Variablen nicht auf die weniger lokale Variable zugreifen.

4. Globale Variablen können nur dann gleiche Namen haben, wenn ihr Gültigkeitsbereich sich nicht überlappt. Dazu muß jede globale Variable für ein Modul begrenzt werden. Dies wird in Kapitel 31.4 besprochen. Allerdings sollte man solche Situationen vermeiden. Wenn wirklich globale Variablen nötig sein sollten, sollten sie verschiedene Namen haben.

5. Da eine statische Variable, die innerhalb einer Funktion definiert wurde, den gleichen Charakter wie eine lokale Variable hat, gelten für sie auch die gleichen Regeln, also trifft hier auch die Antwort bei 2. zu.

6. Da eine statische Variable, die inerhalb einer Funktion definiert wurde, den gleichen Charakter wie eine lokale Variable hat, gelten für sie auch die gleichen Regeln, also trifft hier auch die Antwort bei 3. zu.

34.1.8 Antworten zu Kapitel 9

1. Nein, dies ist nicht möglich. Es müssen dann andere Wege gegangen werden, die in Kapitel 18 besprochen werden.

2. Der Wert einer Variablen kann im allgemeinen verändert werden, wohingegen die Funktion aufgrund ihrer Parameter einen

Wert liefert. Der Funktion kann daher kein Wert zugewiesen werden[2].

3. Der einzige Unterschied besteht darin, daß ein Funktionsparameter mit dem Wert initialisiert wird, der der Funktion bei ihrem Aufruf übergeben wird. Ein Funktionsparameter hat den gleichen Gültigkeitsbereich oder „Scope" wie eine lokale Variable der Funktion, die im Anweisungsblock definiert wurde.
4. Nein. Für die Funktion wird eine Kopie der Variablen im Funktionsaufruf angefertigt. Deswegen verhalten sich Funktionsparameter auch wie lokale Variablen der Funktion. Änderungen dieser Variablen haben keine Auswirkungen außerhalb der Funktion.
5. Während Sie bei der *if*-Anweisung einfach *if(x)* für die Überprüfung auf ungleich Null hin verwenden können, müssen Sie bei der Zuweisung der Bedingung an eine Variable die ausführliche Schreibweise *a=(x!=0)* verwenden. Denn die abgekürzte Schreibweise *a=(x)* ist äquivalent zu *a=x* .

34.1.9 Antworten zu Kapitel 10

1. Die Schleife zählt von 1 bis 100. Da die Schleife mit einem Semikolon endet, hat sie keine Anweisung, die abgearbeitet wird. Die Schleife würde also in dieser Form nur als Verzögerungselement dienen, da sie durch ihre Abarbeitung das Programm verlangsamt.
2. Die Schleife beginnt bei zwei und zählt so lange aufwärts, bis der Bereich der Variablen überschritten wird. Denn dadurch wird die Zahl entweder negativ (bei vorzeichenbehafteten Variablen) oder 0 (bei vorzeichenlosen Variablen).
3. Die Schleife beginnt bei eins und wird ewig bei eins bleiben, da der Wert des Zählers nicht verändert wird. Daher ist die Laufbedingung der Schleife immer wahr. Es handelt sich hierbei um eine Endlosschleife.
4. Diese Schleife initialisiert weder eine Variable noch wird in irgendeiner Form ein Zähler verändert. Lediglich die Bedingung ist mit 1 angegeben. Da 1 immer wahr ist, handelt es sich auch hier um eine Endlosschleife.

---

2 Bedenken Sie, daß die Begriffe „Wert zuweisen" und „Wert übergeben" nicht identisch sind.

34.1.10 Antworten zu Kapitel 12

1. Da die Bedingung 1 immer wahr ist, wird die *while*-Schleife nie verlassen. Es ist eine Endlosschleife.
2. Ja, es ist möglich. Jedoch sollte man dies nur zu Übungszwecken tun und in der Praxis darauf verzichten.
3. Nein. In Verbindung mit verschachtelten *if*-Konstrukten können Situationen auftreten, die nur mit *continue* bewältigt werden können.

34.1.11 Antworten zu Kapitel 13

1. Hier wurde das sogenannte **exklusive ODER** formuliert. Das exkusive ODER entspricht dem „oder" im Sprachgebrauch. Also entweder dieses oder das, aber nicht beides. Wollen Sie also ein ODER wie im Sprachgebrauch in eine *if*-Anweisung packen, müssen Sie notgedrungen auf den Ausdruck *((x && !y) || (!x && y))* zurückgreifen, der soviel wie „entweder x oder y" bedeutet.
2. Zwischen den beiden Ausdrücken existiert kein Unterschied, sie sind äquivalent. Für die Umwandlung von dem einem Ausdruck in den anderen benutzt man das **DeMorgansche Gesetz**. Es lautet: *(!a && !b)* ist äquivalent zu !(a||b). Die Umwandlung geht auch mit vertauschten Operatoren: *(!a|| !b)* ist äquivalent mit *!(a && b)*.
3. Der Ausdruck läßt sich nicht ohne den !-Operator formulieren. Sie können nur dann auf einen !-Operator verzichten, wenn sie die *if*-Anweisung *if(a&&b)* benutzen und die auszuführenden Anweisungen in den *else*-Teil schreiben.
4. Die Schleife müßte folgendermaßen aussehen: *for(x=1;x&&(Bedingung);x=0)*, wobei Bedingung der Ausdruck wäre, der in der entsprechenden *if*-Anweisung stünde. Die Lösung sollten Sie ohne weitere Erklärungen verstehen.

34.1.12 Antworten zu Kapitel 14

1. Nein. Fließkommavariablen sind in C grundsätzlich vorzeichenbehaftet.
2. Eine explizite Typumwandlung ist dann nötig, wenn der Compiler eine notwendige Typumwandlung nicht erkennen kann und daher keine implizite Typumwandlung vornimmt. Dieses Phänomen tritt hauptsächlich im Zusammenhang mit berechenbaren Ausdrücken (siehe Beispiele in Kapitel 14) sowie später bei den Zeigern und der dynamischen Speicherverwaltung auf.

3. Grundsätzlich hängt die Wahl davon ab, ob bei bestimmten Prozessen oder Berechnungen Nachkommastellen relevant sind oder nicht. Es gibt jedoch bestimmte Bereiche, für die die einzelnen Variablentypen prädestiniert sind. Zum Beispiel werden für Schleifen und Zähler grundsätzlich ganzzahlige Variablen benutzt.
4. Da sich die drei Variablentypen nur in der Genauigkeit unterscheiden, ist dies auch das einzige Kriterium. Früher mußte noch zwischen Genauigkeit oder geringem Speicherverbrauch[3] unterschieden werden. Heutzutage ist dies allerdings nur noch in den seltensten Fällen zu berücksichtigen, da Speicher eine günstige Ressource geworden ist.

34.1.13 Antworten zu Kapitel 15

1. Innerhalb eines *switch*-Anweisungsblockes darf keine *continue*-Anweisung stehen. Es sei denn, innerhalb des *switch*-Anweisungsblockes wäre ein *for*-, *do*- oder *while*-Anweisungsblock enthalten, in dem dann natürlich trotzdem eine *break*-Anweisung stehen dürfte.
2. Die *break*-Anweisung würde die *while*-Schleife abbrechen. Das Programm würde hinter dem *while*-Anweisungsblock fortfahren.
3. Es ist möglich, aber sinnlos. Denn es macht keinen Unterschied, ob eine *case*-Anweisung das gleiche Sprungziel hat wie eine *default*-Anweisung, oder ob das *case* weggelassen wird und dann sowieso das *default* angesprungen wird.

34.1.14 Antworten zu Kapitel 17

1. Nein, denn Zeichen innerhalb von doppelten Anführungsstrichen sind Stringkonstanten, die aus mehreren Zeichen bestehen.
2. Anhand des Verhaltens bei der Bereichsüberschreitung bei *scanf* kann man herausfinden, daß -1 hexadezimal 0xFFFF oder binär 11111111 ist.
3. Unter der Voraussetzung, daß ein ganzzahliger Variablentyp vorzeichenbehaftet ist, ist bei negativen Zahlen immer das höchstwertige Bit gesetzt. Bei positiven Zahlen ist es daher gelöscht. Fälschlicherweise wird dieses Bit oft als Vozeichenbit bezeichnet. Dies stimmt aber nicht, denn es reicht nicht aus, bei einer negativen Zahl das höchstwertige Bit zu löschen um den entsprechen-

3 Für eine genauere Darstellung wird natürlich auch mehr Speicherplatz benötigt.

den positiven Wert zu bekommen (Wie man leicht selbst überprüfen kann).

4. Indem man sie mit Hilfe der expliziten Typumwandlung als anderen Variablentyp behandelt.

34.1.15 Antworten zu Kapitel 18

1. Die in den Zeigern enthaltenen Adressen können geändert werden, wohingegen die durch einen Vektor repräsentierte Adresse konstant ist und nicht verändert werden kann.
2. Nein, es macht keinen Sinn. Der Ausdruck *&x* liefert die Adresse von *x*. Da diese Adresse keinen Speicherplatz belegt, kann man auf sie auch nicht den Adreßoperator anwenden. Und nichts anderes wäre *&&x*.
3. Bei der Definition bedeutet der Dereferenzierungsoperator lediglich, daß ein Zeiger auf eine Variable definiert wird. Bei der Zuweisung findet eine tatsächliche Dereferenzierung statt.
4. Die Übergabe von Adressen bedeutet einen tiefen Einschnitt in das Konzept der Datenkapselung. In dem Moment, wo eine Funktion die Adresse einer Variablen einer anderen Funktion besitzt, kann die fremde Funktion Änderungen an der Variablen vornehmen, über die die Muitterfunktion keine Kontrolle mehr hat. Auf der anderen Seite bietet die Übergabe von Adressen eine sinnvolle Alternative zur Benutzung von globalen Variablen.

34.1.16 Antworten zu Kapitel 19

1. Der Ausdruck ***a* definiert einen Zeiger auf einen Zeiger und der Ausdruck **a[]* definiert einen Zeiger auf ein Feld von Zeigern. Da aber der Zeiger auf einen Variablentyp gleichbedeutend ist mit dem Zeiger auf ein Feld mit Elementen des Variablentyps, besteht semantisch kein Unterschied zwischen beiden. Jedoch bietet es sich an, die Ausdrücke nicht wahllos zu benutzen, sondern wirklich, je nach dem, ob Zeiger auf Zeiger oder Zeiger auf Zeigerfelder benötigt werden, den entsprechenden Ausdruck zu benutzen.
2. Sie brauchen aus den Ausdrücken von Frage 1 nur jeweils einen Dereferenzierungsoperator „herauszukürzen", und schon sehen Sie, daß **a* ein Zeiger auf eine Variable und *a[]* ein Zeiger auf ein Variablenfeld sein muß. Und die sind – wie wir wissen – identisch. Für die Wahl des Ausdrucks gelten die gleichen Kriterien wie bei Frage 1.

3. Das n-te Element eines Feldes hat den Index *n-1*.
4. Der Feldname ohne Index wird dann benutzt, wenn die Adresse des Feldes benötigt wird. Denn der Feldname ohne Index steht für die Startadresse des Feldes.
5. Sie müssen innerhalb der Funktion explizit ein lokales Feld gleicher Größe und gleichen Typs des übergebenen Feldes definieren und dann eigenhändig das übergebene Feld in das lokale Feld kopieren. Später lernen wir, Felder in einer Struktur zu kapseln, von der C dann automatisch eine lokale Kopie anfertigt.
6. Semantisch sind beide Varianten gleich. Jedoch können Sie den Unterschied durch eine unterschiedliche Schreibweise in der Definition (siehe Frage 2) zum Ausdruck bringen.
7. Er sieht genauso aus, wie ein Zeiger auf eine einzelne Variable: *typ *name*.
8. Es muß darauf geachtet werden, das die In-/Dekrementoperatoren Zeiger gesondert behandeln. Zeiger werden immer um die Größe des Variablentyps, auf den sie zeigen, inkrementiert bzw. dekrementiert.
9. Der gewünschte Wert wird mit *name[(x*ysize*zsize)+(y*zsize)+z]* angesprochen. Die runden Klammern können wegen der stärkeren Bindung des Multiplikationsoperators weggelassen werden, erhöhen jedoch die Lesbarkeit wesentlich.

34.1.17 Antworten zu Kapitel 20

1. Syntaktisch gesehen gibt es keinen Unterschied. Da aber von der Bedeutung her ein Unterschied besteht, hängt alles von der Interpretation ab, die sich hauptsächlich bei der Ein- und Ausgabe bemerkbar macht.
2. Der Vorteil von *gets* ist, daß auch eventuell vorhandene Leerzeichen mit in den Eingabestring übernommen werden. Der Nachteil liegt in der Unfähigkeit, andere Variablentypen außer Strings einlesen zu können.
3. Da *printf* ohne weiteres in der Lage ist, Leerzeichen enthaltende Stings auszugeben, liegen die Vorteile von *printf* darin, auch andere Variablentypen ausgeben zu können.
4. Der Leerzeichen enthaltende Parameter muß in doppelte Anführungszeichen gesetzt werden.

34.1.18 Antworten zu Kapitel 22

1. Weil die Makros nur auf Textebene in den Programmtext eingefügt werden, ergeben sich die im Kapitel beschriebenen Probleme bei fehlender Klammerung. Setzen Sie daher jedes Makro, das einen Operator enthält, in runde Klammern.
2. Der Nachteil eines Makros ist, daß an jeder Stelle, an der das Makro benutzt wird, der komplette Text eingefügt wird. Dadurch wird das kompilierte Programm unnötig verlängert. Bei Funktionen ist der Programmtext nur einmal vorhanden, und wird nur durch Aufrufe der Funktion abgearbeitet. Dieser Nachteil der Makros ist gleichzeitig ein Vorteil. Dadurch, daß immer der komplette Programmtext in das Programm eingesetzt wird, muß während der Laufzeit nicht eine Rücksprungadresse gesichert und ein Stack aufgebaut werden, was sich vorteilhaft auf die Geschwindigkeit des Programms auswirkt. Grundsätzlich sollten Sie solche Makros aber nur dann anwenden, wenn wirklich extrem auf die Laufzeit geachtet werden muß.

34.1.19 Antworten zu Kapitel 23

1. Es muß beachtet werden, daß *feof* erst dann einen Wert ungleich Null liefert, wenn versucht wurde über das Dateiende hinauszugehen. Besteht eine Datei z.B. aus drei Zeilen, dann liefert *feof* nach dem Lesen der dritten Zeile immer noch Null. Erst wenn versucht wurde, die vierte nicht vorhandene Zeile zu lesen, gibt *feof* einen Wert ungleich Null zurück.
2. Der Vorteil gepufferter Dateien macht sich bemerkbar, wenn häufig kleine Datenmengen gespeichert werden müssen. Wäre die Datei nicht gepuffert, würde z.B. bei einer Diskette das Laufwerk immer wieder neu anlaufen. Durch das Sammeln von Daten und dem darauffolgenden gemeinsamen Abspeichern entsteht ein Geschwindigkeitsvorteil, auch bei Festplatten. Der Nachteil liegt klar auf der Hand. Angenommen, Sie haben einen ziemlich großen Puffer gewählt und fangen an, Daten abzuspeichern. Wenn dann kurz bevor der Puffer voll ist, der Computer abstürzt, sind alle im Puffer befindlichen Daten verloren. Dies kann bei ungepufferten Dateien nicht passieren.
3. Bei der Wahl eines Dateinamens ist darauf zu achten, daß er auf der Plattform, auf der das Programm läuft, gültig ist. Da MS-DOS wohl die stärksten Restriktionen bezüglich der Namenswahl hat, sollte man sich für den Fall, daß das Programm portiert werden soll, darauf festlegen, daß der Name aus acht Zeichen, einem

Punkt und weiteren drei Zeichen bestehen darf. Man kann natürlich auch durch bedingtes Kompilieren verschiedene Funktionen für die Namenswahl schreiben. Je nachdem auf welcher Plattform das Programm laufen soll, wird dann die entsprechende Funktion kompiliert.

34.1.20 Antworten zu Kapitel 25

1. Im allgemeinen werden tiefe Kopien immer dann angefertigt, wenn man bei allen Datenänderungen die Möglichkeit haben will, wieder zu den Urdaten zurückkehren zu können. Ein Beispiel für eine flache Kopie wäre zum Beispiel ein Stammbaum. Jede Person hat eine Referenz auf seinen Vater und auf seine Mutter. Fertige ich von dieser Person eine Kopie an, muß ich keine Kopie von Vater und Mutter anfertigen, denn alle Änderungen auf die Person beziehen sich nur indirekt auf sie. Zum Beispiel in der Form, daß ich der Person einen neuen Vater zuweise. Dies ist aber nur eine neue Referenz.
2. *struct StructName {} varname;* Hier wird eine Struktur namens *StructName* deklariert und gleichzeitig eine Variable namens *varname* vom Typ *StructName* definiert. Natürlich müssen innerhalb der geschweiften Klammern, die den Strukturblock begrenzen, noch Elemente definiert werden. Dies ist aber für das Beispiel irrelevant.
3. Bei Strukturen bekommt jedes Element seinen eigenen Speicherplatz. Es wird also nie von anderen Elementen der Struktur überschrieben. Bei der *union* hingegen benutzen alle Elemente denselben Speicherplatz, dessen Größe sich nach dem größten Element der *union* richtet. Es ist daher zwangsläufig der Fall, daß die Elemente sich gegenseitig überschreiben.
4. Tatsächlich kann dieselbe Struktur auf verschiedenen Rechnersystemen unterschiedlich lang sein, obwohl sich die Größe ihrer Elemente nicht verändert hat. Dies liegt am sogenannten „Alignment", welches auf einigen Rechnern praktiziert wird und als Resultat Füllbytes zwischen die einzelnen Elemente der Struktur einfügt.
5. Nein, denn eine *union* besteht nur aus einem Speicherblock, weil sich alle Elemente den Speicher teilen.
6. Sie können mit *typedef* neue Variablentypen schaffen. Nehmen wir zum Beispiel eine Variable, die eine Postleitzahl speichern soll. Anstelle ständig einen String zu benutzen, deklarieren Sie einen neuen Typen namens *Tplz*, mit dem sie dann Variablen definieren. Daurch brauchen sie bei einer Änderung (Wie damals

die neuen 5-stelligen Postleitzahlen) nur die Typendeklaration zu ändern und nicht jede Variablendefinition.

7. Man sollte Strukturen möglichst oft benutzen, allerdings sollte man nie Daten, die keinen Bezug zueinander haben (z.B. Gewicht und Kundennummer der Videothek) zusammen in eine Struktur zwängen, weil dies in keinster Weise dem dahinterliegenden Gedanken der Kapselung zusammengehöriger Daten entspricht.
8. Man muß alle Elemente der Struktur einzeln abspeichern und einladen.

34.1.21 Antworten zu Kapitel 26

1. Obwohl ein Zeiger vom Typ *void* eigentlich auf nichts zeigen sollte, kann er eigentlich auf alles zeigen. Denn es bedeutet nur, daß es ein typenloser Zeiger ist, also auf etwas zeigt, was noch nicht typisiert ist. Die entsprechende Interpretation der typenlosen Daten erfolgt durch den Programmierer, der den typenlosen Zeiger mittels expliziter Typumwandlung einem typisierten Zeiger zuweist.
2. Es muß darauf geachtet werden, daß man die Strukturen auf die innerhalb der Hauptstruktur verwiesen wird, zuerst löscht, bevor man die Hauptstruktur freigibt. Würden Sie zuerst die Hauptstruktur freigeben, wären auch die Verweise auf die anderen Strukturen gelöscht, so daß diese dann nicht mehr freigegeben werden könnten.
3. Nein. Deswegen sollten Sie vor einer Freigabe immer prüfen, ob der Zeiger tatsächlich auf einen allokierten Block zeigt oder nur ein Nullzeiger ist. (In den Beispielen wurde auf diese Prüfung wegen der besseren Übersichtlichkeit verzichtet.)
4. Wenn während des Programmablaufs extensiv Speicher allokiert und wieder freigegeben wird, wirkt sich dies ziemlich negativ auf die Laufzeit aus.

34.1.22 Antworten zu Kapitel 27

1. Dadurch, daß doppelt verkettete Listen auch einen Verweis auf ihren Vorgänger haben, und nicht nur auf ihren Nachfolger, wie die einfach verketteten Listen, kann man sich freier innerhalb der Liste bewegen. Dieses freie Bewegen ist jedoch nur bei sortierten Listen vorteilhaft. In unserem Beispiel wurde dieser Vorteil nicht benötigt. Stellen Sie sich jedoch vor, die würden einen Terminplan mit einer doppelt verketteten Liste realisieren. Termin-

pläne sind eine sortierte Liste, wobei als Schlüssel Zeit und Datum gelten. Dort ist es schon häufiger interessant zu wissen, welcher Termin vor einem anderen liegt.

2. Sie müssen nur das neue Element genau an der Stelle einfügen, wo der Vorgänger des neuen Elements kleiner und der Nachfolger größer ist. War die Liste vorher sortiert, ist sie es nach dem Einfügen ebenfalls.
3. Da Listen immer nur auf ihren Nachfolger und bei doppelter Verkettung auch auf ihren Vorgänger zeigen, ist es unumgänglich, daß auf Elemente innerhalb der Liste nur vom Anfang oder vom Ende aus zugegriffen werden kann. Um z.B. an das vierte Element der Liste zu kommen, muß zwangsläufig auf das erste, zweite und dritte Element zugegriffen werden. Deswegen werden alle Knoten mit ihrer Startadresse in eine Indextabelle geschrieben, die einem Array gleicht. Dadurch kann mit dem normalen Index, wie Sie ihn von Arrays her kennen, auf die Adresse des vierten Elements und damit auf das Element selbst zugegriffen werden.
4. Die Abbruchbedingung der Suchfunktion, die normalerweise auf das Finden des Elements und auf das Ende der Liste hin prüft, kann durch den Sentinel auf letzteres verzichten.
5. Ringe haben den Nachteil, daß die Benutzung des Sentinels aufwendiger wird. Der Vorteil liegt im Löschen und Einfügen von Elementen. Die uns bekannten vier Fälle bei doppelt verketteten Listen reduzieren sich hier zu einem Fall.

34.1.23 Antworten zu Kapitel 28

1. „Bubblesort" heißt auf Deutsch soviel wie „Blasensortierung". Der Name kommt daher, daß durch das ständige Vertauschen die Zahlen wie Blasen an ihre richtige Stelle aufsteigen, wenn man sich den Sortiervorgang so aufzeichnete, daß das kleinste Element unten und das größte oben stünde.
2. Der gewaltige Vorteil liegt in der Schnelligkeit. Der Nachteil ist, daß die Daten immer sortiert sein müssen und daß auf jedes Element direkt zugegriffen werden muß. Natürlich kann die binäre Suche auch ohne direkten Zugriff implementiert werden. Sie verliert dadurch aber enorm an Geschwindigkeit.

34.1.24 Antworten zu Kapitel 29

1. Die logischen Verknüpfungen verknüpfen die Aussagen zweier Bedingungen zu einer neuen. Zum Beispiel ergibt (wahr UND falsch) falsch. Die binären Operatoren verknüpfen jeweils die entsprechenden Bits zweier Zahlen miteinander. Zum Beispiel ergibt (3 INKLUSIV-ODER 6) 7.
2. Die binären Operatoren kommen hauptsächlich bei sehr hardwarenahen Programmen zum Einsatz. Deswegen wird man sie im allgemeinen kaum benötigen.

34.1.25 Antworten zu Kapitel 30

1. Das besondere Merkmal einer rekursiven Funktion liegt darin, daß sie sich selbst aufruft.
2. Die Gefahr liegt darin, daß die Funktion sich immer weiter selbst aufruft, und nicht mehr aus der Rekursion herauskommt.
3. Rest-rekursive Funktionen sind eine Teilmenge der rekursiven Funktionen. Das bedeutet, daß eine rest-rekursive Funktion automatisch auch rekursiv ist. Ihre Merkmale sind die, daß hinter dem Selbstaufruf keine Anweisungen mehr folgen, daß der Selbstaufruf in einer *return*-Anweisung steht und mit ihm keine Berechnungen angestellt werden.
4. Backtracking probiert alle Möglichkeiten eines Problems aus, bis die Möglichkeit gefunden wurde, die der Lösung entspricht. Für den Fall, daß eine Lösung existiert, wird sie auf jeden Fall gefunden, es ist nur eine Frage der Zeit.
5. Ja. Man hätte einfach alle Möglichkeiten, die man mit einem Zug hätte, ausprobiert. Ist die Lösung nicht dabei, werden alle Möglichkeiten ausprobiert, die man mit zwei Zügen hat. Spätestens wenn der Algorithmus alle Möglichkeiten ausprobiert hätte, die man mit sieben Zügen hat, würde er die Lösung für einen Turm bestehend aus drei Scheiben gefunden haben. Da man aber bei diesem Problem die Möglichkeit hat, das Hauptproblem in kleinere Teilprobleme zu zerlegen, sollte man die normale rekursive Lösung vorziehen, die mit Sicherheit schneller ist, weil sie zielstrebiger arbeitet.

34.1.26 Antworten zu Kapitel 31

1. Funktionen können zu sinnvollen „Paketen" zusammengefaßt werden. Bei Änderungen am Quellprogramm müssen dann nur die betroffenen Module neu kompiliert werden. Eine wenn auch primitive Form der Datenkapselung steht damit zur Verfügung.
2. Einerseits wird *static* bei lokalen Variablen benutzt, um sie vor einem Löschen bei Beendigung der Funktion zu schützen. Andererseits wird *static* bei globalen Variablen und Funktionen verwendet, um ihren Gültigkeitsbereich auf das Modul, in dem sie stehen, zu beschränken.
3. Das Wort *extern* bedeutet, daß es sich bei einer Variablen oder Funktion nur um eine Deklaration handelt und die Definition in einem anderen Modul steht. Durch diese Deklaration wird jedoch die betroffene Variable/Funktion auch in dem Modul verfügbar, das die Deklaration enthält.
4. Natürlich. Sonst könnte z.B. nur ein Modul *printf* benutzen, weil der Prototyp auch in einer Header-Datei steht.

34.2 Anhang B – Bindungsstärke der Operatoren

Die Tabelle listet alle in C benutzten Operatoren auf. Es gilt, daß ein Operator, der weiter oben in der Liste steht, stärker bindet, als ein Operator der weiter unten in der Liste steht. Am stärksten binden grundsätzlich die runden Klammerpaare. Weiterhin sind die Operatoren noch in Prioritätsgruppen aufgeteilt. Die Gruppen unterscheiden sich von der Abarbeitungsreihenfolge her. Die Operatoren der Gruppen 1, 3, 4, 5, 6, 7, 8, 9, 10, 11, 12 und 15 werden von links nach rechts abgearbeitet, wohingegen die Gruppen 2, 13 und 14 von rechts nach links abgearbeitet werden.

Operator	Bedeutung	Prioritätsgruppe
a++	Postinkrement	1
a--	Postdekrement	1
a[b]	Index	1
a(b)	Funktionsaufruf	1
a.b	Zugriff auf Element	1
a->b	Zeigt auf Element	1
sizeof a	Größenbestimmung	2
++a	Präinkrement	2
--a	Prädekrement	2

Operator	Bedeutung	Prioritätsgruppe
&a	Adresse	2
*a	Dereferenzierung	2
+a	Plus	2
-a	Minus	2
~a	NOT-Bitweise	2
!a	NOT-Logisch	2
(Deklaration)(a)	Cast	2
a*b	Multiplikation	3
a/b	Division	3
a%b	Modulo (Rest)	3
a+b	Addition	4
a-b	Subtraktion	4
a<<b	Linksverschiebung	5
a>>b	Rechtsverschiebung	5
a<b	Kleiner	6
a<=b	Kleiner gleich	6
a>b	Größer	6
a>=b	Größer gleich	6
a==b	Gleich	7
a!=b	Ungleich	7
a&b	UND-Bitweise	8
a^b	Exklusives ODER-Bitweise	9
alb	ODER-Bitweise	10
a&&b	UND-Logisch	11
allb	ODER-Logisch	12
a?b:c	Bedingung	13
a=b	Zuweisung	14
a*=b	Mutliplikations-Zuweisung	14
a/=b	Divisions-Zuweisung	14
a%=b	Modulo-Zuweisung	14
a+=b	Additions-Zuweisung	14
a-=b	Subtraktions-Zuweisung	14
a<<=b	Linksverschiebe-Zuweiung	14
a>>=b	Rechtsverschiebe-Zuweisung	14
a&=b	UND-Bitweise-Zuweisung	14
a^=b	Exklusiv ODER-Bit-Zuweisung	14
al=b	ODER-Bit-Zuweisung	14
a,b	Komma	15

34.3 Anhang C – Formatzeichen

Die Formatzeichen werden alle mit einem „%“-Zeichen eingeleitet.

34.3.1 Fließkommazahlen

Formatz	Typ	Zahlen-system	Besonderheit
f	double	Dezimal	Ausgabe ohne Exponent (#.###)
Lf	long double	Dezimal	Ausgabe ohne Exponent (#.###)
e	double	Dezimal	Ausgabe mit Exponent (#.###E##)
Le	long double	Dezimal	Ausgabe mit Exponent (#.###E##)
E	double	Dezimal	Ausgabe mit Exponent (#.###E##)
LE	long double	Dezimal	Ausgabe mit Exponent (#.###E##)
g	double	Dezimal	Ausgabe mit oder ohne Exponent
Lg	long double	Dezimal	Ausgabe mit oder ohne Exponent
G	double	Dezimal	Ausgabe mit oder ohne Exponent
LG	long double	Dezimal	Ausgabe mit oder ohne Exponent

34.3.2 Ganzzahlen

Formatzeichen	Typ	Zahlensystem
i	int	Dezimal
d	int	Dezimal
hi	short	Dezimal
hd	short	Dezimal
li	long	Dezimal
ld	long	Dezimal
u	unsigned int	Dezimal
hu	unsigned short	Dezimal
lu	unsigned long	Dezimal
x	unsigned int	Sedezimal
hx	unsigned short	Sedezimal
lx	unsigned long	Sedezimal
X	unsigned int	Sedezimal
hX	unsigned short	Sedezimal
lX	unsigned long	Sedezimal
o	unsigned int	Oktal

Formatzeichen	Typ	Zahlensystem
ho	unsigned short	Oktal
lo	unsigned long	Oktal

34.3.3 Strings

Formatzeichen	Typ	Bemerkung
c	char	Einzelnes Zeichen
s	char[]	String mit abschließender 0
%		Gibt % selber aus

34.3.4 Zeiger

Formatzeichen	Typ
n	int*
hn	short*
ln	long
p	void*

34.4 Anhang D – Steuerzeichen

34.4.1 Steuerzeichen

Steuerzeichen	Zeichen	Erklärung
\a	BEL	(bell), gibt ein akustisches Warnsignal.
\b	BS	(backspace), der Cursor geht eine Position nach links.
\f	FF	(formfeed), ein Seitenvorschub wird ausgelöst.
\n	NL	(new line), der Cursor geht zum Anfang der nächsten Zeile.
\r	CR	(carriage return), der Cursor geht zum Anfang der aktuellen Zeile.
\t	HAT	(horizontal tab), der Cursor geht zur nächsten horizontalen Tabulatorposition.
\v	VT	(vertical tab), der Cursor geht zur nächsten vertikalen Tabulatorposition.

Steuer-zeichen	Zeichen	Erklärung
\"	"	“ wird ausgegeben.
\'	'	' wird ausgegeben.
\?	?	? wird ausgegeben.
\\	\	\ wird ausgegeben.

34.5 Anhang E – Dateimodi für fopen()

Modus	Beschreibung
"r"	Öffnet eine Textdatei zum Lesen.
"w"	Erstellt eine Textdatei zum Schreiben. Der Inhalt einer bereits unter diesem Namen existierenden Datei wird gelöscht.
"a"	Erstellt oder öffnet eine bereits existierende Textdatei zum Schreiben. Der Dateipositionszeiger steht am Ende der Datei, dadurch werden neue Daten hinten angehängt.
"rb"	Öffnet eine Binärdatei zum Lesen.
"wb"	Erstellt eine Binärdatei zum Schreiben. Der Inhalt einer bereits unter diesem Namen existierenden Datei wird gelöscht.
"ab"	Erstellt oder öffnet eine bereits existierende Binärdatei zum Schreiben. Der Dateipositionszeiger steht am Ende der Datei, dadurch werden neue Daten hinten angehängt.
"w+"	Erstellt eine Textdatei zum Lesen und Schreiben. Der Inhalt einer bereits unter diesem Namen existierenden Datei wird gelöscht.
"a+"	Erstellt oder öffnet eine bereits existierende Textdatei zum Lesen und Schreiben. Der Dateipositionszeiger steht am Ende der Datei, dadurch werden neue Daten hinten angehängt.
"rb+"	Öffnet eine Binärdatei zum Lesen und Schreiben.
"wb+"	Erstellt eine Binärdatei zum Lesen und Schreiben. Der Inhalt einer bereits unter diesem Namen existierenden Datei wird gelöscht.
"ab+"	Erstellt oder öffnet eine bereits existierende Binärdatei zum Lesen und Schreiben. Der Dateipositionszeiger steht am Ende der Datei, dadurch werden neue Daten hinten angehängt.
"r+b"	Öffnet eine Binärdatei zum Lesen und Schreiben.
"w+b"	Erstellt eine Binärdatei zum Lesen und Schreiben. Der Inhalt einer bereits unter diesem Namen existierenden Datei wird gelöscht.
"a+b"	Erstellt oder öffnet eine bereits existierende Binärdatei zum Lesen und Schreiben. Der Dateipositionszeiger steht am Ende der Datei, dadurch werden neue Daten hinten angehängt.

34.6 Anhang F – Die Symbole des Programmablaufplans

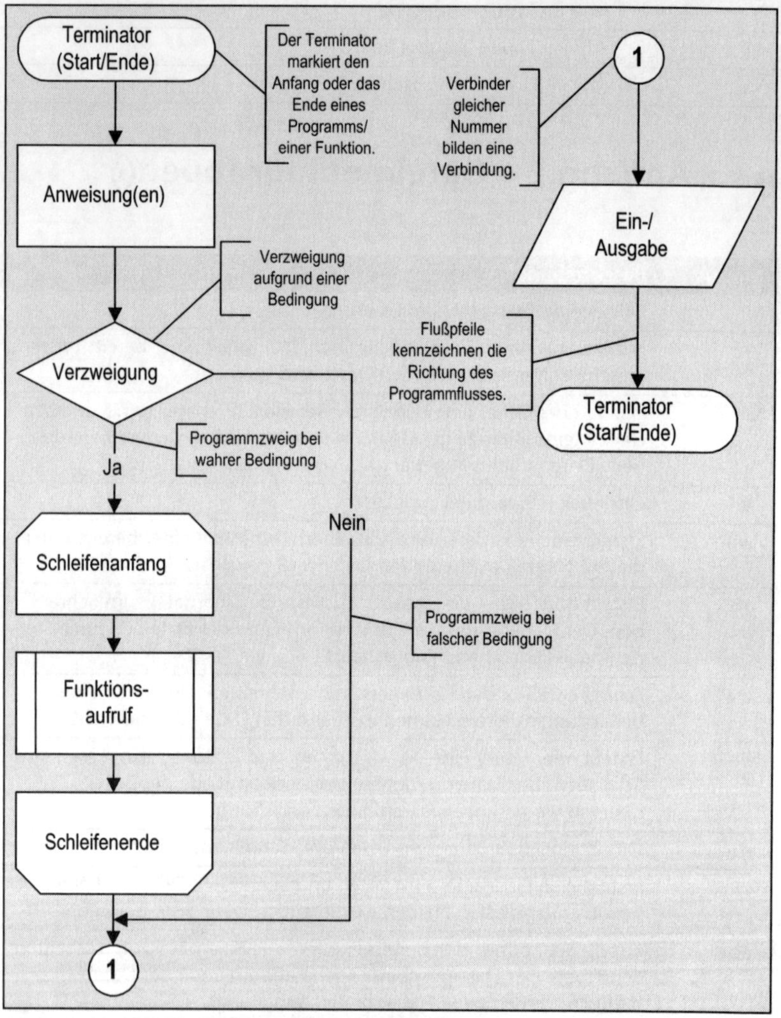

Abbildung G.1: Die Symbole des Programmablaufplans

Stichwortverzeichnis

D

E

F

M

N

O

P

Q

R

S

T

U

V

W

Z

THE SIGN OF EXCELLENCE

C++-Programmierung

Programmiersprache, Programmiertechnik, Datenorganisation

André Willms

Dies ist der Nachfolgeband zur Einführung in die »C-Programmierung« desselben Autors, er führt d[illegible] konzeptionellen Ansatz und Vermittlungsme-[illegible]hemenbereiche des Buches we[illegible] sich geschlossen vorgestellt, sondern werden Hand in Hand weiterentwickelt, so daß beim Leser kein Ungleichgewicht im Wissen um Sprache, Programmiertechnik und Datenorganisation entsteht. Auf diese Weise beherrscht der Leser am Ende nicht nur C++, sondern besitzt auch das nötige Wissen, um fast jedes Programmierproblem adäquat lösen zu können. Das Buch zeichnet sich auch dadurch aus, daß es den Wissenshorizont des Programmieranfängers und den Prozeß des Lernens angemessener berücksichtigt.

Wer zwar nicht in C, dafür aber in anderen Sprachen Programmiererfahrung hat, dem vermittelt ein C-Crash-Kurs alles, was er braucht, um das Buch verstehen und erfolgreich durcharbeiten zu können.

384 Seiten, 1997, 49,90 DM, mit Diskette
ISBN 3-8273-1152-7

ADDISON-WESLEY